Pêcheur traversant le delta du fleuve Saloum, à Keur Bamboung, Sénégal.

Jeune fille bassari, lors d'une danse avec les masques Odener,
à la saison des moissons, Sénégal.

Fillette au départ de la caravane, Ayssata, Éthiopie.

La reine du village de Sipo à Keur Bamboung, Sénégal.

Campement touareg d'Echag, Mali.

Femmes Bushmen San au camp Gudigwa, Botswana.

Marché en pays Bissa, Burkina Faso.

Les gîtes de Masakala, au pied des Drakensberg, Afrique du Sud.

Campement nomade avec la famille Azizi, orée du Sahara, Maroc.

Doudou, village d'accueil TDS, Burkina Faso.

Le camp de Mequat Mariam sur les hauts plateaux abyssiniens, Éthiopie.

Greniers fortifiés au cœur de l'Anti-Atlas, Maroc.

Cavalier de la communauté de Malealea, Lesotho.

Enfants du village de Kawaza, Zambie.

Près du lodge de Kamestastin, Labrador.

Randonnée en raquette au village Cri d'Oujé-Bougoumou, Nord du Québec.

Campement de tipis sur un site Innu, Nord du Québec.

Le lodge de Moose Factory dans l'Ontario, Canada.

Dans la Réserve des Babouins, Belize.

Famille Kuna, près du Parc du Chagres, Panama.

Enfants Maya au village de Plan Grande Quehueche, Guatemala.

Écolodge et ferme à café de Finca Esperanza, Nicaragua.

Vue de l'écolodge de Santa Lucia, Andes équatoriennes.

Randonnée en forêt avec des guides Achuar de l'écolodge Kapawi, Équateur.

École de la communauté Cofán de Zábalo, Amazonie équatorienne.

Auberge de Tomarapi dans le Parc National de Sajama, Bolivie.

Remontée en pirogue de la rivière Napo, Amazonie équatorienne.

Couple Jangbi de la communauté Monpa, Buthan.

Village Jiaron de Jiaju, Tibet chinois.

Danses au village Hmong de Sam Yord, Laos.

Batbadrakh et ses enfants au camp de yourtes de Arburd Sands, Désert de Gobi, Mongolie.
Les hautes montagnes du Pamir, Tadjikistan.

Danses Katu au village de Doï, Vietnam.
Marquage de rennes avec les Sami de Övre Soppero, Norvège.

« *Mon père n'a jamais su ce qu'était l'écologie, il en faisait partie.*
Je sais ce qu'est l'écologie, mais je n'en fais plus partie. »
Un Sami

« *Les touristes apportent de l'argent. Sans argent, nous ne pouvons*
pas garder nos terres ; sans terres, nous ne pouvons pas exister.
C'est notre dernière issue. »
Benjamin Xishe, Ju'/Hoansi

« *Un Maasai sans sa culture, c'est comme un zèbre sans ses raies.* »
Kakuta Ole Maimai, Maasai

SYLVIE BLANGY

LE GUIDE DES
DESTINATIONS INDIGÈNES

éditions

AVANT-PROPOS

La Société internationale d'écotourisme (TIES) définit l'écotourisme comme « *une forme de voyage responsable, dans des espaces naturels, qui contribue à la protection de l'environnement et au bien être des populations locales* ». L'écotourisme part de ces trois principes, essentiels : un voyage, s'il est bien pensé, peut protéger, voire rehausser la qualité de l'environnement ; respecter les cultures locales et procurer des bénéfices tangibles aux communautés hôtes ; éduquer le voyageur tout en étant source de plaisir. Au cours de ces quinze dernières années, de tous les secteurs de l'industrie touristique, c'est l'écotourisme qui a connu la plus forte croissance, trois fois supérieure à celle du tourisme en général. Parallèlement, et de plus en plus, les communautés locales et indigènes l'envisagent comme un outil important pour s'assurer des revenus durables, préserver leur culture et conserver leur biodiversité.

Mais pour que l'écotourisme tienne ses promesses, il faut que les trois principes intimement liés soient réunis. C'est d'autant plus vrai, et le défi est d'autant plus grand lorsque l'écotourisme implique des peuples autochtones. La relation, hélas, entre les touristes et les populations indigènes s'est trop souvent limitée à une brève séance de pose pour une photo ou la vente d'un collier de pacotille. Pire, le tourisme peut avoir pour effet de priver les communautés hôtes de leurs terres, de leur culture, de leur stabilité économique et sociale et de leurs droits humains fondamentaux. Comme les 350 millions indigènes du monde vivent essentiellement à proximité ou au sein d'espaces protégés et d'écosystèmes fragiles, déstabiliser ces communautés c'est aussi menacer la protection de l'environnement et la conservation de la biodiversité. Il est regrettable que nombre des plus célèbres réserves naturelles du monde se soient constituées au détriment de leurs habitants traditionnels, les forçant à s'installer ailleurs, le plus souvent en marge de ces zones protégées, et à vivre dans la pauvreté. Construire une nouvelle relation entre ces peuples, les réserves, les agences de tourisme et les touristes est un des défis majeurs de l'écotourisme.

Fort heureusement, comme cet ouvrage le démontre si bien, aujourd'hui, dans tous les coins de la planète, les principes fondamentaux de l'écotourisme s'incarnent dans des modèles concrets. Les cas étudiés ici montrent que l'écotourisme a permis d'accroître le parc des terres préservées, de recueillir davantage de financement pour les aires protégées tout en favorisant l'accroissement du niveau de vie et en redonnant confiance, fierté à des cultures comme, par exemple, les Maasaï d'Afrique de l'Est, les Aborigènes d'Australie, les Cofan et les Infiernos d'Amérique du Sud. Ce qui prouve bien que cette nouvelle activité peut procurer des bénéfices tangibles et durables à ces peuples tout en leur permettant de rester maîtres de leur engagement avec le monde extérieur. L'écotourisme a aussi un autre avantage : il remet en cause les stéréotypes qu'on applique aisément à l'endroit de ces communautés exotiques « menacées » tout en permettant aux visiteurs de mieux comprendre les différences culturelles et les combats dans lesquels aujourd'hui les peuples indigènes sont engagés.

Ce livre ne pouvait trouver meilleur auteur. Sylvie Blangy est une des toutes premières spécialistes mondiales du tourisme communautaire ou indigène. Parce qu'elle est aussi une des plus anciennes membres du conseil d'administration de TIES, je la connais bien. C'est à la fois une chercheuse de qualité et une personne sensible, très concernée par les autres – autant de qualités nécessaires, me semble-t-il, si l'on veut bien faire ce métier. Elle a travaillé dans de très nombreux pays, écrit abondamment sur le sujet et organisé de très nombreux forums internationaux. Elle est profondément respectée, à la fois dans les milieux académiques, ceux de l'industrie touristique, des ONG, de la coopération et de l'aide au développement.

Un tel ouvrage manquait. Où que j'aille, on ne cesse de me demander : « Mais où sont les expériences en écotourisme réussies ? » Ce livre répond à la question. Le défi est énorme, mais il est rassérénant de voir fleurir, au fur et à mesure de ces pages, tant d'exemples extraordinaires. Ce livre aidera forcément à attirer plus de visiteurs dans ces communautés. Espérons que grâce à lui, beaucoup de ces nouveaux voyageurs pourront dire, comme ce visiteur le déclarait à ses hôtes de Yorquin, un petit village sur les terres indigènes des Bribri, le long de la frontière du Costa Rica et de Panama : « J'étais très pessimiste sur le futur de notre planète. Vous rencontrer, voir ce que vous faites, m'a redonné espoir. »

Martha Honey, Ph.D.
Directrice
The International Ecotourism Society
(Société internationale d'écotourisme – TIES)
Washington D.C. Etats Unis,
Août 2005

INTRODUCTION

Sylvie Blangy

Ce *Guide des destinations indigènes* est né de la rencontre de deux passions : celle de Sylvie Crossman et Jean-Pierre Barou, fondateurs d'Indigène éditions pour les cultures autochtones et la mienne pour le tourisme communautaire, issue d'une longue pratique de terrain en tant que consultante en écotourisme.

Depuis quinze ans, en effet, ma profession me conduit dans des communautés aussi distantes de nos modes de vie que les Imraguen du Banc d'Arguin en Mauritanie, les Kali'na de Guyane Française, les Ye'Kuana du Venezuela, ou les Zulu d'Afrique du Sud. Cinquante missions, quarante pays. Au terme de chaque séjour, une même demande revient : « Comment attirer jusqu'à nous les « bons touristes » ; comment nous accompagner jusqu'au bout de notre démarche ? » Médiatrice et intermédiaire, je suis aussi amenée à être le témoin d'un foisonnement d'expériences originales. J'ai ainsi très vite été confrontée à deux types d'interrogations. La première concerne la valeur « académique » de ces expériences. Peuvent-elles nous aider à mieux cerner les relations entre tourisme et préservation des ressources culturelles et naturelles dans les communautés traditionnelles ? La seconde touche à mon rôle dans la transmission aux uns de l'expérience acquise par les autres. Ne suis-je pas, d'une certaine manière, investie d'une mission qui consiste à les faire connaître auprès d'un marché en pleine expansion ?

Ce guide est au carrefour de ces deux questionnements. Réflexion, au départ, sur le tourisme autochtone et villageois, il est une invitation au voyage et à la rencontre de ces communautés qui ont fait le choix d'accueillir des visiteurs. Éparpillées sur la planète, ces initiatives commencent tout juste à se fédérer à l'échelle des pays ou des continents. Ce guide témoigne aussi de la diversité des motivations et des modes d'organisation, et pourra facillter la mise en relation des projets et permettre aux expériences existantes de consolider les projets émergeants.

Comment s'est développé le tourisme indigène ?

En 1985, des organisations non gouvernementales (ONG) de conservation essentiellement implantées en Amérique du Nord, relayées en 1990 par TIES (*The International Ecotourism Society*), définissent le concept d'écotourisme comme « une forme de voyage responsable dans les espaces naturels qui contribue à la protection de l'environnement et au bien être des populations locale ». Ce concept fédérateur est décliné en Europe sous les vocables de tourisme durable ou responsable, reflétant la diversité des sensibilités et des cultures européennes. C'est à la même époque que l'on commence à parler de tourisme indigène. Au Belize, l'association d'Écotourisme de Toledo gérée par les Indiens Mayas, en Équateur, la communauté Cofan font figure de pionniers. Ce sont les premières communautés autochtones dans le monde à ouvrir leurs maisons, leurs villages à des visiteurs en leur proposant de partager tout simplement au quotidien leur vie, leur territoire et leur culture. Ces communautés vivent souvent dans un état de grande précarité. Elles sont engagées par ailleurs dans de violents conflits avec des compagnies minières, pétrolières et forestières qui exploitent leurs ressources sans négociation préalable. Ces initiatives d'accueil s'inscrivent explicitement dans le cadre défini par l'écotourisme. Elles le perçoivent comme un véhicule pour alerter l'opinion internationale.

Malheureusement, trop peu nombreuses à l'époque, ces initiatives marginales ne mobilisent pas la même attention que les projets d'écotourisme dominés par le souci de préserver les espèces rares et menacées comme le Quetzal au Costa Rica ou le gorille de montagne au Rwanda. Si les séjours d'observation naturaliste sont alors à la mode, organisés surtout par des voyagistes et des ONG de conservation nord américaines, les peuples indigènes font encore office de figurants dans le paysage de l'écotourisme. Il faudra attendre l'Année Internationale de l'Écotourisme, en 2002, pour que les associations représentant les peuples autochtones se fassent entendre en dénonçant, à l'occasion du Sommet Mondial de Québec, la main mise de la grande industrie touristique sur le concept d'écotourisme et sur l'utilisation abusive qui en est faite. L'Organisation Mondiale du Tourisme (OMT) et le Programme des Nations Unies pour l'Environnement (PNUE), co-organisateurs de l'événement, sont directement pris à parti. Dans sa Déclaration de Québec, le sommet reconnaît enfin le rôle essentiel que les communautés peuvent et doivent jouer dans la gestion des terres et des ressources en s'appuyant sur une activité d'accueil. Ce sommet est historique : il marque l'entrée des communautés indigènes dans le secteur du tourisme.

« Tourisme indigène » n'est pas, à proprement parler, une expression consacrée. Elle recouvre les termes de tourisme « solidaire », « villageois », « équitable » chez les francophones ou celui de « tourisme communautaire » (*community based tourism*) des Anglo-Saxons. Si nous retenons ici l'expression « tourisme indigène », c'est par analogie au terme espagnol *indigenos* et anglais *indigenous*. Mais, que recouvre au juste cette diversité d'appellation ? Quelle est la nature de ce tourisme indigène ? Pour l'UNAT (Union nationale des associations de tourisme), une ONG basée à Paris, ce « tourisme équitable, solidaire et responsable regroupe les formes de tourisme « alternatif » qui mettent au centre du voyage l'homme et la rencontre et qui s'impliquent dans une logique de développement des territoires. L'implication des populations locales dans les différentes phases du projet touristique, le respect de la personne, des cultures et de la nature et une répartition plus équitable des ressources générées sont les fondements de ces types de tourisme ». C'est donc, avant tout, un accueil conçu, réalisé et géré par des populations autochtones et villageoises ayant la volonté de maîtriser leur développement et de bénéficier, les premiers, des recettes de cette nouvelle activité économique. Le tourisme y est toujours le résultat d'une longue concertation. Ses conséquences et son impact ont été étudiés et sont constamment évalués. La communauté montre à la fois une réelle aptitude à l'accueil et un désir de partage et d'échange. Les ressources naturelles sont gérées avec soin. Les retombées en termes d'emplois ne sont pas réservées à une poignée de privilégiés et les bénéfices font l'objet d'une redistribution équitable. La communauté rejette toute folklorisation de son patrimoine culturel, et cherche un équilibre avec les autres activités traditionnelles comme la pêche, la chasse, et l'agriculture..., pour ne citer qu'elles.

Aujourd'hui, partout, les initiatives de tourisme indigène se multiplient. Rien qu'en Équateur, soixante expériences sont recensées ; deux cents opérateurs aborigènes sont annoncés en Australie. Cette multitude d'offres ne peut plus être ignorée. Elle correspond à un mouvement de fonds. Elle est riche et diversifiée. Les hôtes accueillent dans d'excellentes conditions et sont fiers de partager leur quotidien et leur savoir faire. Ces communautés veulent être les actrices de leur propre changement : préserver leurs ressources, se réapproprier leur culture, financer leurs infrastructures de base, donner aux jeunes des emplois et valoriser leurs savoir-faire traditionnels. Leurs territoires sont dépositaires de 80 % de la biodiversité de la planète. On y rencontre la plus grande partie du patrimoine linguistique de l'humanité. On y cultive 65 % de l'ensemble des variétés de céréales qui sont à la base de notre agriculture. Le tourisme autochtone surpasse en diversité de langues, de cultures, de modes de vie, et d'écosystèmes le tourisme traditionnel de masse.

Le principe de l'offre et de la demande est inversé. Ainsi, les Bushmen, les Amérindiens ou les Aborigènes sollicitent nos visites, offrent, avec ou sans le conseil de voyagistes chevronnés, une immersion dans leurs vies quotidiennes et leurs savoirs. Face à eux, une prise de conscience et un glissement s'opèrent. L'intérêt croît dans nos sociétés pour ces peuples et pour ce qu'ils peuvent nous apporter. Le tourisme, longtemps consommateur voire prédateur, se redéfinit comme un lien permettant à des cultures de se reconnecter entre elles. Il devient un laboratoire où la rencontre a lieu. Des amitiés, fondées sur la réciprocité et le respect, se créent entre les urbains du monde industrialisé et les tenants de sociétés rurales, nomades.

Mais qui est au juste ce voyageur amateur de « tourisme indigène » ? Une récente étude de l'UNAT révèle que près des deux tiers des personnes interrogées se déclarent intéressées par le tourisme solidaire. Elles l'associent spontanément au commerce équitable. Ces nouveaux voyageurs veulent « avoir des contacts avec la population locale, connaître et respecter la nature et le patrimoine local, savoir exactement à qui va l'argent payé pour le voyage et se sentir utile au pays visité ». Selon une autre enquête conduite par l'ONG TDS (Tourisme et développement solidaires) qui n'opère que sur le continent africain, « le séjour a fait évoluer la vision [du voyageur] sur l'Afrique, sur les problèmes de développement, les notions de solidarité et sur la mondialisation. La différence et l'authenticité des peuples indigènes, la recherche de valeurs autres que celles qui prédominent dans nos sociétés occidentales [...] deviennent des motivations importantes dans le choix de ces séjours ».

Être un touriste responsable, c'est aussi savoir anticiper l'impact, y compris négatif, qu'on peut avoir sur la survie des villages-hôtes, en prélevant sur les ressources rares comme l'eau, les combustibles et les produits agricoles de base en régions désertiques ou de haute montagne. L'association anglaise *Tourism Concern* s'attache à dénoncer les abus de confiance : exploitation, manque de respect ou d'appréciation des cultures locales et, de la part de ceux qui reçoivent, perte d'authenticité et d'identité menant parfois à l'abandon des pratiques, ou à leur adaptation aux goûts des touristes (Kalisch, 2002 ; Pnue, 2002). Des « codes de conduite », « chartes éthiques » existent aujourd'hui pour guider les voyageurs. Ils ont été élaborés par les communautés hôtes en concertation avec les professionnels de l'écotourisme. En France, deux documents s'efforcent de sensibiliser le visiteur : la charte éthique du voyageur d'Atalante et la charte de l'UNAT. La communauté de Talamanca, au Costa Rica, a été la première à énoncer des règles et à les afficher dans ses documents de promotion. La Société Internationale d'Écotourisme, TIES, a recensé plus spécifiquement les codes de conduite pour voyageurs en communautés autochtones. Ils sont disponibles sur un CD et en ligne sur son site Internet. La plupart des hôtes qui nous accueillent dans ce guide ont dressé un inventaire des comportements à observer et de l'étiquette à respecter lors de nos séjours.

Le touriste solidaire doit également être conscient de l'impact, sur l'environnement planétaire, de ses voyages. Les destinations décrites dans ce guide sont situées dans des lieux souvent reculés qui nécessitent de longs voyages d'approche. Or le secteur des transports représente aujourd'hui la source la plus importante de gaz à effet de serre. À lui seul, le transport aérien est responsable, chaque année, de l'émission de six cents millions de tonnes de CO_2 ! Les populations des pays en développement sont plus vulnérables aux changements climatiques et moins susceptibles de s'en prémunir ou de s'y adapter financièrement et techniquement. Un certain nombre de mesures de compensation sont proposées aux voyageurs. Ils peuvent compenser « leurs » émissions de CO_2 par des dons volontaires et financer ainsi des projets de développement économes en CO_2 dans les pays du sud (www.co2solidaire.org). Maîtrise de l'énergie, promotion des énergies renouvelables, opérations de plantation d'arbres dans les communautés visitées (www.futureforests.com), par exemple. Plusieurs sites se font l'écho de ces actions. *My Climate* (www.myclimate.org), une initiative suisse, offre au voyageur (à l'écotouriste) la possibilité de calculer ses contributions aux émissions de gaz à effet de serre. Le site de *Responsibletravel. com* l'encourage à choisir les destinations proches de son domicile ; à préférer les transports en commun une fois sur place ou à utiliser des moyens de transport économes en énergie. Les tours opérateurs allemands de *Forum Anders Reisen* travaillent de concert avec Atmosphair (www.atmosphair.de). Echoways, un site français, communique aux usagers les meilleurs conseils pour voyager léger et responsable sur la planète (www.echoway.org/fr/voyagerpropre.htm).

Le tourisme indigène ne se réduit pas, fort heureusement, à une succession de devoirs. Il apporte d'abord des plaisirs inédits comme la découverte d'un autre rythme de vie, celui de votre hôte. Les Sami du nord de la Suède accueillent le nouvel arrivant avec ces mots : « Notre programme ? Eh bien, Jour 1 : surprise ! Jour 2 : surprise ! Jour 3 : surprise ! Indulgence, humour, chaleur et dévouement sont de mises. Les communautés prennent aussi, de jour en jour plus clairement, conscience qu'un accueil bien pensé, planifié, et autogéré peut devenir un outil de reconquête et de réappropriation culturelle et un levier de revendications territoriales.

Comment ce guide s'est-il fait ?

Identifier des lieux dispersés aux quatre coins de la planète dans des régions reculées, peu accessibles, très peu connues du public, non référencées dans les réseaux d'information habituels paraissait à priori être une tâche gigantesque. Elle a été possible grâce à ma longue expérience de consultante et de voyageuse et à la mobilisation massive d'un réseau enthousiaste, de proches, d'amis, d'étudiants, de collègues éparpillés à travers le monde. Ce guide, il convient de le souligner, est le fruit de ce travail d'équipe.

La collecte des informations a été réalisée par étape. Dans un premier temps, j'ai été conduite à puiser dans les projets personnels que j'avais accompagnés au cours de mes missions dans les Guyanes, en Mauritanie, en Afrique du Sud, au Venezuela, en Équateur... autant de pays où le tourisme communautaire est devenu une pièce maîtresse des projets de conservation ou de développement rural de ces dix dernières années. J'ai privilégié ensuite les séjours de tourisme équitable et solidaire, initiés par des ONG, associations de tourisme et voyagistes français, fédérés au sein de l'UNAT, l'ATR (Agir pour un Tourisme Responsable) et par le ministère français des Affaires Étrangères. La coopération hollandaise s'est remarquablement mobilisée sur la production des fiches de séjour, en particulier sur l'Asie. Enfin, j'ai mobilisé les réseaux dont je suis membre comme TIES (*The International Ecotourism Society*) et l'IUCN (l'Union Mondiale pour la Nature) et son groupe de travail TGER (*Theme on Governance Equity and Rights*) puis ai fait passer une annonce sur des sites tels que *Greentour, Ecoclub, Planeta* qui servent de relais d'information sur ces thèmes ou animent des groupes de discussion sur Internet. Ainsi se sont croisés des réseaux abordant les questions indigènes, soit sous l'angle de la conservation et de la gestion participative des ressources, soit sous celui du développement touristique équitable et solidaire et de la réduction de la pauvreté.

Toutes les initiatives retenues dans l'ouvrage ont été testées et validées et décrites par cent quarante auteurs ; des chercheurs, voyageurs ou professionnels de l'écotourisme. Les critères de sélection ont été les suivants : l'originalité de la démarche, l'authenticité de l'accueil, la capacité des membres de la communauté à utiliser le tourisme comme outil de développement et de réappropriation culturelle et à offrir un séjour organisé en immersion complète dans la communauté, sans oublier l'assurance de retombées financières équitables sur la communauté et la sécurité garantie aux voyageurs. L'appartenance de l'offre proposée à un organisme certificateur, un réseau ou une association nationale ainsi que l'obtention d'un prix ou d'une récompense comme meilleure projet de l'année ont également été déterminants dans la sélection.

L'ouvrage se compose de cent quatre-vingt fiches complétées par une liste d'organismes œuvrant pour la cause indigène et par des références bibliographiques. Ces fiches de présentation de séjour sont rédigées à chaque fois, suivant un canevas pré-établi ; un témoignage d'un des membres de la communauté elle-même, ou, plus souvent, d'un visiteur, d'un ami ou d'une personne qui a eu l'occasion de travailler en partenariat étroit avec la communauté, des informations culturelles sur la communauté et un séjour recommandé. Le style est libre. La biographie succincte de chaque auteur apparaît à la fin de l'ouvrage et présente de quelle manière il (elle) est impliqué(e) dans le domaine du tourisme indigène.

Certaines fiches sont plus développées que d'autres. Elles correspondent à des pays où l'auteur de la fiche a travaillé, là où il (elle) a le plus de contacts et surtout là où les initiatives sont les plus nombreuses, les mieux commercialisées. Dans la majorité des cas, l'auteur a séjourné dans la communauté. Dans les cas où la communauté fonctionne en partenariat avec un opérateur privé extérieur, l'information est plus technique et standardisée. Les produits complets ne constituent pas toujours la règle. En Australie, par exemple, les communautés aborigènes privilégient les excursions de quelques heures avec, pour thème, l'interprétation des sites culturels ou des paysages naturels. Une place de choix a été donnée aux expériences récentes encore inédites, initiées par la communauté elle-même, en phase de test mais déjà recommandées par l'auteur. D'autres expériences plus anciennes, pionnières et très médiatisées, sont également présentes comme les lodges communautaires de Chalalan en Bolivie, de Kapawi en Equateur, de Posadas Amazonas au Pérou. Les Makuleke en Afrique du Sud et leur formidable bataille pour la reconquête de leurs terres ancestrales servent de laboratoires et sont sources d'enseignement pour les communautés du reste de l'Afrique. Ces initiatives clefs nous racontent comment les communautés ont passé un contrat avec des opérateurs privés, et signé des concessions touristiques et des baux fonciers à l'issue desquels est prévue la rétrocession de l'intégralité des infrastructures d'accueil.

Les fiches longues donnent un ton nouveau à la gamme des guides touristiques existants et offrent une nouvelle approche au lecteur. Elles favorisent la rencontre entre l'hôte et le visiteur en amont de la visite. Elles combinent l'information technique et logistique d'une fiche de tour opérateur, l'information culturelle d'un dictionnaire des peuples autochtones, le témoignage vivant d'un carnet de voyage, le rapport technique d'un expert de terrain et donnent la parole aux représentants de la communauté sous la forme de citations et d'anecdotes. À ces fiches longues, s'ajoutent des fiches moyennes sans séjour recommandé et des fiches brèves, qui, en dix lignes, offrent un descriptif succinct et un contact pour la réservation. Ces dernières nécessitent, de la part du voyageur potentiel, des recherches complémentaires.

Ce guide n'a pas la prétention d'être exhaustif d'autant plus que de nouvelles initiatives ne cessent de voir le jour dans le champ d'investigation qu'il aborde. Nous encourageons vivement le lecteur-voyageur à nous signaler ses découvertes ou ses remarques quant à toute destination incluse dans ce guide. Pour ce faire, il lui est proposé d'utiliser les adresses électroniques suivantes : sylvie.blangy@club-internet.fr et/ou editions.indigene@wanadoo.fr. Merci de nous les signaler dans la perspective d'une mise à jour future.

Dans cette attente, bon voyage sur le réseau riche et bigarré de ces pistes indigènes !

AFRIQUE

On hésite à dire que le tourisme indigène est né en Afrique, berceau de l'humanité... N'empêche, c'est sur ce continent que les initiatives sont les plus nombreuses, les plus diversifiées et les mieux organisées à l'échelle des pays. Le souci de se fédérer, de promouvoir les offres sur des sites Internet, vient des pays anglophones comme la Namibie, l'Ouganda, le Kenya, la Tanzanie, le Botswana. Ainsi la Nacobta, en Namibie, est-elle la plus ancienne association africaine de tourisme indigène. Elle a servi de banc d'essai à nombre d'autres associations : Ucota, en Ouganda, par exemple s'est calqué sur le modèle namibien. Ces réseaux sont nés d'une forte volonté d'aider les dites communautés à mieux gérer leurs ressources naturelles et sont le plus souvent un volet, privilégié, d'un programme plus vaste de « co-gestion communautaire des ressources naturelles » dit CBNRM (*Community based natural resource management*). Ce mouvement est financé par la coopération et l'aide au développement allemande, hollandaise, anglaise et suédoise. Le tourisme de masse qui fait recette avec les safaris a généré la construction de nombreusx lodges luxueux et représente une menace croissante pour les communautés locales. Au Kenya notamment, les nombreuses initiatives des communautés Maasaï visent à se réapproprier la faune sauvage en organisant par exemple leur version non folklorisée, à pied, sans « filet », des safaris classiques. Si, dans les pays anglophones, l'accent est mis sur la préservation de la faune sauvage et la pérennité des parcs nationaux – héritage direct des préoccupations coloniales –, les pays d'Afrique francophone sont davantage tournés vers les cultures humaines. Leur offre touristique s'inscrit dans des démarches de type humanitaire, un souci de

solidarité Nord Sud et s'inspire directement du mouvement du commerce équitable. On y parle plutôt de tourisme villageois, équitable et solidaire. Les initiatives naissent souvent de rencontres entre des individus, découlent de relation
d'amitié débouchant sur des associations de soutien, des réseaux d'entraide
accompagnées par des ONG de développement ou plus rarement par des voyagistes. L'immersion au village, le partage des activités quotidiennes, l'itinérance
le temps d'une méharée ou d'une caravane de sel caractérisent l'offre de cette
Afrique. Ces séjours deviennent des moments d'échanges, d'apprentissage et
de compréhension réciproques.

Les gouvernements de la France, l'Espagne, l'Italie et du Portugal, très
concernés par les liens tissés avec leurs anciennes colonies, interviennent
dans un second temps pour fédérer les initiatives au niveau national. Ainsi
l'UNAT en France fédére-t-elle une vingtaine d'ONG et d'associations qui initient,
accompagnent et commercialisent ces séjours innovants. Les bénéfices de ce
tourisme indigène sont reconvertis, en Afrique anglophone, plutôt dans la réhabilitation des écosystèmes tandis qu'en Afrique francophone, ils sont en priorité réinvestis pour améliorer les conditions de vie des villageois : éducation,
santé publique, développement agricole. On peut néanmoins constater que les
séjours conçus aujourd'hui par les communautés autochtones de l'ensemble de
l'Afrique se rapprochent. Ainsi, au-delà des traces laissées par la colonisation,
le tourisme indigène contribuera peut-être à corriger les déséquilibres de l'histoire, aidant l'Afrique à trouver une unité et le voyageur à s'interroger sur la rup-
ture nature/culture entretenue par nos sociétés occidentales.

COMMUNAUTÉ DE MAKULEKE
(PROVINCE DE LIMPOPO, NORD DU PARC KRUGER)

Texte : **Anna Spenceley,** annaspenceley@hotmail.com
Photos : **Sylvie Blangy,** sylvie.blangy@club-internet.fr

*D*ans l'extrême nord du parc national Kruger, la région la plus riche en faune sauvage, se trouvent deux concessions : l'une cédée à la société privée Matswani Safaris, avec un lodge luxueux, The Outpost ; l'autre, le Camp Pafuri de la Wilderness Safaris.

Cette région, autrefois habitée par les Makuleke, se trouvait hors des limites du parc jusqu'en 1969. Dans le cadre de l'apartheid, ces frontières furent modifiées et les Makuleke contraints de quitter leur domaine de 24 000 ha pour laisser le parc se déployer jusqu'aux frontières du Mozambique et du Zimbabwe. Dans les années quatre-vingt-dix, les Makuleke déposèrent une requête en justice pour récupérer leurs terres ancestrales. Cette revendication foncière, la première de l'après-apartheid, a abouti au terme d'âpres négociations. Elle a fait jurisprudence et a valu sa notoriété au peuple Makuleke. « The Outpost » est le premier opérateur privé à avoir reçu l'autorisation de construire un lodge dans cette région. D'autres accords sont en cours de signature avec le tour opérateur Wilderness Safaris (WS). WS commercialise quarante lodges dans toute l'Afrique Australe, dont certains en co-gestion avec des communautés autochtones au Botswana ou en Namibie. Le tourisme de chasse est très controversé et sera peut-être supprimé au profit de la seule observation de la faune. Le contrat passé entre « The Oupost » et les Makuleke a permis de générer des revenus importants qui alimentent un fonds de développement pour l'éducation des jeunes Makuleke. À l'issue du bail, l'ensemble des infrastructures sera rétrocédé à la communauté. WS s'engage sur un bail de 45 ans. Pour répondre à l'affluence suscitée par la notoriété de Makuleke, le CPA (*Communal Property Association*) a construit un complexe de gîtes au milieu du village sur le modèle des maisons traditionnelles ou *roundavels*.

Localisation

Le village de Makuleke se trouve à 12 km de l'entrée Punda Maria du parc Kruger. Le lodge « The Outpost » et le Camp Pafuri sont situés plus au nord, dans la région du parc appelée autrefois Pufuri, sur la route qui longe la frontière du Zimbabwe et domine les plaines des fleuves Limpopo et Luvuvhu.

CONTACT

Pour le centre culturel et le village de gîtes
The Makuleke's Communal Property Association (CPA)
Dennis Skhalela • Courriel : makuleke@mInternet.co.za
Tél. : +27 (0) 15 853 1286/+27 (0)15 853 0063

Pour les lodges
Pafuri Camp
Wilderness Safaris (Pty) Ltd. Leigh Scullard. P O Box 5219,
Rivonia, 2128, South Africa. 3 Autumn Street, Rivonia, South Africa
Tél. : + 27 11 257 5207 (direct) • Courriel : leighsc@wilderness.co.za
Internet : www.wilderness-safaris.com, www.pafuri.com
The Outpost
Mix (Marianne Gray/Peter Aucamp). 10, Bompas Road, Dunkeld West,
Johannesburg. PO Box 786064, Sandton 2146, Afrique du Sud
Tél. : +27 (11) 341-0282 • Fax : +27 (11) 341-0281
Courriel : reservations@mix.co.za/marianne@mix.co.za
Internet : www.theoutpost.co.za • Langue parlée : anglais

Informations culturelles

En 1998, un accord sur vingt-cinq ans a été passé entre les Makuleke et les Parcs Nationaux Sud Africains. Il octroie à ce peuple un titre de propriété sur les terres et spécifie qu'elles ne peuvent être utilisées qu'à des fins de protection des espèces. Seuls peuvent être construits six petits camps, soit 224 lits au total. La communauté actuelle des Makuleke, environ 10 000 personnes, se répartit en trois villages situés hors des limites du parc. La plupart des hommes travaillent à Johannesburg et les femmes comme domestiques dans les villes voisines. Une

famille moyenne de sept à dix personnes peut vivre sur la retraite mensuelle d'un aîné (soit environ US$ 60). Il y a quatre écoles primaires et un lycée.

Pour plus d'information sur les Makuleke et leurs terres, vous pouvez consulter l'article de Anna Spenceley intitulé « *Tourism investment in the Great Limpopo Transfrontier Conservation Area : Scoping report* », Report to the Transboundary Protected Areas Research Initiative, University of the Witwatersrand, 2005, disponible sur Internet : www.wits.ac.za/tpari/Indaba%202005.htm

Séjour recommandé

Titre : **Séjour culturel dans les gîtes de Makuleke**

Durée conseillée : 3 ou 4 jours.

Coût : 150 rands par personne et par nuit ; 75 rands pour le petit déjeuner, le repas de midi et le dîner.

Saisons : Hivers ensoleillés et chauds (mai à septembre) ; l'été, les températures sont très hautes avec des orages fréquents (novembre à avril).

Activités : Le village de gîtes est intégré au centre culturel qui offre les repas et l'animation sur demande (spectacles culturels). Le village de gîtes vient à peine d'ouvrir ses portes et est encore en phase d'expérimentation.

Autres possibilités

La lodge « The Outpost », plus luxueuse, propose des safaris en 4x4 ; des randonnées à pied avec guides ; des excursions ornithologiques ; la visite du village de Makuleke ; des circuits culturels sur le site archéologique de Thulamela. Les douze suites surplombent la rivière Luvuvhu et offrent une vue panoramique jusqu'aux frontières du Mozambique. Compter 2 300 Rands par personne et par nuit en chambre double.

Pour le Camp Pafuri de Wilderness Safari, compter 1 360 Rands par personne et par nuit en pension complète toutes activités comprises.

GÎTES DE MASAKALA
(PROVINCE DU CAP EST, ANCIEN TRANSKEI)

Texte : **Elizabeth Degrémont,** edegrem@nznet.gen.nz
Photos : Medloding Trust

*B*ienvenue dans ce petit village tout au nord du Cap-Est, la province la plus pauvre d'Afrique du Sud, sur les contreforts de la chaîne basaltique des Drakensberg Sud. Le voyageur longe une multitude de petites huttes rondes aux couleurs vives. Les vieilles femmes suspendent un moment leur besogne pour sourire aux visiteurs. Ici, le tourisme « *c'est l'affaire de tout le monde* » – selon le bon mot du gouvernement – et la communauté a vu dans cette aventure l'occasion de revaloriser une culture trop longtemps dénigrée par l'ancien régime de l'apartheid. C'est dans ce somptueux décor qu'un projet d'écotourisme a pris naissance à la fin des années quatre-vingt-dix pour tenter notamment de répondre au surpâturage du bétail qui favorise l'érosion. En 2001, tout le village s'est attelé à la construction du gîte, conçu selon les règles de l'architecture traditionnelle : fabrication des briques ; récolte des chaumes pour les toitures ; peinture et décoration des murs ; confection des draps, des nappes et des dessus de lits... Séjourner à Masakala, c'est partager la vie quotidienne de ces petits villages à l'écart de toute modernité où les cultures Xhosa, Sotho et Puthi sont encore très vivantes. Accompagné d'un guide, vous découvrirez les précieuses peintures rupestres datant de centaines, voire de milliers d'années ; vous rendrez visite au *sangoma* (guérisseur), discuterez avec le chef, boirez une bière traditionnelle et pousserez le ballon avec les jeunes sur les terrains de foot improvisés. Mais vous pourrez vous joindre aussi aux artisans qui fabriquent encore des fouets en queues de vache, des tapis de jonc et les magnifiques robes et tenues xhosa, en grosse toile de couleur vive. Le dîner est un moment très spécial où les mères préparent en chantant de grandes marmites de *mnjkusho* (bouillie de mais et de haricot), ragoût de mouton ou de poulet et toutes sortes de plats de légumes biologiques. Si l'initiative bénéficie du soutien actif du gouvernement actuel, la communauté est bien décidée à faire de la *Masakala Guest House* un modèle applicable à toutes les communautés des régions très pauvres d'Afrique du Sud. En mai 2004, Masakala a reçu le label du tourisme équitable (FTTSA, Fair Trade in Tourism South Africa).

Localisation

Masakala se trouve à 320 km à l'ouest de Durban, la capitale de la province de Kwa Zulu Natal et seulement à 35 km du Lesotho.

CONTACT

Nomonde Makaula – Mehloding Community Tourism Trust
PO Box 406, Matatiele, 4730 Afrique du Sud
Tél./fax : + 27 (o) 39 737 3289 ou + 27 (o) 73 3554981
Courriel : mehloding@telkomsa.net
Internet : chercher la fiche Masalaka sur www.fairtourismsa.org.za

Contact direct pour toute information. Il est recommandé de réserver l'hébergement à Masakala au moins un jour à l'avance ; et très à l'avance si l'on souhaite inclure la randonnée guidée.

Informations culturelles

Les cultures Xhosa, Sotho et Puthi sont encore très vivantes. Les *sangomas* (hommes ou femmes), sortes de gardiens de la communauté, demeurent très importants dans la vie de tous les jours. Chaque « sujet », sur demande, peut recevoir un lopin de terre et y construire sa maison ; chaque village a ses lois particulières, fixe la date des récoltes, les heures du soir où l'on peut travailler sans risquer d'attirer les foudres des anciens. À Masakala, « le chef » est une femme qui a hérité de cette charge à la suite de la mort de son mari. Chaque semaine, une réunion de village, dite *ibizo*, permet à chacun de venir discuter librement de tout ce qui a trait à la communauté. C'est lors d'une des ces réunions qu'ont été décidés l'emplacement du gîte et la composition de l'équipe qui travaillerait à sa construction.

Comme préconisé par le gouvernement, un comité pour le développement du tourisme autochtone et responsable, le *Nomonde Makaula – Mehloding Community Tourism Trust*, gère les deux projets d'écotourisme : Masakala et le Mehloding Adventure Trail. Le comité encourage un maximum de villageois à participer en

vendant légumes et produits frais, artisanat de qualité, en louant des chevaux etc...
Deux délégués représentent la communauté aux réunions du trust. Grâce à l'assistance technique d'une ONG néo-zélandaise ainsi qu'au soutien stratégique de l'organisme de labellisation *Fair Trade in Tourism South Africa* (FTTSA), le trust a mis en place une gestion efficace, développé un plan marketing et créé seize emplois à plein temps avec la possibilité pour près de deux cent cinquante familles de profiter de cette activité économique.

Séjour recommandé

Thème : À la découverte des cultures Xhosa, Sotho et Puthi

Durée : une semaine au gîte plus randonnée de 4 jours.

Prix : 50 € par jour en pension complète au gîte de Masakala ; 280 € pour 4 jours de randonnée guidée sur le Mehloding Trail – tout compris, sauf les transferts. Une partie de l'argent est redistribuée aux communautés pour le financement du projet.

Hébergement : petits dortoirs de 4 personnes ou en chambres doubles ; salle de bain à partager, eau chaude et froide courante. Pour la randonnée, l'hébergement se fait dans de petites huttes construites spécialement sur les sentiers (petits dortoirs de 4 à 6 ou chambre doubles, avec salles de bains à partager. Draps, couvertures et serviettes de bain fournis).

Conditions requises : Connaissance rudimentaire de l'anglais et, pour la randonnée, bonne forme physique.

Conditions climatiques : Très bonnes toute l'année pour le séjour en gîte. Pour la randonnée, de novembre à mars, il peut pleuvoir l'après-midi et la marche peut être ardue, sous le soleil tapant.

Recommandations particulières : Pour les randonneurs, prévoir sac à dos, bonnes chaussures, protection contre le soleil et la pluie et un bon matériel de randonnée.

COMMUNAUTÉ D'AMADIBA
(PROVINCE DU CAP-EST, CÔTE SAUVAGE)

Textes et photos : **Anna Spenceley,** annaspenceley@hotmail.com

*L*a Côte Sauvage est l'une des régions les plus vierges d'Afrique du Sud. Vaste horizon de douces collines, d'immenses prairies avec des poches de forêts côtières, splendides rivières, plages de sable blanc... Bien que très pauvres, les Xhosa, qui, avec les Amadiba peuplent cette région, ont choisi de manifester leur hospitalité au travers d'*Amadiba Adventures*, une structure d'accueil fondée en 1997 après consultation de la population locale et des structures gouvernementales locales et avec le soutien de la *Ntsika Enterprise Promotions Agency*. Tous les aménagements et les services appartiennent en propre aux populations locales et sont exploités par eux sous la forme de micro-entreprises. Une partie des bénéfices des randonnées le long de la piste est investie dans un Fonds d'Investissement Communautaire qui sert à améliorer la santé, l'éducation et les infrastructures de la région. Les membres de la communauté Amadiba vous accueillent tout le long de la piste de trente-deux kilomètres qui forme ce circuit touristique et sont payés sur la base d'un *per diem* calculé pour chaque touriste. Les chevaux proviennent des villages traversés et les propriétaires sont rémunérés en fonction de la distance parcourue. Le prix du séjour inclut une taxe qui alimente un fonds d'investissement géré par l'Association de Développement de la Communauté des Amadiba de la Côte (ACCODA) et est utilisé pour payer les salaires mais aussi pour financer des initiatives de développement communautaire. Au départ, certains membres de la communauté Amadiba hésitaient à s'engager dans ce projet touristique, craignant que l'élaboration de cette piste ne les dépossède de leur terre, comme cela arrive souvent lorsque des étrangers se font construire des maisons dans la région. Mais la communauté a été rassurée quand on leur a garanti que le projet n'affecterait pas ses droits fonciers. Les somptueux estuaires et rivières de la Côte Sauvage se prêtent à de merveilleuses promenades en canoë, à des bains dans des eaux translucides et des cascades étincelantes. Le soir, tous se détendent autour du feu en échangeant des histoires et des rires avec les hôtes et les membres de la communauté.

Localisation

Les bureaux de *Amadiba Adventures* et le début des sentiers sont localisés dans le village de Mzamba Craft Village, à 6km au sud de Port Edward. L'aéroport international le plus proche est Durban et l'aéroport pour les vols intérieurs est à Margate à 28 km au nord de Port Edward.

CONTACT

Mzamba Craft Village,
Main Road Bizana, Port Edward, 4295
P.O. Box 588, Port Edward, 4295
Tel : +27 (0) 39 305 6455. Fax : +27 (0) 39 305 6538
Courriel : amadiba@euwildcoast.za.org
or communitytourism@euwildcoast.za.org
Internet : www.amadibaadventures.co.za • Langue : anglais ou Xhosa

Informations culturelles

Pour une description détaillée de la communauté Amadiba, nous vous invitons à consulter l'article de Zolile Ntshona and Edward Lahiff, *« Community-Based Eco-Tourism on the Wild Coast, South Africa : The Case of the Amadiba Trail »* sur www.ids.ac.uk/slsa

Spenceley, A. (2003) *« Tourism, Local Livelihoods and the Private Sector in South Africa : Case studies on the growing role of the private sector »*.

Séjour recommandé

Thème : Randonnée équestre ou pédestre
Durée : 6 jours.
Coût : basse saison R1650, haute saison, R1710.
Hébergement : Il se fait dans des camps de tentes avec lits et matelas, avec eau chaude et toilettes écologiques, mets locaux.
Conditions requises : accessibles à tous les âges et toutes les conditions physiques
Activités : Sentiers balisés, randonnée à cheval, à pied, en canoë, visite au guérisseur traditionnel (*sangoma*), et nuit dans une famille Xhosa ou Pondo.

IMVUBU NATURE TOURS
(PROVINCE DU CAP-OUEST, VILLE DU CAP)

Texte : **Graeme Arendse,** graeme@imvubu.co.za
Photos : guests Imvubu

À quelques encablures du centre trépidant de la ville du Cap, comme une banlieue bucolique nichée entre montagnes et côte, se love un petit paradis : la Réserve naturelle de Rondevlei. Juste le temps de poser vos bagages et vous voilà pris en mains par le personnel chaleureux et dévoué d'Imvubu Tours, heureux de vous guider dans les merveilleux jardins, de vous laisser jouer avec les porcs-épics... Mais plus que l'époustouflante beauté de la réserve, ce qui saisit le visiteur de Rondevlei, c'est le profond respect que manifestent les employés d'Imvubu Nature Tours pour cette terre et ceux qui y sont nés. Une journée ici, c'est non seulement une parenthèse dans le rythme trépidant de la vie citadine, mais aussi une leçon d'enthousiasme et de bonne gestion démontrée par une communauté dynamique et unie. *Imvubu Nature Tours* s'est créé en avril 2002 grâce à des aides financières de la ville du Cap et du gouvernement du Cap-Ouest. La réserve est la propriété des communautés ; les emplois leur sont réservés en priorité et la préférence est donnée aux entreprises locales. Le traiteur local, depuis qu'il fournit ses services à Imvubu, emploie huit membres de la communauté locale. Le Sommet Mondial du Développement Durable, en 2002, a présenté *Imvubu Tours* comme un exemple en matière de création d'emplois, de formation et d'esprit d'entreprise. Amadiba est certifié FTTSA.

Localisation
À environ 25 km de la ville du Cap, à l'entrée de la réserve naturelle de Rondevlei.

CONTACT

Graeme Arendse or **Joy Bennett**
Imvubu Nature Tours. Rondevlei Nature Reserve
1 Fisherman's Walk. Zeekoevlei, 7941
Tél. : +27 (0) 21 706 0842 • Fax : +27 (0) 21 706 9793
Courriel : info@imvubu.co.za • Internet : www.imvubu.co.za
Langue : anglais

Informations culturelles

La Réserve naturelle de Rondevlei était autrefois à prédominance rurale. Elle s'est peuplée au moment du *Group Areas Act* (dans les années soixante), une politique raciale qui visait à éloigner les populations noires des zones résidentielles de la ville. Les Noirs furent divisés en deux groupes : « les gens de couleur », issus de métissage et à la peau plus claire ; les « Africains » dont la peau était plus foncée. Les zones où ils furent repoussés furent délimitées selon ces lignes de démarcation. Ces identités, fabriquées par une politique raciale, ne recoupent néanmoins aucune réalité culturelle, ethnique. Issus d'origines très diverses, les groupes qui peuplent la réserve de Rondevlei n'ont plus vraiment aujourd'hui d'identité propre. On y trouve un mélange d'influences musulmanes, chrétiennes, indiennes ou encore africaines – encore que cette dernière soit moins marquée. La Réserve naturelle de Rondevlei, gérée par la ville de Cape Town, existe sur le territoire de ces communautés depuis cinquante-trois ans, mais elle ne leur est accessible que depuis dix ans. Dans les programmes éducatifs élaborés pour les « gens de couleur » et les « Africains », aucune place n'était donnée à la protection de l'environnement et de fait, les communautés ne témoignaient pas le moindre intérêt pour la réserve, privilège réservé aux communautés blanches. Toutes les écoles du Cap ont maintenant à leur disposition un responsable formé à ces questions et des programmes de sensibilisation à l'environnement pour un prix réduit de 1 « sar » par élève qui attirent, chaque année, 5000 élèves. Sur l'initiative du directeur de la réserve, le Projet Zeekoevlei (ZEEP, Projet Zeekoevlei pour l'Education à l'Environnement) propose des stages de trois jours destinés aux jeunes, avec accès aux aménagements de la réserve.

Activités

À la journée (consulter le site Internet pour les prix des excursions) : excursions en bateau ; hébergement en camp de brousse sur une île ; randonnée guidée par un interprète ; découverte d'une réserve naturelle en périphérie d'une ville ; éducation à l'environnement, pêche, initiation à la médecine traditionnelle.

Réseau des Villages d'Accueil^{TDS}
(Sud Bénin, Avlékété et Gnidjazoun)

Texte : **Sourou Maetchi,** sourou90@yahoo.fr
Photos : Tourisme & Développement Solidaires

*A*près la réussite incontestable au Burkina Faso, le projet de tourisme équitable en Village d'Accueil^{T.D.S}, conçu par l'ONG française Tourisme & Développement Solidaires pour le Burkina Faso, s'est étendu au Bénin depuis 2004. L'esprit est toujours le même : de petits groupes de voyageurs (douze personnes au maximum) sont invités par une communauté villageoise à découvrir et partager sa vie quotidienne dans le cadre d'un séjour d'immersion d'une semaine environ. Les voyageurs sont logés, au cœur du village, dans un ensemble de cases traditionnelles, à l'image des concessions qui l'entourent. Leur décoration est le fruit du travail des femmes. Son luxe est dans la simplicité et l'authenticité : il n'y a ni électricité ni eau courante (lampes à pétrole et douche au seau) mais la propreté et l'hygiène font l'objet d'une attention constante et de contrôles réguliers. Les repas sont pris en commun sous une vaste paillote. Un bar, des jeux de société, une vaste cour invitent au repos et à la palabre ; une boutique valorise l'artisanat local. En soirée, la cour s'anime pour laisser place à la fête, aux longues parties d'*awalé*, aux causeries improvisées. Pour faciliter cette immersion, l'équipe d'accueil propose chaque jour aux voyageurs un programme varié d'animations adaptées aux événements locaux et à leurs pôles d'intérêts : apprentissage des savoirs-faire artisanaux et culinaires, visites des équipements locaux et rencontres avec leurs responsables (école, dispensaire, groupements féminins...), ballade à pied ou en vélo, excursion en minibus sur la région, soirées récréatives, etc. Comme au Burkina Faso, l'objectif final de ces communautés est de s'ouvrir à d'autres cultures mais aussi de faire de l'accueil touristique un outil pour leur développement, les bénéfices étant réinvestis par un Conseil de Développement dans des projets d'intérêts collectifs.

Localisation

Avlékété en pays Fon, situé à 15 km de Cotonou et de Ouidah, en bord de mer ; Gnidjazoun, situé à 5 km d'Abomey et de Bohicon, à 100 km au nord de Cotonou.

CONTACT

En France

Tourisme & Développement Solidaires

22, Rue du Maine – BP 30613 – 49106 ANGERS Cedex 02

Tél. : 33 02 41 25 23 66 • Fax : 33 02 41 25 08 43

Courriel : contact@tourisme-dev-solidaires.org

Internet : www.tourisme-dev-solidaires.org

Au Bénin

T.D.S. Bénin

c/o Adrien DOMINGO – 01 BP – 1073 COTONOU

Tél. : 229 47 65 87 • Courriel : adriendo@hotmail.com

Informations culturelles

Chaque Village d'Accueil[TDS] est choisi avec soin par Tourisme & Développement Solidaires, en fonction de sa cohésion sociale, son dynamisme et l'intérêt de son patrimoine naturel et culturel. Avlékété est un village de mille sept cents habitants, en majorité des pêcheurs-cultivateurs. Le quartier principal, qui abrite le camp des voyageurs, est bâti sur une petite île de la lagune, accessible par une passerelle ou en pirogue. Un quartier de pêcheurs est implanté à proximité, en bordure de plage.

Avlékété bénéficie d'un environnement naturel exceptionnel, en particulier au plan ornithologique, faisant l'objet d'un plan de protection. Les ressources sont variées ; plantations de cocotiers et de palmiers à huile, maraîchage et cultures vivrières sur les îles environnantes, extraction du sel, pêche en mer et sur la lagune, séchage des poissons. Le vaudou est partout présent, comme dans tous les villages du Sud Bénin.

À proximité, de nombreux sites culturels permettent de diversifier les buts de visites : Ouidah, centre historique de la traite des esclaves avec son musée et sa Plage des Esclaves, Cotonou, capitale économique du pays, Grand Popo, ancienne cité coloniale, le lac Ahémé, etc. Gnidjazoun (2300 habitants) est un village agricole typique du pays Fon, rattaché au domaine royal du Palais d'Abomey distant

seulement de 5 km. On se perdra dans ce palais (classé au Patrimoine Mondial de l'Unesco) et son quartier d'artisans royaux, dans le marché de Bohicon achalandé en produits du Nigéria, tout proche ; on visitera les usines et ateliers de transformation (huilerie, scierie, conserverie), les « *maquis* » qui s'animent le week-end, etc. Autres buts de visite : Porto Novo, la capitale politique du pays est un centre culturel très vivant ; Alada, sa forêt classée et son Palais ; les cités lacustres du lac Nokoué ; les centres de recherche d'agronomie tropicale, etc.

À écouter : « Sonorama, sud du Bénin », documentaire interactif sur les musiques et les danses du Bénin, coffret contenant un dvd-rom, un cd audio, une notice 32 pages, production, réalisation, édition : Cosmonote – www.cosmonote.net/sdb, Coup de cœur 2005 de l'Académie Charles Cros.

Séjour recommandé :

Titre : Séjour Duo : Gnidjazoun/Avlékété
Durée : 16 jours.
Coût total : 1 340 €.
Activités : Formule séjour découverte « Duo », combinant deux séjours d'une semaine chacun dans ces deux Villages d'Accueil[TDS]. À Gnidjazoun, plongée dans le Bénin historique : activités et animations centrées sur la découverte du Royaume d'Abomey, l'artisanat, le vaudou, l'agriculture et les activités de transformation ; à Avlékété, changement de décor : l'eau est partout présente ; activités centrées sur la découverte de ce milieu : la pêche, l'extraction du sel, la faune et la flore. Des excursions sur les sites culturels du sud Bénin complètent les activités menées dans les villages : Abomey, Bohicon, Porto Novo, Allada, Ganvié, Ouidah, Grand Popo, etc.
Dates : consultez le site www.tourisme-dev-solidaires.org ou contactez T.D.S.-voyage.
Saisons : Toute l'année. Organisation de séjours « à la carte » pour des groupes de 8 personnes minimum.
Hébergement : en chambre double, deux personnes par chambre.
Tailles des groupes : 12 personnes au maximum.
Conditions physiques requises : tout public, être en bonne santé, aptitude à vivre avec un confort simple.
Conditions climatiques : 20 à 35 degrés.

LE PROGRAMME CBNRM (PROGRAMME DE GESTION COMMUNAUTAIRE DES RESSOURCES NATURELLES) (BOTSWANA)

Texte : **Brigitte Schuster,** information@cbnrm.bw
Photos : **Jean-Louis Martin,** martin@cefe.cnrs-mop.fr

*A*u Botswana, la plupart des initiatives d'écotourisme se regroupent au sein du Programme de gestion communautaire des ressources naturelles ou CBNRM (*Community based natural resource management*), coordonné par l'Union internationale pour la conservation de la nature (IUCN) et financé par le Fonds mondial pour la nature (WWF). Lancé au Botswana en 1989, cet organisme, qui s'inscrit à la fois dans une stratégie de conservation et de développement durable, fédère aujourd'hui quatre-vingt-trois entreprises communautaires, impliquant neuf districts, cent vingt villages et cent trois mille personnes. Il a pour but d'aider les communautés à gérer elles-mêmes l'exploitation et le rendement de leurs ressources naturelles – la faune sauvage aussi bien que les produits du veld – tout en leur permettant d'en disposer de manière plus durable. Le Fonds pour la conservation de l'enclave de Chobe ou CECT (*Chobe Enclave Conservation Trust*) a été la première de ces entreprises communautaires à rallier le CBNRM, en 1993. Ces entreprises, en particulier dans les régions de Chobe et Ngamiland, génèrent des sources de revenus importantes et créent des emplois tout en familiarisant les communautés avec de nouvelles approches en matière de gestion environnementale – le braconnage, par exemple, a diminué. Malheureusement, les revenus continuent de profiter plus aux compagnies étrangères qu'aux entreprises locales. Les Botswanais sont rares aux postes de gestionnaires. Le défi reste grand : définir des normes sociales et environnementales pour le tourisme ; promouvoir le commerce équitable ; fonder des structures adaptées au suivi des activités.

CONTACT

Brigitte Schuster (coordinatrice)
Private Bag 00300 • Tél : +267 – 3971883 • Fax : +267 – 3971883
Courriel : information@cbnrm.bw • Internet : www.cbnrm.bw

Camp de Gudigwa
(Nord-Est du delta de l'Okavango)

Texte : **Eileen Guttierez,** egutierrez@conservation.org
Photos : Conservation International

*L*es *bushmen* Bukakhwe San ont développé ce projet d'écotourisme en partenariat avec l'ONG *Conservation International* pour donner de nouvelles perspectives aux générations futures. Le Camp de Gudigwa se dresse à la lisière de la savane du nord-ouest du Botswana et du delta de l'Okavango, l'une des plus grandes étendues d'eau douce au monde qui s'évapore dans le désert du Kalahari. Les visiteurs sont hébergés dans des huttes de chaume construites sur le modèle de celles des nomades Bukakhwe. Une journée typique commence par une marche à travers la brousse, ponctuée d'informations sur les insectes, les plantes médicinales, les sources d'eau, la façon de pister l'éléphant et même... le lion. « Bien qu'aucune barrière ne sépare le camp de la nature environnante, nous pensons néanmoins que nos invités se sentiront bien et en toute sécurité dans notre camp », explique Letshogo Tsima, l'un des responsables. » Gudigwa est la propriété du *Bukakhwe Cultural and Conservation Trust*. Les Bukakhwe San se sont installés ici à la fin des années quatre-vingt, dans le cadre d'un programme gouvernemental qui devait leur assurer des services minima de santé, d'éducation et autres avantages publics. Mais en 1999, Gudigwa se retrouvait sans dispensaire, sans école, et sans aucun accès aux marchés voisins. Tout devait s'aggraver encore avec l'installation de barrières vétérinaires barrant l'accès des animaux sauvages aux terres ancestrales Bukakhwe.

Localisation

Gudigwa Camp se trouve à l'extrémité nord-ouest du delta, à quarante minutes en avion de Maun, la capitale, ou à huit heures en voiture dont quatre sur une piste.

CONTACT

Le représentant de *Conservation International* au Bostwana
Courriel : gudigwacamp@conservation.org,
Internet : www.ecotour.org

Informations culturelles

Les plus anciens habitants du Ngamiland étaient des peuples parlant le khoesan, comme les Bukakhwe. Des restes d'outils, datant de l'âge de pierre, retrouvés aux abords du delta, attestent d'une occupation par l'homme de cette région depuis dix mille ans au moins. Les Bukakhwe passaient en général la saison des pluies dispersés dans les zones sablonneuses de la savane, rejoignant les points d'eau permanents (sources ou rivières) à la saison sèche. Là, ils pratiquaient le troc avec d'autres groupes. Ces « familles » se déplaçaient quand le gibier s'épuisait, vivant ensemble pendant plusieurs semaines, voire plusieurs années, avant de se séparer. Il n'y avait pas de figure d'autorité centrale. Chasseurs-cueilleurs, les Bukakhwe tiraient leur subsistance à la fois de la savane et des marais d'Okavango. La réglementation gouvernementale de la chasse a fortement diminué l'activité des chasseurs, mais la cueillette reste l'activité principale des Bukakhwe.

Séjour recommandé

Consulter le site Internet ci-dessus

Durée : 2 jours, 1 nuit.

Hébergement : 8 huttes traditionnelles avec lits, draps et énergie solaire. Les activités se déroulent dans un rayon de cinq kilomètres autour du camp et ne perturbent pas la vie quotidienne des villageois.

Activités : Elles sont comprises dans le séjour et tournées vers la découverte des cultures locales : excursions dans la brousse avec guide pour étudier les plantes médicinales, leur usage ; expéditions pour apprendre à trouver de l'eau dans une zone désertique ou allumer un feu avec les « bâtons » des ancêtres ; démonstrations de danses et de chants propres à la région.

Organisme de soutien

Le Fonds de conservation culturel Bukakhwe (*Bukakhwe Cultural Conservation Trust ou BCCT*), créé en septembre 2000, réunit des membres de la communauté Gudigwa désireux d'améliorer le développement et la gestion de leurs ressources naturelles tout en réduisant la pauvreté. C'est cet organisme qui a créé le concept du Village traditionnel bushman (Bushman Traditional Village ou BTV), qui permet à la fois de répondre aux besoins internes d'une communauté et à la demande extérieure de tourisme culturel.

Ju/'hoansi San, Hambukushu
(Province de Ngamiland, Tsodilo)

Texte : **Karine Rousset**, k.rousset@botsnet.bw
Photos : **Jean-Louis Martin** martin@cefe.cnrs.fr

*S*es extraordinaires peintures rupestres – quelque quatre mille cinq cent – ont valu à ce site, niché dans les replis arides du Kalahari, d'être surnommé « le Louvre du désert » et son classement, en 1991, comme « Site du patrimoine mondial », le premier du Botswana à mériter cette distinction. Le plan de gestion des monts Tsodilo, conçu en 1994 par le Musée National, prévoit à la fois d'y développer le tourisme culturel et d'améliorer les conditions de vie des communautés rurales, tout en respectant les principes de conservation. La mise en œuvre de ce plan est en cours. Un musée, au pied des monts Tsodilo, retrace l'histoire des peintures, vieilles d'au moins cent mille années et qu'un guide local vous fait découvrir. Tsodilo va avoir bientôt davantage à offrir : un centre culturel, géré par la communauté, pour mieux renseigner les visiteurs sur les populations Ju/'hoansi San et Hambukushu qui habitent la région, et sur les Khwe qui furent à l'origine les auteurs de ces peintures. Les guides sont mieux formés et les possibilités d'hébergement varient du simple campement tenu par la communauté au gîte luxueux. Vous comprendrez aisément pourquoi les collines Tsodilo, encore appelées « montagnes des dieux », sont un lieu sacré pour les populations de Ngamiland.

CONTACT

Karine Rousset
TOCADI, PO Box 472, Shakawe, Botswana
Tél./Fax : +267 687 5084/5 • Courriel : k.rousset@botsnet.bw
Internet : www.kuru.co.bw • Langue : anglais

Autres possibilités de réservation :
National Museum, Tsodilo, tél. : +267 6878025

Références

Voices of the San, sous la direction de Willemien Le Roux and Alison White et *Shadow Bird* de Willemien le Roux ; Kwela Books, Cape Town, Afrique du Sud.
courriel : kwelaeditor@kwela.com

Réseau des Villages d'Accueil[TDS]
(Doudou, Koïrézéna, Zigla-Koulpélé et Boala)

Texte : **Pascal Languillon**, planguillon@yahoo.fr
et **Pierre Martin-Gousset**, martin-gousset@wanadoo.fr

Photos : **Pascal Languillon**

« *B*ienvenue mes amis ! Comment allez-vous ? », s'enquiert Mamouna dès notre arrivée au sein du village de Doudou. Quelques heures à peine après notre atterrissage à Ouagadougou, nous voilà plongés dans le cœur de l'Afrique. L'hébergement privilégie cette simplicité. Située en plein cœur du village, la concession des touristes ne bénéficie pas d'un traitement de faveur : ni électricité, ni eau courante dans les paillotes pourtant

impeccablement propres, mais lampes à pétrole et douches au seau. Les repas, savant mélange de plats locaux et de recettes françaises, sont pris en commun et quelques villageois se mêlent à nous. L'atmosphère, authentique, chaleureuse, se confirme au fil des jours. Nous voici maintenant à la découverte de l'artisanat burkinabé avec une première visite chez la potière, suivie d'une rencontre avec les tisserands. Puis la vannière nous montre comment elle fabrique ses paniers tandis qu'un autre groupe nous initie à la réalisation des *bogolans*, tentures peintes à la main. Le séjour inclut également des visites à l'école, et au dispensaire : elles s'imposent, pour se rendre compte des conditions de santé locales.

Localisation

Au Burkina Faso, quatre villages représentant chacun une ethnie différente reçoivent de petits groupes de voyageurs en séjour d'immersion : Doudou, à 150 km à l'ouest de Ouagadougou et à 30 km de Koudougou ; Koïrézéna, à 330 km au nord de Ouagadougou et à 30 km de Gorom-Gorom ; Zigla Koulpélé, à 200 km au sud-est de Ouagadoudou, et à 35 km de Tenkodogo ; Boala, à 150 km au nord-est de Ouagadougou et à 45 km de Kaya.

CONTACT

En France

Tourisme et développement solidaires

22, Rue du Maine – BP 30613 – 49106 Angers Cedex 02

Tél. : 33 02 41 25 23 66 • Fax : 33 02 41 25 08 43

Courriel : contact@tourisme-dev-solidaires.org

Internet : www.tourisme-dev-solidaires.org

Au Burkina Faso

Union Nationale des Villages d'Accueil[T.D.S]

09 BP 239 – Ouagadougou 09

Tél. : 226 50.31.25.94 • Courriel : unva@liptinfor.bf

Informations culturelles

Doudou, en pays Gourounsi, se caractérise par ses concessions circulaires, ceintes de hauts murs en pisé et décorées de fresques en relief. Ce village est célèbre pour ses oignons, cultivés dans de grands jardins circulaires en forme de soleil. La population est majoritairement chrétienne, avec un fond d'animisme encore vivace et une petite communauté musulmane. Zigla Koulpélé, en pays Bissa, doit son nom aux collines qui l'entourent. L'artisanat, particulièrement développé, valorise les ressources locales : le coton pour le tissage ; l'argile et la paille pour la poterie et la vannerie ; le karité pour le beurre et le savon… Les artisans sont organisés par quartier et vendent leur production sur les marchés locaux, très animés en raison de la proximité du Ghana et du Togo. La population y est majoritairement musulmane. Koïrézéna, en pays Songhaï, Peuhl et Bella, se situe en bordure des grands pâturages du Sahel. Fondé au XVe siècle par une illustre famille Songhaï, le village a gardé ses vieux quartiers déployés autour de mosquées, de placettes ombragées et le long de ruelles de sable. Trois ethnies, musulmanes, y cohabitent dans le plus grand respect : les Songhaï, cultivateurs ; les Peuhl, pasteurs sédentarisés et les Bella, anciens captifs des Touareg, réputés pour leurs talents de bijoutier et de maroquinier. Enfin Boala, en pays Mossi, est très peu exposé aux influences extérieures.

Séjour recommandé

Titre : Séjour « découvertes »

Durée : 12 jours, dont 8 jours au Village d'Accueil[TDS].

Coût total : 1290 € tout compris.

Activités : Visites des artisans au travail ; activités physiques, sportives et de détente (tournois de foot, balades à pied et à vélo) ; visites des structures socio communautaires et échanges avec les responsables.

Dates : consultez le site www.tourisme-dev-solidaires.org ou contactez T.D.S. Voyage

Saisons : d'octobre à février et de fin juillet à début août. Possibilité de venir toute l'année pour des courts séjours à partir de Ouagadougou (4 personnes et 2 nuits minimum).

Hébergement : en chambre double avec cabinet de toilette dans un campement en architecture traditionnelle : confort simple et ambiance pittoresque.

Taille des groupes : 12 personnes au maximum ; organisation de séjours « à la carte » pour des groupes de 8 personnes au minimum.

Conditions physiques requises : tout public ; en bonne santé ; aptitude à vivre avec un confort simple et en groupe.

Condition climatiques : 22° à 38° en moyenne.

Autres formules proposées

Une formule « séjour découverte » (durée 12 jours) : 8 jours dans un des Villages d'accueil, complétés par une journée libre à Ouagadougou.

Une formule « séjour et circuit découvertes » (durée 16 jours), associant un séjour en Village d'Accueil^{TDS} avec un circuit touristique dans les campements Touareg du Sahel, au nord, ou à la réserve animalière de Nazinga en bordure du Ghana, au sud (éléphants, antilopes, singes, etc.).

Une formule séjour découverte « Duo » (durée 16 jours) combinant un séjour d'une semaine chacun dans deux Villages d'Accueil^{TDS}.

Organisme de soutien

Les Villages d'Accueil^{TDS} représentent des communautés villageoises qui, avec l'appui de l'ONG française, Tourisme et développement solidaires, se sont organisées pour animer et gérer des séjours axés sur les rencontres et l'échange. Les bénéfices servent à financer des projets de développement d'intérêt collectif. Une Charte du tourisme en Villages d'Accueil^{TDS}, élaborée par les villages, garantit le respect de ces principes. T.D.S. est membre de la Plate-forme du Commerce Équitable. Chaque communauté désireuse d'adhérer au réseau des Villages d'Accueil^{TDS} fait l'objet d'une sélection rigoureuse par l'ONG. Elle doit répondre, notamment, aux critères suivants : cohésion sociale, dynamisme de développement, qualité de l'environnement naturel et culturel, présence des infrastructures de base (école, dispensaire, forages, routes d'accès, artisans, petits commerces) et proximité d'un centre urbain à moins d'une heure. Les villages désignent un conseil de gestion et une équipe d'accueil. Un cycle de formation sur trois ans leur permet d'acquérir les connaissances de base nécessaires à la maîtrise de l'activité. Ils sont fédérés au sein d'une Union Nationale (UNVA) ayant son siège à Ouagadougou, la capitale.

LA CASE D'ALIDOU,
« AU PAYS DES HOMMES INTÈGRES »
(PAYS BISSA)

Fiche rédigée collectivement par **Chantal, Christian, Eliane, Vincent,** tous bénévoles de l'association La Case d'Alidou et guides des groupes de voyageurs au départ de la France. Elle a été coordonnée par **Chantal Guyot,** chantalguyot@wanadoo.fr

*L*a Case d'Alidou est une longue histoire d'amitié. Elle commence en 1980 quand un garçon Burkinabé, Carime Yigo, arrive en France et rencontre Christian Feid, un jeune provençal qui l'accueille dans sa famille. Quelques années plus tard, quand Carime retourne pour quelques semaines dans son village natal de Gon Boussougou, Christian est du voyage. L'accueil, après la longue absence de Carime, est extraordinaire. Christian, très touché, y revient tous les ans, tissant des liens très forts avec cette famille et les villageois. En partenariat avec la ville de Manosque, il s'engage dans une action « humanitaire » : la construction de la maternité du village. En avril 2002, sous les manguiers du village, la famille Yigo et Christian évoquent l'idée d'un lieu ouvert aux voyageurs. En quelques mois, une association se crée en France pour soutenir le projet et financer son aménagement. Une première concession de cases traditionnelles est construite par les villageois et la famille Yigo s'organise pour accueillir les premiers visiteurs : Mariatou s'occupe de l'intendance ; Koudougou, des relations publiques... Ils entraînent des hommes et des femmes de leurs quartiers : Marcel, Ato, Draman, Gaston, Aminata, Marcelline et les autres ! En tout, une quarantaine de familles sont impliquées : agriculteurs et mères de familles pour la plupart. Sans formation ni conseils, ils ont compris, au fil des séjours, ce que ces voyageurs viennent chercher auprès d'eux : « *Un voyage vers l'essentiel ; une rencontre entre Blancs et Noirs haute en couleurs ; des sourires, des mains qui se tendent ; tant d'émotions, de respect et de simplicité...* », comme ils l'écrivent sur le livre d'or. En contrepartie, ces voyageurs aident à remplir les caisses du village. Grâce aux 15 % du montant des séjours reversés au village, une nouvelle école va bientôt ouvrir ses portes. La Case d'Alidou a construit un pont vers l'Afrique comme Carime, Christian et les autres en avaient rêvé.

Localisation

Le village de Gon Boussougou est situé à 150 km au sud-est de Ouagadougou. On y accède par une route goudronnée jusqu'à Manga, puis une piste conduit au village. La prise en charge des visiteurs se fait à l'aéroport de Ouagadougou.

CONTACT

Passer par l'association La Case d'Alidou, en France
La Case d'Alidou
3, avenue Moulin-les-Metz 69630 Chaponost • Tél. : 33 04 78 05 07 34
Courriel : info@case-alidou.com • Internet : www.case-alidou.com

Informations culturelles

Ancienne « Haute Volta », le pays a été renommé, en 1984, par le président révolutionnaire, Thomas Sankara, qui souhaitait tirer un trait sur la colonisation et sur des années de corruption. Burkina Faso signifie « le pays des hommes intègres ». Il a d'ailleurs échappé aux guerres civiles et tribales, à la différence de ses voisins. Gon Boussougou, préfecture du département, est un village de tradition agricole de dix mille habitants. Des « concessions » de cases traditionnelles, disséminées parmi les champs de mil et d'arachides, les manguiers et les baobabs, forment le village dont la vie est régie par un chef coutumier, en liaison avec l'administration civile. Ici, le mot « concession » rappelle que la terre sur laquelle on construit sa case n'est pas une propriété privée, mais une parcelle concédée par le chef. L'aspect des cases varie selon les ethnies. Elles sont traditionnellement en *banco*, terre d'argile mélangée à du sable ou de la paille, et surmontées d'un toit conique en paille tressée. Soumises aux intempéries, elles sont reconstruites tous les cinq ans environ avec la même terre, malaxée avant de resservir de matériau de construction. Depuis quelques années, le village permet à ses habitants de devenir propriétaires d'un terrain. Les Bissa représentent l'ethnie dominante dans le département, suivis par les Mossi et les Peuhl. De religion catholique ou musulmane, les Bissa restent très imprégnés d'animisme. Une grande tolérance caractérise ces ethnies. Ainsi, la famille Yigo compte des musulmans et des catholiques qui vivent ensemble, dans la même concession. De nombreux besoins sont recensés dans le plan de développement du village. Seul un enfant sur trois va à l'école, dans des classes surchargées (100 à 150 enfants). Les récoltes de mil ou d'arachides sont faibles, les puits insuffisants. Il n'y a ni eau

courante ni électricité, un dispensaire mais sans médecin. La médecine tradi-tionnelle a longtemps répondu aux besoins sanitaires des communautés avant que les colonisateurs ne l'interdisent. Son exercice, toléré après les indépen-dances, a été reconnu officiellement en 1994. Les tradipraticiens opèrent aujour-d'hui en toute liberté.

Séjour recommandé

Titre : **Séjour à la case d'Alidou**

Durée : 8 à 10 jours.

Prix : compter de 360 à 400 € pour une durée de 7 à 9 jours. Sont inclus : la pen-sion complète ; le transport de Ougadougou jusqu'au village.

Activités : Le séjour propose une immersion progressive dans le village : saluta-tions au chef et visite du village ; promenade au lac de Zourmakita ; journée à la rencontre des savoirs traditionnels : forgerons, potiers, tradipraticiens ; pêche avec les riverains du lac de Bagré et les nomades Peuhl. En vérité, chaque séjour est différent et s'élabore en fonction des groupes, de leurs goûts, de la saison, des évènements exceptionnels de la vie du village, des impré-vus...

Dates : d'octobre à février

Hébergement : Dans la concession de la Case d'Alidou, quartier des forgerons, à 800m du centre du village et à proximité de la famille Yigo. La concession est composée de six cases. Le confort est simple, mais respecte les conditions d'hygiène essentielles. Chaque case se compose d'une cour fermée et ombra-gée, d'un coin douche (seau et calebasse), de matelas et moustiquaires pour quatre personnes.

Services : Pension complète et animations.

Taille des groupes : 15 personnes au maximum.

Conditions physiques requises : tout public et tous âges (à partir de 6 ans).

Conditions climatiques : octobre/novembre : 30°, humide ; décembre/début jan-vier 20 à 25°, frais la nuit ; février 30 à 35°.

Recommandations : Ne pas oublier la vaccination contre la fièvre jaune, préven-tion paludisme.

Projet de Développement Rural de Belo
(Région de Boyo, Nord-Ouest)

Texte : **Métilde Wendenbaum,** m.wendenbaum@eceat-projects.org

Photos : **Godwin Mawoh,** berudep@yahoo.com

*L*e Programme de développement rural de Belo (BERUDEP ou *Belo Rural Development Project*) a été lancé en 1990 pour tenter de remédier à la pauvreté dans cette province du nord-ouest, naturellement prédisposée au tourisme avec ses hôtes accueillants et ses paysages extraordinaires. Les visiteurs sont invités à partager la vie des villages qu'ils choisissent. Ils vont chercher l'eau avec les enfants, pilent le maïs *fufu* pour le dîner, explorent les cascades, les grottes, montent à cheval, traient les vaches, grillent le maïs autour du feu... Les familles d'accueil, choisies en fonction de leurs références personnelles, ont toutes suivi des cours de formation BERUDEP, l'hygiène et la sécurité faisant notamment

l'objet d'une surveillance toute particulière. Le nombre de personnes vivant dans le lieu d'hébergement varie entre dix et quarante-cinq. Les membres des familles sont agriculteurs, éleveurs, artisans, pasteurs ou fonctionnaires. Les maisons sont en briques de boue, ou modernes avec tout l'équipement occidental et l'électricité. Il y a l'eau mais la plomberie n'est pas toujours fiable et on se lave le plus souvent à l'aide d'un seau. Les bénéfices des séjours sont directement redistribués aux autochtones par BERUDEP.

Localisation

La région de Boyo est située à 60 km de Bamenda, la capitale de la Province du Nord-Ouest.

CONTACT

Godwin Mawoh
P.O.Box 10, Belo, Boyo Divison, NWP, Cameroun
Tél. : (237) 760-1407 ou (237) 732-3407
Fax : (237) 772 7265 ou (237) 760 1407
Courriel : berudep@yahoo.com, mawoh7@yahoo.com
Internet : www.berudep.org

Autres lieux de réservation
tch-voyages en France
15, rue des Pas Perdus – B.P. 8338 – 95804 Cergy St. Christophe
Tél. : 33 (0) 8 92 68 03 36 (service rapide)
Tél. : 33 (0) 1 34 25 44 44 • Fax : (33) 01.34.25.44.45
Courriel : informations@tch-voyage • Internet : www.tch-voyages.fr

Informations culturelles

Deux grands peuples vivent dans la région : les Kom, chrétiens pour la plupart, et les Fulani, musulmans. Kom est aussi le nom de la langue parlée par ceux qui peuplèrent d'abord la région, une des nombreuses tribus Tikari dispersées à travers toute l'Afrique de l'Ouest. Les marchés ont lieu tous les huit jours et personne ne va aux champs le dimanche ni les jours dits « dimanches de campagne », jours fériés du sabbat. Cette tradition, très respectée il y a encore vingt ans, n'est plus aussi stricte. Les Kom de la région de Boyo sont des fermiers et le maïs leur culture principale. Les maisons rassemblées en hameaux sont appelées *compounds*. Si un homme a plus d'une femme (il était courant autrefois d'avoir quatre ou six épouses), alors chaque femme a sa propre maison et le mari a la sienne. La nourriture de base est le *fufu* et le *njamajama*, un mélange de maïs bouilli et de légumes bouillis rappelant les épinards. Les Fulani, eux, sont d'anciens nomades issus de différentes régions du Sénégal et du Mali. Ils forment aujourd'hui une population importante, concentrée surtout dans le nord du Cameroun. Ils parlent un dialecte arabe appelé le *fulfude*. Traditionnellement gardiens de troupeaux, ils se sont mis à l'agriculture et obtiennent de bons rendements en utilisant la bouse de vache comme engrais. Ils peignent l'extérieur de leurs maisons avec une peinture à base d'argile et utilisent une mixture de bouse de vache et de cendres pour les sols intérieurs. Ils sont très accueillants et expansifs. La province du nord-ouest est l'une des deux provinces où l'on parle l'anglais, les huit autres provinces utilisant le français comme deuxième langue après les langues locales.

Séjour recommandé

Titre : Séjour chez l'habitant et randonnée
Durée : 3 jours
Saisons : été comme hiver
Dates : de novembre à février pour les danses et festivals
Coût : US $64 pour 3 jours par personne en demi-pension
Hébergement : Maisons traditionnelles ou semi modernes
Activités : Visites guidées dans les villages, au marché, à la cascade. Participation à des chantiers et travaux collectifs de construction, à des réunions et des discussions, à l'apiculture. Randonnées équestres et pédestres.

ÎLE DE MOHÉLI
(PARC MARIN DE MOHÉLI)

Texte : **Fabien Paquier,** fpaquier@free.fr
Photos : **Pascal Languillon,** planguillon@yahoo.fr

*S*ur la plage, les vagues déferlent sous la lumière de la lune. La marée monte. Soudain, le guide, assis près de moi, me souffle : « Elles arrivent ! » Deux masses sombres s'extraient lentement de l'eau, à quelques mètres l'une de l'autre. Les grandes tortues vertes ont commencé leur périlleuse ascension. Périlleuse, car les tortues sont la cible d'un intense braconnage, même s'il recule aujourd'hui grâce à la communauté de l'Île de Mohéli qui a su se rassembler pour protéger son patrimoine naturel. Une des tortues a atteint le bout de la plage et commence à pondre. C'est le moment où on peut l'approcher sans trop la déranger : étrange émotion que de regarder cet animal massif, si fragile hors de l'eau, pondre patiemment sa centaine d'œufs ronds et blancs. Tant de sagesse dans ses yeux ! Mon guide me prévient que la tortue a fini sa ponte. Commence alors le long rituel pour reboucher le trou dans le sable, effacer les traces de son passage. Quelques minutes plus tard, je vois la carapace verdâtre disparaître dans les flots. L'aube est là et la grande tortue verte est rendue à son élément.

Le Parc marin, créé en 1999, est né d'un partenariat entre les autorités et les communautés villageoises. C'est la première aire protégée des Comores. À partir de ce réseau de bungalows villageois, on peut faire des randonnées en forêt, à Ouallah, sur la trace des grandes roussettes noires de Livingstone (les plus grandes chauves-souris au monde, endémiques à Mohéli) ; des promenades dans les champs pour y cueillir des clous de girofle et du poivre ; des sorties en mer, des pique-nique sur les îlots, de la plongée en apnée parmi les récifs coralliens... La Maison de l'écotourisme de Mohéli, récemment créée avec l'appui de fonds européens, permet d'organiser son séjour sur l'île.

Localisation

L'Île de Mohéli est une des trois îles de l'Union des Comores. Située entre Madagascar et l'Afrique, elle est accessible par avion depuis Moroni, la capitale des Comores (vol de vingt minutes). Une route fait le tour de l'île. Sur place, on peut se déplacer en taxi-brousse ou louer un minibus.

 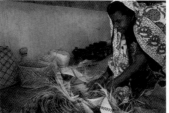

Maison de l'écotourisme de Mohéli
Bandar Es Salam – Mohéli, Comores • Tél. : consulter le site Internet
Courriel : contact@moheli-tourisme.com
Internet : www.moheli-tourisme.com • Langue : français

Informations culturelles

Les habitants de Mohéli (trente-cinq mille personnes) sont essentiellement des pêcheurs et des cultivateurs d'épices : girofle, vanille, cannelle, noix de muscade... L'ylang-ylang, très parfumé, et le café y sont aussi cultivés. De juillet à septembre, les Comoriens célèbrent les « Grands Mariages », occasion pour les couples d'âge mûr de rappeler leur union. Ces cérémonies auxquelles le visiteur ne manquera pas de participer s'organisent sur plusieurs jours : repas, danses et chants traditionnels, tam-tam des bœufs. Les Comoriens sont musulmans. L'islam, aux Comores, se serait implanté au XIIIe siècle.

Pour plus d'informations, consulter le site : www.comores-online.com. Lecture conseillée : *Mohéli une île des Comores à la recherche de son identité* par Claude Chanudet et Jean-André Rakotoarisoa, éditions L'Harmattan, Paris, 2000.

Séjour recommandé

Titre : « À la découverte de l'île nature »
Durée : 6 jours/5 nuits.
Départ : toute l'année.
Prix : 10 € par nuit, 10 € de repas par jour. Les excursions, les transports, visites guidées ou en bateau, sont en sus. Compter environ 300 € les 6 jours pour une personne ; environ 450 € les 6 jours pour un couple, transports et visites compris.
Activités : visite de plantations d'épices, randonnées, sorties en mer avec visite des îlots et observation des baleines à bosse ; plongée, repas de poissons, langoustes.
Hébergement : dans des bungalows gérés par les associations villageoises de six communautés, tout autour de l'île. Confort rustique, très sommaire, mais propre et assez charmant. Il y a entre 2 et 8 bungalows par site en fonction du village.
Taille des groupes : 10 personnes.
Conditions climatiques : chaud et sec de mai à octobre ; chaud et humide (pluies fréquentes) de novembre à avril.

Sud-Nord : un itinéraire solidaire entre Issa et 'Afar

Texte et photos : **Alain Laurent,** t2d2@wanadoo.fr

*L*e village d'Assamo possède deux grands atouts. Deux hommes dont aucun voyage ne permettra de mesurer complètement l'importance : Daher Obsieh, jardinier, dit « *Double mètre* » ou « *Rechpech* »,

philosophe exubérant et idéaliste, globe-trotter dans sa tête et dans la vie, et Nicolas Prévot, sanglier des Ardennes, obstiné et plein de talents, dont le moindre serait une science étendue de l'agronomie tropicale. Le résultat ? Une coopérative agricole (les confitures d'Assamo, une première pour Djibouti !) ; un gîte appelé « Ecostation », lieu d'accueil mais aussi de travail et de promotion de l'artisanat régional ; et une formule originale de caravanes chamelières : les « Caravanes des Askas » qui toutes, à l'amble des dromadaires bâtés et harnachés pour le portage, permettent de découvrir le mode de vie pastoral des Issas-Somalis. Mais ces deux compères ne sont pas seuls. Dans le nord et à l'ouest, Daoud Ahmed Daoud à Ardo ; Houmed, Kamil, Ali Houmed à Bankoualé ; Houmed Loïta au lac Abhé ; Abdallah Hassan à Sismo et Yab Saleh à Ras Bir sont, chacun à leur manière, des pionniers et, comme on dit, des « personnes ressources » dont le sourire, qui n'a rien de commercial, cache une volonté de fer, un sens de l'organisation et le désir de créer ce fameux – et si rare ! – développement « endogène ».

Mais au fond, qu'est-ce qui peut distinguer ce séjour d'un quelconque produit touristique de niche ? ALTICOBA21 : l'Agenda 21 Local Tourisme Issu des Communautés de Base. Dit comme cela, rien de très parlant ! Mais, dans la réalité, ce sont mille petits faits et gestes : à partir d'un problème de crue, réfléchir, à Ardo, avec Daoud, sur les causes de la déforestation du Goda ; construire tant bien que mal ces fameux micro-barrages d'Assamo pour résoudre, durablement, le problème lancinant de manque d'eau : Daher en sera l'exégète éloquent ; pratiquer le tourisme lent, au pas d'un âne impassible, en compagnie de Djilani qui expliquera comment la communauté d'Adaïlou, berceau de la culture afare, met, prudemment, son passé à la portée d'amis visiteurs.

Localisation

L'itinéraire complet part du sud (Assamo) vers l'ouest (lac Abhé) puis revient vers le golfe de Tadjoura (lac Assal, Ghoubet-al-Kharab), monte dans le Goda (Adaïlou, Bakoualé, Ardo) et se poursuit vers le Mabla (Sismo) et Obock (Ras Bir).

CONTACT

Nicolas Prévot à Djibouti

Depuis l'étranger au (253) 82 53 18 ou depuis Djibouti au 82 53 18
Courriel : nicaddla@yahoo.fr, t2d2@wanadoo.fr
Internet : www.t2d2.com et www.alticoba21.com
L'agence djiboutienne ATTA est partenaire : (253) 35 48 48
BP 1181. Place Lagarde, Djibouti, République de Djibouti
Gardez à l'esprit que l'entreprise est collective et que c'est plutôt une chaîne de solidarités qui vous prend en charge.

Informations culturelles

Les 'Afar et les Issa forment la majorité de la population de la République de Djibouti, indépendante depuis 1977. Leurs ancêtres, décrits dès la plus haute antiquité égyptienne par les scribes de la reine Hatchepsout au début du XVe siècle avant Jésus-Christ, habitaient le pays de « Pount », appelé plus tard pays de « Koush », d'où ce nom de peuples « couchitiques ». Au nord et à l'ouest, les 'Afar (le « ' » est un son de gorge), pasteurs itinérants, deviennent progressivement sédentaires, propriétaires familiaux, claniques ou tribaux de leurs terres. La région d'Adaïlou est le berceau des Adal, là où la légende (ou l'histoire ?) dit que les tribus afares se sont créées et les lois traditionnelles élaborées. À quelques kilomètres du village d'Adaïlou, le mont *Diir* incarne une ancienne religion précédant et coexistant un temps avec l'islam, unique religion aujourd'hui. Probablement introduit en Dankalie au Xe siècle par des prédicateurs venus d'Arabie, il a dû en effet s'imposer face à cette religion beaucoup plus ancienne, bâtie autour de *Diir* (ou *Waq*), le dieu de la nuit. Cette vénération, très pratiquée par les peuples de la Corne de l'Afrique, s'est poursuivie jusque dans les années soixante-dix. Au sud, les Issas, une des six confédérations tribales de la mosaïque somalienne, sont des pasteurs transhumants qui découpent leur pays selon le type de végétation, la luminosité et la couleur des roches : *Galool-Joog* (joog signifie « être là ») est la zone des acacias côtiers *galool* au nord-est, et *Binin-Joog* est la zone du *binin*, arbuste verdissant après les pluies ; *Cassaa-Joog* désigne les reliefs rouges et ocres de la région entre Ali-Sabieh et le village d'Assamo, et *Qorax-Joog* recouvre les zones les plus arides où le soleil est intense. Ces expressions désignent aussi les différents clans tribaux issa qui parcourent ces espaces. Ce sont enfin des zones culturelles d'intermariages.

Séjour recommandé

Titre : « Djibouti-Une Mosaïque d'hommes, de femmes, de cultures et de nature »
Durée : 7 jours et 6 nuits : Assamo (1 nuit), lac Abhé/As Boleh (1 nuit), lac Assal, Adaïlou (1 nuit), Bankoualé/Ardo (1 nuit), Sismo (1 nuit), Ras Bir (1 nuit) et

Djibouti par boutre ; ou 14 jours et 13 nuits : Assamo (2/3 nuits), lac Abhé/As Boleh (1 nuit), Adaïlou-caravane asine (2/3 nuits), Bankoualé Ardo (2/3 nuits), Sismo (1/2 nuits), Ras Bir (1 nuit), Djibouti par boutre.

Prix : 7 jours : 675 € par personne pour la durée du séjour sur une base 8 personnes ; 790 € pour les groupes inférieurs à 6 personnes.

14 jours : 1400 € par personne pour les groupes de 8 personnes, 1630 € pour les groupes inférieurs à 6 personnes.

Vol en supplément (compter 800 € par personne). Paiement en totalité 15 jours avant le circuit. Il est conseillé de prendre une assurance rapatriement.

Activités : Excellent échantillonnage des richesses naturelles du pays : le massif du Goda, les palmiers géants et endémiques de Bankoualé, les trois gazelles emblématiques des zones arides de la Corne de l'Afrique, l'avifaune des vallées et des zones humides du lac Abhé.

Randonnées pédestres naturalistes. Observation des rarissimes gazelles beiras. Participation aux activités quotidiennes : au village d'Ardo par exemple, confection d'objets usuels ou artisanaux ; à Assamo, travaux agricoles et jardinage. Piste d'Henry de Monfreid à Sismo, gravures rupestres protohistoriques. Utilisation des plantes médicinales, ethnobotanique.

Saisons : D'octobre à avril, saison fraîche.

Hébergement : Cases traditionnelles (*daboïtas* ou *dassos*), cases éthiopiennes (*toukouls*), plus une chambre d'hôtel à Djibouti.

Accès : Une fois sorti de l'aéroport, le relais se fait en 4x4 tout au long de l'itinéraire.

Taille des groupes : 8 personnes maximum.

Conditions requises : Tout public, de préférence en bonne santé.

Conditions climatiques : Chaleur forte en milieu de journée, fraîcheur (et petite bruine possible) le soir et la nuit en altitude.

Précautions à prendre : Traitement anti-paludique.

Djibouti la méconnue :
LES CAMPS DJIBOUTIENS

Texte et Photos : **Dominique Lommatzsch**, dominique.lommatzsch@cceaf.fr

*L*e tourisme à Djibouti est très récent. Il doit son originalité à la volonté d'ouverture et de développement des Djiboutiens eux-mêmes, particulièrement créatrice. Il est possible de faire le tour du pays en séjournant exclusivement dans ces camps parfaitement intégrés à la vie locale.

Dittilou et l'Agence Caravane de Sel.

Inauguré en 1987, le campement de Dittilou a été le premier circuit organisé par et pour les populations afar pour éviter l'exode rural, à l'initiative d'un ingénieur agronome, natif de la région, Baragoita Saïd, et en accord avec les chefs coutumiers. Créée en 1996, l'agence " Caravane de Sel " fut la première structure officielle de tourisme intégré à Djibouti. Elle propose des circuits à thème sur l'ensemble du territoire national. Ainsi cette randonnée Dittilou suit le trajet traditionnel d'une caravane afar, ramassant le sel sur l'extraordinaire « banquise » du lac Assal pour l'échanger en Éthiopie contre des céréales. Ce projet, une réussite, a servi d'exemple aux autres caravanes touristiques qui se sont multipliées sur le territoire de Djibouti à partir des années quatre-vingt-dix.

Localisation

La région du Day, que traversent les caravanes, est située dans le secteur montagneux du mont Goda, sur la côte nord du golfe de Tadjourah. Ce microclimat abrite une forêt primaire en voie d'extinction, très riche en biodiversité – francolin, léopard, palmier de Bankoualé... 80 % des espèces animales et végétales de Djibouti sont concentrées dans cette région où l'on peut admirer aussi de splendides gravures rupestres et des tumulus attestant de son occupation très ancienne par l'homme.

CONTACT

Au départ de France, **l'Association Dijbouti Espace Nomade**
64, rue des Meuniers, 93100 Montreuil
Courriel : aden@club-internet.fr leur sert de relais pour se faire connaître et aussi pour aider les groupes ou individuels à monter un circuit • Tél. : 33 01 48 51 71 56
Baragoita Saïd ou **Houssein Med Houssein**
Tél. : 253 81 04 88 ou 83 81 36 • Courriel : caravane@intnet.dj

Hébergement : dans des *daboita* plus ou moins rudimentaires avec, parfois, des lits de camp. Douches, toilettes et restaurant.

Le Camp de Bankoualé. L'originalité de Bankoualé est son centre apicole. Le campement a été créé par l'Association pour le Développement intégré de l'Environnement, formé par des jeunes de la région et dont l'animateur est le très entreprenant Houmed Ali.

Contact : Houmed Ali, tél. : 253 81 41 15

Courriel : ahoumed1@caramail.com

Le Camp de Bara Barey. Niché à 1 500 m d'altitude dans le Mont Goda, il offre un magnifique panorama sur le golfe de Tadjourah jusqu'au Lac Assal. L'association Jeunesse pour le Développement et le Progrès, formée de jeunes natifs du district, a conçu ce camp pour tenter de limiter le surpâturage et financer un fonds de protection de l'environnement.

Contact : Mohamed Ali, tél. : 253 81 53 46

Courriel : aramista@caramail.com en France, aden@club-internet.fr

Le Camp du Goda. L'initiateur de ce camp, situé à l'entrée du village de Randa, est un enseignant du Pôle Universitaire de Djibouti. C'est une des entreprises communautaires les mieux structurées du pays. Les visiteurs contribuent à l'approvisionnement des habitants de la région en médicaments, couvertures, livres, vêtements.

Contact : Ermano, tél. : 253 83 08 04 • Courriel : ermanofr@yahoo.fr

Mais encore :

Le camp d'Obock : Située dans le nord-est du pays, Obock est une ville historique de l'époque coloniale, résidence du premier gouverneur français, Léonce Lagarde, que hante encore le souvenir d'Henry de Monfreid et d'Arthur Rimbaud. Hélas, cette ville a énormément souffert de la guerre civile des années quatre-vingt-dix. Les habitants d'Obock essaient aujourd'hui de la reconstruire. D'où la création de ce camp, seul lieu d'hébergement touristique de toute la région.

Contact : Abdou Mohamed Bourhan, tél. : 253 81 60 34

Courriel : takael_boys@hotmail.com ; en France : aden@club-internet.fr

Le camp d'As Boley. À environ 160 km au sud-ouest de Djibouti, au bord du lac Abhé, une forêt de cheminées calcaires entourées de sources d'eau bouillonnante vous attend. Quand vous réservez, retenez un guide qui partira avec vous soit de Djibouti, soit de Dikkil, soit d'As Eyla.

Contact : Houmed Loïta, tél. : 253 82 22 91 • fax : 253 35 72 44

Courriel : houmed_loita@yahoo.fr

LES DERNIERS NOMADES 'AFAR DE L'AOUSSA

Texte : **Alain Laurent,** t2d2@wanadoo.fr

Photos : **Alain Laurent, Nicolas Prévot, Pascal Lluch**

*F*évrier 1986. 11°C dans le vent et la brume du haut plateau du Gammari, à la frontière entre Djibouti et l'Éthiopie. Il fait froid. Au loin, très loin, au pied de l'immense falaise, des colonnes de fumée sourdent d'une mosaïque verte, bleue, grise, indistincte et vibrante de chaleur. Les lacs incertains de l'Awash, que l'on dit disparus. « *Un jour je serai*

là-bas... » Novembre 2002. 34°C. La colossale falaise jaillit, quasi-verticale, des bords du lac Oudoummi et bouche l'horizon de sa masse invraisemblable. Des cormorans veillent. J'attends ces instants depuis plus de quinze ans : marcher sur les traces de Wilfred Thesiger, le découvreur britannique de ces terres mythiques, farouches et dangereuses. Un rêve de jeunesse, venu d'une adolescence éthiopienne.

C'était... hier, en avril 1934 : « *C'est grisant de penser que j'ai pénétré dans un pays auquel nul homme blanc n'avait eu accès avant moi.* » (lettre de Wilfred Thesiger à sa mère, 15 avril 1934). Il faut dire qu'aucun Européen n'était revenu vivant des expéditions de Münzinger en 1875, de Giuletti en 1881 et de Blanchi en 1884. Aujourd'hui Moussa et Nicolas Prévot, l'homme du tourisme solidaire de Djibouti (voir la fiche Djibouti, Village d'Assamo), proposent une caravane chamelière « grand format » qui, pour partie, redécouvre l'itinéraire de l'explorateur, Hamadou Assou, chamelier de la caravane de mars 2003, a pu, grâce à cette unique participation, nourrir sa famille et la parentèle de passage pendant un mois, acheter un soc, louer deux bœufs et planter un champ de maïs en employant deux ouvriers. Moussa l'instituteur et ses collègues de la petite école française d'Ayssayta sont en partie rémunérés grâce à leur travail d'interprétariat et à l'organisation de la caravane. La suite s'écrira probablement avec *Dara* (« la source », l'association partenaire fondée par les instituteurs), Mission Enfance, une ONG monégasque... L'espoir est que la jonction avec le site d'As-Boleh, au nord du lac Abhé, à Djibouti, permette de faire vivre une démarche de développement transfrontalière, à partir d'une caravane – symbole de paix et de fraternité.

Localisation

Dans l'État Régional Afar, limitrophe de la frontière de Djibouti. Le départ de Djibouti, via l'Écostation d'Assamo au sud du pays, offre l'avantage d'une double vision : celle du monde issa-somali – ouvert, communautaire et collectif – puis celle du monde afar fermé, territorial et hiérarchique.

CONTACT

Nicolas Prévot. Il vit à Djibouti. Depuis l'étranger : (253) 82 53 18
Courriel : nicaddla@yahoo.fr ou t2d2@wanadoo.fr.
Internet : www.t2d2.com et www.alticoba21.com

Informations culturelles

L'époque récente a été caractérisée par la politique de sédentarisation forcée du régime marxiste de Mengistu Haïle Mariam et l'intensification de la culture du coton, introduite en 1954. Les conséquences néfastes sur l'environnement sont visibles, la plus spectaculaire étant une réduction de plus de 45 % de la surface du lac Abhé entre 1950 et 1988.

Séjour recommandé

Titre : « **Le circuit Wilfred Thesiger** » (caravane chamelière).

Prix : 1095 € pour les groupes de 7 personnes, 1270 € pour les groupes entre 8 et 14 personnes. Vol en supplément (compter 800 € par personne).

Activité : Le trek Wilfred Thesiger est une randonnée pédestre. 15 à 18 km de marche par jour dans des conditions assez faciles. Découverte du mode de vie Issa-somali à Assamo (Djibouti) et 'Afar en Ethiopie : agriculture, fabrication de charbon de bois, élevage, commerce, marchés, approvisionnement en eau. Randonnées naturalistes : reptiles (crocodiles, varans…), oiseaux et mammifères nombreux (hyènes, phacochères, singes, hippopotames…).

Hébergement : Dassos à Djibouti ; bivouacs et belle étoile le reste du temps.

Accès : Une fois sorti de l'aéroport, la prise en charge se fait en 4x4.

Taille des groupes : 10 personnes au maximum.

Conditions requises : Bonne condition physique. La marche est assez facile mais le rythme est celui de la caravane et des caravaniers.

Conditions climatiques : Chaleur forte en milieu de journée. Nuits plus clémentes, parfois quelques moustiques.

Précautions à prendre : Traitement anti-paludique.

COMMUNAUTÉ DU NORD WOLLO
(RÉGION DE AMHARA, ZONE NORD DE WOLLO)

Texte et photos : **Mark Chapman,** chapman@ethionet.et

*L*es sites de Mequat Mariam et Wajela, perchés sur un promontoire de 3 000 mètres d'altitude, en Wollo Nord, abritent le peuple Amhara, de religion chrétienne orthodoxe. Le long des escarpements qui vous y mènent, les oiseaux de proie tourbillonnent dans les colonnes d'air chaud et les babouins Gelada bondissent le long de la falaise. De jeunes bergers surveillent leurs troupeaux tandis que leurs pères labourent les champs et que leurs sœurs, munies de pots en terre, vont chercher l'eau – tout cela sans l'ombre d'un autre visiteur en vue. Dans les montagnes basaltiques, autour de Lalibela, se nichent de splendides églises du XII⁰ siècle.

Localisation

Mequat Mariam et Wajela sont situées dans le district administratif voisin de Lalibela, le Meket Woreda. Les véhicules 4x4 restent le meilleur moyen de circuler même si la location est chère. Il faut compter environ US$ 280 pour un trajet allant de Meket jusqu'à Bahir Dar ou Gondar.

CONTACT

Mark Chapman
C/O Save the Children UK, PO Box 7165, Addis Ababa, Éthiopie
Tél. : 251 1 14 05 3/23 38 40 • Portable 251 9 41 64 52
Courriel : Chapman@ethionet.et, c/c à Mark.cassandra@gmail.com et info@community-tourism-ethiopia.com
Internet : www.community-tourism-ethiopia.com
Autres contacts – TSD Travel, Dawit ou Seble
tdstravel@ethionet.et ou tél. : 251 1 61 00 83 • Langue : anglais

Informations culturelles

La religion chrétienne orthodoxe, ou copte, s'est établie sur ces hauts plateaux éthiopiens il y a plus de mille six cents ans. L'orthodoxie éthiopienne se caractérise par une foi manifeste dans tous les aspects de la vie quotidienne, d'ailleurs souvent très dure pour les agriculteurs. Le rendement des terres est très faible et de l'aide alimentaire a dû être acheminée dans cette région ces deux dernières décennies. Les agriculteurs ne sont pas autorisés à posséder des terres, bien qu'ils jouissent de droits d'usage, et ne disposent pas d'un capital qui pourrait

leur permettre d'investir dans des améliorations. La quête de nouvelles sources de revenus, moins précaires que celles issues de l'agriculture, est donc devenue une priorité. L'écotourisme pourrait remplir cette fonction. On note parmi les grands festivals du calendrier orthodoxe : le Timkat, souvent reconnu à tort comme l'Épiphanie éthiopienne, célébré le 19 janvier. Pendant toute la période qui précède le Noël éthiopien (7 janvier) et jusqu'au Timkat, les villes du nord de l'Éthiopie sont pleines de monde. Pâques (célébrée à la même date que la Pâques orthodoxe) est aussi une période très festive, surtout à Lalibela. D'autres événements culturels pourront vous intéresser, comme la pratique des sports pendant les jours sacrés – ainsi, le maniement des *Guks* (javelots) ou le *Guna*, variante indigène du hockey.

À lire : *Mountains of Rasselas par Thomas Pankenham* et *Ethiopia on a Mule* par Dervla Murphy.

Séjour recommandé

Titre : « Découvrez la vraie Éthiopie : écotourisme sur les Hauts Plateaux »
Prix : US$ 35 par personne/par jour.
Durée : réservations à la nuit. Le minimum est une journée et une nuit, en incluant le transport le matin. À l'heure actuelle, le maximum est de trois journées entières et deux nuits (mises à jour sur Internet).
Saisons : la période de mi-octobre à fin novembre est idéale pour observer la flore et la faune sauvages, surtout pour les oiseaux et les papillons ; décembre et janvier, les mois idéaux pour les moissons. Le site est fermé de juillet à septembre, pendant la saison des pluies.
Activités : Les falaises peuvent représenter un danger pour les enfants. Les sentiers sont très praticables, mais n'oubliez pas que vous cheminerez à 2 800 mètres d'altitude. On peut aussi louer des chevaux moyennant un supplément, sauf pour des personnes très grandes ou dépassant les 85 kg, au vu de la petite taille des chevaux.
Hébergement : dans des *tukuls* (chaumières) avec lits confortables, draps, linge de bain. Pension complète. Voir le site Internet pour plus d'informations.

Organisme de soutien

Créée en 2003 par Mark Chapman, Mekedim Fikre et une poignée d'Éthiopiens enthousiastes, l'ONG Tourisme en Éthiopie pour un avenir durable (*Tourism in Ethiopia for Sustainable Future Alternatives* ou TESFA – qui signifie aussi « espoir » en amharique, la langue des Wollo –) aide les communautés locales à mettre en place et à gérer un réseau de randonnées : deux de ces réseaux sont actuellement opérationnels ; d'autres sont en cours d'aménagement. Mekedim Fikre, qui travaille aux côtés de Mark Chapman dans le Programme de développement de Sahel Meket (SOS MDP), est le gérant de TESFA depuis cinq ans.

CAMPEMENT DE SAALA
(RÉGION DE LABÉ, LE FOUTAH DJALLON, MOYENNE GUINÉE)

Texte : **Raphaël Trouillier,** administratif@tetraktys-ong.com
Photos : **Tetraktys**

*O*n désigne souvent la Guinée comme le « château d'eau de l'Afrique occidentale ». La Moyenne Guinée, et en particulier le massif du Foutah Djallon, dispose d'atouts touristiques exceptionnels que l'association grenobloise Tetraktys, sollicitée par le ministre du Tourisme, de l'Hôtellerie et de l'Artisanat de Guinée, a recensé avec l'appui du ministère des Affaires Etrangères français. Le site de Saala, à huit kilomètres du village de Diari, a été retenu comme territoire d'intervention prioritaire. Les acteurs locaux s'annoncent en effet particulièrement réceptifs au projet. Le site est magique... pour les audacieux ! Le seul moyen, pour rejoindre vos hôtes au fond de la vallée, est d'emprunter les échelles de bambous et de lianes qui leur servent de ponts naturels et leur permettent d'échanger leurs produits avec le reste de la région. Les habitants de Lelouma, des Peuls, sont de fins agriculteurs, connus pour leur forte mobilité géographique. Ce projet pilote en matière de tourisme communautaire guinéen a obtenu la Bourse internationale du tourisme solidaire, en 2005. Il est soutenu par une action de mécénat du MIT International (premier rendez-vous mondial des prestataires du tourisme de groupe) avec, aussi, des contributions de la Maison de la France, de la Direction du Tourisme, de l'Association professionnelle de solidarité du tourisme, du Cap Vers (Expert en Formation et Conseil Tourisme).

CONTACT

Serge Bessaye (chef de projet)
5, rue Gallice – 38100 Grenoble • Tél. : 33 04 38 70 02 14
Courriel : administratif@tetraktys-ong.org
Internet : www.tetraktys-ong.org • Langue : français

Communauté de Merrueshi
en terre Maasaï

(Pied du Kilimandjaro)

Texte et photos : **Kakuta Ole Maimai,** kakuta@maasai-association.org

*E*thnie semi-nomade fondée sur un système social communal, les Maasaï occupent les terres semi-arides de part et d'autre de la Vallée du Rift, principalement au Kenya et en République Unie de Tanzanie. Le territoire Maasaï est une réserve exceptionnelle de vie sauvage, qui fait partie intégrante du patrimoine de ce peuple. Le Camp des guerriers de la communauté Merrueshi offre une occasion unique d'explorer ce territoire. Utilisé par les guerriers pour leur entraînement jusqu'à très récemment encore, il est aujourd'hui aménagé pour accueillir des visiteurs, en leur assurant un confort limité, avec eau chaude et toilettes. « Ce village Merrueshi a conservé beaucoup de son authenticité. On a l'impression de faire un voyage dans le temps... J'ai été touchée par la pureté, la confiance, et la fierté des Maasaï que nous y avons rencontrés. C'était une expérience vraie. J'espère que les temps à venir ne menaceront pas son intégrité », témoigne Lynn Brinkerhoff, de Global Development Partnerships, U.S.A. Vous partirez à la rencontre de la grande faune africaine : zèbres, gnous, gazelles, élans du Cap, lions, girafes, et plus de quatre cents espèces d'oiseaux. La communauté Merrueshi, qui relie les réserves d'Amboseli et de Tsavo-Ouest, est un couloir naturel important pour la vie sauvage. On y trouve également les artefacts de civilisations plus anciennes, comme les jeux de table de Mancala, taillés à même la roche. Le personnel du ranch accompagnera les visiteurs depuis Nairobi jusqu'au site. Des étapes vers d'autres destinations populaires comme la réserve de Maasaï Mara, Mombasa, ou le Serengeti peuvent être organisées à l'avance à la demande des visiteurs.

Localisation

La communauté Merrueshi est située à 260 km au sud-est de Nairobi, à 65 km du Parc national d'Amboseli et à 120 km de la réserve de Tsavo-Ouest, au pied du célèbre Kilimanjaro et ses neiges éternelles.

CONTACT

Maasai Association – Maasai Warriors Camp
Merrueshi Community – P.O. Box 231 – Emali, Kenya
Courriel : maasai@maasai-association.org
Internet : www.maasai-association.org

Informations culturelles

On reconnaît aisément les Maasaï à leurs colliers de perles multicolores et à leur *shukas* (sorte de toges) rouges. Comme bon nombre de communautés indigènes dans le monde, les Maasaï tentent aujourd'hui de diversifier leurs activités économiques, traditionnellement pastorales. L'écotourisme leur permet de pouvoir éduquer leurs enfants et d'améliorer leurs conditions de vie. Les bénéfices générés grâce à ce camp de guerriers Maasaï servent à la mise en oeuvre de projets communautaires.

Séjour recommandé

Titre : Vivre et apprendre la savane africaine avec les Maasaï

Hébergement : Tentes et *bandas* (habitations traditionnelles) équipées de lits, de moustiquaires, de douches (avec eau chaude) et d'électricité solaire. Pour 16 personnes maximum.

Activités : Soirées au coin du feu avec les Maasaï ; leçons d'artisanat (bijoux Maasaï) avec les femmes de la communauté ; visite de l'école ; randonnées sauvages avec les guerriers ; chants et danses traditionnels ; ateliers autour de plusieurs thèmes : conservation de la faune sauvage et de son habitat ; stratégies de survie pour les animaux et les peuples de la savane ; techniques de pistage des animaux ; usage des plantes médicinales ; méthodes de résolution des conflits locaux ; rites de passage des guerriers Maasaï ; pastoralisme et nomadisme.

Écovolontariat : Les touristes peuvent participer au Programme Maasaï pour les échanges interculturels qui élabore des projets de développement : fabrication de briques, construction d'écoles, aménagement de points d'eau pour les animaux sauvages... À noter : la *Merrueshi primary school* est la première école primaire à être gérée exclusivement par les Maasaï au Kenya et mêle méthodes d'apprentissage Maasaï et occidentales.

CAMPI YA KANZI
(KUKU GROUP RANCH ; COLLINES DE CHYULU, SUD DU KENYA)

Texte et photos : **Luca Belpietro**, lucasaf@africaonline.co.k

*C*ampi ya Kanzi, « le camp du trésor caché » en Kiswahili, se dresse sur les collines Cyhulu, au pied du Kilimanjaro, dans le sud du Kenya. En plein territoire Maasaï, au cœur des cent mille hectares du Kuku Group Ranch, le site se fond dans le paysage car toutes les constructions ont été réalisées avec des matériaux locaux. Les Maasaï ont participé à toutes les étapes de sa réalisation, et en assurent désormais la gestion. Sur le site, l'énergie solaire fournit l'électricité et l'eau chaude. Les poêles des cuisines fonctionnent avec un combustible à base de coques de fèves de café élaboré par le PNUE (Programme des Nations Unies pour l'environnement). L'eau de pluie est récupérée des toits, l'eau usée est filtrée, puis réutilisée pour alimenter l'étang pour les animaux ou arroser le potager. Le camp se compose de sept tentes doubles montées sur une plateforme et disposant chacune d'une salle de bain. Une contribution de US$ 30 par jour est demandée aux visiteurs pour la conservation du site. L'argent sert notamment à rembourser les fermiers dont les troupeaux ont subi des dommages (prédation, surtout), à venir en aide aux villageois malades et à soutenir les écoles locales. Outre les fameux « Grands Cinq » (éléphants, rhinocéros, léopards, lions et buffles), les terres du ranch abritent bien d'autres espèces de mammifères. La variété des oiseaux est immense. Marcher dans la nature sauvage et spectaculaire du ranch aux côtés d'un guide Maasaï est une expérience inoubliable...

Faire de la faune sauvage, comme c'est le cas à Campi ya Kanzi, une source de revenus pour ses propriétaires est peut-être bien la seule manière de préserver le patrimoine naturel des générations à venir. La Société d'écotourisme du Kenya a accordé à ce site la distinction la plus haute en matière de préservation d'héritage naturel et culturel. Campi ya Kanzi a aussi été finaliste pour la *World Legacy Award*, en 2004.

CONTACT

Luca Belpietro. PO Box 236 -90128 Mtito Andei, Kenya
Tél./Fax : 254 45 622516 • Courriel : lucasaf@africaonline.co.ke
Internet : www.maasai.com • Langues : anglais, français, italien

Centre de Découverte de Taita
(région de Tsavo, Monts Kasigau)

Texte et photos : **Steve Turner,** steveturner@originsafaris.info

*L*e Centre de découverte Taita (Taita Discovery center ou TDC) a été conçu pour soutenir les riverains de la réserve de Tsavo-Est. Le centre gère des activités de terrain et des projets de développement au cœur des réserves Kasigau (*Kasigau Conservation Trustlands*). Une mine de ressources, unique, pour les étudiants, les chercheurs, les écovolontaires et enfin tous ceux qui cherchent à faire un voyage à la fois authentique et utile. Le centre se déploie au milieu d'un domaine de soixante-dix mille hectares qui représente la majeure partie du *Tsavo Kasigau Wildlife Corridor* par lequel passent, chaque année, des milliers d'animaux en migration. Connue sous le nom du désert du Taru, la région du Tsavo est le plus grand espace naturel du Kenya avec ses quelque 20 000 km2, et l'une des plus riches en biodiversité de toute l'Afrique de l'Est.

Plusieurs communautés rurales habitent les contreforts du Mont Kasigau, dans la pointe nord des montagnes de l'Arc Oriental, qui abrite un biotope unique et vulnérable. Ces populations autrefois montagnardes sont désormais établies en plaine, où chaque village dépend de l'une des sept rivières s'écoulant de la montagne. Elles pratiquent traditionnellement l'élevage bovin extensif, les cultures de subsistance, la combustion du charbon, la collecte de miel et le commerce, illégal, de la viande de brousse. Les initiatives pour la conservation dans la région sont apparues à la suite de périodes de sécheresse prolongées qui ont dramatiquement fragilisé le secteur de l'élevage, et pour contrer le braconnage de plus en plus intensif qui alimente le commerce de l'ivoire.

Localisation
Région de Tsavo, autour des Monts Kasigau

CONTACT
Steve Turner
Taita Discovery Centre, PO Box 48019, Nairobi, 00100, Kenya
Tél. : 254 (0) 20 222075, 229009, 219759
Fax : 254 (0) 20 311361, 216528
Courriel : steveturner@originsafaris.info
Internet : www.originsafaris.info
Langue : anglais ; assistance en français possible

Réservation également chez le tour opérateur français
SAÏGA, la Griffe du Voyage Naturaliste
4, rue Fleuriau — BP 1291 – 17086 La Rochelle Cedex 2
Tél. : 33 05 46 41 34 42 • Fax : 33 05 46 41 34 92
Courriel : mainate@saiga-voyage-nature.fr
Internet : www.saiga-voyage-nature.fr

Activités

Chaque pavillon est équipé de douches (avec eau chaude) et de toilettes (avec chasse d'eau). Il existe 3 *bandas* (huttes) supplémentaires avec 2 chambres chacune, 2 lits simples et une salle de bains partagée. Les repas, préparés le jour même, sont simples mais savoureux et servis au grand air dans une *rondavel*. Le Centre, lieu de rendez-vous de bon nombre de scientifiques venus de toute l'Afrique, dispose d'un laboratoire bien équipé. On y trouve aussi un musée d'histoire naturelle où sont exposés des spécimens de la flore et la faune locales. Les écovolontaires, logés dans les *bandas*, au sein des communautés, doivent contribuer financièrement à leur pension. Il leur faudra faire approuver à l'avance par le TDC leur projet. TDC est pionnier en matière d'écotourisme. Découverte, éducation et participation sont des concepts clés, mais capables aussi de vous ravir le cœur et l'esprit. La fin comme moyen, c'est une philanthropie active et responsable, une immersion dans la culture indigène, l'environnement et ses écosystèmes. Au-delà du bien-être salvateur que vous pourrez en éprouver, tous les projets auxquels vous aurez participé et vos contributions bénéficieront directement aux communautés locales.

Le centre propose toute une gamme de programmes éducatifs sur les thèmes de la conservation de la faune, ou du développement communautaire. Ces activités sont organisées soit au centre même, soit sur le terrain dans le village de Kasigau.

SAFARI EN TERRE MAASAÏ
(RÉSERVE DE MAASAÏ MARA ET PARC NATIONAL D'AMBOSELI)

Texte et photos : **Kurt Kutay,** kurt@wildland.com

*C*e Safari Terre Maasaï a été établi par *Wildland Adventures,* en collaboration avec la Coalition pour les ressources naturelles des Maasaï (*Maasai Environmental Resource Coalition* ou MERC), un réseau qui défend les droits traditionnels de ce peuple ainsi que la conservation, la gestion et l'exploitation durable des grands écosystèmes de l'Afrique de l'est. Après avoir été sensibilisés sur l'étiquette à respecter dans le contact avec la population de ces villages (*enkang*) peu familiarisés avec la culture occidentale, les visiteurs seront invités à visiter les écoles, rencontrer les professeurs et les aînés, découvrir les danses et la musique traditionnelles ainsi que le magnifique travail de la perle, une des spécialités des femmes Maasaï. Ils pourront partir dans la brousse avec des guerriers ; rencontrer le gardien de la Réserve de Maasaï Mara, gérée par un conseil d'élus de la communauté. Ils pourront faire du terrain avec une biologiste Maasaï du *Amboseli Elephant Research Project,* un programme de recherche sur les éléphants d'Amboseli établi il y a plus de trente ans par une scientifique américaine, Cynthia Moss, qui en est toujours la directrice aujourd'hui. Meitamei Dapash, directeur exécutif du MERC, chef de la communauté Maasaï et premier guide du Safari Terre Maasaï, résume ainsi l'intérêt de ce séjour : « Il ne rend pas seulement justice aux femmes ; il brise les stéréotypes sur notre culture et les aspirations du peuple Maasaï et combat des idées négatives propagées par l'industrie touristique ». L'intégralité de son témoignage (en anglais) est disponible sur le lien suivant : http://www.wildland.com/trips/africa/100035/ken_tripreviews. aspx

CONTACT

Wildland Adventures, Inc. The Travelers Conservation Trust
3516 NE 155th St – Seattle, WA 98155
Tél. : (800) 345-4453 • Fax : (206) 363-6615
Courriel : kurt@wildland.com
Internet : www.wildland.com, www.maasaierc.org

Séjour recommandé
Consulter www.wildland.com/trips/details/74/kenya_itin. aspx

LODGE DU GROUPE DE NGWESIE
(DISTRICT DE LAIKIPIA, AU NORD DU MONT KENYA)

Texte et photos : **Hitesh Mehta,** mehta@edsplan.com

*E*n 1996, avec l'ouverture d'un lodge au pied du Mont Kenya, le Ngwesi Group Ranch – spécialisé en écotourisme, conservation et développement local – est devenu la première destination du Kenya entièrement gérée par une communauté autochtone, les villageois de Mukogodo, d'origine Maasaï.

Les huit mille cinq cents hectares du ranch sont divisés en quatre cent quatre-vingt-dix neuf unités pastorales sur lesquelles six mille personnes coexistent sur la base d'un régime foncier collectif. La gestion quotidienne du parc Ngwesi (*Ngwesi Community Conservation Area*) est assurée par un conseil d'administration composé majoritairement d'aînés du village. Toutefois, à l'occasion d'une réunion annuelle, c'est la communauté entière qui décide de la façon dont seront utilisées les rentrées financières. Jusque dans les années 1990, le pastoralisme était encore la principale activité économique de la région. Mais le Comité de gestion des ressources naturelles a déployé des efforts considérables pour protéger la faune sauvage, très menacée dans la région. Aujourd'hui, les saisons de pâturage sont planifiées de façon à protéger l'écosystème végétal et à réduire les problèmes d'érosion. La réintroduction d'animaux sauvages en provenance du parc de Lewa est renouvelée chaque année pour permettre l'essor d'espèces comme le rhinocéros blanc, le rhinocéros noir, les cobes à croissant et les girafes. On y combat bien sûr activement le braconnage. Sur les berges de la rivière Ngare Ndare, au pied des collines de Mukodogo, le lodge offre un panorama saisissant sur les régions septentrionales du Kenya. Vous pourrez passer vos nuits à la belle étoile : deux des six bungalows sont dotés de terrasses sur lesquelles vous pouvez installer votre lit ; ou encore dans l'eau d'une piscine au design insolite – elle semble déborder dans les paysages qu'elle surplombe... Un système d'alimentation par gravité assure l'arrivée d'eau depuis sa source jusqu'au site. La technologie solaire alimente la pompe

de la piscine, le chauffage, et l'électricité. Les visiteurs doivent apporter leurs propres repas, mais des boissons fraîches sont à leur disposition. Le lodge proposera bientôt une pension complète. De très nombreuses activités vous sont offertes : randonnées à pied ou à dos de chameau ; promenades le long de la rivière Ngare Ndare avec observation des animaux sauvages ; safari en 4x4. Autre attraction très populaire : la troupe de babouins sauvages, très à l'aise avec les humains ! Grâce à ce projet très complet, doté de nombreuses récompenses, des centaines de familles autochtones jouissent aujourd'hui d'une meilleure protection sociale, de l'accès aux transports et à l'éducation. Le développement de l'artisanat a également permis aux femmes d'acquérir une plus grande autonomie.

CONTACT

Let's Go Travel
PO Box 60342, Nairobi, Kenya
Tél. : (254-20) 4441891 4446052/4447151
Tél./Fax : (254-20)-4447270/4441690
Courriel : letsgo@letsgosafari.co.ke

Vintage Africa
8th floor, Kalson Towers, The Crescent, Westlands.
P.O.Box 59470, Nairobi 00200. Kenya
Tél. : 254 20 3742450/55/35 • Fax : + 2542 20 3742465/3741980
Courriel : vintagenbo@vintageafrica.com

Prix : Les prix varient en fonction du nombre de visiteurs, leur pays d'origine et du degré de remplissage du site. Le prix, par nuit, est de US$ 350 pour un groupe de 12 personnes résidant au Kenya, c'est-à-dire à peu près US$ 30 par personne et par nuit. Pour les non résidents, le prix par personne et par nuit est de US$190. Une pension complète sera aussi bientôt proposée, qui comprend le prix des diverses activités.

COMMUNAUTÉ DE MALEALEA
(DISTRICT DE MAFETENG)

Texte : **Gillian Attwood**, gillattwood@mInternet.co.za
et **Di Jones**, malealea@mInternet.co.za Photos : **Di Jones**

*L*esotho, petit royaume montagneux enclavé au sein de l'Afrique du Sud, a été surnommé la « Suisse de l'Afrique ». La vallée de Malealea se déploie au pied de l'admirable massif des Montagnes Bleues, dans le sud-ouest du pays. L'apartheid a considérablement freiné le développement du Lesotho, réputé pourtant pour la beauté de ses paysages et l'intégrité des traditions des peuples Basotho et Khoisan. Le Malealea Lodge (Gîte de Malealea) est une entreprise privée, néanmoins très attachée aux principes du tourisme communautaire. Les voyageurs, explorant les villages reculés, peuvent dormir chez l'habitant. Une chorale et un orchestre locaux se produisent tous les soirs, au gîte, et les touristes peuvent faire des dons directement aux musiciens. Sur le site, une coopérative emploie une quarantaine d'artisans. Un petit musée a permis de créer cinq nouveaux emplois. En matière de santé, d'environnement, d'éducation, les communautés peuvent désormais bénéficier du conseil de " groupes de formation et d'exécution " disséminés à travers la vallée. Ces groupes se réunissent deux fois par semaine pour identifier, en étroite concertation avec les habitants, leurs priorités et élaborer des actions précises. Un fonds de développement permet de financer ces initiatives et de s'assurer que les retombées ne quittent pas la vallée.

CONTACT

Mick ou Di Jones / Malealea Office
PO Box 27974, Danhof, Bloemfontein, 9310, Afrique du Sud
Tél./Fax : 27-51-436-6766 • Portable : 27-82-552-4215
Courriel : malealea@mInternet.co.za
Internet : www.malealea.co.LS • Langue : anglais
Réservation possible par l'intermédiaire de Pierre Craven de African Getaway Safaris www.afriway.com

Informations culturelles
Voir le Site Internet : www.malealea.co.ls/basotho_culture. html

Séjour recommandé
Randonnée à cheval et à pied dans la montagne : voir le site www.malealea.co.ls/malealea_activities. html

RANDONNÉES EN VAKINANKARATRA
(RÉGION D'ANTSIRABE, CENTRE DE MADAGASCAR)

Texte : **Raphaël Trouillier,** administratif@tetraktys-ong.com
Photos : Tetraktys

*B*ienvenue sur les hautes terres de Madagascar où rizières et plantations de patate douce se mêlent harmonieusement dans un relief accidenté rappelant les plaines du Népal ou encore celles du Pérou.

Verts, rouges, bleus et jaunes s'y côtoient avec panache. Les maisons à varangues se fondent dans ce paysage à la fois montagnard et agricole. Pour atteindre le gîte d'Ambatonikolahy, il faut marcher quelques bonnes heures sur des chemins de bergers, en compagnie des zébus, le long des *lavakas*, ces formes d'érosion fréquemment rencontrées sur les hautes terres de Madagascar. La redescente vers Betafo est grandiose. L'objectif de l'association « Ravaka, Randonnées en Ravinankaraatra », créée il y a quatre ans et qui a conçu ces randonnées pédestres, avec haltes en gîtes ruraux, était simple : privilégier la découverte, les échanges, les rencontres en immergeant le randonneur dans l'environnement des paysans du Vakinankaratra. Deux thèmes sont proposés, avec itinéraires modulables : « Rencontre avec les paysans des Hautes Terres » (région de Betafo) ; et « Les Chercheurs de pierre de l'Ibity » (région d'Antsirabe). Ce projet pilote, soutenu par la Région Rhône-Alpes, le Conseil Général de l'Isère, le ministère des Affaires Etrangères et le Service de coopération et d'action culturelle de Madagascar, a été mis en œuvre par l'ONG grenobloise Tetraktys (Association de Coopération pour le Développement Local des Espaces Naturels).

CONTACT

M. Antra Rakotoarimanana (coordinateur Tetraktys)
Ravaka, Immeuble Ritz, rue Ralaimongo, 110 Antsirabe, Madagascar
Tél. : 261 44 498 87 (portable : 033 11 283 22)
Courriel : tetraktys@malagasy.com • Internet : www.tetraktys-ong.org
Langue : français
Tetraktys. 5, Rue Gallice, 38100 Grenoble France
Tél. : 04 38 70 02 14 • Courriel : administratif@tetraktys-ong.org
Internet : www.tetraktys-ong.org

Association Cœur Malgache Fianarantsoa

Texte et photos : **Fabien Paquier,** fpaquier@free.fr

*F*avoriser le développement économique à Madagascar en créant des emplois, c'est la raison d'être de Cœur Malgache Fianarantsoa. Cette jeune association a créé vingt-huit emplois répartis entre une fromagerie, un atelier de broderie et une maison de guides. Ces trois activités, regroupées et connues sous le nom des Ateliers Cœur Malgache, ont été lancées en juillet 2004. Pour atteindre l'autofinancement, l'association a misé sur l'esprit de plus en plus solidaire des touristes de Madagascar. Ces derniers débarquent désormais directement dans le quartier populaire de Beravina pour y déguster le fromage Ricky (petit cousin du St Marcellin), visiter la fromagerie et l'atelier de broderie, ou partir explorer la région avec les guides locaux. Pour que le tourisme soit une source de développement pour tous, la maison des guides travaille en partenariat avec des associations de développement rural sur les itinéraires des circuits.

CONTACT

Courriel : coeurmalgache@hotmail.com
Internet : www.coeur-malgache.com
www.mada-guide.com

Randonnées en Pays Zafimaniry
(Hautes Terres, Province de Fianarantsoa)

Texte et photos : **Fabien Paquier,** fpaquier@free.fr

*L*e pays Zafimaniry est connu pour ses magnifiques villages accrochés aux flancs des montagnes et pour son art de travailler le bois. Ce savoir-faire, à l'origine de ces maisons assemblées sans le moindre clou, aux portes et aux volets finement sculptés, a été reconnu par l'UNESCO en 2003 comme « chef-d'œuvre du patrimoine oral et immatériel de l'humanité ». Le relief accidenté de cette région et ses reliques dans les forêts d'altitude en font par ailleurs un lieu propice aux randonnées. Le village d'Antoetra par exemple est le point de départ d'un vaste réseau de sentiers qui relient les villages Zafimaniry entre eux. Le mercredi est jour de marché à Antoetra. L'architecture du village d'Ifasina est une merveille avec ses maisons, couvertes de dessins géométriques : les *tanamparoratra*, toiles d'araignée, symbolisent les liens familiaux ; les *papintantely*, alvéoles de la ruche, la vie communautaire... Les sentiers du pays Zafimaniry sont parsemés de tumulus en hommage aux ancêtres : les *tsangambato*. Le visiteur est encouragé à laisser son offrande : miel, pièce de monnaie ou rhum local. La région est particulièrement pauvre et la déforestation y sévit depuis des décennies. Mais son isolement géographique et son respect des traditions font du pays Zafimaniry un lieu incontournable de la culture malgache.

Localisation

La région est accessible à partir de la route nationale 7 au niveau du village d'Ivato, au sud de la ville d'Ambositra, par une piste carrossable. On peut louer un taxi à Ambositra pour atteindre Antoetra, la porte d'entrée du pays Zafimaniry, en une heure de route. Ambositra, capitale de l'artisanat à Madagascar, est très facilement accessible à partir de la capitale Antananarivo par la RN 7 en voiture ou en taxi-brousse (4 heures de route).

CONTACT

Association Cœur Malgache Fianarantsoa
Espace cœur malgache, Lot 10D/BA Beravina,
Fianarantsoa 301, Madagascar
Courriel : coeurmalgache@hotmail.com
Internet : www.coeur-malgache.com/
www.mada-guide.com
Tél. : 261 20 75 520 30 / 261 20 75 501 84
Langue : français

Informations culturelles

Les Zafimaniry tirent de la forêt leurs ressources principales : le bois pour la construction des cases et des ustensiles, pour le chauffage, la sculpture et la confection de cercueils (*ringo*) ; les plantes médicinales, le miel et les animaux (sangliers). Le culte des ancêtres tient une place importante et les aînés sont très influents dans les villages. Le doyen d'un village, appelé *tangalamena*, peut-être considéré comme le chef coutumier. La préservation des traditions est certainement liée aux difficultés de transport et à l'isolement relatif du pays Zafimaniry.

À lire : *À Madagascar, chez les Zafimaniry* de Hammer, P., et Vérin, P.,, Ibis Press, Maurice (1995) ; *People into Places : Zafimaniry Concepts of Clarity*, in E. Hirsh and M. O'Hanlon (eds), *The Anthropology of Landscape : Perspectives on Place and Space*, pp. 65 – 77., Oxford University Press, Oxford.

Séjour recommandé

Titre : **Traversée du pays Zafimaniry au départ d'Ambohimitombo**
Durée : 3 jours.
Prix : compter environ 130 € par personne pour les 3 jours.
Inclus : nuitées, repas, guidage, portage.
Dates : toute l'année.
Activités : randonnées sportives le long des sentiers parfois escarpés qui relient les villages entre eux ; initiation au travail du bois et du marquage des signes Zafimaniry traditionnels auprès des nombreux sculpteurs de la région.
Hébergement : camping ou chez l'habitant (lit dans une pièce de la case).
Taille des groupes : de 3 à 5 personnes pour créer des échanges avec les Zafimaniry.
Conditions climatiques : la saison sèche, de mai à novembre, correspond aussi à l'hiver austral. Les températures peuvent se rapprocher de 0° les nuits de juin à août. C'est la meilleure saison pour séjourner dans le pays Zafimaniry.
Recommandations particulières : prévoir de bonnes chaussures de randonnées, étanches. Apporter des médicaments car la région est isolée, ainsi que des comprimés pour purifier l'eau. On peut aussi apporter des boîtes de conserve, pain ou légumes que l'on ne trouvera peut-être pas sur place.

Forêt de Vohimana
(Province de Toamasina, Tamatave)

Texte : **Nathalie Maisonneuve,** ecotour@mate.mg
Photos : **Nathalie Maisonneuve** et **Lucie Brousse,** luciebrousse@hotmail.com

*V*ohimana, littéralement « colline de la nostalgie », est perchée à environ mille mètres d'altitude. C'est une « forêt vivante » de quelques mille six cents hectares, très riche en biodiversité mais menacée aujourd'hui par la culture sur brûlis, appelée *tavy*, à laquelle les Betsimisaraka soumettent leur forêt de plus en plus intensément car c'est leur seule manne de ressources et leur population s'accroît. La gestion du site de Vohimana ayant été confiée à l'ONG « L'Homme et l'Environnement », cette dernière a proposé aux villageois de se reconvertir dans l'écotourisme. Les Betsimisaraka ont ainsi été sensibilisés et formés à la gestion de relais de naturalistes, d'une distillerie, d'une pépinière et d'une ferme expérimentale. À terme, la communauté souhaite parvenir à une autonomie dans la gestion de ce projet, ce qui lui permettrait de ne plus avoir à chercher ailleurs des emplois.

Localisation

Entre Andasibe et Beforona, dans la sous-préfecture de Moramanga, à 3 heures de route d'Antananarivo, par la RN2 vers Tamatave. Parking au village d'Ambavaniasy, 45 minutes de marche pour arriver jusqu'au relais du naturaliste (où les visiteurs sont hébergés) sans aucune difficulté particulière.

CONTACT

Nathalie Maisonneuve
Lot II V 102 B, Ampandrana, 101 Antananarivo, Madagascar
Tél. : 261 (20) 22 674 90 • Courriel : ecotour@mate.mg
Internet : www.madagascar-environnement.com
Contacter directement l'ONG « L'Homme & l'Environnement »
Langue : français, malgache

Informations culturelles

Sur les dix-huit ethnies que compte Madagascar, les Betsimisaraka (« les nombreux inséparables ») forment la population principale de la forêt de Vohimana. Les Zana Malata, descendants métis des pirates installés dans la région à la fin

du XVIIe et au début du XVIIIe siècle, profitèrent de leur métissage pour s'implanter localement tout en commerçant avec les Européens. Né vers 1700, fils dit-on du pirate Thomas White et de la princesse malgache Rahena, Ratsimilaho fonda le premier royaume Betsimisaraka qui s'étendait alors de Tamatave à la baie d'Antongil. Éduqué à Londres, il revint au pays pour le trouver sous la coupe de plusieurs clans du sud de Tamatave, dirigés par un certain Ramanano. Levant des troupes sur la côte nord, Ratsimilaho se proclama chef des Antavaratra (« ceux du nord ») et attaqua Fénérive avec succès. Les vaincus, couverts de boue et de honte, s'appelaient désormais les Betanimena, ou « beaucoup de terre rouge »! Quant aux vainqueurs, nouvellement fédérés, ils se jurèrent fidélité en se faisant appeler « les nombreux inséparables » ou Betsimisaraka.

Séjour recommandé

Titre : « Séjour au cœur de la forêt de Vohimana »

Durée : 4 jours.

Coût total : 180 € par personne, incluant le transport depuis Tana, les repas en pension complète, l'hébergement sur le site, les droits d'entrée dans la réserve, l'accompagnement par un guide qualifié et parlant couramment le français et l'anglais.

Activités : Observation des lémuriens, des caméléons, d'oiseaux très rares comme l'Aigle de serpentaire ou l'Ibis à crête. Visite de la pépinière et du village des chercheurs. Participation à la collecte des plantes et à la fabrication des huiles essentielles. Pêche à la crevette d'eau douce. Initiation à la vannerie, à la collecte de miel, à la musique traditionnelle. Baignade dans les piscines naturelles de Vohimana.

Hébergement : 3 bungalows traditionnels avec un lit double et un lit simple dans chacun. Dortoir de 8 lits + une chambre avec un lit double et 2 lits simples.

Taille des groupes : 15 personnes.

Saisons : septembre, octobre, novembre pour la flore et les pluies moins fréquentes. Les températures sont plus fraîches pendant l'hiver austral (de juin à septembre).

Recommandations particulières : Toujours partir avec un guide qui connaît les *fady* (interdits) et les coutumes en vigueur de la région.

LES CHALETS COMMUNAUTAIRES D'IFOTAKA
(RÉGION D'ANDROY, COMMUNE D'IFOTAKA)

Texte : **Owen Beaton,** owen_beaton@yahoo.co.uk
Photos : **Nathalie Maisoneuve**

*L*es Chalets Communautaires d'Ifotaka (CCI) sont construits sur les rives du Mandrare, au coeur de la spectaculaire forêt épineuse de Madagascar. Cette région est le domaine du peuple Antandroy, dit aussi « Peuple des épines », des éleveurs de zébus connus pour être aussi résistants que leur forêt désertique. On ne peut survivre dans cette forêt épineuse qu'au prix d'un travail acharné et d'une exploitation subtile de l'environnement. L'initiative des chalets communautaires (CCI) a été lancée en 2003 pour aider les Antandroy à préserver la biodiversité de leur région. Conçu par les chefs locaux, le gîte a été construit par des artisans autochtones sous l'égide de la Société de conservation Tandroy (*Tandroy Conservation Trust* ou TCT). La communauté est propriétaire des huit chalets, du grand terrain de camping et du centre culturel et se charge de leur gestion. Tous les revenus sont réinvestis dans l'entretien des chalets et dans la réhabilitation des zones abîmées de la forêt. Les visiteurs sont invités à participer à l'abattage rituel des zébus ; des excursions culturelles et environnementales, musique, danse, marchés et toute une gamme d'évènements culturels. La forêt d'Ifotaka abrite de magnifiques baobabs ; quatre espèces de lémuriens (Sifaka, Catta, Petit Microcèbe, et Lepilemur à queue blanche) ; des iguanes, des caméléons, des tortues (y compris la tortue radiée menacée), sans compter les multiples espèces d'oiseaux.

CONTACT

Owen Beaton, Tandroy Conservation Trust
4, Somerset Avenue, Cheltenham, Glos, GL51 8BP UK
Tél. : 44 (0) 1242 581121 • Fax : 44 (0) 1242 581121
Courriel : owen@tct.org.uk • Internet : www.tct.org.uk
Langue : anglais ou français
Les réservations sont possibles à Fort Dauphin auprès des guides indépendants ou de tour opérateurs comme Air Fort Services ; Village de Petit Bonheur ; Chabani Travel Tours.

Communauté d'Amboasarianala, Anjozorobe

(Province d'Antananarivo, Hautes Terres)

Texte : **Ravaka Andriamahol,** r.andriamaholy@fanamby.org.mg

Photos : **Fabien Paquier**

*T*echnicienne malgache spécialisée dans l'environnement et le développement, j'ai l'habitude des jolies balades à travers de somptueux paysages. Mais ma première visite à la communauté d'Amboasarianala, dans le district d'Anjozorobe, restera à jamais fixée dans ma mémoire. La route serpente le long des collines, surplombe les bas-fonds rizicoles, révélant l'impressionnant contraste entre le plateau couvert de buissons dorés et, en arrière-plan, la sombre verdure de la forêt naturelle, dense et humide. Nous avons quitté Antananarivo, la capitale, à bord d'un véhicule tout terrain et pénétrons, après deux heures de route, dans le domaine privé de la Croix-Vallon : 2 500 hectares à dix kilomètres de la ville d'Anjozorobe. Le « camp » est aménagé dans un paysage pittoresque de *tanety* (collines), d'étangs et de forêts. Une boutique d'artisanat accueille d'emblée le visiteur : nattes, sacs à main en raphia et produits du terroir, miel, écrevisses, fruits. Les cultures de manioc, de maïs et de légumes composent un horizon très varié et la faune forestière, en particulier les lémuriens et les oiseaux à plumage, est d'une grande richesse. La forêt de Daraina, dans le Nord-Est de l'île (District de Vohémar) tout comme celle d'Anjozorobe située dans le centre du pays à une heure au nord d'Antananarivo, la capitale, et celle de Kirindy, au cœur de la région du Menabe, au nord de Morondava, constituent un milieu écologique unique, caractérisé par une biodiversité extrêmement riche et son fort taux d'endémisme régional : ainsi, on ne trouve le lémurien à couronne que dans la forêt de Daraina. Le rat sauteur géant, la tortue plate, la mangouste et le plus petit lémurien du monde peuplent le Menabe Central tandis qu'onze espèces différentes de lémuriens habitent la forêt d'Anjozorobe. Constatant que la valeur sacrée de leur forêt s'effaçait de plus en plus devant

les impératifs économiques, les villageois se sont tournés vers l'ONG Fanamby, spécialisée dans la défense de l'environnement, qui les a sensibilisés à des pratiques écologiques et informés des potentialités de leur forêt. Un opérateur en écotourisme, Boogie Pilgrim, aujourd'hui propriétaire du camp, a été sollicité, puis une association de guides locaux et une autre, de femmes artisanes, se sont créées. En mai 2002, le site d'écotourisme Amboasarianala que j'ai découvert avec tant de plaisir voyait le jour.

Localisation

10 km au sud-est de la ville d'Anjozorobe, qui se trouve elle-même à 90 kilomètres de la ville d'Antananarivo, accessible en voiture par la route nationale n°3.

CONTACT

Serge Rajaobelina
Tél. : (261) 20 22 288 78 • Courriel : s.rajaobelina@fanamby.org.mg
Internet : www.fanamby.org.mg
Réservations : Boogie Pilgrim (www.boogie-pilgrim.net) ;
Océane Aventures (www.oceane-aventures.com) ;
Fanamby : www.fanamby.org.mg. • Langues : anglais ou français

Informations culturelles

Les communautés de cette région, souvent aujourd'hui de confession chrétienne, continuent de vouer un culte à l'esprit des ancêtres. La présence, intacte, au cœur de la forêt, des *fasambaziba*, tombeaux de pierre des Vazimba – les ancêtres historiques des Malgaches – témoigne de cette vénération pour les Anciens. Bon nombre de paysans pratiquent encore des rituels sur les lieux sacrés, tombeaux et grottes, disséminés dans la forêt. Il existe ainsi des jours *fady*, autrement dit tabous, comme le samedi, où il est interdit de travailler la terre avec l'*angady* (bêche). Par ailleurs, la tradition du *famadihana*, ou retournement des morts, est encore pratiquée dans la région (en particulier durant l'hiver austral, de juin

à septembre). Le tombeau est ouvert, puis le corps enroulé dans une natte neuve, *lamba mena*, avant de quitter le tombeau, porté par des hommes qu'accompagnent en dansant les proches du défunt et la foule, puis on glisse des offrandes dans le linceul neuf. Cette cérémonie est censée protéger la communauté des calamités naturelles comme la grêle, la sécheresse ou les cyclones.

Séjour recommandé

Titre : Week-end ensoleillé

Durée : 4 demi-journées.

Saison : toute l'année.

Coût : 25 €/personne pour le WE complet.

Inclus : accès au domaine (transfert à partir d'Antananarivo), visite guidée de la forêt, déjeuner et dîner le samedi, petit déjeuner et déjeuner le dimanche, hébergement en tente double.

Activités : Visite de l'alambic d'extraction d'huiles essentielles. Visite guidée de la forêt à la découverte des dizaines d'espèces endémiques de Madagascar. Initiation à la grimpe dans les arbres avec matériel sécurisé. Ballade en VTT sur un circuit forestier spécialement aménagé. Hébergement : Camping dans un magnifique paysage naturel sous des tentes spacieuses avec salles de bain extérieures.

Accès : par voiture 4x4 ou, sur demande, par hélicoptère.

Taille des groupes : 20 au maximum.

Conditions climatiques : Tropical chaud et humide.

Recommandations particulières : Tenues de sport, prévoir des vêtements chauds pour un séjour durant l'hiver austral (de juin à septembre). Prévoir aussi un minimum de médicaments classiques et un médicament anti-malaria (savarine en prophylaxie ; malarone en traitement d'urgence).

Organisme de soutien

FANAMBY, qui signifie « Défi » en malgache, est une ONG créée en 1997 par un groupe de scientifiques et d'experts en conservation et développement malgache. L'association est convaincue que la préservation des ressources naturelles dépend de l'implication et de la responsabilisation de tous les acteurs concernés, et en particulier des communautés locales. Fanamby vise à obtenir un statut légal pour les écosystèmes représentatifs de la biodiversité malgache par le biais de la création de sites de conservation.

CAMPEMENT TOUAREG D'ECHAG
(ASSOCIATION ECHAGILL, GAO)

Texte et photos : **Jean-Luc Gantheil,** croqnature@wanadoo.fr

*F*évrier 1997 : l'affréteur coopératif Point Afrique ouvre ses bureaux et inaugure une ligne Paris-Gao. Il veut désenclaver cette zone en grande difficulté et l'association Croq'Nature s'associe à l'opération. Cinq cent quinze personnes vivent au campement touareg d'Echag, à 40 km au nord-est de Gao, où aucun touriste n'est jamais passé. Réunis autour du chef, nous nous fixons pour objectif d'envoyer au maximum deux groupes de visiteurs par semaine, pour ne pas perturber la communauté. Mohamed Ahmed Ag Alhassane, président de la nouvelle association Echaghill, organise les randonnées. À la fin de l'année 2002, Croq'Nature et Echaghill créent l'agence Echaghill Voyages et ouvrent un bureau à Gao. Le quota maximum de deux groupes par semaine est atteint pendant l'hiver 2003-2004. Le campement d'Emenaghill (mille personnes), dont la cantine scolaire est déjà financée par les voyages, se mobilise alors pour organiser à son tour des randonnées. Grâce aux recettes de la saison 1998-1999, la première classe nomade « en paille » est lancée (trente-deux enfants), puis, l'année suivante, une seconde classe. En mars 2003, l'État malien construit à Echag une école en ciment de trois classes. Aujourd'hui, les recettes du site touristique ont permis de scolariser un total de quatre cent cinquante enfants. Un pensionnat est en cours d'aménagement à Gao pour accueillir les écoliers. À Gao, Croq'Nature a aidé Awa, la tonique présidente d'une coopérative multiethnique de femmes, à financer la rénovation de son auberge. En partenariat avec la coopérative touristique ardéchoise, « La Burle », nous proposons aussi des randonnées en pays Dogon.

CONTACT

Croq'Nature Voyages. Tél. : 33 05 62 97 01 00 • Fax : 33 05 62 97 95 83
Courriel : croqnature@wanadoo.fr

Séjour recommandé

www.croqnature.com/mali.htm

La Famille Azizi
(Sahara, Sud du Maroc)

Texte : **Métilde Wendenbaum,** M.Wendenbaum@Eceat-projects.org

Photos : Croq'Nature

*L*a famille Azizi vit dans une oasis en bordure des dunes du Sahara. Le destin de cette famille de nomades a profondément changé, dans les années quatre-vingt dix, en raison notamment de la fermeture de la frontière algérienne et de la sécheresse persistante. Particulièrement démunie, la famille Azizi, en 1993, faisait vivre péniblement ses dix-sept membres grâce à quelques chèvres, un jardin et une palmeraie. C'est cette

année-là que Naji Azizi rencontre Jean-Luc Gantheil, directeur et fondateur de l'association francaise « Croq'Nature ». Aujourd'hui, la famille Azizi règne sur une chaleureuse entreprise touristique que dirige Naji, le deuxième fils. Marjourba, sa cousine, gère les affaires ; Mohamed, son frère, s'occupe du Bivouac des Mille et Une Nuits. Un autre Mohamed, Mokthassir, un Berbère du Haut-Atlas, assure les transferts en minibus et ouvre sa maison aux touristes, dans la médina de Marrakech. Quant à la grand-mère, Marjouba senior, et la mère, Fatima, elles veillent sur les valeurs morales inséparables de l'hospitalité marocaine. La famille possède à présent quarante dromadaires, un bureau à Zagora et une Land Rover. La maison a été complètement restaurée et aménagée en gîte, ouvert depuis 1998 et capable d'héberger jusqu'à trente-cinq personnes. Le Bivouac des Mille et Une Nuits déploie ses tentes (soixante-dix places) dans une grande palmeraie, à Ouled Driss. Au total, l'entreprise aujourd'hui fait vivre plus de cent quatre-vingt personnes. Depuis 1999 et grâce au soutien de l'association Amitié Franco-Touareg, financée par les recettes des randonnées, six puits, un dispensaire, une école près des dunes de Chigaga et une coopérative de femmes artisans, à Ouled Driss, se sont créées. Ainsi, dans la plus pure tradition berbère qui veut que les biens soient la possession de la famille au sens large (frères, cousins, oncles, tantes, nièces...), la famille Azizi s'est faite l'actrice d'une gigantesque redistribution des richesses.

Localisation

Oasis en bordure des dunes du Sahara, dans le sud du Maroc, à 360 km de Marrakech.

CONTACT

Naji Azizi (au Maroc), BP 51 Zagora Maroc
Tél. : 212 44 84 70 61 • Fax : 212 44 84 79 22
Internet : www.croqnature.com/maroc.htm
Croq'nature (en France)
BP 12 65400 Argelès-Gazost Cedex France
Tél. : 33 (0) 5 62 97 01 00 • Fax : 33 (0) 5 62 97 95 83
Courriel : croqnature@wanadoo.fr

Informations culturelles

Presque tous les nomades du Sahara étant analphabètes, il leur manque la condition sine qua non pour intégrer la vie urbaine d'autant plus que leur tradition désapprouve l'installation en ville. Le taux de chômage, au Maroc, étant par ailleurs de plus de 20 %, c'est une vie dans les bidonvilles des grandes villes qui attendait la famille Azizi, si elle n'avait pas pris l'initiative d'ouvrir son oasis aux visiteurs.

Séjour recommandé

Titre : « Le Bivouac des Mille et Une nuits »
Durée : 8 jours.
Coût : 647 €/8 jours/pour 2 personnes, en basse saison. 763 €/8 jours/pour 2 personnes, en haute saison. Réductions possibles pour les groupes.
Inclus : hébergement, pension complète, transfert et transport.
Activités : Une large part est laissée à la spontanéité et à l'improvisation (musique, danses, cueillettes de plantes, visite de Ouarzazate et de Marrakech, de la palmeraie avec ses canaux d'irrigation et ses jardins, du village aux constructions en pisé, de l'oued Draa, du souk de Mhamîd ou de Tagounit...
Dates : départ chaque semaine ; préciser le jour.
Saisons : toute saison.
Hébergement : sous des tentes traditionnelles (de 2 à 6 personnes) appelées reïmas, faites en poils de chèvre et de chameau.
Taille des groupes : 15 personnes.
Conditions climatiques : octobre, novembre, mars : entre 10° et 28° ; décembre

LES AMIS DE TAMNOUGALT, MONDE BERBÈRE
(VALLÉE DU DRAA)

Texte et photos : **Etienne Weeger,** Infostamnougalt@aol.com

*A*u bord de la palmeraie qui longe le Draa jusqu'à la porte du désert, le village de Tamnougalt, ancienne capitale de cette région, raconte, à travers sa population et ses monumentales kasbahs, toute l'histoire du sud du Maroc. La Kasbah du caïd de Tamnougalt, la plus ancienne du village, date du XVIᵉ siècle et appartient toujours aux descendants de ses propriétaires d'origine. En partenariat avec les associations locales, l'association « Les Amis de Tamnougalt » a décidé d'aider ce village à préserver son patrimoine historique en développant une activité de tourisme solidaire et de commerce équitable. L'association est aussi présente dans la valorisation des produits de la palmeraie. À compter de 2005, nous expérimentons, en collaboration avec les paysans locaux, la conversion d'une partie du jardin en culture biologique avec l'installation d'une pompe solaire et d'un système d'irrigation plus économe en eau. La production de dattes est partiellement commercialisée en France.

Localisation

À 80 km au sud de Ouarzazate, à l'entrée de la Vallée du Draa.

CONTACT

Au Maroc
> **Hassan (Ait Lahcen),** Kasbah Tamnougalt, Agdz-ZagoraMaroc
> Tél. : 212 (0) 70 01 90 82 • Internet : www.tamnougalt.com
> Courriel : infos@tamnougalt.com

En France
> **Association Les Amis de Tamnougalt**
> Le Posadou, La Chapelle Aubareil – 24290 Montignac Lascaux
> Tél. : 33 05 53 51 97 37 • Courriel : infos@tamnougalt.com

Informations culturelles

À l'origine, il semble que ce soit la communauté juive qui ait construit les premières maisons du village, avant que des Berbères, puis des esclaves noirs, originaires du Mali et du Niger, viennent s'ajouter à cette population. Mais après la Guerre des Six Jours, la quasi-totalité de la communauté juive a quitté le village.

Les évènements politiques qui ont secoué la région jusqu'à la fin du Protectorat français, puis le développement du transport routier et les graves sécheresses des décennies quatre-vingt et quatre-vingt dix ont peu à peu ruiné Tamnougalt qui fut, pendant des siècles, le point de rencontre des caravanes remontant du Sud. Cette capitale, autrefois riche et grouillante, n'est plus aujourd'hui qu'une gigantesque forteresse fantôme où, à l'abri des regards, dans de vastes kasbahs que leurs propriétaires ne peuvent plus entretenir, trois cent cinquante âmes continuent de vivre. Même si Tamnougalt a été classé par l'Unesco « Patrimoine de l'Humanité », les budgets nécessaires à la rénovation des bâtisses manquent. D'où l'importance de ce tourisme communautaire initié par « Les Amis de Tamnougalt ».

Séjour recommandé

Titre : Tamnougalt et la découverte du Désert
Durée : 8 jours.
Coût : par personne sur la base de 4 personnes, à partir de 470 €.
Inclus : pension complète, tous transports au Maroc, activités prévues au programme. Accueil à Marrakech (hors billets d'avion).
Dates : de septembre à mi-juin.
Activités : Randonnées pédestres avec ânes ou mulets dans le Djebel Sahgro. Circuits vers la Vallée de Dadès. Stages organisés pour des petits groupes (4 à 12 personnes) : poterie, construction en terre, cuisine, tissage, yoga etc. Les voyageurs sont accompagnés, tout au long de leur séjour, par un membre du village parlant français qui les aidera à mieux comprendre le monde berbère.
Hébergement : accueil chez l'habitant, dans des auberges ou, à la belle saison, sous des tentes berbères dans la palmeraie.

Autre séjour

Titre : Gastronomie Berbère
Durée : 8 jours
Coût : par personne (base de 4 personnes) : à partir de 540 €
Inclus : Pension complète, transfert et transport Marrakech Tamnougalt
Taille des groupes : de 4 à 10 personnes maximum
Activités : Notre cuisinière vous initiera à tous les petits secrets de la bonne cuisine de Tamnougalt : tajines, couscous, harira, pâtisserie, pains et crêpes diverses, utilisation des épices, etc.

Voyage au cœur de l'Anti-Atlas
(Province de Taroudannt, Taliouine)

Texte : **Marghine Lhou,** weimilchil@yahoo.fr

Photos : Migration&Développement

*J*amal, paysan berbère du village de Imgoun, dans les montagnes de l'Anti-Atlas, est arrivé chez Péchiney, comme travailleur émigré, dans les Hautes Alpes, en 1987. Quelques années plus tard, le site ferme et les travailleurs marocains sont renvoyés à leurs montagnes. Avec l'aide de Jamal, ils créent une association, « Retour et Développement » : creusent des puits, installent des groupes électrogènes… Ils se s'arrêteront plus. Plus de deux cent cinquante villages participent aujourd'hui à des projets de développement au sein de l'association rebaptisée « Migrations & Développement » (M & D) : installation d'eau potable et d'électricité, barrages collinaires, réseaux d'irrigation, écoles, dispensaires, foyers féminins, hammams… En 2000, une « Charte du développement durable de Taroudannt » est signée par le *wali*, chef de village. Elle se concrétise par un Plan d'Action Concerté, « Taroudannt 2010 », lequel vise à valoriser les productions locales tout en développant la production biologique, le commerce équitable et le tourisme communautaire. En 2003, vingt-quatre associations villageoises adhèrent à la « Charte du tourisme solidaire » et se constituent en réseau. Ce sont elles qui accueillent les voyageurs.

Localisation

Le projet se déploie autour de Taliouine, dans la province de Taroudannt. La zone est très facilement accessible par route depuis Agadir à l'ouest, Ouarzazate à l'est ou Marrakech au nord.

CONTACT

En France

Nadia Bentaleb. Migrations & Développement

42, Bld d'Annam Bât 4, 13016 Marseille • Tél. : 33 04 95 06 80 20

Courriel : md.france@migdev.org • Internet : www.migdev.org

Au Maroc

Hajoub Bejaa : M & D Taliouine centre. Province de Taroudannt Maroc

Tél./Fax : (212) 04 853 41 48 • Courriel : md.france@migdev.org

Abderrazak Elhajri. M & D Quartier administratif M'Haita
83000 Taroudannt Maroc • Tél.: (212) 04 8 85 49 47
Courriel: migdevma@menara.ma

Informations culturelles

Les paysans berbères vivent en quasi-autosubsistance de la culture des céréales (orge) et de quelques moutons et chèvres. Selon les zones, ils produisent de l'huile d'olive, de l'huile d'argane, des légumes, des amandes, du henné, des dattes, du miel. Le safran marocain, d'excellente qualité, est exclusivement produit dans la région de Taliouine. Partout où cela est possible, les *seguias* (canaux en terre) amènent l'eau vers les jardins. Les villages de la région abritent les tisserandes les plus réputées du Maroc. Les *douars* berbères ont conservé, intactes, leurs traditions. Dans certains villages, on continue d'utiliser les *agadirs*, ces superbes greniers fortifiés qui permettaient de protéger récoltes, bêtes et gens. L'architecture traditionnelle est bien préservée. La *djmaa*, l'assemblée de la communauté, règle toujours la vie du village. Les femmes ont créé six coopératives de production d'huile d'argane biologique. Une coopérative d'huile d'olive et de safran fonctionne aussi. Les produits sont commercialisés sur place auprès des touristes et dans le secteur du marché équitable en France.

Séjour recommandé

Titre: « Voyage au cœur de l'Anti-Atlas »

Coût: 400 € hors transport aérien pour 7 jours.

Activités: Les activités rurales varient selon les saisons: moisson à la faucille et battage sur les aires de pierre, récolte et conditionnement du safran, production de l'huile d'argane, collecte du sel du désert, récolte des dattes ou des olives, fabrication des tapis.

Hébergement: Dans les maisons traditionnelles des villages, avec les familles qui vous libèrent une pièce, en général le salon, ou dans les auberges rurales du réseau.

Taille des groupes: Dans l'idéal, 7 personnes (1 véhicule) ou 14 personnes (2 véhicules). Pour les randonneurs, une quinzaine maximum.

Conditions requises: Pour la randonnée, bonne condition physique.

Conditions climatiques: Climat de montagne très sain, avec des nuits fraîches. Assez froid en montagne de novembre à mars.

Précautions à prendre: Boire de l'eau minérale.

Asta n'dunid
ou le métier à tisser le monde
(Tamchachate, sud de Meknès)

Texte : **Yassir Yebba,** yassiryebba@wanadoo.fr

« *Q*ui veut voyager loin, ménage sa culture » est la devise d'Asta n'dunid et de son coordinateur, Yassir Yebba, pour qui donner à vivre et à rêver la terre de ses ancêtres a impliqué un travail de recherche interdisciplinaire rigoureux et engagé contre la misère et le développement « importé » au nom du prêt à consommer. Ce « Marocain made in France » a patiemment tissé des liens entre les disciplines et les compétences nécessaires pour répondre au présent sans hypothéquer l'avenir.

Asta n'dunid espère voir aboutir ses efforts à Tamchachate, une commune rurale à cinquante kilomètres au sud de Meknès, par la création d'une agence de développement, la première à cette échelle au Maroc, et d'une coopérative d'activité économique pour aider et encourager la population à prendre part au devenir du territoire. Depuis dix ans, des résultats sont venus appuyer cette thèse : l'avenir s'invente partout car « il n'est de richesse que d'hommes ».

Localisation

Région de Méknès-Tafilalet.

CONTACT

Yassir Yebba
Tél. : 06 64 51 40 54 • Courriel : yassiryebba@wanadoo.fr
Internet : www.astandunid.com

Informations culturelles

Aït Yazem, Agouraï et Tamchachate s'égrènent entre Méknès et la montagne et invitent le touriste à devenir hôte voyageur au cœur d'une culture vivante, au plus près de sa réalité. Des domaines agricoles et viticoles de Guerrouane aux forêts de chênes et de cèdres du Moyen Atlas, le patrimoine est naturel et immatériel.

Séjour recommandé

Osez le sur mesure, à partir de 450 € par personne (à deux minimum) pour une semaine en pension complète (hors vol), transfert et transport sur place compris.
Hébergement chez l'habitant pour 2 à 3 nuits ; le reste en autonomie complète. Découverte du terroir, savoir-faire locaux, mythes et légendes coanimés par les habitants et généralement liés aux perspectives et aux projets de développement local.

AVEC LES FEMMES DU DÉSERT
(OASIS DE L'ADRAR)

Texte : **Jean-Marie Collombon,** collombon@gret.org,
Photos : **Hélène Combel, Bernard Savariau**
et **Amadou,** contact@visiondumonde.org

*L*e désert est partout et il est sublime. De sable ou de roche, il a été, pendant des millénaires, le cadre de vie des nomades de l'Adrar. Ses immenses terres de parcours permettaient aux troupeaux de faire vivre

ses habitants. L'oasis, avec ses cultures de palmiers dattiers, n'apportait que le complément. La grande sécheresse des années quatre-vingt a eu raison de ce fragile équilibre entre le désert et l'oasis. Les nomades se sont alors repliés vers les oasis qui doivent maintenant alimenter une population de plus en plus nombreuse. Avec le concours de la région Ile de France, une ONG française, le Gret, a aidé les femmes des oasis à développer la culture maraîchère dans des jardins alimentés en eau par des pompes solaires et des éoliennes. Mais en 1997, lors d'une mission sur le terrain, je constate que le maraîchage sur de minuscules parcelles et un peu d'élevage ne suffisent plus pour nourrir les familles et leur procurer des revenus. De ma rencontre avec Michel Aglietta du Gret et avec Ahmed Ould Jiyid, un Idawali qui vient de fonder l'association El Velah, naît l'idée d'ouvrir les oasis à des voyageurs étrangers. Mintin, la dynamique présidente de l'Union des coopératives d'Aoujeft, est enthousiasmée par cette idée et se charge de convaincre les femmes des coopératives. L'équipe de « Hautes Terres de Provence », l'office intercommunal de La Motte-Turriers (Alpes de Haute-Provence) vient prêter main forte. Le projet de tourisme rural solidaire de l'Adrar mauritanien est né.

Localisation

Au centre du pays, Atar, la capitale de l'Adrar mauritanien est accessible directement à partir de Paris ou de Marseille par vols charters affrétés par Point Afrique. Depuis Nouakchott, on y accède par une belle route asphaltée : 450 km (environ 5 à 6 heures de bus).

Khalid Jaafria. Couleurs Sensations
20, Rue Abbé de la Salle - 38000 Grenoble
Tél. : 33 04 76 46 17 05 • Courriel : contact@couleurs-sensations.com
Internet : www.couleurs-sensations.com
Ahmed Ould Jiyid, responsable de El Velah et parfaitement francophone, vous accueillera à Atar et vous accompagnera durant votre séjour. Il est joignable à l'Hôtel Almoravides : (222) 57 64 383 ou par courriel : el-velah@netcourrier.com

Informations culturelles

Sédentarisés à 80 %, les peuples de l'Adrar mauritanien vivent de petits troupeaux de moutons, de chèvres et de dromadaires et de l'agriculture d'oasis ; lorsqu'il pleut, de la culture aléatoire de céréales de décrues. Le palmier dattier, arbre-roi de ces contrées, fournit fruits, bois de construction, palmes pour les toitures, fibres pour la fabrication d'objets utilitaires.

Séjour recommandé

Titre : « Avec les femmes du désert de l'Adrar mauritanien »

Coût : environ 990 € par personne par semaine. Il comprend : le billet d'avion A/R, le transfert aéroport/logement, les taxes aériennes, l'hébergement en pension complète, l'eau minérale, la location des chameaux et du véhicule 4x4, les services des guides locaux, les assurances assistance/rapatriement. 35 % de la somme revient aux populations locales qui accueillent les voyageurs et aux coopératives de femmes ; 15 % aux deux associations qui s'occupent de la logistique du séjour : Couleurs Sensations en France et El Velah en Mauritanie.

Durée : 7 jours.

Activités : Partage de la vie des oasis avec Mintin et les maraîchères. Petite randonnée chamelière au travers d'un chapelet d'oasis autour d'Aoujeft. Excursion vers les superbes sites de peintures rupestres du plateau de l'Amodjar, découverts en 1938 par Théodore Monod. Visite de l'oasis de Chinguetti, septième ville sacrée de l'Islam et de ses « bibliothèques des sables ». Hébergement : sous la « *khaïma* », tente traditionnelle ; parfois dans les maisons de pierre et de terre dans lesquelles vivent les familles.

Saisons : d'octobre à fin avril, avant les grosses chaleurs qui rendent le désert impraticable.

Taille des groupes : 4 à 7 personnes.

Conditions climatiques : climat chaud et sec mais les nuits peuvent être fraîches.

Thilla
(Département de M'bagne)

Texte et photos : **Hélène Combel, Bernard Savariau** et **Amadou,** contact@visiondumonde.org

*A*madou est originaire de Thilla, un village peuhl tourné essentiellement vers l'élevage. C'est par son intermédiaire que l'association Électriciens Sans Frontières a initié et concrétisé un projet de développement (réseau d'adduction d'eau, cultures de maraîchage, sessions d'alphabétisation, centre culturel, dispensaire...) qui a débouché sur des voyages solidaires en immersion dans le village conçus en partenariat avec l'association Vision du Monde et l'agence locale mauritanienne Amder Voyage. L'objectif : soutenir le programme de développement en reversant un pourcentage du forfait voyage à l'association villageoise. Le premier de ces voyages – nous étions sept Français à débarquer dans ce tout petit village de Mauritanie – a eu lieu en mars 2004. Hébergés sous une *khaîma* (tente mauritanienne), en douceur, nous avons pu leur apporter conseil, aide, et, en échange, être entendus d'eux dans un esprit de vrai partage. Bref, embarquer pour Thilla, c'est comme un devoir, un appel ou un rappel, comme partir vers un ami qu'on aurait laissé, au loin, et à qui on se doit de donner des nouvelles, régulièrement.

Localisation

Sud de la Mauritanie, à 450 km de la capitale Nouakchott, près du fleuve Sénégal.

CONTACT

Bernard Savariau
7, Cité de la Bichonnière. Route d'Iselet. 38510 Morestel
Tél. : 33 04 74 33 38 70 (portable : 06 87 24 27 19)
Courriel : bsavariau@tele2.fr
Réservation des séjours organisés
Vision du Monde en France
3, route de Chambéry. 38300 Bourgoin-Jaillieu
Tél. et Fax : 33 04 74 43 91 82 • Internet : www.visiondumonde.org
Courriel : contact@visiondumonde.org

Informations culturelles

Le village compte environ six cents habitants répartis sur soixante-dix familles. 45 % de la population de Thilla – pour l'essentiel des agriculteurs, des éleveurs et des pêcheurs – a moins de 14 ans, les moins de 20 ans représentent environ 57 % et ceux de 30 ans, 70 %. C'est une communauté pauvre avec un taux d'analphabétisme élevé : il atteint 90 % chez les chefs de ménages et avoisine 75 % dans la tranche d'âge des 10 ans et au-delà. Les langues parlées sont : l'hassaniya, le wolof, le bambara et le poular, qui est la langue dominante.

Séjour recommandé

Titre : « **Village de Thilla** »

Durée : 8 jours au départ de Nouakchott ou Atar.

Prix : 1215 € par personne sur la base d'un groupe de 4 personnes.

Inclus : les vols charters France/Atar ; l'accompagnateur mauritanien, la pension complète ; tous les transferts terrestres ; toutes les activités ; le carnet de voyage « Village de Thilla » ; l'assurance assistance avec rapatriement ; le soutien aux projets de développement (3 % du prix du voyage).

Activités : Voyage d'immersion avec partage du quotidien d'un village *toucouleur*, découvertes des traditions, visite des programmes de développement. Repas préparés et pris en commun avec les villageois, promenade en pirogue sur le fleuve. Le soir, les causeries et les palabres avec danses et chants traditionnels. Possibilité de coupler ce séjour avec une randonnée chamelière dans le massif de l'Adrar, région désertique du nord de la Mauritanie où d'imposants massifs dunaires se mêlent aux falaises sombres. La région est très riche en artisans d'art : bijoux en argent, tapis, broderies...

Dates : 3 à 4 voyages par an.

Saisons : d'octobre à mars uniquement.

Hébergement : en *khaîma* ou chez l'habitant.

Taille des groupes : 2 à 8 voyageurs au maximum.

Conditions requises : tout public et tous âges avec une bonne expérience de séjour en Afrique. Pour personnes avides de rencontres, d'échanges et d'imprévus.

Conditions climatiques : chaud et sec. En février, les nuits sont fraîches.

SAFIRE
(Southern Alliance for Indigenous Resources)

Photos : Covane Lodge

*M*algré la décrue des retombées économiques issues du tourisme au Zimbabwe, l'Alliance du Sud pour les ressources indigènes (SAFIRE) continue d'y épauler le tourisme communautaire. Avec d'autres partenaires impliqués dans le développement comme la CAMPFIRE Association, SAFIRE soutient aujourd'hui une vingtaine de petites entreprises de tourisme communautaire dans ce pays et a récemment créé un bureau national. Cette aide favorise la commercialisation, la promotion des offres, les investissements dans les infrastructures diverses. Grâce aux actions de SAFIRE au plan national et plus largement dans cette zone de l'Afrique, une structure regroupant les institutions qui soutiennent le tourisme communautaire au Zimbabwe, en Namibie, au Botswana, en Afrique du Sud et au Mozambique a pu voir le jour. Au Zimbabwe, SAFIRE a déjà apporté son soutien aux communautés Chimanimani, Muzarabani, Nyanga, Binga, Chiredzi, Matobo, Hwange, Mazowe, Goromonzi, Uzumba Maramba Pfungwe, Mudzi et Makoni.

CONTACT

Anne Chishawa Madzara
Information Networks and Tourism Section Manager
Southern Alliance For Indigenous Resources (SAFIRE)
10 Lawson Avenue, Milton Park
P.O.Box BE 398 Belvedere – Harare, Zimbabwe
Courriel : annie@safire.co.zw
Tél. : 263 4 736235/736247/794333/795461 • Fax : 263. 4 790470
Portable : 091 250168 • Internet : www.safireInternet.org

COMMUNAUTÉ DE CANHANE
(DISTRICT DE MASSINGIR)

Texte : **Anna Spenceley,** annaspenceley@hotmail.com

Photos : Covane Lodge

*L*e gîte communautaire de Covane (*Covane Community Lodge*) rustique et tranquille, est perché sur un escarpement dominant le spectaculaire barrage de Massingir, à la frontière ouest du Mozambique. Ouvert en mai 2004, il est à quelques kilomètres du *township* de Massingir, tout près du Parc national du Limpopo ainsi que du tout récent Parc transfrontalier du Grand Limpopo, créé à l'initiative du Mozambique, du Zimbabwe et de l'Afrique du Sud. Gérée par sept personnes issues de la communauté Canhane, cette petite structure se compose de deux chalets à cinq lits ; deux chalets à deux lits ; trois tentes à trois lits, et d'un campement. Les activités incluent entre autres une consultation avec le guérisseur traditionnel ; des sorties en barque sur le barrage de Massingir avec les pêcheurs de la communauté ; l'observation des oiseaux, des crocodiles et des hippopotames qui occupent le lac de barrage du Massingir. Le restaurant du gîte sert du poisson pêché localement. Le gîte, propriété de la communauté, est financé conjointement par l'USAID (Agence américaine pour le développement) et par Helvetas, une ONG suisse. Helvetas s'est engagée à travailler avec la communauté pendant trois années consécutives à partir de 2004. Elle s'occupe de la promotion du site par l'intermédiaire des agences de tourisme et d'un site Internet (réalisation en cours), ainsi que du salaire des employés. Un nouveau bâtiment pour l'école est en cours de construction.

CONTACT

Salamao Valoi. Covane Community Lodge
Tél. portable : 258 82 9607830 • Langue : portugais et anglais

Geraldo Palalane. Helvetas
Tél. : 258 1 321595/311477 (Portable : 258 82 4620200)
Fax : 258 1 321596 • Courriel : helmoz@tvcabo.co.mz

NACOBTA
(Association de tourisme communautaire de Namibie)

Texte : **Niseth van der Meulen,** niseth@iway.na

Photos : **Helge Denker,** wakeup@mweb.com.na et **Jean-Louis Martin,**
martin@cefe.cnrs.fr pour l'ensemble des fiches

*L*e tourisme indigène s'est développé en Namibie à partir de 1990, sous l'égide de l'Association de tourisme communautaire de

Namibie (NACOBTA). Riche d'une expérience de dix ans de lobbying auprès du gouvernement et de conseil aux communautés, cette ONG est la plus ancienne et la plus expérimentée au monde dans ce domaine. Elle compte aujourd'hui cinquante-sept groupes membres, dont trente-huit génèrent assez de revenus pour s'autofinancer. NACOBTA propose à tous ses membres du conseil en entreprise, en relations publiques, des formations ; elle facilite le contact entre les investisseurs privés et les communautés, favorise des partenariats, aide à la planification régionale. L'association est activement impliquée dans la nouvelle charte appelée *Black Economic Empowerment Charter*. Rédigé par le secteur privé, ce texte vise à introduire davantage de Noirs dans le tourisme et à transférer les savoir-faire vers eux. Toutes les informations relatives à NACOBTA figurent sur le site « Meet the people » (www.nacobta.com.na). Extrêmement bien fait, il permet de retrouver les opérateurs soit par région géographique, soit par thématique.

CONTACT

Olga Katjiuongua (coordinatrice). P O Box 86099 Windhoek
Tél. : 264 (0) 61-250558 • Fax : 264 (0) 61-222647
Courriel : olga.nacobta@iway.na • Internet : www.nacobta.com.na
Langue : anglais et afrikaans

Informations culturelles

NACOBTA représente des communautés originaires de tout le pays, du peuple des Bondelswart, à la pointe sud de l'Afrique, aux Himba du nord-ouest en passant par les Bushmen de l'est et les Owambo du centre-nord du continent. Les circuits en ville, à travers les townships de Windhoek et de Swakopmund, donnent un aperçu de ce patchwork de cultures dont le site de NACOBTA retrace parfaitement l'histoire.

Centre Touristique de Uis
(Nord-Ouest, Province d'Erongo, membre de NACOBTA)

*L*a Namibie offre des paysages uniques de vastes plaines et de déserts secs. Néanmoins, quand on circule entre Swakopmund, le « point chaud » du tourisme, et le célèbre Parc national d'Etosha, on se demande quand vont s'arrêter ces longues routes poussiéreuses. Et soudain, comme surgie de nulle part, apparaît la petite ville d'Uis. Juste à l'entrée, une bâtisse en gros blocs de pierre, avec sa véranda ombragée, vous accueille : c'est le Centre touristique d'Uis, propriété de la communauté Tsiseb, qui se propose de vous choyer tout au long de votre séjour ici. Plusieurs lieux d'hébergement vous sont offerts : une *lodge* toute neuve, en dehors de la ville, sur la route du Brandberg ; ou un campement avec une vue spectaculaire sur la montagne. En 1990, la fermeture des mines d'étain d'Uis a laissé sans emploi des centaines de personnes. Quelques jeunes gens eurent alors l'idée de se reconvertir dans le tourisme et offrirent leurs services de guides sur le site du Mont Brandberg, la plus haute montagne de Namibie, située à seulement quarante kilomètres et mondialement célèbre pour ses peintures rupestres. Après des débuts difficiles, cette reconversion dans le tourisme est devenue un modèle du genre : la communauté a acquis une terre, construit une structure touristique et offre aujourd'hui des débouchés aux petites entreprises du coin. À quarante kilomètres d'ici, toujours en pays Tsiseb, au Centre de Guides des Montagnes Dâureb, de vrais professionnels vous attendent pour vous conduire au sommet du Brandberg et vous dévoiler ses magnifiques peintures rupestres. La visite standard dure environ deux heures, mais peut s'adapter à la demande. Des randonnées de trois jours combleront les marcheurs les plus endurants. On peut visiter, tout près, un autre site de peintures, celui de Twyfelfontain, ainsi que les fameux Monts Spitzkoppe.

Localisation

Uis est accessible en voiture et par avion, à environ deux heures de route de Swakopmund et à trois heures de la porte Okaukuejo du Parc National d'Etosha.

CONTACT

Tsiseb Conservancy. P.O. Box 4, Uis
Tél. : 264 (0) 64 504 162 • Fax : 264 (0) 64 504 182
Internet : www.nacobta.com.na
NACOBTA
Tél. : 264 61 250558 • Fax : 264 61 222647
Courriel : office.nacobta@iway.na

Informations culturelles

Les Damara Nama, qui forment la communauté de Tsiseb, sont des éleveurs que la sècheresse, notamment, soumet à des conditions de vie difficiles. Aujourd'hui, quelques fermiers exploitent encore l'étain de façon artisanale, mais les revenus issus de ce travail difficile ne suffisent pas à nourrir une famille. La région des Brandberg a un micro climat et abrite de nombreuses espèces rares comme des éléphants et des rhinocéros adaptés au désert. Grâce au tourisme, la communauté a retrouvé sa fierté culturelle et des sources de revenus plus pérennes.

Séjour recommandé

Activités : Excursions à la journée, séjours plus longs forfaitaires tout compris. Démonstration d'artisanat, sentiers ornithologiques, sites historiques. À noter la présence d'un cybercafé.

Saisons : Toute l'année bien que les mois d'été (novembre à février) soient extrêmement chauds si vous vous décidez à escalader le Mont Brandberg.

Organisme de soutien

En Namibie, des communautés peuvent s'enregistrer en tant que *Conservancy* (Réserve) auprès du ministère de l'Environnement et du Tourisme. Il s'agit d'une structure juridique donnant aux communautés le droit de protéger et d'exploiter leurs ressources naturelles. La Réserve de Tsiseb (*Conservancy Tsiseb*) résulte d'une de ces initiatives communautaires. Ses responsables recensent régulièrement le gibier, empêchent le braconnage, distribuent les bénéfices à tous ses membres, les encourageant ainsi à continuer de préserver les ressources qui les font vivre.

LES GUIDES DE TWYFELFONTEIN
(PROVINCE DU KUMENE, MEMBRE DE NACOBTA)

*T*wyfelfontein, en afrikaans, veut dire « fontaine du doute ». Ce nom fut donné à ce lieu-dit par un fermier qui essayait de gagner sa vie dans la région. Il n'y resta pas long-temps, les sources d'eau y étant trop incertaines. Le peuple autochtone des Damara y vit, lui, depuis des siècles, même si leur statut de petits fermiers n'a jamais pu les délivrer de la pauvreté. Le tourisme est plus prometteur : la région de Twyfelfontein offre des paysages spectaculaires, une faune et une flore exceptionnelles et, surtout, des gravures rupestres réalisées par les Bushmen il y a environ six mille ans. Les figures y sont surtout celles d'animaux aux traits exagérés : lion à très longue queue, autruche à trois têtes... Les guides vous diront que les *Bushmen* voyaient ainsi les animaux lorsqu'ils étaient en transe. Ne soyez pas étonnés d'y repérer des phoques et des manchots : une théorie veut que les Bushmen soient allés jusqu'au bord de l'océan où ils ont rencontré ces animaux qu'ils ont dessinés à leur retour. Pour être bref : cet endroit est unique au monde. L'UNESCO partage cette opinion et s'emploie à l'heure actuelle à faire de Twyfelfontein un « Site du Patrimoine Mondial ». Vingt guides namibiens ont été formés par le Conseil des Monuments Nationaux de Namibie, en partenariat avec l'ONG NACOBTA, et vous apprendront tout sur la cul-ture des *Bushmen*. Mais la région a encore davantage à offrir. Non loin, se trouvent les fameux « tuyaux d'orgue », une formation très étrange avec ses bandes de roche collées les unes aux autres. Vous trouverez, près de ce site, des *lodges* à faire rêver. Les propriétaires ont passé des accords avec les communautés et leur payent un droit d'occupation sur ces lieux. Mais on peut aussi loger dans un camping, appartenant à un membre de la communauté. Des vols en montgolfières, des battues de gibier et des sentiers de randonnées vous seront proposés.

Localisation

Twyfelfontein est situé dans le nord-ouest du pays, partie méridionale de la province de Kumene. Le lieu est accessible en avion et en voiture.

Twyfelfontein Guides
P.O.Box 158, Khorixas • Tél. : 067-697983 • Fax : 067-697023
Courriel : office.nacobta@iway.na • Internet : www.nacobta.com.na

Informations culturelles

Les *Bushmen* Damara, qui habitent cette région d'une beauté à couper le souf-fle, sont l'une des plus anciennes populations du pays. Traditionnellement noma-des et gardiens de troupeaux, ils sont très pauvres, et pour eux, le tourisme constitue une vraie alternative. Les habitants de Twyfelfontein sont très sympa-thiques et serviables. Ils sont fiers de vivre dans un des lieux les plus spectacu-laires de Namibie et se plaisent à vous parler de leur région.

Organisme de soutien

La Réserve de Uisbasen (*Conservancy Uisbasen*) est relativement modeste, mais elle abrite certains des plus beaux trésors historiques et culturels de Namibie. Le secteur du tourisme traditionnel a profité de ce patrimoine. Trois *lodges* se sont installées dans la région : les revenus permettent de financer la formation des autochtones. Les droits versés pour l'occupation des lieux servent à protéger les ressources naturelles et à améliorer la vie de la population.

Penduka Réveille-toi !
(Province de Khomas Hochland, ville de Windhoek, membre de NACOBTA)

*P*enduka Wake Up est une société de bienfaisance. Depuis 1992, plus de huit cents cinquante femmes issues de dix-sept groupes culturels différents ont pu grâce à elle acquérir une formation technique qui leur a permis ensuite de trouver un emploi. « Penduka » signifie « Réveille-toi » en langues Oshiwambo et Herero. Cette initiative des femmes de Katutura, qui regroupe plusieurs petites entreprises locales – du magasin d'artisanat à des gîtes – a vu le jour en 1992. Son but est d'aider des femmes de tout le pays à créer leurs propres emplois, à améliorer et diversifier leurs compétences. Priorité est donnée aux femmes handicapées. Penduka commercialise leurs produits. On y dispense aussi des formations et des ateliers sur des sujets comme le SIDA et la séropositivité, la tuberculose, la nutrition ainsi que des cours de langue. Le siège de Penduka est à Windhoek, capitale de la Namibie, près du barrage de Goreangab. La première chose qui frappe le visiteur est l'atmosphère tranquille mais productive qui y règne. Vingt-sept femmes et trois hommes de cultures et origines extrêmement diverses travaillent ensemble à la fabrication d'extraordinaires objets. La meilleure façon de commencer votre visite est de savourer une boisson au bar-restaurant, face au lac, tout en écoutant Magda, la serveuse, vous raconter la genèse de ce projet. Pénétrez ensuite dans l'atelier où, dans un bourdonnement de ruche trépidante, vous admirerez les potières et les couturières penchées sur leur ouvrage avant de choisir votre pièce préférée que vous rapporterez chez vous. Penduka propose un hébergement sur les berges du lac, dans des *roundavels*, ces jolies huttes rondes et colorées, équipées de tout le confort nécessaire avec salles de bain communicantes. Si vous pouvez prolonger votre séjour et passer deux nuits de plus à Penduka, vous aurez l'occasion de participer à de nombreuses activités, de visiter le *township* de Katatura ou d'explorer le parc Daan Viljoen Game.

Localisation

Les locaux de Penduka sont situés dans la capitale du pays Windhoek.

CONTACT

Penduka Crafts

P.O. Box 7635, Katutura, Windhoek • Tél. et Fax : 264 (0) 61-257210
Courriel : penduka@namibinet.com • Langue : anglais et afrikaans

Informations culturelles

Ce projet se distingue par la grande diversité des groupes culturels représentés. On y rencontre des Herero, un peuple d'éleveurs de bétail, installés dans le nord-ouest du pays (les Himba sont d'origine Herero) et dans l'est. Au début des années 1900, les Herero connurent de terribles affrontements avec les colons allemands et perdirent la quasi-totalité de leurs effectifs. Les femmes portent les traditionnelles robes de style victorien faites de plusieurs jupes enfilées les unes sur les autres et les chapeaux typiques, en tissu roulé verticalement sur la tête. Quant aux Nama, les seuls vrais descendants des Khoikhoi en Namibie, ils ont beaucoup de traits en commun avec les Bushmen et sont aussi à l'origine un peuple de nomades. Aujourd'hui sédentaires, ils sont encore très fiers de leur culture et de leur histoire. Les Nama ont, eux, un talent naturel pour la musique, la poésie et la prose et comptent de nombreux chanteurs et danseurs traditionnels. Ils cliquent souvent de la langue, ce qui est une autre caractéristique des *Bushmen* ; et les femmes portent des jupes et bonnets en patchwork.

UCOTA
(Association de Tourisme Communautaire en Ouganda)

Texte et photos : **Paul Lubega,** ucota@africaonline.co.ug

L'association de tourisme communautaire en Ouganda (UCOTA), fondée en 1998, est une organisation nationale à but non lucratif, qui sert d'organisation parapluie pour tous les projets communautaires en Ouganda. Elle propose un accompagnement sous forme de conseil en techniques de promotion, de marketing, de lobbying, de recherche de financements. UCOTA compte aujourd'hui cinquante projets membres, implantés dans toutes les régions touristiques du pays. Les entreprises membres d'UCOTA sont la propriété des communautés et autogérées. UCOTA sélectionne les projets en fonction du nombre de visiteurs reçus sur les sites, la qualité des services offerts, les

efforts et les progrès réalisés, les appréciations des touristes et l'implication des populations dans les projets de développement.

CONTACT
Paul Lubega, Field officer
Courriel : ucota@africaonline.co.ug
Internet : www.ucota.or.ug

SITE CULTUREL DE BAAGALAYAZE
(DISTRICT DE KAMPALA, DIVISION DE KAWEMPE II, VILLAGE DE MPERERWE)

Texte : **Paul Lubega,** ucota@africaonline.co.ug
Photos : **Roberto Faidutti**

*C*e centre culturel, situé à cinq kilomètres et demi du centre de Kampala, s'est installé, en 2000, sur un site funéraire dédié à la première femme du roi Mutesa I. C'est elle qui aurait rédigé la fameuse lettre invitant les missionnaires à entrer en Ouganda. Le site reçoit des touristes venus du monde entier. Il propose une foule d'activités, comme la fabrication de vêtements traditionnels en écorce, le recyclage du papier en fibres de bananes et herbe à éléphant, la poterie, les danses traditionnelles, les techniques culinaires... On loge chez l'habitant et tous les revenus sont réinvestis dans la communauté.

CONTACT

Rita Nalubula, Namasole, Ssemwanga
Uganda Community Tourism Association (UCOTA)
P.O.Box 27159 – Kampala, Uganda
Tél. (portable) : 256 71 678 411, 256 71 876 167, 256 71 803 430
Courriel : ucota@africaonline.co.ug • Internet : www.ucota.or.ug
Langue : anglais • Tour opérateur : Mountain Peak Discovery
Courriel : peaktourisminfo@yahoo.com

Camp de Bushara Island
(district de Kabale, sud-ouest de l'Ouganda)

Texte : **Paul Lubega,** ucota@africaonline.co.ug
Photos : **Roberto Faidutti**

*L*es campements de l'île de Bushara (Lac Bunyoni) qui s'étalent sur une superficie de seize hectares, servaient autrefois de quarantaine pour les lépreux. À trente minutes de la terre ferme, ils offrent aujourd'hui toutes sortes d'attractions : tours en pirogue, ornithologie, randonnées dans les marais et les forêts, visite au maréchal-ferrant, expéditions dans les grottes, exploration de la Punishment Island. Ce sont aussi des lieux de rendez-vous : les femmes de la communauté s'y rendent pour vendre leurs produits d'artisanat. Les bénéfices issus de ces villages touristiques permettent de payer les bourses des élèves, de soutenir le projet du moulin des orphelins, d'informer les populations sur la sécurité alimentaire et les aménagements pour l'eau potable, et de mettre en place une agroforesterie mieux adaptée.

CONTACT

Patrick Tumwesigye. Bushara Island Camps. P.O.Box 794. Kabale, Uganda
Tél. : 256 486 26110 • Portable : 256 77 464 585
Courriel : busharaislandcamp@yahoo.co.uk/
busharaisland@africaonline.co.ug
Langue : anglais • Tour opérateur : Mountain Peak Discovery
Courriel : peaktourisminfo@yahoo.com

Communauté de Ruboni

(Région de l'ouest, district de Kasese, paroisse de Bugoye Subcounty Ibanda)

Texte : **Paul Lubega,** ucota@africaonline.co.ug

Photos : **Roberto Faidutti**

*L*e site de Ruboni, classé Site du patrimoine mondial, est une étape sur le chemin du Parc national des montagnes de Rwenzori, les plus hautes du continent africain, culminant à 5109 mètres d'altitude. L'ascension du Rwenzori se fait sur sept jours. Les excursions sont organisées à la demande.

CONTACT

Kamalha k. Felex. Uganda Community Tourism Association (UCOTA)
UCOTA PO Box 27159 Kampala • Tél. : 256 (0) 41501866 ou 75503445
Courriel : ucota@africaonline.co.ug • Internet : www.ucota.or.ug
Tour opérateur : Mountain Peak Discovery
Courriel : peaktourisminfo@yahoo.com

PAROISSE DE MUKONO
(SUD-OUEST, DISTRICT DE KABALA, KISORO, KANUNGU)

Texte : **Yukako Niimi** (FONP), Yukako.Niimi@fao.org et **Sophie Grouwels**,
Sophie.Grouwels@fao.org   Photos : **Roberto Faidutti**

*L*e Parc national de l'impénétrable forêt de Bwindi, classé Site du patrimoine mondial, abrite la moitié de la population mondiale des gorilles de montagne, ainsi qu'une douzaine d'autres espèces menacées. La forêt de Bwindi est l'un des plus riches écosystèmes africains. Les pygmées Batwa, qui vivent dans la région, dépendaient traditionnellement des ressources de la forêt. L'accès au Parc étant réglementé depuis sa création en 1991, les populations locales ont dû concevoir de nouvelles façons de vivre et chercher d'autres sources de revenus. Situé à l'entrée du Parc, le sentier *Buhoma Village Walk* a été la première initiative communautaire en Ouganda. Expérience africaine authentique, elle vous conduira à la découverte des chansons populaires louant la beauté et l'importance des forêts, des guérisseurs qui soignent les rhumes aussi bien que l'impuissance, des plantations de thé, des oiseaux de la région... Vous apprendrez aussi, dans une plantation, à fabriquer de la bière de banane. Vous logerez au *Buhoma Community Camp* (campement communautaire de Buhoma), une initiative du Parc et du Peace Corps américain.

CONTACT

Uganda Wildlife Authority (UWA)
Buhoma Community Rest Camp, P.O. Box 992 kabele, Uganda
Tél. : 256-77-384965, 256-77-529081
Courriel : buhomacrc@yahoo.com
Internet : www.traveluganda.co.ug/buhoma-community,
www.ucota.or.ug
Réservations à l'arrivée au campement

Sophie Grouwels
Forestry Officer, FONP (Service des politiques et des institutions forestières). Room C-46, FAO. Rome • Tél. : 39 06 570 55299
Courriel : Sophie.Grouwels@fao.org

Informations culturelles

La région des environs de Bwindi est l'une des plus densément peuplées de l'Ouganda. Très riche sur le plan ethnique, elle abrite des Batwa, des Pygmées et des Bantu. On pense que les Batwa ont été les premiers habitants du Rwanda, du Cameroun, de la République Démocratique du Congo, de la République Centre Africaine et du Gabon. Ils habitent principalement les forêts d'Echuya, de Mgahinga, de Bwindi et de Semliki, dans l'ouest de l'Ouganda. La forêt est un lieu de culte pour les Batwa puisque Dieu, en les créant, les plaça dans ce milieu naturel pour les protéger. Les Batwa sont aujourd'hui très marginalisés et victimes de discriminations. Ils ont été dépossédés de leurs terres – d'où l'importance de l'écotourisme pour eux.

Organisme de soutien

Le *Buhoma Village Walk* a été fondé par la FAO (Organisation des Nations Unies pour l'alimentation et l'agriculture) et le Fonds de conservation de la forêt impénétrable de Mgahinga-Bwindi (MBIFCT ou *Mgahinga-Bwindi Impenetrable Forest Conservation Trust*) dans le but de promouvoir le développement durable dans une région où les populations indigènes dépendent de ressources naturelles menacées. Le projet s'est aidé de l'outil novateur de la FAO, le MA & D (le *Market Analysis and Development* ou Analyse et développement du marché), qui aide les communautés à identifier des stratégies économiques viables (voir le site Internet sur les entreprises forestières à petite échelle : http://www.fao.org/forestry/site/25491/en).

SE RECONSTRUIRE GRÂCE AU TOURISME

Dominique Verdugo est chargée de mission tourisme au Rwanda,
pour l'Organisation de développement des Pays-Bas, la SNV.
Elle partage avec nous son souhait de voir le Rwanda se reconstruire
grâce au tourisme solidaire. Toutes les fiches et photos sont d'elle.

*En 2005, le Rwanda a encore besoin d'améliorer son image
auprès des pays étrangers, proches et lointains. Le tourisme communautaire tout particulièrement contribuera à consolider ce nouveau
visage. Votre voyage sera non seulement une expérience personnelle
inattendue et inoubliable, mais aussi une contribution importante à la
reconstruction du Rwanda.* (**D. V.** dverdugo@snvworld.org)

AU PAYS DES MILLE COLLINES,
AMAHORO TOURS
(RÉGION DE RUHENGERI)

*A*mahoro signifie
« paix » en Kinyarwanda. Greg
Bakunzi est né et a passé les vingt-
trois premières années de sa vie
dans un camp de réfugiés rwandais, en Ouganda. Quand il arrive
pour la première fois dans son
pays, après le génocide, il décide
de recourir au tourisme pour aider
les siens à prospérer de nouveau.
Il commence en lavant le linge des touristes. Puis prend contact avec deux
tour opérateurs britanniques, leur achète les permis d'entrée au Parc
des Volcans pour observer les gorilles de montagne, organise quelques
séjours, s'improvise guide. Greg Bakunzi manque de « savoir-faire »,
mais il a les idées, la connaissance du terrain, les contacts. Le gouvernement
rwandais propose alors des incitations fiscales. En 2003, la rencontredu
jeune Rwandais avec Michael Grosspietsch, un volontaire allemand en
écotourisme, est un détonateur. En octobre 2003, Greg Bakunzi crée
Amahoro Tours, le premier tour opérateur entièrement rwandais. En
décembre 2004, il fonde l'Association touristique d'Amahoro (*Amahoro*

Tourism Association pour fédérer ses différents partenaires. Cette structure, aujourd'hui, fait vivre ponctuellement, sans aucune aide financière extérieure, jusqu'à cinquante-cinq familles par séjour organisé. **D. V.**

Localisation

Région de Ruhengeri, à deux heures de route au nord-ouest de la capitale Kigali (110 km). Location de taxi ou transport en commun (minibus).

CONTACT

Gregory Bakunzi. B.P. 87 Ruhengeri, Rwanda
Tél./Fax : 250 54 68 77 (T.U. + 2 heures)
Portable : 250 08 68 74 48
Courriel : info@amahoro-tours.com
Internet : www.amahoro-tours.com
Langues : anglais, français

Séjour recommandé

Titre : **Voyage au cœur de la vie rwandaise**
Durée : Cinq jours/quatre nuits à partir de Ruhengeri (nord-ouest du Rwanda).
Prix : 1200 US $ pour deux personnes/4 nuits/5 jours d'excursions à partir de Ruhengeri. Inclus : transport à partir de Ruhengeri, hébergement en chambre double et pension complète, activités, participation au développement local, guide.
Activités : pêche sur le lac Kivu ; visite – avec travaux pratiques – à une unité de production de briques, une fabrique de bière de bananes un atelier de vannerie et de menuiserie ; visite d'un orphelinat et d'une école ; entretien avec un praticien de médecine traditionnelle et exploration de son jardin des plantes ; rencontre avec un homme-serpent ; dîner dans une famille rwandaise ;
Des formules de séjour plus classiques peuvent être organisées avec excursion dans le Parc national des Volcans pour observer les célèbres gorilles de montagne et ascension d'un volcan.
Dates de départ : toute l'année à la demande, excepté avril (pendant la commémoration du génocide).
Hébergement : petits hôtels, missions catholiques ou protestantes, chez l'habitant
Taille du groupe : six personnes au maximum.
Conditions physiques requises : âge minimum 15 ans ; non recommandé aux personnes à mobilité réduite.
Conditions climatiques : climat tempéré, plus frais à proximité de la chaîne des volcans.
Recommandations particulières : vaccination contre la fièvre jaune obligatoire, bonnes chaussures, torches électriques (coupures d'électricité fréquentes).

Organisme de soutien

La *Amahoro Tourism Association* est soutenue par l'organisation néerlandaise de développement SNV en collaboration avec l'ONG Développement durable par le tourisme (*Sustainable Development through Tourism*), basée en Allemagne.

VILLAGE TOURISTIQUE DE KINIGI/ASOFERWA
(AU PIED DU PARC NATIONAL DES VOLCANS)

*L*e Village Touristique de Kinigi – ou *Kinigi Guest House* – est géré depuis décembre 2000 par l'Association de Solidarité des Femmes Rwandaises – ASO-FERWA, une ONG créée en août 1994. Ce village ou VTK emploie dix-sept permanents et vingt saisonniers. Ces emplois, offerts en priorité aux femmes, font vivre plus de cinquante familles. Des membres de la communauté Batwa, sédentarisés à proximité du VTK, sont recrutés occasionnellement comme jardiniers mais surtout comme danseurs pour les soirées culturelles. Le VTK s'efforce d'aider cette communauté défavorisée à se reconvertir dans l'agriculture et l'élevage (jadis, les Batwa vivaient de la cueillette de fruits, des arbres forestiers et de la poterie). Le VTK espère aussi augmenter le revenu familial des Batwa tout en contribuant à la préservation du Parc des Volcans, dernier refuge des gorilles de montagne au Rwanda. Les terres agricoles du VTK sont cultivées par un regroupement de veuves de Kinigi. Leur production de cultures vivrières est achetée par le VTK. Tous les produits alimentaires sont d'origine locale ainsi que le charbon de bois. Une culture innovante de fruits de la passion a débuté en 2004. L'association prévoit cette année de mettre en place une filière de transformation et de commercialisation des jus de fruit. L'ASOFERWA s'occupe par ailleurs de scolariser les enfants victimes du génocide ou du sida, de former les adolescentes orphelines à la production de nattes, d'objets en vannerie, de statues en bois et aux métiers de la couture. L'ASORFERWA a ainsi financé l'achat de machines à coudre qui ont servi à confectionner les nappes et les rideaux des maisons du VTK et des vêtements vendus sur le marché de Kinigi.

CONTACT

Kinigi Guest House. District de Kinigi (Province de Ruhengeri) Rwanda
Tél. : 250 54 71 56/250 0853 3606 • Courriel : asoferwa@rwanda1.com
Internet : www.rwanda-gorillas.com

FÉDÉRATION DES INTER-GROUPEMENTS DE PÊCHEURS

(PROVINCE DE CYANGUGU, DANS LE SUD-OUEST DU PAYS)

*D*es onze provinces du Rwanda, celle de Cyangugu est la plus éloignée de la capitale de Kigali. Elle borde le sud-est du lac Kivu. La rivière Rusizi, qui relie le lac Kivu au lac Tanganyika, sépare les villes de Cyangugu (Rwanda) et de Bukavu (Congo) et marque la frontière entre le Rwanda et la République Démocratique du Congo. La frontière du Burundi longe tout le sud de la province. La route en provenance de la capitale Kigali traverse, dès l'entrée dans la province de Cyangugu, l'admirable forêt naturelle de Nyungwe, devenue récemment le troisième Parc National du Rwanda (avec treize espèces de primates, deux cents soixante-quinze espèces d'oiseaux, deux cent soixante espèces d'arbres et cent quarante-huit sortes d'orchidées...). Depuis 2001, les différentes associations de pêcheurs de la province de Cyangugu sont regroupées au sein d'une fédération connue sous son acronyme d'IABACYA. Soucieuse de contribuer à la conservation des ressources halieutiques du lac Kivu et de faire partager le savoir-faire ancestral de ses membres, cette fédération propose, depuis 2005, un parcours touristique d'une journée (ou demi-journée) sur le thème de la pêche.

CONTACT

Didace Mukundiyukuri, Président de l'IABACYA
B.P. 548 Cyangugu, Rwanda
Tél. : 250 08 86 8887 • Courriel : iabacya2005@yahoo.fr
Il est recommandé de communiquer en français ou en kinyarwanda.
IABACYA peut organiser vos réservations d'hôtel. N'hésitez pas à les contacter et à leur poser vos questions relatives à votre prochain séjour à Cyangugu.

DESTINS CROISÉS À SÃO TOMÉ, LODGE DE JALÉ
(PORTO ALEGRE)

Textes et Photos : **Bastien Loloum,** loloumb@hotmail.com

*A*ncienne colonie portugaise située dans le creux du golfe de Guinée, les îles de São Tomé et Príncipe se font discrètes sur les cartes, aux côtés du gigantesque continent africain. Ce jeune pays insulaire d'à peine mille km2, indépendant depuis 1975, peuplé de quelques cent cinquante mille habitants parlant essentiellement le portugais, n'a pourtant rien à envier aux autres îles du pourtour continental. São Tomé est un véritable sanctuaire écologique avec pas moins de vingt-huit espèces d'oiseaux endémiques : Pigeon arboricole de São Tomé, Ibis nain, Perroquet gris de Príncipe... La plupart sont facilement observables à

l'occasion d'un court séjour, du fait de la petite taille des îles. Seule une espèce fait exception : le Néospize de São Tomé (*Neospiza Concolor*) qui n'a été observé que deux fois dans l'histoire, en 1888 et 1991. L'environnement marin est également très riche : tortues marines, baleines, requins baleines, raies Manta et dauphins... L'histoire de ces îles, au croisement culturel de l'Europe, l'Afrique et l'Amérique, est un véritable roman d'aventures. Depuis sa découverte en 1470, la colonie a connu attaques de pirates, révoltes d'esclaves et épidémies. En cinq cents ans, les îles sont passées par trois cycles agricoles : la canne à sucre, le café et enfin le cacao. Aujourd'hui, les vestiges des imposantes *roças*, vastes domaines agricoles fondés sur la servitude, témoignent des périodes d'abondance où São Tomé/Príncipe était le premier producteur mondial de cacao. C'est la région de l'extrême sud de l'île de São Tomé que l'ONG santoméenne, MARAPA (*Mar Ambiente e Pesca Artesanal*), vous propose de découvrir en séjournant au Jalé Ecolodge, à mi-distance des deux villages, entre mer et mangrove, sur la magnifique plage de Praia Jalé.

Localisation

L'archipel de São Tomé et Principe est situé sur la ligne de l'équateur, dans le golfe de Guinée, en Afrique Centrale. Les villages de Porto Alegre et Malanza, distants d'un kilomètre l'un de l'autre, sont à l'extrême sud de l'île de São Tomé, au

bout d'une magnifique route côtière. Depuis la capitale, deux heures de 4x4 vous mèneront à Porto Alegre. Sur place, déplacements en voiture et/ou à pied.

CONTACT

> **MARAPA** à Cidade de São Tomé CP292
> São Tomé e Príncipe • Tél./fax : (239) 222 792
> Courriel : praiajale@hotmail.com - ong.marapa@gmail.com
> Internet : http://praiajale.free.fr • Langue : français ou portugais

Informations culturelles

Porto Alegre est une ancienne *roça* reconvertie en village. Si les habitants de Porto Alegre vivent dans le souvenir de ce passé glorieux, le « leve, leve ! » (doucement, doucement !) tient aujourd'hui lieu de loi. Descendants directs des esclaves et employés des plantations de la région, vos hôtes sauront vous raconter l'histoire des îles comme si vous l'aviez vécue ! **Malanza** est le domaine des *Angolares*, une ethnie dont l'origine demeure mystérieuse. Ils seraient arrivés sur l'île suite au naufrage, au milieu du XVIe siècle, d'un bateau transportant des esclaves vers les Amériques. Quoiqu'il en soit, au fil des siècles, les *Angolares* ont fortement gêné les activités des colons, lançant des attaques nocturnes contre les *roças*, et recueillant dans leurs villages les esclaves en fuite. La plupart des *Angolares* parlent la *ngolá*, un dialecte dont les origines sont encore discutées. Organisés autour du *chefe de praia* (le « chef de plage » que vous ne manquerez pas de rencontrer), ils vivent aujourd'hui principalement de la pêche artisanale. Les femmes jouent un rôle essentiel dans la vie de la communauté : appelées *palayés*, elles s'occupent de la commercialisation du poisson. Leur sens des affaires est redoutable ! Aujourd'hui, ces deux communautés aux destins que tout opposait vivent en paix, autour de la baie de Iôgo-Iôgo.

Séjour recommandé

Durée : 3 jours/2 nuits.
Prix : 25 € pour deux personnes par jour, petit déjeuner inclus. Les repas peuvent être pris à Porto Alegre chez l'habitant. Services de guides et canotiers.

Activités : Visite guidée de l'ancienne *roça* de Porto Alegre et des ruines en forêt. Circuits en canots traditionnels dans la mangrove de Malanza. Pêche traditionnelle santoméenne (poissons volants, pêche sous-marine...). Observation nocturne de la ponte des tortues marines et lâchage des bébés tortues au centre d'incubation (de septembre à avril).

Hébergement : 3 bungalows simples mais confortables de 2 lits (lit supplémentaire à 5 €). Douches et sanitaires en commun. Pour ne pas perturber la ponte des tortues et les habitudes des espèces nocturnes, l'éclairage est assuré par des bougies de fabrication artisanale aux senteurs de l'île : Ylang-Ylang, coco, citronnelle...

Taille des groupes : 9 personnes au maximum dans le campement.

Conditions requises : traitement antipaludique.

Conditions climatiques : Pendant la Gravana (juin à septembre), pas de pluie et température agréable (25-30°) ; pendant la période de ponte des tortues Luth, climat plus chaud et humide. Le mois d'août est idéal pour observer les baleines Jubarte qui passent dans la baie de Iôgo-Iôgo, toute proche.

Organisme de soutien

À Malanza et Porto Alegre, l'ONG MARAPA intervient en appui à la pêche traditionnelle et aide les communautés à gérer l'activité touristique. L'objectif : financer de petits projets de développement et un programme de protection des tortues marines, en cours depuis quelques années. À terme, le site sera entièrement géré par les associations des habitants des deux villages partenaires.

À lire : Gallet, D., *São Tomé et Príncipe, les îles du milieu du monde*, Karthala, Paris, 2001 ; Enders, A., *Histoire de l'Afrique lusophone*, Chandeigne, Paris, 1994 ; Christy, P., Clarke, W., *Guide des oiseaux de São Tomé et Príncipe*, ECOFAC, São Tomé, São Tomé et Príncipe, 1998 ; Stevart, T., Oliveira, F., *Guide des orchydées de São Tomé e Príncipe*, ECOFAC, São Tomé, 2000. Billes, A. *Sur les traces des tortues marines d'Afrique Centrale*, ECOFAC, KUDU, Libreville, Gabon, 2004.

Pays Bassari

Texte : **Philippe Marais** et **Paul Soto**, photos : **Paul Soto**,
mainate@saiga-voyage-nature.fr, bencarech@club-internet.fr

*L*a communauté Bassari mène actuellement, toutes générations confondues, une réflexion de fond sur l'introduction dans le pays d'un tourisme « différent », qui s'inscrirait dans une économie plus équitable et permettrait d'améliorer ses conditions de vie, notamment celle des enfants, sans pour autant la déposséder du gibier et de ses terres. Les

relations de longue date que les Bassari entretiennent avec un ethno juriste français et Paul Soto ont facilité la concertation préalable à l'élaboration de cette offre touristique. Les Bassari voudraient pouvoir limiter les impacts d'un tourisme « de masse », que l'arrivée de la route peut laisser craindre, tout en générant des revenus qu'ils géreraient selon un principe égalitaire propre à leur culture. Ils espèrent pouvoir financer un programme de prévention du paludisme et des formations de guides Bassari. Cette aventure privée ne bénéficie d'aucun soutien particulier à ce jour.

Localisation

Les villages de la communauté rurale de Salémata sont situés dans la partie sénégalaise du pays Bassari qui s'étend du Sénégal à la Guinée-Conakri, à environ 900 km de Dakar.

CONTACT

SAÏGA. 4 rue Fleuriau. BP 1291 17086 La Rochelle cedex 2
Tél. : 33 5 46 41 34 42 • Fax : 33 5 46 41 34 92
Internet : www.saiga-voyage-nature.fr
Courriel : mainate@saiga-voyage-nature.fr

Informations culturelles

Le pays Bassari est le dernier refuge d'un groupe ethnique unique au monde appelé *Beliyan* ou Bassari en français. Il vit à la périphérie sud du Parc National du Niokolo-Koba, dans une région classée par l'UNESCO « Réserve mondiale de la biosphère ». L'histoire mouvementée de ce peuple et sa capacité à s'adapter a valu à ses représentants le surnom de « fils du Caméléon ». Le premier peuplement de la région remonterait au début du XIIIᵉ siècle. Cette région semble avoir constitué une aire refuge pour les populations fuyant l'armée Malinké lors de la

fondation du royaume mandingue du Gabou, en Haute et Moyenne Casamance. Les trois quarts des villages Bassari actuels se sont implantés dans la région entre le début du XXᵉ siècle et les années 1930 et 1940. Cette culture rassemble des visions du monde très hétéroclites, mélange d'Islam (majoritaire, 57 % de la population) et de religion traditionnelle. Les Bassari ne sont devenus agriculteurs qu'à partir des années 1930 quand le pays s'est ouvert sur l'extérieur et que leur population s'est accrue. Aujourd'hui, la société Bassari s'active dans un bourdonnement d'essaim, la saison des moissons faisant ployer les habitants sous les corvées, le jour, et danser, la nuit, sous les masques.

À lire : Girard, J., *Les Bassaris du Sénégal, fils du Caméléon*, L'Harmattan, Paris, 1984

Séjour recommandé

Titre : « **La saison des moissons chez les Bassari** », voyage ethnologique et naturaliste en pays Bassari.

Durée : 14 jours Dakar/Dakar.

Prix : 1 480 euros par personne sur une base de 11 personnes.

Inclus : La présence d'un guide naturaliste SAÏGA, l'hébergement en pension complète durant tout le séjour, transferts terrestres, activités, le « carnet de voyage et d'observation », taxes et services, assurances assistance/rapatriement/frais médicaux.

Activités : En fonction de la période et de la capacité du groupe à être accepté et apprécié, il sera possible de participer à ces activités : moisson, battage, tamisage de la farine, tri, transport, préparation de la bière, récolte des feuilles de baobab, cuisine, travail du fer...

Dates : se renseigner pour les dates.

Saisons : de novembre à mai, hors saison des pluies.

Hébergement : dans des cases. Pour les autres nuits, tentes individuelles. À Dakar, hôtel.

Taille des groupes : 11 au maximum.

Organisme de soutien

Le voyagiste SAÏGA a le souci constant, depuis sa fondation en 1996, de préserver l'environnement visité, d'impliquer les populations locales et de garantir l'équité des échanges économiques. Elle a été citée, en 2002, par l'Organisation Mondiale du Tourisme comme un opérateur touristique réellement engagé dans des actions de développement durable.

Gîte de Keur Bamboung
(Aire Marine Protégée du Bamboung ou AMP)

Texte : **Jean Goepp,** jpgoepp@arc.sn

Photos : **Jean Goepp, Jean-François Hellio** et **Nicolas Van Linguen**

*P*artis de Dakar depuis cinq heures, nous arrivons enfin sur la piste qui mène à Toubacouta, un des plus gros villages du sud du delta du Saloum. Nous avons rendez-vous avec Ibrahima « Pa Ibou », le président du comité de gestion de l'Aire Marine Protégée (AMP) du Bamboung. Mais ici, tout commence par le « Tiep bu dien », le plat national fait de riz et de poisson agrémenté de tomates, piments et autres légumes qu'Ibrahima nous invite à prendre avec sa famille. Nima, son épouse, a aussi préparé, spécialement pour nous, des huîtres de palétuvier. Le repas terminé, nous nous dirigeons vers un ponton. Il faut vingt minutes pour atteindre en pirogue les rives du bolon (chenal) de Bamboung. C'est la saison des pluies et les algues microscopiques hibernent, colorant l'écume, accrochant à notre pirogue une traîne de lumière. Encore trente minutes de marche sur un petit chemin de sable serpentant à travers la brousse, avec pour bruit de fond les stridulations des criquets et le cri lointain des hyènes tachetées, et nous sommes arrivés ! Au gîte de Keur Bamboung, c'est Abbaye qui nous accueille et nous montre nos cases, en terre crue, paille et en bois. Les douches sont alimentées par le seul puits de l'île et c'est avec joie que les traces de sueur et de poussière disparaissent peu à peu sous l'eau fraîche. La nuit est bien avancée. Au matin, nos yeux encore lourds de sommeil s'ouvrent sur le majestueux panorama qu'offre Keur Bamboung : la vue infinie sur le fleuve, la mangrove et ses palétuviers.

Localisation

L'Aire Marine Protégée du Bamboung est située à 250 km au sud de Dakar. Son gîte (Keur Bamboung) est niché sur les rives d'une île au milieu du chenal de Bamboung.

CONTACT

Le séjour à Keur Bamboung peut être réservé directement auprès du *responsable* de campement ou organisé par l'intermédiaire de l'Océanium, association sénégalaise de protection de l'environnement ou l'agence Pain de Singe.

Tél. : (221) 510 80 13 – 842 40 52

Courriel : keurbamboung@oceanium.org

OCEANIUM – Projet Narou Heuleuk

BP 2224 Route de la corniche est, Dakar, Sénégal

Tél. : (221) 842 40 52 ou 644 03 31

Courriel : info@oceanium.org • Internet : www.oceanium.org

Pain de singe

Courriel : pain2singe@yahoo.fr • Tél. : 221 559 25 87

Séjour recommandé

Titre : Le campement écotouristique de Keur Bamboung

Durée : 5 à 8 jours

Prix : Séjour simple, toute l'année, hors billet d'avion et transport jusqu'à Soucouta : demi-pension : 17 000 Fcfa (environ 26 €)/jour/pers), pension complète : 22 000 Fcfa (environ 33 €)/jour/pers). Inclus : le transfert en pirogue de Soucouta jusqu'à Keur Bamboung, la location d'un canoë-kayak, la visite du sentier écologique.

Prix : Séjour découverte, toute l'année, hors billet d'avion et transport jusqu'à Soucouta : avec l'ensemble des activités énumérées ci-dessus (minimum 5 jours), pension complète + activités : 30 000 Fcfa (environ 45 €/jours/pers).

Activités : Découverte du fonctionnement « en gestion participative » de l'Aire Marine Protégée avec les écogardes, repas et nuitée au mirador de surveillance (1 à 2 jours). Sentier écologique, écosystème de mangrove et des forêts de savane (héron Goliath, pélican gris, flamant rose, martin-pêcheur, Guib harnaché, hyène tachetée, singe vert, phacochère, thiof, hippocampe, dauphin, lamantin). Visite de *Diorom bu mag*, le plus important amas coquilliers du Sénégal et de son éco-musée (1 journée). Découverte de la culture Serere (de 1 à 2 jours) : pêche à la palangrotte. Cuellleite des huîtres avec les femmes. Collecte du vin de palme avec Pierre, un Diola installé dans la zone. Ramassage des

coques à marée basse dans les vasières. Visite du Parc national du Delta du Saloum et de l'île aux oiseaux (1 journée). Randonnée en canoë kayak et trek à pied dans la forêt classée des îles de Bettenti avec bivouac en pleine forêt (2 jours et 1 nuit).

Hébergement: cases simples idéales pour les couples; cases doubles pouvant accueillir jusqu'à 6 personnes. WC et douches indépendantes et électricité solaire. Une case centrale assure la restauration et le bar.

Saisons: deux saisons: saison des pluies (hivernage) de juillet à septembre inclus, avec mousson et fort taux d'humidité. Saison sèche le reste de l'année. Température douce la journée (de 23 à 27° C) et fraîche le soir (de 22 à 17°).

Taille des groupes: 20 personnes maximum.

Précautions à prendre: Vaccin fièvre jaune et traitement antipaludique conseillés

Equipement recommandé: Lotion répulsive, vêtements légers (manches longues), crème solaire haute protection, lampe torche, maillot de bain, sandales plastiques ou chaussures pour marche en eaux basses.

Organisme de soutien

Cette action de préservation et de conservation s'inscrit en effet dans le contexte de la baisse globale des ressources halieutiques au Sénégal et dans le monde. Depuis le mois d'avril 2002, l'aire est balisée et surveillée par des bénévoles des villages périphériques. Depuis la création de l'AMP, les espèces rencontrées sont de plus en plus nombreuses et la taille moyenne des individus augmente. Bien plus qu'un gîte, Keur Bamboung est un outil pour la préservation de ce fabuleux écosystème. En payant sa nuitée, le touriste contribue au fonctionnement de l'AMP ainsi qu'au développement de la région (construction de salle de classe, case de santé, puits). Les quatorze villages de la périphérie se sont organisés et bénéficient des connaissances et du savoir faire de l'Océanium (association sénégalaise de protection de l'environnement) et de l'appui financier du Fonds Français de l'Environnement Mondial (FFEM). Aujourd'hui, Bamboung est une référence pour tous les pays de la sous-région, puisque c'est la première Aire Marine Protégée communautaire de l'Afrique de l'Ouest. À ce titre, elle fait la fierté des populations locales qui la gère comme un trésor!

La Cascade de Dindefello
(Sénégal Oriental, région de Tambacounda)

Texte : Raphaël Trouiller, administratif@tetraktys-ong.org
Photos : Tetraktys

*D*indefello, une piscine naturelle au pied d'une cascade de quatre-vingt-dix mètres de haut, offre un spectacle unique au Sénégal : montagne, forêts, cascades où la baignade, parmi les enfants et, quelquefois, les chimpanzés, est fort bienvenue lors des grosses chaleurs de l'après midi ! La population, si elle est particulièrement accueillante, n'en saute pas pour autant d'emblée sur le toubab, comme on dit ici. Et lorsque l'on demande à Serge Bessaye (responsable de l'Afrique de l'Ouest pour l'association grenobloise Tetraktys et coordinateur de ce projet) de décrire « Dindefello », ses yeux brillent : « Sentiment de bien être ! ». La région a pour autre particularité de regrouper diverses ethnies minoritaires, telles que les Bédikh, les Bassari, les Dialonké, sans compter des peuples plus répandus comme les Peuhl et les Malinké. Le campement compte onze cases traditionnelles de deux ou trois places, soit une capacité d'environ trente-cinq lits. Les cases sont équipées de lits traditionnels, de moustiquaires, et, depuis peu, de l'électricité (énergie solaire financée par l'État sénégalais). Les employés ont suivi une formation spécifique en hygiène alimentaire, adaptation des produits locaux au goût des étrangers et services. C'est un campement villageois, géré collectivement et dont environ 30 % des bénéfices sont réinvestis dans des projets de développement. Ce projet pilote en matière de développement touristique intégré, soutenu par le Conseil Général de l'Isère et le ministère des Affaires Etrangères, a été mis en œuvre par l'ONG grenobloise Tetraktys (Association de Coopération pour le Développement Local des Espaces Naturels).

CONTACT

Bala Toure (Président du GIE « La Cascade de Dindeffelo)
Campement la Cascade, Dindefello- Kedougou
Tél. : 221 658 87 07 • Courriel : tetraktysongsenegal@yahoo.fr
Internet : www.tetraktys-ong.org • Langue : français

SANCTUAIRE DE FAUNE SAUVAGE DE L'ÎLE DE TIWAI

Texte : **Sia Fasuluku,** mariamin73@yahoo.com   Photos : **Godwin Mawoh**

*T*oute la Sierra Leone, particulièrement au sud et à l'est, souffre d'un important accroissement des populations humaines qui mettent en péril un environnement extrêmement sensible. Avec l'aide des communautés locales, la Fondation pour l'Environment en Afrique (EFA) s'est attelée, en mai 2002, à faire de l'Île de Tiwai un modèle de gestion de zone

protégée et de développement communautaire. Le Sanctuaire pour la faune sauvage de l'Île de Tiwai (*Tiwai Island Wildlife Sanctuary*) est géré aujourd'hui par un comité administratif (*Tiwai Island Administrative Committee*) ou TIAC, qui représente les communautés, le gouvernement, les universités et les organismes de protection environnementaux. Ce projet est le premier et l'unique programme de protection com-

munautaire en Sierra Leone. Couvrant une superficie de douze kilomètres carrés, le sanctuaire est situé sur les berges de la rivière Moa. Il abrite la plus forte densité de primates au monde, plus de deux milles individus issus de onze espèces différentes, dont les plus précieux sont les chimpanzés. C'est l'un des derniers endroits du monde où ces animaux, très menacés, survivent en paix. L'île est aussi réputée pour ses oiseaux (plus de cent trente-cinq espèces différentes). Le département des sciences biologiques du Njala University College (NUC) travaille, par ailleurs, à dresser un inventaire complet de toutes les plantes de l'île : les visiteurs sont vivement encouragés à participer à la collecte de données écologiques. En mai 2005, le projet a été remis aux mains des communautés locales qui gèrent le site avec l'aide d'experts locaux et internationaux. Pour chaque dollar gagné, quarante cents sont reversés au TIAC qui contrôle et administre le fonds communautaire.

Localisation

Tiwai, une des plus grandes îles de la forêt tropicale humide de Sierra Leone, est située à 300 km de Freetown.

CONTACT
Tommy Garnett, Patrick Lamboi
1 Beach Road, Lakka Freetown Peninsula, Sierra Leone
Tél.: 232 76 755 146 ou 232 76 611 410 • Courriel: ahbarrie@yahoo.com,
enfoafrica@hotmail.com, plamboi@yahoo.co.uk
Internet: www.efasl.org.uk/tiwai/tiwai.htm,
www.visitsierraleone.org/tiwai.asp

Informations culturelles

Vers la fin des années dix-huit cent, la « Reine Nyarroh », veuve de Barri, s'éprit du chef de Koya, qui vivait sur l'autre rive de la rivière Moa, derrière l'Île de Tiwai. En gage de son amour, elle lui fit don de la moitié de Tiwai. Ainsi les deux tribus, Koya et Barri, se partageaient l'île. Tiwai veut dire « grande île » en *mende*. La première langue écrite *mende*, le *Ki-ka-ku,* fut inventée par Kisimi Kamara, à Vaama, à trois kilomètres de Tiwai. Pour les Koya et les Barri, c'est un lieu sacré, où les esprits des ancêtres reviennent vivre sous forme d'animaux de la forêt. Il existe des sociétés secrètes pour hommes (*Poro*) et pour femmes (*Sande*), comme c'est le cas dans la plupart des communautés rurales de Sierra Leone. L'île fut reconnue comme réserve de biosphère vers la fin des années soixante-dix et plus tard, à la demande des peuples de Barri et Koya, elle reçut le statut officiel de sanctuaire de faune sauvage.

Séjour recommandé

Titre: **Tiwai Island Wildlife Sanctuary**
Durée: minimum 2 nuits.
Prix: entre US$ 20 et 30 par nuit et par personne. Inclus: la pension, le guidage et les excursions en canoë/bateau.
Activités: trek en forêt, observation de faune, excursions en bateau, collecte de données scientifiques.
Départ: 2-3 fois par semaine.
Saisons: novembre à mai/juin.
Hébergement: tente avec des matelas sur des plateformes.
Conditions climatiques: saison des pluies de mai/juin à septembre/octobre; le reste de l'année est sec avec les plus hautes températures en janvier/avril.

COMMUNAUTÉ DE LIPHUPHO LAMI
(SWAZI, RÉGION KAPHUNGA)

Texte : **Métilde Wendenbaum,** m.wendenbaum@eceat-projects.nl
Photo : **Mxolisi Mduli,** Wozanawe@realnet.co.sz

*C'*est l'histoire d'un jeune homme, Mxolisi Mduli, surnommé Myxos. Né au Swaziland, Myxos, comme beaucoup là-bas, est allé à l'école, a obtenu son certificat de mécanicien – pour véhicules légers, puis pour véhicules lourds – mais il ne trouvait pas de travail. En 1997, il eut

l'idée de faire découvrir son pays à des voyageurs. Il fit part de son projet à une communauté locale qui s'unit pour l'aider à le réaliser. En swazi, Liphupho Lami signifie « mon rêve. » La ferme de Kaphunga est une ferme de mille six cents vingt hectares, entièrement exploitée par une communauté locale. Elle produit assez de nourriture pour sa consommation propre et un surplus, vendu sur les marchés du pays. Le premier jour, les visiteurs pourront découvrir comment les Swazi brassent leur bière, aider les villageois à construire une école. Le lendemain, observer les lézards. Et, chaque jour, aider les femmes Swazi à préparer les repas, dehors, sur les feux. Tous les produits proviennent des champs de la ferme ; souvent, ils ont été plantés par les visiteurs eux-mêmes. Les visiteurs pourront même s'improviser professeurs : expliquer aux enfants d'où ils viennent et les aider à pratiquer leur anglais. Le projet touristique est une source de revenus importants pour la communauté : location des maisons, transport, emplois. L'argent des séjours sert à acheter le matériel d'école, la papeterie et à prendre en charge les frais de scolarité. En échange, la communauté s'emploie à entretenir la beauté naturelle de la région Kaphunga – toutes les maisons sont en matériau traditionnel, l'eau est économisée et les installations sanitaires respectent l'environnement.

Localisation

La ferme est située à cinquante-cinq kms de Manzini, la ville la plus proche, dans les collines de Swaziland, à 145 minutes de la capitale et à 120 minutes de l'aéroport international.

Mxolisi Mdluli Box 2455, Manzini, Swaziland
Tél. : 268 5058363 • Mobile : 268 6044102
Courriel : Wozanawe@realnet.co.sz • Internet : www.liphupholami.com

Informations culturelles

Cette communauté d'environ trois mille cinq cents habitants, éparpillée sur les collines, a joué un rôle majeur dans la création du royaume Swazi : c'est ici que fut célébrée la première cérémonie *Incwala* (la fête de la première récolte de l'année, également prière nationale du peuple Swazi). Au début des années 1900, les Swazi étaient de puissants guerriers, ce qui explique sans doute pourquoi les Sud-Africains n'ont jamais envahi un aussi petit pays. Les grottes, dans les montagnes, servaient de cachettes pendant les guerres et constituaient d'excellents abris pour les femmes et le bétail : on pouvait y rester des jours entiers sans remonter à la surface. La plupart de ces montagnes sont utilisées de nos jours comme lieux de sépultures pour le clan Dlamini, fondateur de la Nation Swazi et à ce titre elles sont sacrées. Les Swazi étaient des chasseurs-cueilleurs, mais se battaient aussi pour s'approprier les terres riches, propres aux cultures. Aujourd'hui, les fermiers vivent difficilement de cultures vivrières comme le maïs, le sorgho, l'arachide, la patate douce et plusieurs sortes de haricots.

Séjour recommandé

Titre : vie rurale dans une ferme Swazi.
Durée : 2 jours.
Prix : 44 € par nuit et 33 € pour une excursion à la journée. Inclus : repas de midi, excursions guidées, transports.
Départ : toute l'année.
Hébergement : huttes traditionnelles, repas traditionnels Swazi.
Activités : sentiers de randonnée pour VTT, danses traditionnelles, artisanat local, visite de l'école, des familles Swazi pour se familiariser avec leur quotidien.
Taille des groupes : 15 au maximum.
Saisons : février/juin car il fait plus frais. En été, préférez les mois d'août et de janvier.

LE KAHAWA SHAMBA COFFEE TOUR
(MONT KILIMANDJARO, PEUPLE CHAGGA)

Texte : **Métilde Wendenbaum,** ECEAT m.wendenbaum@eceat-projects.nl
Photos : **Harro Boekhold,** info@contour-projects.com

*L*es Chagga vivent sur les pentes luxuriantes du Mont Kilimandjaro depuis des siècles. Autrefois, ils chassaient et guerroyaient, notamment contre les Maasaï. Depuis la colonisation allemande, ils cultivent le café. Aujourd'hui, ils exercent un pouvoir politique important en Tanzanie parce qu'on considère qu'ils sont plus occidentalisés que les autres Africains du pays. Leur implication dans la production du café et dans le commerce à l'export explique aussi leur influence. Mais depuis la libéralisation du marché mondial, les prix ont chuté et il est devenu difficile pour ces petits cultivateurs de maintenir leur niveau de vie. Aussi ont-ils décidé de créer, en partenariat avec le Syndicat des coopératives villageoises du Kilimanjaro (*Kilimanjaro Native Cooperative Union* ou KNCU), une entreprise de tourisme communautaire : le *Kahawa Shamba Coffee Tour*, Kahawa Shamba signifiant caféière en *swahili*. Pilonnage, séchage, pesée, soins, séparation des cosses, tri – par taille, densité, couleur... : le visiteur est invité à assister à toutes les phases de la production du café. Puis les sacs partent par bateau vers l'Allemagne, le Japon, les États-Unis, les pays arabes. Les visiteurs reçoivent également des explications sur le traitement biologique des arbres à café et le programme de commerce équitable du KNCU. La visite se termine, évidemment, par une dégustation. Les revenus générés par la visite des caféières (les touristes payent un tarif fixe) sont versés directement dans le fonds de la communauté. Chaque coopérative décide comment dépenser sa part. L'une d'elles, par exemple, vient de lancer l'idée de construire sa propre pépinière pour semis de café cultivé biologiquement.

Localisation

Le site du *Kahawa Shamba Coffee Tour* se trouve à 30-45 minutes en voiture de la ville de Moshi, dans la région du Kilimandjaro. Moshi est à 45 minutes de l'aéroport international du Kilimanjaro Nord.

CONTACT

M. Emilson Malisa. KNCU Fair Tourism. Old Moshi road plot 33-34-1
Tél. : 255 748517995 • Fax : 255 272754204
Courriel : kncu@kicheko.com
Autre réservation
Contour Projects aux Pays-Bas. Tél. : 31 302919941
Courriel : info@contour-projects.com • Langues : swahili, anglais

Informations culturelles

L'histoire prétend qu'un réseau secret de tunnels et de cavernes court sous les terres des Wa-Chagga (pluriel de Chagga). Leurs huttes coniques, faites de paille tressée et de boue étanche, sont un peu comme des stations de métro qui relieraient les petits villages qu'ils habitent au pied du Mont Kilimandjaro. Les Chagga n'ont jamais souhaité escalader ce sommet car, disent-ils, il est rempli d'esprits. À l'origine, les Wa-Chagga, subdivisés en trente groupes distincts, vivaient, chassaient et guerroyaient les uns contre les autres. Lorsque le gibier devint trop rare, ils abattirent quelques arbres le long de la montagne et divisèrent leurs terres en petits lopins afin d'y faire pousser des fruits.

Séjour recommandé

Titre : Le « **Kahawa Shamba Coffee Tour** »
Durée : 4 à 5 heures.
Prix : US$ 15 par personne avec le repas de midi, la dégustation de café et les guides.
Saisons : toute l'année.
Activités : Randonnées guidées pouvant aller d'une heure à deux jours ; exploration des berges de la rivière Weru Weru, des collines au pied du Kilimandjaro, des cascades et des ponts de singe, des grottes dans lesquelles se réfugiaient autrefois les Wa- Chagga ; circuits culturels, musique traditionnelle, visite au forgeron.
Hébergement : Camping de Kahawa Shamba. Pour un groupe de 20 personnes avec leur propre équipement de camping.
Taille des groupes : 5-12 personnes.
Conditions climatiques : les mois les plus frais sont de juin à octobre ; les plus chauds de décembre à mars.

LE VILLAGE DE MTO WA MBU
(LAKE MANYARA, CIRCUIT NORD)

Texte et photos : **Amy Richmond,** amyrich2@yahoo.com

*M*to wa Mbu, ou « la rivière des moustiques » en *swahili*, est un petit village de Tanzanie du nord, sur la route des grands parcs nationaux. Un projet d'irrigation dans les années 50 et les plans de « villagisation » du gouvernement au cours des années 60 ont attiré les populations rurales vers ce lieu où elles avaient plus facilement accès aux services sociaux. C'est donc surtout par sa diversité ethnique que Mto wa Mbu se démarque : plus de cent vingt ethnies différentes y cohabitent en harmonie. Aujourd'hui, grâce au Programme pour le tourisme culturel (Cultural Tourism Program) de Mto wa Mbu, vous pourrez partir à la découverte du village ; admirer les fameux arcs et flèches du peuple Sandawe. Enfin, rencontrer les guerriers Maasaï qui surveillent leur bétail dans les pâturages environnants. Ce *Cultural Tourism Program* est un organisme communautaire qui propose aux touristes des visites culturelles à thèmes dans le village. Créé en 1995 conjointement par l'Organisation hollandaise de développement SNV et l'Office du tourisme Tanzanien dans le but d'aider les communautés locales à tirer profit du tourisme, cette structure a accompagné plus d'une douzaine de projets aujourd'hui dirigés par des groupes locaux. Les bénéfices ont permis par exemple d'améliorer les systèmes d'irrigation ou de fabriquer des fours écologiques. Divers circuits d'une demi-journée ou d'une journée complète vous sont proposés. Non loin du village, vous trouverez un camping et une auberge avec piscine où les touristes en route vers les parcs nationaux font souvent étape pour explorer les environs. Vous commencerez votre circuit de découverte des fermes de Mto wa Mbu en dégustant une bière de banane dans une des huttes du village, tandis que votre guide vous racontera les légendes et l'histoire du peuple. Une promenade à pied vous mènera aux fermes environnantes, aux plantations de bananiers, et enfin au moulin du village. Avant de poursuivre votre route, vous pourrez marquer un arrêt à la hutte où les

femmes vous prépareront un repas traditionnel. Vous traverserez ensuite le village et passerez devant des cascades avant de grimper sur la « colline de l'infortune » pour vous reposer à l'ombre d'un baobab gigantesque et contempler le parc du lac Manyara et l'escarpement grandiose de la Vallée du Rift.

CONTACT

Wesley, Coordinateur du Mto wa Mbu CTP
P.O. Box 100, Red Banana Café, Mto wa Mbu, Arusha, Tanzanie
Tél. : 027 2539115/2539101
Courriel : mtoculturalprogramme@hotmail.com
Internet : www.mtoculturalprogramme.tripod.com
Langues : anglais et Swahili
Vous pouvez contacter Wesley directement, ou vous rendre en dala dala (petit bus local) d'Arusha à l'Office du programme pour le tourisme culturel (Cultural Tourism Program Office) et au Red Banana Café, situé au centre de Mto wa Mbu.
Tanzania Tourist Board (TTB)
47 E, Boma Road - P.O. Box 2348, Arusha
Tél. : 255 27 250 3842 • Courriel : ttb-info@habari.co.tz

LE VILLAGE DE MULALA
(RÉGION DE ARUSHA)

Texte et photo : **Amy Richmond,** amyrich2@yahoo.com

*S*i vous rêvez de passer une journée au calme, prenez la direction du village de Mulala, sur les pentes du Mont Meru. Vous y serez chaleureusement accueillis par Mama Anna et le Groupe des femmes de Mulala Agape (*Mulala Agape Women's Group*). Ces femmes se sont regroupées pour monter des projets susceptibles de leur apporter de nouveaux revenus : une fabrique de fromages, de pain ; un atelier de couture et du tourisme culturel. Mama Anna, en 1997, a créé, à Mulala, le Programme de tourisme culturel (Cultural Tourism Program). Tous les profits servent à aménager l'école, le dispensaire et les infrastructures pour l'eau potable. Vous aurez le choix entre plusieurs circuits à pied qui vous mèneront dans les *shambas* (champs cultivés) ou sur les pentes du Mont Meru. Votre guide vous fera découvrir l'école ainsi que les autres structures nées des efforts communautaires. Les Meru de Mulala sont avant tout des fermiers et assurent leur subsistance en faisant pousser des fruits, des légumes et du café. Vous profiterez du formidable panorama sur le Kilimandjaro tandis que votre guide vous familiarisera avec les plantes médicinales locales, les innombrables espèces d'oiseaux et les caméléons. N'oubliez pas de goûter aux succulents fromages et au vin de banane de Mama Anna avec votre *ugali* (purée de maïs) ! Un camping et des toilettes sont à votre disposition au village.

Localisation

Pour accéder à Mulala, organisez votre voyage avec l'Office du tourisme tanzanien, à Arusha, ou contactez directement Mama Anna et rendez-vous au village par vos propres moyens.

CONTACT

Mama Anna. P.O. Box 100 Usa River, Tanzanie • Tél. : 027 2507515
Courriel : agapetourism@yahoo.com • Langue : anglais, Swahili, ou Meru
Office du tourisme à Arusha :
Tanzania Tourist Board (TTB). 47 E, Boma Road. P.O. Box 2348, Arusha
Tél. : 255 27 250 3842 • Courriel : ttb-info@habari.co.tz
Internet : www.tourismtanzania.org

LE VILLAGE DE KAWAZA
(PROVINCE DE L'EST, MFUWE, NSEFU)

Texte et photos : **Jo Pope,** info@robinpopesafaris.net

*L*a vallée du Luangwa est connue pour la richesse de sa faune et la qualité de ses safaris. Jusqu'ici, les incursions dans les villages restaient des escapades qu'on glissait entre deux chasses. Le village de Kawaza offre désormais l'occasion rare de rencontrer les Kunda, un peuple venu du Congo au début du XIXe siècle et dont la population est estimée à trente-cinq mille individus. Chasseurs, ils dépendent aujourd'hui d'une agriculture de subsistance mais, entre les excès du climat et les dégâts causés par les animaux sauvages sur leurs plantations, leurs conditions de vie sont difficiles. Avec le soutien des Safaris Robin Pope, les enseignants

de l'école de Kawaza et d'autres villageois ont élaboré, dès 1997, un nouveau type de tourisme : culturel, non lucratif. Ils sont convaincus qu'ils peuvent, eux aussi, susciter l'intérêt des voyageurs venus découvrir la grande Afrique, et, qu'en retour, ces nouveaux hôtes leur feront découvrir d'autres manières de vivre. Dès votre arrivée, vous déciderez d'un programme d'activités adapté à vos envies : promenade en brousse avec un guide ; visite chez le chef Kunda ; rencontre avec le guérisseur, les enfants de l'école... La meilleure manière d'établir le contact reste le partage des tâches quotidiennes : collecte de l'eau, arrosage des champs ; broyage des grains de maïs ou brassage de la bière. Le soir, autour du feu, les villageois vous divertiront avec leurs danses et des pièces de théâtre de leur création. Des interprètes parlant un anglais parfait vous accompagneront tout au long de votre séjour. L'hébergement est confortable, avec toilettes, lits matelassés avec draps et moustiquaire.

CONTACT

Jo Pope, Robin Pope Safaris. PO Box 80 Mfuwe Zambie
Tél : 260 62 46090 • Fax: 260 62 46094
Courriel : info@robinpopesafaris.net
Internet : www.robinpopesafaris.net • Langue : anglais
Autre contact : **Sunvil Africa,** Royaume-Uni : info@sunvil.com

CANADA

Le Canada est une terre dont le peuplement reflète l'extrême variété des paysages et des écosystèmes. Les nombreux peuples autochtones qui l'habitent continuent à y parler leur langue, reléguant l'anglais et le français au statut de seconde langue au mieux, ce qui engendra encore les problèmes de communication. Les grandes prairies du Canada du Sud favorisent un écotourisme axé sur l'observation des oiseaux, du gibier d'eau et des espèces migratoires tandis que les communautés agricoles proposent plutôt des séjours à la ferme. Le tourisme autochtone est moins présent dans les régions côtières, sauf sur la côte Pacifique ouest où les Indiens ont préservé leurs riches traditions artistiques et leurs forêts. Les étendues sauvages du Nord restent le domaine de prédilection de ce tourisme même si la distance en rend plus difficile l'élaboration. C'est le cas surtout de l'Arctique canadien avec une saison raccourcie, des coûts élevés, et peu de formations en écotourisme proposées aux autochtones. Paradoxalement, c'est dans ces destinations très reculées que les visiteurs vivent leurs expériences les plus fortes.

L'expression « tourisme autochtone » au Canada désigne toutes les entreprises touristiques appartenant aux Premières Nations, aux Métis, aux Inuit ou exploitées par eux. Des tentatives de regroupement et de structuration ont abouti à la création de l'association Tourisme Autochtone Canada (Aboriginal Tourism Canada), fruit d'un partenariat entre l'entreprise privée et le gouvernement. Le site Internet http://www.aboriginaltourism.ca/ renvoie vers les associations provinciales ou régionales, en Colombie-Britannique, dans le Nord et le Sud de l'Ontario, au Québec, au Nunavut, dans les Territoires du Nord-Ouest, au Yukon, et dans l'île du Prince-Edouard. Voir : ATBC : www.atbc.bc.ca, NONTA : www.nonta.net, ATASO : www.ataso.com, STAQ : www.staq.net, Nunavut Tourism : www.NunavutTourism.com, NTAT : www.explorenwt.com, YFNTA : www.yfnta.org, PEIATA : www.lennoxisland.com/liae.

PAM WIGHT, pamwight@superiway.net

St. Eugene Mission Resort
(Colombie Britannique, Nation Ktunaxa, Réserve indienne de St. Mary, A'Qam, East Kootenays)

Texte et photos : **Beverley O'Neil**, oneil@designingnations.com

*L*e complexe hôtelier de la Mission St Eugene est installé sur les terres traditionnelles de la Nation Ktunaxa et du peuple A'Qam. Dirigée par un aîné, la mission s'est très vite imposée comme un des lieux d'accueil les plus attrayants de la région : elle atteste d'une occupation d'au moins dix mille ans des Montagnes Rocheuses, par ce peuple. Histoire souvent triste que les Ktunaxa ont transformée en succès, devenant les plus gros employeurs de la région ! L'hôtel a 126 chambres, offre une cuisine raffinée, des salles de conférence, une piscine, un jaccouzi, une salle de gymnastique, un casino et un golf de 18 trous que le *Golf Digest*, en 2001, a classé parmi les trois meilleurs nouveaux terrains du pays. Les Ktunaxa ont anticipé les besoins culturels et environnementaux de la communauté sur sept générations à venir, identifiant eux-mêmes les zones sensibles. Ainsi, pendant la rénovation, ont-ils découvert que les chauves-souris à grandes oreilles de Townsend avaient établi une colonie dans le bâtiment. Ils leur ont aménagé les combles et le beffroi pour leur permettre de survivre en toute sécurité et à des températures adaptées. Grâce à une caméra à infrarouge, les chercheurs peuvent surveiller ces hôtes singuliers et les visiteurs les observer sur des moniteurs de télévision. Quant à la propriété et la gestion de ce complexe hôtelier, elle est le fait d'un partenariat unique en son genre : l'union de trois Premières Nations – les Ktunaxa, les Cree Samson et les Mnjikaning.

Localisation

La Mission St Eugène est située tout près de l'aéroport de Cranbrook, lui-même à 1h30 de vol de Vancouver ou accessible par vol direct (40 mn) à partir de l'aéroport international de Calgary.

CONTACT

St. Eugene Mission Resort. 7731 Mission Road, Cranbrook, BC V1C 7E5
Tél. : (250) 420-2000 • numéro gratuit : 1-866-292-2020
Fax : (250) 420-2001 • Courriel : info@steugene.ca
Internet : www.steugene.ca • Langue : anglais

SASQUATCH TOURS
(COLOMBIE BRITANNIQUE, PREMIÈRE NATION STO: LO ; HARRISON HOT SPRINGS RESORT)

Texte : **Judy Karwacki,** judy@smallplanetconsulting.ca et **Cathy Holler,**
cathy@blueice.ca   Photos : **Jacob Beaton,** Sasquatch Tours

*S*asquatch est un tour-opérateur unique en son genre. Il est la propriété d'une famille traditionnelle de la Première Nation Sto: lo, la famille Charlie, installée à Chehalis, dans le sud-ouest de la Colombie Britannique, à mi-chemin entre Harrison Hot Springs et Harrison Mills, sur les rives du fleuve Harrison. Sasquatch Tours organise des circuits culturels inoubliables : interprétation de la culture traditionnelle ; ateliers d'initiation ; programmes de sensibilisation dans un décor somptueux de montagnes côtières. Sasquatch Tours propose aussi des ateliers de fabrication de tambour, de tissage de panier, des spectacles de danse, des cérémonies honorifiques, des fêtes traditionnelles dans les *longhouses*... Les visiteurs pourront admirer des peintures rupestres, des sites archéologiques et des sites sacrés inscrits dans l'histoire mythologique des Premières Nations. Des circuits sont aussi organisés le long du fleuve Harrison, principal affluent du Fraser qui draine une superficie d'environ 8 500 km2 et sur le lac Harrison – le plus grand de tout le sud-ouest de la Colombie-Britannique.

Localisation

Depuis Vancouver, prendre le Trans-Canada Highway (Hwy 1) vers l'est. Après Chilliwack, prendre la sortie 135 (*Agassiz-Harrison turnoff*). Continuer le long de la *highway* 7 et suivre les panneaux Harrison Hot Springs.

CONTACT

Willie Charlie, co-propriétaire
Sasquatch Tours 5061 Chehalis Road, Comp. 18 – Agassiz, BC V0M 1A1
Appel gratuit : 1 877 796 1221 • Tél. : 604 991 0693
Fax : 604 796 1233 • Courriel : info@sasquatchtours.com
Internet : www.sasquatchtours.com • Langue : anglais
Ouvert de mai à octobre

Informations culturelles

La famille Charlie est très respectée dans la commune de Chehalis où les trois frères – Willie, Kelsey et Darren – ont grandi. Leur grand-mère, Nancy Phillips, a désigné Willie comme le conteur de la famille. Kesley, lui, a été initié au tambour traditionnel à l'âge de cinq ans par son oncle Ed Leon, qui devait d'ailleurs lui léguer son tambour. Kelsey joue souvent pour les visiteurs, tout comme son frère Darren, l'un des fabricants de tambour les plus renommés de la commune. Ce dernier dirige d'ailleurs des ateliers de fabrication de tambours. Willie, Kelsey et Darren ont tous trois appris, dès leur plus jeune âge, que tout – terre, hommes, animaux – est sacré. Leur grand-père, Jimmy Charlie, leur a dit : « Vous n'êtes que des outils de l'Esprit. Tant que vous aurez bon cœur et de bonnes intentions, les paroles des ancêtres transiteront par vous. » Selon Willie, c'est ce qui semble se passer. Il affirme que la mémoire des choses, inculquée il y a longtemps par les Anciens, lui revient lorsqu'il raconte les histoires et les légendes de son peuple aux visiteurs. Depuis que la famille Charlie gère Sasquatch Tours, le chiffre d'affaires a considérablement augmenté. « Toutefois, note Willie, la vraie croissance est à l'intérieur de nous car nous prenons conscience de ce que nous avons à partager et apprenons à le transmettre à d'autres cultures, d'autres générations. »

Séjour recommandé

Titre : **Sasquatch Tours Cultural Experiences**

Activités : Circuits culturels de la Première Nation (2h) ; observation des aigles et des saumons (2h) ; observation des saumons en migration (2h) ; initiation à la culture Chehalis (4h) ; journée culturelle consacrée à la visite de Harrison (6h). Mais aussi : grillades de saumon au bord de l'eau ; découverte des sources curatives ; danses et tambour Chehalis ; banquet nocturne et déjeuner dans la Maison Longue ; ateliers de fabrication de tambours, de tissage et travail du bois de cèdre.

TAKAYA TOURS

(COLOMBIE BRITANNIQUE, PREMIÈRE NATION TSLEIL-WAUTUTH, NORD DE VANCOUVER)

Texte : **Judy Karwacki,** judy@smallplanetconsulting.ca

Photos : Takaya Tours

*T*akaya Tours est une agence de tourisme autochtone, la plus importante de tout le Grand Vancouver, fondée par la Première Nation Tsleil-Waututh de Nord Vancouver, dans le but de familiariser les habitants de la région avec l'histoire et la culture des Salish. Elle se propose d'aider à mieux comprendre comment vivent, dans un contexte urbain, les populations indigènes du littoral. Takaya Tours propose aussi des excursions pédagogiques pour les groupes scolaires et des ateliers de formation. L'agence loue des canoës et des kayaks. Ouvert de mai à octobre.

Localisation

Takaya Tours est situé au bord du fleuve Indian Arm, sur l'aire de pique-nique du parc régional de Belcarra, dans le nord de la ville de Vancouver. Les réservations doivent être faites vingt-quatre heures à l'avance pour tous les circuits.

CONTACT

Aaron Reith, Responsable des opérations – **Wenda Heaton,** Responsable des excursions. Takaya Tours, 3083 Ghum-Lye Drive, North Vancouver, BC • Tél. : 604 904 7410 • Fax : 604 929 8411 Courriel : info@takayatours.com • Internet : www.takayatours.com **Kayaking Centre.** Belcarra Regional Park • Tél : 604 936 0236

Informations culturelles

La communauté des Salish fait partie de la Première Nation Tsleil-Waututh ou « Peuple du bras de mer » qui occupe les terres et les eaux de Vancouver depuis des temps immémoriaux. Pendant les longs mois d'hiver, les Salish vivaient dans des maisons longues à toit en appentis et célébraient la nature avec des chants et des danses. Au printemps et pendant l'été, ils se dispersaient en petits campements familiaux pour pêcher le flétan et la palourde et chasser l'ours. À l'automne, en prévision de l'hiver, ils faisaient sécher saumon et baies. Ils se déplaçaient souvent pour accomplir les rituels qui les mettaient en relation avec le monde des esprits. Bien qu'un grand centre urbain occupe maintenant le sud de leur territoire, ils s'attachent à préserver, dans la mesure du possible, leurs modes de vie traditionnels.

Lodge de Kamestastin

(Labrador, Peuple Innu ou Montagnais, Communauté Kamestastin and Mistastin Lake)

Texte et photos : **Rick MacLeod Farley,** macfar@nt.net

*E*n avril 2003, j'eu la possibilité de me rendre par voie de terre à Kamestastin, au plus profond du Labrador subarctique. J'arrivai à la nuit tombée et, pour atteindre ma cabane, je dus marcher, guidé par mes hôtes innus, parmi des congères épaisses de plusieurs mètres. Cette nuit-là, je dormis paisiblement, dans la chaleur du poêle à bois ! Je me rappellerai toujours ma première journée à Kamestastin. Quand j'ouvris ma porte, par un matin splendide, le lac, recouvert de glace, scintillait sous mes yeux, serti dans un écrin de collines de sapins, elles-mêmes enchâssées dans des parois rocheuses, à nu, battues par les vents. Avec son diamètre de vingt-huit kilomètres, le lac Kamestastin est l'un des trente plus grands cratères de météorite au monde. Les jours qui suivirent furent riches d'enseignements : j'appris à connaître mes hôtes Innu et les défis qu'ils devaient relever dans le monde moderne, l'importance aussi que ce lieu revêtait depuis toujours à leurs yeux. Le lodge de Kamestastin est situé à la croisée des routes migratoires du plus grand troupeau de caribous du monde, appelé le « George River Caribou Herd » (Troupeau de caribous de la rivière George). Ces animaux sont partout et l'on peut observer des sites archéologiques (certains datant de plus de cinq mille ans) à proximité des voies qu'ils empruntaient autrefois pour traverser les lacs. Visitant des campements récents, j'appris aussi que les bois suspendus aux arbres étaient là pour honorer le dieu des caribous, Kanapanakasikueu. L'observation des caribous en déplacement se fait chaque année pendant les deux premières semaines de mai et les deux dernières semaines d'octobre, qui sont des périodes clés. Mais attention, les caribous décident de leur propre agenda... Des ours noirs, des élans, des loups gris, des renards peuplent aussi cette région, et de très nombreux oiseaux : le lagopède, le harfang des neiges sans compter des espèces menacées comme le faucon gerfaut et l'arlequin plongeur.

Localisation

Dans l'Ouest du Labrador, à la frontière avec le Québec. Les moyens d'accès sont assurés par le lodge, généralement par un vol au départ de la Happy Valley (Goose Bay, Labrador) qui passe par Twin Otter. Le lodge a sa propre piste d'atterrissage. D'autres vols charters peuvent être réservés depuis Nain (côte est du Labrador) ou depuis Schefferville, au Québec.

CONTACT

Anthony Jenkinson ou **Napes Ashini**
P.O. Box 412, Sheshashit, NL A0P 1M0 Canada
Tél. : 709 497 8189 • Fax : 709 497 8157
Courriel : shaputuan@nf.aibn.com
Autre contact
Roger Wylde, Executive Director
Quebec Aboriginal Tourism Corporation (Staq)
50, Blvd Bastien, suite 200, Wendake, P.Q. G0V 4V0 Canada
Tél. : 418 843 5030 • Fax : 418 843 7164
Appel gratuit au Canada : 1 877 698 7827 • Langue : anglais ou français

Informations culturelles

Bien connues pour le combat qu'ils ont mené contre les vols d'essais militaires à basse altitude, les communautés Innu du Labrador se libèrent aujourd'hui du joug de la colonisation qui leur a imposé la scolarisation et la sédentarisation et le contrôle par un gouvernement extérieur. Le gîte redonne espoir aux communautés de Natuashish (anciennement Inlet) et de Sheshatshit, et notamment aux jeunes, en leur assurant des emplois sur place.

Séjour recommandé

Parmi les Excursions à la carte en pays Innu, vous pourrez opter pour les circuits Culture Innu (*Innu Culture*) ou Aventure Innu (*Innu Adventure*). Les premiers mettent l'accent sur les activités terrestres et lacustres traditionnelles, et incluent notamment des fouilles archéologiques. Les seconds privilégient les activités de plein air : observation des animaux sauvages, canoë, kayak, ski de fond et randonnée – à pied ou en raquettes traditionnelles fabriquées à la main par les Innu. Des expéditions en pays Innu peuvent aussi être organisées pour

les groupes, sur demande et à l'avance. Ces incursions, avec guides, mèneront les plus endurcis jusqu'au Grand Nord en moto des neiges, en ski de fond, à pied, en canoë ou en kayak. Le lodge accueille des groupes de 4 à 12 personnes. Il y a cinq cabanes et une chambre double. Le prix (par jour et par personne) des programmes Observation des caribous en migration et Excursions à la carte en pays Innu par exemple, couvrent tous les repas, les services et les activités. Ils varient entre 400 et 600 CA$ (ou de 330 à 500 US$) pour une durée de sept jours. Ils incluent le vol charter depuis Goose Bay. Le tarif journalier baisse pour des formules de 14 jours ou pour les personnes qui se rendent au lodge par leurs propres moyens.

Organisme de soutien

Cette communauté autochtone du Labrador a créé la Fondation Tshikapisk (*Tshikapisk Foundation*) dans le but de faire renaître et perpétuer les pratiques et les savoirs Innu. Constitué en 1998, le premier conseil de la Fondation Tshikapisk était composé d'aînés, de porte-parole et défenseurs de la cause Innu, et de Robin Hanbury-Tenison, le président de Survival International. Les projets de la Fondation sont définis en fonction des enjeux politiques de la communauté. Les bénéfices sont reinvestis dans des projets de développement communautaire, des programmes d'aide pour la jeunesse et de redynamisation de la culture innue. Depuis 2000, la Fondation s'est surtout investie dans la construction du lodge de Kamestastin, ajoutant à ses activités culturelles et sociales une dimension économique. Elle estime qu'il ne peut y avoir une revitalisation sociale et culturelle de la communauté sans une autonomie financière.

LODGE DE BATHURST INLET
(TERRITOIRE DU NUNAVUT, PEUPLE INUIT, BATHURST INLET)

Texte et photos : **Pam Wight,** pamwight@superiway.net
Photos : **Page Burt,** Bathurst Inlet Lodge

*E*n 2004, *Bathurst Inlet Lodge* (BIL), la plus ancienne lodge naturaliste du Canada, célébrait ses trente-cinq ans d'existence et... de plaisirs pour le visiteur : points de vue extraordinaires, journées de vingt-quatre heures, l'été ; la chance de pouvoir observer des espèces rares comme le caribou, le bœuf musqué et de partager la vie d'une culture millénaire. La petite communauté de Bathurst Inlet est peuplée en effet en grande majorité d'Inuit. Traditionnellement, ceux-ci tiraient de la terre toutes leurs ressources – nourriture, vêtements, outils, huile, peaux et glace pour leurs abris et la Compagnie de la Baie d'Hudson avait établi là un comptoir pour exploiter ces denrées. Mais, si une petite église fut construite, les contacts de la communauté avec le gouvernement canadien se résumaient aux visites, rares, de la police montée du royaume. En 1960, le cours des fourrures chuta et le comptoir de la Baie d'Hudson, ainsi que l'église, durent fermer. Ce fut le début d'une période difficile pour les Inuit. Glenn Warner, qui connaissait la communauté pour y avoir dirigé des patrouilles en traîneaux de chien et en bateau, eut alors l'idée de faire profiter sa famille de l'hospitalité des habitants et de la beauté des lieux. Il obtint la permission de racheter l'église, les bâtiments de la Compagnie de la Baie d'Hudson et, en 1969, ouvrit les portes de la Bathurst Inlet Lodge. Il devait par la suite favoriser l'acquisition de la moitié de la lodge par les Inuit. Aujourd'hui, toutes les décisions sont prises en commun. Les co-propriétaires forment une grande famille, chaleureuse, enthousiaste et fière de partager la culture inuit, toutes qualités que le visiteur ressent d'emblée notamment quand, pendant la semaine d'échange culturel, le capitaine du bateau procède à l'allumage des lampes traditionnelles en stéatite avec de l'huile de phoque ou quand les voyageurs revêtent, le temps d'un essayage, les habits traditionnels. On incite en retour le voyageur à partager ses propres coutumes, poèmes, danses, chants. Toute la petite communauté se

presse pour assister à ces démonstrations, ouvrir son cœur aux hôtes venus du grand monde ! Les chambres sont très confortables, avec salles de bain et toilettes ; une salle commune avec une vue splendide et une bibliothèque incroyable dans laquelle ont lieu des projections et des ventes d'artisanat et d'art dont les sommes sont rétrocédées en intégralité aux artistes. Des excursions quotidiennes en mer, à bord d'un bateau à fond plat utilisant du fioul écologique, permettent l'observation de la vie marine. Des randonnées à pied vous conduiront sur la trace des oiseaux, des pièges à renards, des aires de repos des kayaks et des fameuses pierres debout (inuksuit) des Inuit, hommages à la silhouette humaine. On peut aussi découvrir ces merveilles depuis le ciel, à bord d'un biplace. L'accès au lodge se fait par bateau ou par hydravion. Le vol, depuis Yellowknife, inclu dans le prix de la visite, est merveilleux en soi, les pilotes pointant les troupeaux de caribous tandis que se déroulent sous vos yeux les tapis de fleurs de l'Arctique. La lodge n'est ouverte que l'été, pour une courte saison. Elle n'accueille pas plus de vingt visiteurs à la fois. En 2003, le magazine Travel & Leisure l'a classée parmi les vingt-cinq plus belles écolodges de la planète. Elle a aussi fait l'objet récemment d'un compte-rendu dans Ecoclub. com (http://ecoclub.com/news/046/interview.html). Le gouvernement du Nunavut lui-même en a reconnu l'utilité et les bienfaits pour la culture inuit.

CONTACT

Craig Thomas, General Manager
P.O. Box 820, Yellowknife, NWT, Canada X1A 2N6
Tél. : 867 873 2595 • Fax : 867 920 4263
Courriel : Bathurst@internorth.com
Internet : www.bathurstinletlodge.com • Langue : anglais

Huit Huit Tours, Famille Alariaq
(Territoire du Nunavut, Peuple Inuit, Cape Dorset)

Texte : **Tara Lee Wittchen**, photos : **Kristiina Alariaq**

*K*ristiina et Timmun Alariaq sont copropriétaires de Huit Huit Tours, une entreprise installée dans la région de Cape Dorset. *Huit Huit*, en inuktitut, est une interjection utilisée pour activer les attelages de chiens. D'ascendance inuite, Timmun a grandi au Nunavut mais a dû quitter sa région natale pour poursuivre ses études dans le sud du pays. Finlandaise d'origine, Kristiina a, pour sa part, passé son enfance dans le nord de l'Ontario et élu domicile à Cape Dorset, en 1976. Ces séjours révèlent tout l'amour que ce couple éprouve pour le milieu naturel de l'Arctique. La saison dure à peine six semaines ; le temps et la faune sont imprévisibles. Chaque excursion exploite un thème en particulier. Les touristes ont le choix entre visiter des sites archéologiques, observer la faune et la flore, discuter avec des artistes inuit et des aînés, écouter des interprètes de chants gutturaux, savourer des mets traditionnels, s'adonner à la pêche, à l'escalade, au camping. « Les résidents de la région côtoient les deux mondes, explique Kristiina. De nos jours, ils peuvent choisir de ne plus être à la merci de la nature pour subvenir à leurs besoins, puisqu'ils ont la possibilité de se procurer leurs vivres au magasin. Timmun et Kristiina tiennent à garder ce lien étroit et personnel avec la terre. « Nous vivons certes dans un environnement austère. Mais la terre n'est stérile qu'en apparence, car elle enrichit notre vie et nous fournit de nombreuses occasions d'apprendre. »

CONTACT

Huit Huit Tours. Timmun and Kristiina Alariaq P.O. Box 4. Cape Dorset, Nunavut Canada XoA oCo • Tél. : 867 897 8806 Fax : 867 897 8434
Courriel : huithuit@capedorsettours.com
Internet : www.capedorsettours.com

Séjours recommandés

Séjours été et hiver avec activités, hébergement en maisons confortables.
Culture inuit : Terre et mer ; À la découverte de Inuksuk Point ; Randonnées en traîneaux ; Camps de pêche Saqpak.

NONTA (Association Touristique
de Premières Nations du Nord Ontario)
(Province de l'Ontario)

Texte : **Mike Robbins,** mrobbins@tourismco.com Photos : NONTA

*L'*Association de tourisme autochtone de la province d'Ontario Nord (NONTA) s'est constituée en 1987 pour aider les Premières Nations à se doter d'infrastructures touristiques, viables aussi bien sur le plan national qu'international et dans le respect des cultures indigènes et de leur environnement. En 2002, NONTA a lancé un nouveau programme : des pêches où l'on relâche aussitôt sa prise. C'est une occasion unique de pouvoir pêcher sur des plans d'eaux jamais encore ouverts à des gens de l'extérieur, et de s'immerger entièrement dans une culture autochtone. Les visiteurs sont accueillis à l'aéroport international de Thunder Bay et transférés sur la base de la compagnie charter Wasaya Airways, propriété de huit communautés de la région. On a le choix entre douze campements, tous gérés par des entrepreneurs autochtones formés par NONTA en administration, gestion et sécurité des visiteurs. Chaque année, on en ajoute un nouveau, sur les berges d'un nouveau lac, pour satisfaire les amateurs d'eaux sauvages. On peut s'inscrire pour ces séjours de pêche sauvage directement auprès de la filiale de NONTA : Moccasin Trails Fishings. Ceux qu'intéressent des séjours plus culturels – expéditions en canoë dans les forêts, nuit en tipis, pows wows... – peuvent contacter Moccassin Trail Tours.

Localisation

Communautés de : Thunder Bay ; Première Nation Webequie ; Eabametoong, Nibinamik, Moose Factory et plusieurs autres communautés reculées, accessibles par avion seulement.

CONTACT

Tara Ingram. 710, Victoria Ave East Suite 200. Thunder Bay Ontario Canada P7C5P7 • Tél. : 807 623 0497 • Fax : 807 623 0497 Courriel : tara@nonta.net • Internet : www.moccasintrailtours.com ; www.moccasintrailsfishing.com ; www.nonta.net • Langue : anglais Réservation : par téléphone, directement auprès de l'association NONTA ou par Internet à l'adresse ci-dessus.

ECOLODGE DU CREE VILLAGE

(PROVINCE D'ONTARIO, COMMUNAUTÉ MOCREEBEC, MOOSE FACTORY ISLAND, JAMES BAY REGION)

Texte : **Randy Kapashesit,** randyk@mocreebec.com
Photos : **Paul Lantz,** lantzweb@ontera.net, www.lantz.ca

L'Écolodge de Cree Village est né d'une longue réflexion quant à l'incidence du tourisme sur la région sub-arctique de la Baie James. Nous avons voulu créer un établissement dont l'aspect, l'organisation et les programmes reflétaient les valeurs culturelles et morales de la Nation Eeyou (notre façon à nous de désigner le peuple Cri). Notre culture est encore bien vivante aujourd'hui et a toute sa place dans l'ère moderne. Situé sur l'île de Moose Factory, notre lodge de vingt chambres, avec un restaurant de soixante couverts, est construit en bois (cèdre, pin et noyer blanc d'Amérique) ; les peintures respectent l'environnement, les tapis et les couvertures sont en pure laine, le linge de maison et les oreillers en coton sont issus de l'agriculture biologique. Ouvert depuis juillet 2000, le gîte est géré par des membres de la communauté MoCreebec qui en sont propriétaires. Nous cherchons à limiter le plus possible notre impact sur l'environnement et voulons donner l'exemple d'un tourisme responsable, redevable aux peuples indigènes comme à la nature. Nous croyons par ailleurs qu'il est possible d'engager, avec nos visiteurs, un dialogue moderne qui nous inciterait à repenser les rapports que nous entretenons les uns avec les autres et avec la nature. Le gîte nous encourage et nous aide à aller dans ce sens. En partenariat avec des opérateurs Cri indépendants, nous pouvons organiser des circuits personnalisés pour les visiteurs. Parmi les activités proposées, nous proposons le camping, été comme hiver ; l'observation des oiseaux et des baleines ; la contemplation des étoiles ; les randonnées en ski de fond ou en raquette ; les descentes en eaux vives, le kayak, le canoë, et enfin les visites culturelles.

Par exemple – si le temps et la marée le permettent – le Sunset Boat Tour vous mènera le long d'un bras de la rivière Moose à l'intérieur des terres, pour voir, au crépuscule, le ciel s'empourprer au-dessus

de la Baie James. Le James Bay River Tour (promenade sur le fleuve de la baie James) dure trois heures ; vous partirez des rives du fleuve soumis à l'influence des marées pour vous diriger vers les eaux salines de la baie.

CONTACT

Greg Williams, Manager, Cree Village Ecolodge
P.O. 730. Moose Factory, Ontario, PoL 1W0, Canada
Tél. : 705 658 6400 • Fax : 705 658 6401
Courriel : greg.williams@creevillage.com ou updates@creevillage.com

Randy Kapashesit, Chef, Conseil MoCreebec de la Nation Cri
P.O. Box 4. Moose Factory, Ontario, PoL 1W0, Canada
Tél. : 705 658 4769• Fax : 705 658 4487
Courriel : randyk@mocreebec.com (renseignements MoCreebec et gîte)
renseignements sur le gîte : frontdesk@creevillage.com (reservations)
Internet : www.creevillage.com, www.mocreebec.com
Langue : anglais

STAQ
(Société Touristique des Autochtones du Québec)
(Province de Québec)

Texte : **Daniel Larocque,** Larocque.Daniel@tourisme.gouv.qc.ca

*L*a STAQ est un organisme à but non lucratif, composé de quatre-vingt-huit membres actifs dans le développement touristique en milieu autochtone. Sa mission est d'aider les entrepreneurs autochtones à développer et à promouvoir des produits touristiques de qualité. Le succès du tourisme autochtone tient à l'originalité de ses produits – tourisme ethnoculturel, écotourisme et tourisme d'aventure – qui mettent en relief la contribution des Autochtones à la nature et à l'histoire du Québec. Dans la politique touristique du Québec, le tourisme autochtone est identifié comme un produit en développement, à soutenir, et, dans la stratégie de marketing, comme un produit prioritaire. L'association Tourisme Québec, au même titre que les autres partenaires gouvernementaux, considère qu'il est important de disposer d'un organisme actif dans le milieu touristique autochtone. D'une part, pour assurer une cohérence entre les orientations générales du gouvernement en matière de tourisme et l'évolution de l'offre conçue par les Autochtones ; d'autre part, parce que l'intervention de la STAQ constitue le seul moyen pour Tourisme Québec de s'assurer de la qualité des produits promus auprès des journalistes et des voyagistes étrangers, ce qui est essentiel pour préserver la réputation de la destination. Ainsi, Tourisme Québec est-il partenaire de la STAQ depuis sa création en 1999. La STAQ demeure le seul organisme en milieu autochtone à avoir développé une expertise en tourisme en dehors des territoires des conventions nordiques.

CONTACT

STAQ. Roger Wylde, Executive Director
Quebec Aboriginal Tourism Corporation (STAQ)
50, Blvd Bastien, suite 200
Wendake, Province de Québec, Canada G0V 4V0
Tél. : 418 843 5030 • Fax : 418 843 7164
Numéro gratuit 877 698 STAQ 877 698 7827 (à l'intérieur du Canada)
Courriel : info@staq.net • Internet : www.staq.net

Aventure Ashini

(Province de Québec, Communauté Innu de Matimekush Lac-John, Schefferville)

Texte et photos : **Serge Ashini Goupil** et **Fabien Deglise**, info@ashini.com

*B*aptisé Kanuauakant Atik (« l'endroit où traverse le caribou »), ce site est connu par plusieurs générations d'Innu – appelés autrefois les Montagnais – comme une des pincipales passes migratoires du deuxième plus gros troupeau de rennes du Canada. L'hydravion a repris son envol après avoir déposé sa cargaison d'humains sur les berges de la rivière George et on s'abandonne aux mains d'Elizabeth Ashini. À Wedge Point, la lourde tâche de rythmer les journées revient au plafond nuageux, au soleil et au vent. Dans ce *mushuau-shipu* – « pays de la terre sans arbre », les nuits se passent sous un *tashtuaikanitshuap* (tente circulaire avec toit à pignon et chauffage central au bois) ; on vide les poissons tous ensemble avant de les fumer à l'ancienne et on passe ses soirées dans le *shaputuan*, à écouter, au gré des contes et des légendes, l'expression du fameux savoir innu, *Innu Aitun...*

Localisation

Wedge Point, à 250 kms au nord-est de Schefferville, est accessible depuis Montréal, Québec ou Sept-Îles par des vols réguliers d'Air Inuit (mardi et vendredi) ou par vols nolisés (du 5 août à la fin septembre – 1h30 à 3h00) ; puis de Schefferville, par hydravion

CONTACT

Serge Ashini Goupil
C.P.322, Wendake, Province de Québec, Canada GoA 4Vo
Tél. : 418 842 9797 • Fax : 418 842 5536
Courriel : info@ashini.com • Internet : www.ashini.com
Langue : anglais ou français
On peut aussi passer en France par le tour opérateur Grand Nord Grand Large : www.gngl.com

Informations culturelles

La grande Nation Innu occupe le Nitassinan, immense région du Nord-Est du Canada. Autrefois connus sous le nom de Montagnais, les Innu revendiquent aujourd'hui leur nom de toujours, à ne pas confondre avec Inuit. Leur population

totale, aujourd'hui répartie sur onze communautés, dont deux – Natuashish et Sheshatshit – au Labrador, est évaluée à près de quinze mille personnes. La communauté innu de Matimekush Lac-John, dans le nord du Québec, compte huit cents habitants. La compagnie minière IOC y a construit la ville de Schefferville, au début des années cinquante, pour y exploiter le fer. Mais l'épuisement de ce minerai, en 1982, a laissé une ville exsangue. Les communautés Innu et Naskapi continuent de vivre à proximité au sein des « réserves » établies dans les années soixante par la Loi sur les Indiens.

Séjour recommandé

Titre : « **Nature et culture Innu, à la découverte des Montagnais de la Rivière George** ».

Durée : 8 jours/7 nuits, de Montréal à Montréal.

Dates : Entre le 15 et le 30 août 2006.

Saisons : Août et septembre seulement.

Prix : A partir de 2400 €.

Inclus : 6 nuits d'hébergement sous la tente, 1 nuit à Schefferville dans des chalets ; tous les repas ; les activités et excursions ; tous les transferts sur les sites ; guides autochtones ; transport jusqu'à Wedge Point.

Activités : Les thématiques traitées selon le séjour choisi abordent l'historique du développement minier et son impact sur les Innu ; l'évolution du territoire, le peuplement végétal et animal, le mode de vie traditionnel et actuel des Innus

Hébergement : Sous un tipi de toile et de branches ; tapis de sapinage ; poêle à bois avec cheminée.

Taille des groupes : 20 personnes au maximum.

Saisons : Conditions nordiques très variables (pluie, neige, forts vents, entre 0 et 25°C).

Recommandations : Vêtements et chaussures adaptés à des conditions changeantes et nordiques, sac de couchage, produits anti-moustiques.

Organisme de soutien

Aventure Ashini entend préserver l'environnement et le patrimoine de la Nation Innu. L'entreprise a signé à cet effet un plan de collaboration avec les autorités politiques locales afin de répondre à ces objectifs tout en assurant des emplois aux membres de la communauté.

Aventure Ashini est membre de la Société touristique autochtone du Québec www.staq.net et du réseau **Archéo-Québec**.

LE VILLAGE D'OUJÉ-BOUGOUMOU
(PROVINCE DE QUÉBEC, CHEF-LIEU DE LA COMMUNAUTÉ AMÉRINDIENNE CRI)

Texte : **Annabel Loyola**, annabel.loyola@voila.fr
Photos : **Gaston Cooper**, www.creephoto.com

À perte de vue, des forêts de conifères ; de-ci, de-là, des clairières dessinent des cercles de terre brune à peine mâtinés des premières neiges d'octobre. Un lac reflète la cime des arbres, donnant une étonnante impression de symétrie. Soudain, apparaît une petite ville à la forme circulaire presque parfaite. L'hydravion amerrit sur le lac Opémiska, qui n'est pas encore gelé, à deux pas du village autochtone d'Oujé-Bougoumou, en langue Cri « *le lieu où le peuple s'assemble* ». Le chef Sam Bosum nous y attend avec son fils David et sa belle-fille Anna, tous deux animateurs des activités touristiques. Les canoës aux motifs ancestraux sculptés sont déjà rangés pour l'hiver, près du ponton. La meute des chiens de traîneau, pressée de se dégourdir les pattes, aboie. Après une nuit de repos, il est temps de chausser les raquettes et de partir pour une randonnée de cinq jours aux confins du territoire ancestral des Cri. David nous montrera comment poser des collets tandis qu'Anna, partie en éclaireuse sur son traîneau à chiens, attisera le feu odorant fait de branches d'épinette pour cuire le repas traditionnel. De retour au village d'Oujé-Bougoumou, dans la soirée du cinquième jour, les cheminées fument sur un ciel bleu marine, à peine pollué par quelques réverbères qui s'allument, laissant présager une nuit froide, étoilée mais sereine. Sam, le chef Cri, nous invite à le suivre dans son tipi. Il s'installe dans son fauteuil devant le feu déjà bien attisé pour nous conter les légendes de sa Nation. On pourrait se croire au XVIIIe siècle s'il n'y avait les anoraks en gore-tex ou kanuks, indispensables en ces températures...

Localisation

Oujé-Bougoumou est situé à 745 kms de Montréal. Vol d'une heure trente minutes environ par Air Creebec, arrivée à Chibougamau, à 57 kms de Oujé-Bougoumou. Fréquence des vols Montréal-Chibougamau : quotidienne.

CONTACT

David ou Anna Bosum

Nuuhchimi Wiinuu (Cultural Tours). 74 Opataca Street,
Oujé-Bougoumou, Province de Québec, Canada, G0W 3C0
Tél. : 1 418 745 3212 • Tél. pour réservation : 1 418 745 3629
Fax : 1 418 745 3500

Gaston Cooper

Oujé-Bougoumou Tourism, 203 Opemiska Meskino, P.O. Box 131,
Oujé-Bougoumou, Québec, Canada, G0W 3Co
Tél.. gratuit (depuis le Canada et les États-Unis uniquement) :
1 888 745 3905 • Tél. : 1 418 745 3905 • Fax : 1 418 745 3544
Courriel : tourism@ouje.ca • Internet : www.ouje.ca/tourism
Langue : anglais, français ou Cri

Informations culturelles

La communauté Cri vit depuis plus de cinq mille ans sur ce territoire. Le village
d'Oujé-Bougoumou, peuplé de 650 habitants, est situé dans une région riche en
minerai. L'exploitation forestière et minière, échelonnée sur cinquante ans, a
entraîné le déplacement constant de la communauté Cri. Dans les années dix-neuf
cent quatre-vingt, les habitants de la communauté étaient dispersés sur tout
leur territoire traditionnel et vivaient dans des installations très rudimentaires.
Des fonds obtenus suite à des ententes avec le gouvernement du Québec en
1989, et le gouvernement fédéral en 1992, ont permis la construction d'un nouveau village permanent. Dessiné par un architecte canadien, Douglas Cardinal,
également architecte du spectaculaire Musée des civilisations de Hull, Oujé-
Bougoumou se veut le symbole d'une philosophie et d'une approche du milieu
mêlant respect des traditions et modernité. Les Cri sont intervenus à tous les
niveaux de décision, y compris sur les techniques de construction, et ont donné
libre cours à leurs visions, leurs rêves. Ainsi ont-ils eu recours à l'énergie de
quartier, une forme de recyclage qui utilise pleinement les ressources disponibles
(biomasse, résidus produits à l'échelle locale). Elle alimente tout le village grâce
à un système de gaines souterraines. La langue Cri est toujours parlée et enseignée au sein de la communauté. Pour son engagement en matière de dévelop
pement durable, la communauté d'Oujé-Bougoumou s'est vue accorder une
carte de Citoyen du monde (en 1995) et une citation au classement « Habitat 2 »

des meilleurs établissements humains de l'ONU. Le magazine *Canadian Geographic* (juillet-août 1994), a parlé, à propos d'Oujé-Bougoumou, de « réussite inédite au Canada – un village autochtone doté d'une architecture cohérente et intègre ». Les nombreux prix et distinctions que Douglas Cardinal a reçus au fil de sa carrière témoignent du parcours hors pair de cet architecte au génie novateur. Voir son site Internet : www.djcarchitect.com/Page1.html

Séjour recommandé

Titre : Aventure culturelle

Durée : 8 jours.

Dates : décembre et mars (dates exactes à se faire confirmer par téléphone).

Saison : hiver.

Prix : 1 700 CA$ par personne.

Inclus : guide ; équipement de camping ; une paire de mocassins offerts ; accueil et accompagnement retour à l'aéroport de Chibougamau, s'il y a lieu ; repas et hébergement (en tipi) depuis l'arrivée jusqu'au départ d'Oujé-Bougoumou ; pour l'hébergement à l'auberge, prévoir 55 CA$ par soir par chambre.

Hébergement : tipi ou auberge.

Activités : déplacement en raquettes ; traîneaux à chiens ; apprentissage des coutumes, médecine, outils et jeux traditionnels ; contes et légendes...

Taille des groupes : de 4 à 15 personnes.

Conditions physiques : capacité d'endurance minimale.

Conditions climatiques : les températures peuvent osciller entre – 6°C à – 28°C entre décembre et mars.

Recommandations particulières : Il s'agit d'une expérience d'hiver et il est impératif de se vêtir, se chausser contre le froid et de prévoir crèmes solaires, baume à lèvres anti-froid et écran total pour les plus fragiles. De plus, à cette période de l'année, le soleil est bas à l'horizon, ce qui justifie grandement le port de lunettes de soleil.

Autres séjours possible (à voir directement).

LODGE DE BIRCH NARROWS
(PROVINCE DE SASKATCHEWAN, NATION DÉNÉ)

Texte et photos : **Pam Wight,** pamwight@superiway.net

*L*e lodge de Birch Narrows est situé sur des terres occupées depuis des siècles par des membres de la Nation Déné. Autrefois nomades, ces populations se sont sédentarisées, mais ont conservé leurs traditions, y compris leur langue. La chasse – à la trappe –, la pêche et le tannage des peaux figurent encore parmi leurs principales activités. En 2000, sous la conduite de son chef, Robert Sylvestre, la communauté entreprend de construire ce lodge. L'idée du chef Sylvestre est de favoriser le renouvellement culturel tout en générant des revenus. Située dans la partie méridionale du Bouclier Canadien, la forêt y est moins dense que plus au sud, ce qui facilite la marche. La faune y est très riche. On y croise l'élan, le caribou, le castor, l'ours noir, le loup gris, le coyote, le vison d'Amérique, le glouton, le rat musqué, la belette, l'écureuil, le lapin et beaucoup d'oiseaux comme le pygargue à tête blanche, la gélinotte huppée, le pélican blanc et toutes sortes d'oiseaux aquatiques. On ne peut accéder au lodge, situé sur le lac Zander, qu'en planeur, après un vol de trente minutes au départ de Buffalo Narrows (nord de Saskatoon), ou en moto des neiges, l'hiver. Le lodge accueille de petits groupes de quinze visiteurs au maximum. Chacun y a sa cabane en bois, rustique mais bien aménagée. On peut aussi camper dans des tentes de trappeur. À certaines époques de l'année, les Déné posent des filets dans le lac, et fument le poisson. Les visiteurs pourront aussi cueillir eux-mêmes du thé du Labrador et mâcher la gomme à l'épinette...

CONTACT

    Eric Sylvestre, Economic Development Officer
    Birch Narrows Dene Nation
    General Delivery, Turnor Lake, Saskatchewan, Canada S0M 3E0
    Tél. : 306 894 2030• Fax : 01 306 894 2060
    Courriel : info@birchnarrowslodge.com
    Internet : www.birchnarrowslodge.com • Langue : anglais, déné

YFNTA (Association touristique des Premières Nations du Yukon)

Photos : **Kristiina Alariaq**

*C*ette association, créée en décembre 1994, a pour but de promouvoir et maintenir l'intégrité culturelle du tourisme indigène. Elle s'est fixée pour but d'aider à développer de bonnes relations de travail entre YFNTA, les communautés, l'industrie touristique et le gouvernement ; de mettre au point des produits qui valorisent la culture Yukon et protègent son intégrité culturelle ; de donner aux futurs employés du tourisme indigène une formation et une éducation digne des normes nationales ; enfin, de représenter les intérêts de la YFNTA dans la transparence, l'honnêteté et l'intégrité. Le site Internet décrit les activités et services offerts par les quatorze Peuples Premiers qui sont membres de l'association.

CONTACT

Yukon First Nation Tourism Association
#1-1109 1st Avenue, Whitehorse, Yukon, Y1A 5G4
Tél. : 1 867 667 7698 • Fax : 1 867 667 7527
Courriel : admin@yfnta.org • Internet : www.yfnta.org

Kwaday Dan Kenji
(Territoire du Yukon, Premières Nations Tutchone)

Texte : **Meta Williams,** meta_williams@yahoo.ca

Photos : **Page Burt**

*B*ienvenue dans ce camp niché en plein bois et appelé « L'endroit d'un peuple très ancien ». Nos guides autochtones vous montreront comment les Premières Nations Tutchone du Sud vivaient, dans le Yukon, il y a des milliers d'années avant l'arrivée des Européens – explorateurs, fourreurs, missionnaires – et avant la ruée vers l'or : comment elles utilisaient les ressources naturelles pour se construire des abris, conserver la nature et se nourrir. Vous apprendrez aussi pourquoi le système des clans était si fondamental pour leur survie.

Localisation

Champagne Village est à une heure de route de Whitehorse, dans le Yukon ; ou à une heure de Haines Junction, dans le Yukon.

CONTACT

Indian Way Ventures
P.O. Box 20701. Whitehorse, Yukon – Y1A 7A2 Canada
Tél. : 1 867 634 7047 ou 867 667 6375 • Fax : 1 867 634 7069
Courriel : Indianwayvent@yahoo.ca

ÉTATS-UNIS

Sioux, Cheyennes, Arapaho, Crow, Comanches, Apaches, Navajo, Iroquois... L'Amérique indienne, c'est une mosaïque de peuples aux croyances, aux langues, aux traditions très diverses, mais tous liés par un profond attachement à la terre. L'Amérique indienne, c'est aussi un combat pour la défense d'une intégrité, mené par de grands chefs : Crazy Horse, Red Cloud, Sitting Bull, Cochise, Geronimo pour n'en citer que quelques-uns... Le cas des Indiens d'Amérique du Nord (près de trois millions de personnes en tout, aux États-Unis), vivant au milieu de la population la plus aisée du monde, donne un caractère très particulier à ce tourisme indigène. Conscients de leurs atouts économiques, de l'intérêt qu'ils suscitent, les Indiens développent depuis plusieurs années, dans les « réserves », des structures d'accueil. C'est le secteur touristique le plus prometteur des États-Unis (avec notamment l'implantation des casinos). Paradoxalement, ce potentiel est un véritable défi pour les Indiens qui achètent des hôtels de luxe, des ranchs immenses, réservent des milliers d'hectares pour en faire des paradis de pêche, de chasse et de randonnée. Des camps d'été, sous des tipis, où l'on apprend à tanner les peaux de bison, fabriquer des bijoux ou cuisiner à l'indienne, jusqu'au ranchs, où l'on rabat le bétail, en passant par des parcours culturels et sportifs (jeux indiens, tir à l'arc, pêche) à une journée de cheval les uns des autres, on peut aujourd'hui faire un passionnant séjour en pays indien. Le Guide de l'Amérique indienne des Plaines et du Sud-Ouest de Françoise Perriot en recense et dévoile toutes les particularités, les lieux sacrés, les traits cachés. Chaque « réserve » ou « nation » (il y a parfois plusieurs groupes ethniques par réserve) a son propre gouvernement et ses bureaux administratifs. Pour connaître les activités touristiques qu'elles proposent, il faut contacter en priorité les « offices tribaux ».   FRANÇOISE PERRIOT

Native Tourism
(Tourisme indigène)
(États-Unis)

Ce site est une sorte d'annuaire des agences de tourisme indigène aux États-Unis. Vous y trouverez des informations pertinentes sur l'histoire et la culture des nations amérindiennes ; les destinations conseillées par État ; des cartes des différentes régions, des réserves. Plus de cinq cent cinquante Nations Premières différentes vivent sur le sol de ce vaste pays, dans des réserves, des *pueblos*, des *rancherias*, des villages. Le but de l'association est de renforcer la capacité des communautés amérindiennes et des entrepreneurs privés à développer des agences de tourisme respectueuses des cultures indigènes et à leur donner une respectabilité sur le marché mondial.

Voici quatre exemples. Northeast Wisconsin Native American Cultural Tour, dans le Wisconsin, et White Mountain Apache Wildlife & Outdoor Recreation, en Arizona, sont des entreprises appartenant à des Premières Nations, et gérées par elles. Alaska Native Heritage Center est une société autochtone d'Alaska qui opère dans un cadre urbain. Birdsong Inn, Guest House and Writing Retreat, South Dakota, est la propriété d'un entrepreneur amérindien qui opère sur un site privé, hors réserve.

CONTACT

Ben Sherman, President. Western American Indian Chamber
1900 Wazee, Suite 100 – Denver, Colorado 80202, USA
Tél. : 1 303 661 9819 • Courriel : bsherman@indiancountry.org
Internet : www.nativetourism.org/about.asp

Native Tourism Alliance
(Alliance du tourisme indigène, Denver, Colorado)

CONTACT

Native Tourism Alliance
1900 Wazee, Suite 100 – Denver, Colorado 80202, USA
Tél. : 1 303 661 9819 • Fax : 1 303 664-5139
Internet : www.nativetourismalliance.org

Autres organismes
de tourisme amérindien aux États-Unis

The Northeast Wisconsin Native American Cultural Tour
Courriel : visitorinfo@packercountry.com
The White Mountain Apache Tribe
Internet : www.wmat.nsn.us
The Alaska Native Heritage Center
Internet : www.alaskanative.net
Native Americans of Wisconsin
Internet : www.natow.org/
Affiliated Tribes of Northwest Indians
Internet : www.atnitribes.org
American Indian Alaska Native Tourism Association
Internet www.aianta.org
The Oneida Nation Communications Department
Internet : www.oneida-nation.net/
Western American Indian Chamber
Internet : www.indiancountry.org
Indian Country Tourism USA
Internet : www.indiancountrytourism.com
Arizona American Indian Tourism Association
Internet : www.indianaffairs.state.az.us/links/tourism.html
Navajo Nation Tourism
Internet : www.discovernavajo.com
Alliance of Tribal Tourism Advocates (Dakota du Sud)
L'Alliance des défenseurs du tourisme indigène est une association
de peuples et de personnes privées, Indiens et non Indiens, d'agen-
ces et d'organismes, tous soucieux de développer le tourisme
responsable dans des communautés indiennes au sein de réserves
mais aussi sur d'autres territoires. Elle a été fondée en 1993 par des
gouvernements tribaux dans la région du Dakota du Nord et du Sud.
Contact : **Daphne Richards-Cook,** Executive Director
New Administrative Office Location. 522, 7th Street, Suite 210, Rapid
City, South Dakota 5770 • Tél. : 605 341 2378 • Fax : 605 341 2280
Courriel : cook.atta@midconetwork.com
Internet : www.attatribal.com
**Indian Country Tourism Colorado (Medicine Root Inc., Louisville,
Colorado)**
Contact : **Indian Country Tourism.** Medicine Root, Inc./Indian Country
Tourism. P.O. Box 788, Louisville, Colorado 80027 • Tél. : 303 661 9819
Fax : 303 664 5139 • Courriel : info@indiancountrytourism.com
Internet : www.indiancountrytourism.com/home.htm

MONTANA TRIBAL TOURISM ALLIANCE
(MONTANA)

Texte et photos : **Dyani Bingham,** dyani_b@hotmail.com et **Jane Weber**

L'Alliance du tourisme tribal du Montana est une organisation à but non-lucratif qui a pour but de promouvoir et de soutenir le développement du tourisme tribal dans sept réserves de l'État du Montana. Les Amérindiens sont des peuples fiers et l'idée de partager nos traditions culturelles avec des visiteurs et nos voisins nous rend très heureux. Si vous voulez apprendre à connaître les peuples indiens du Montana de la voix même de ses représentants, alors venez sur nos terres ! Notre histoire, nos cultures sont riches, vibrantes et toujours très vivantes. Chaque peuple amérindien est unique. Chacune de nos Nations a sa propre histoire, sa propre langue, ses propres traditions culturelles. Nous sommes heureux de vous aider, grâce à ce site Internet, à en savoir davantage sur nous.

CONTACT
Dyani Bingham, Director. P.O. Box 1224. Billings, MT 59103
Tél. : 406-208-2389 • Courriel : pikuni7@yahoo.com
Internet : www.bigskytribes.com

GLACIER NATIONAL PARK SUN TOURS
(PEUPLE DES BLACKFEET, EAST GLACIER PARK, MONTANA)

Rejoignez-nous pour une journée mémorable dans le Parc national Glacier. Nous vous ferons découvrir l'histoire de cette terre d'une incroyable beauté que le peuple des Blackfeet ou Pieds Noirs appelle « la colonne vertébrale du monde ». Votre guide insistera sur les sites particulièrement chers à notre Nation, aussi bien dans le passé qu'aujourd'hui ; il vous donnera des clés sur la vie spirituelle et la philosophie des Pieds Noirs au « temps des buffles », mais aussi bien à l'époque contemporaine ; il vous parlera des plantes, des racines qui nous nourrissent et nous soignent. Tous nos guides sont des résidents de la « réserve », parfaitement

au fait de l'histoire et de la culture Pied Noir. Les excursions se font dans des auto-bus climatisés de 25 places. Elles ont lieu tous les jours et partent de East Glacier Park, Browning, St. Mary et West Glacier.

> **Contact :** 29, Glacier Avenue. PO Box 234. East Glacier Park,
> Montana 59434 • Tél. : 1 406 226 9220 • Tél. gratuit : 800 786 9220
> Fax : 1 406 226 9220 • Courriel : edwarddr@3rivers.net
> Internet : www.GlacierSunTours.com

LODGEPOLE GALLERY & TEEPEE VILLAGE
(BROWNING, MONTANA)

Notre camp de tipis est situé à l'ouest de Browning, là où la prairie et les Montagnes Rocheuses se rejoignent. Passez une nuit dans l'un de nos confortables tipis de toile, avec sa cheminée centrale et son aménagement traditionnel, l'habitat typique des Indiens des Plaines. Nos tipis sont parfaitement adaptés à la chaleur sèche de la région : ils laissent circuler l'air sans bloquer l'acoustique de l'environnement naturel. Ainsi, pendant les mois d'été où règne un climat continental, protégé des pluies par les Montagnes Rocheuses, vous serez au frais entre les doubles parois de nos tipis, bercés par les stridulations des criquets dans la nuit étoilée. Parfois, vous entendrez même le hurlement des coyotes. Passez un peu de temps auprès de nos mustangs espagnols de race pure (le cheval indien par excellence). Écoutez nos guides vous raconter comment cette espèce, au bord de l'extinction, a été sauvée et comment la Lodgepole Gallery a contribué à ce que le peuple des Pieds Noirs retrouve ses chevaux, en 1994.

> **Contact :** P.O. Box 1832. Browning Montana 59417
> Tél. : 1 406 338 2787 • Fax : 1 406 338 2778
> Site Internet : www.blackfeetculturecamp.com
> Autres sites Internet importants :
> la ville de Browning : www.browningmontana.com ;
> la Nation des Pieds Noirs : www.blackfeetnation.com

F. Heart Ranch
(Les Cheyennes du Nord, Busby, Montana)

Situé sur les berges du Rosebud Creek, au sein de la « réserve » des Cheyennes du Nord, ce ranch permet à la fois de partager la vie des cowboys et de se plonger dans la culture extrêmement riche du peuple cheyenne. Le ranch est tout près (à une trentaine de kilomètres) du Rosebud Battlefield où se joua le prélude de la fameuse Bataille de Little Big Horn.

Contact : Rowdy Alexander, Owner & Operator
PO Box 675. Busby, Montana, 59016
Tél. : 1 406 592 3887 • Tél. gratuit : 800 786 9220
courriel : info@fheartranch.com • Internet : www.fheartranch.com/
Autres sites Internet importants :
Site de la Nation des Cheyennes du Nord : www.ncheyenne.net
Site du Dull Knife Memorial Université : www.cdkc.edu/

Apsaalooke Tours, Little Big Horn College
(Crow Agency, Montana)

Cette excursion guidée part du Centre des visiteurs Little Big Horn Battle, se dirige ensuite vers le sud, à une dizaine de kilomètres, sur le site de Reno-Benteen, là où la bataille de Little Big Horn a vraiment commencé. Les minibus sont très confortables et climatisés et les guides sont tous amérindiens. La visite dure une heure, mais la société Apsaalooke (Crow), Indian Cultural Consultants, tient à la disposition des visiteurs tout un éventail d'autres excursions, à thèmes comme : *La Rosebud Battle, prélude à la Bataille de the Little Big Horn et les Valley tours du champ de bataille de Little Big Horn*.

Contact : Frederick Left Hand II, Coordinateur touristique
1, Forestry Lane, PO Box 370. Crow Agency, Montana 59022
Tél. : 1 406 638 3139 • Special Tours : 1 406 638 7272
Fax : 406 638 3169 • Courriel : atours@lbhc.cc.mt.us
Internet : www.lbhc.cc.mt..us/atours/index.html
Chief Plenty Coups State Park & Museum, Pryor, contact dans le Montana
tél. : 1 406 252 1289 • Courriel : plentycoups@plentycoups.org
Internet : www.plentycoups.org
Autre site important : www.crownations.net

CHEYENNE TRAILRIDERS
(PEUPLE CHEYENNE, ASHLAND, MONTANA)

Depuis douze ans, les « Sentiers Cheyenne » emmènent les visiteurs dans l'intérieur de la « réserve » des Cheyennes du nord, dans le sud-est du Montana. Cette entreprise appartient à deux membres de cette Nation, Zane et Sandy Spang. Les visiteurs sont invités à concevoir eux-mêmes leur séjour qui peut durer de 1 à 7 jours. Ils ont le choix : s'informer sur l'histoire et la culture des Cheyennes ou apprendre à reconnaître les plantes de la « réserve » et à se familiariser avec leur utilisation. Beaucoup choisissent de camper sur les collines de pins, dans des tipis, et d'écouter de la flûte autour d'un feu de camp ou encore de participer à un « jeu de mains » très bruyant ! Les soirées sont animées par des artistes indiens locaux et peuvent même inclure des « mini powwows ». On peut aussi faire le tour de la « réserve » en voiture ou dans des voitures à chevaux.

Contact : P.O. Box 206. Ashland, Montana 59003
Tél. : 1 406 784 6150 • Fax : 1 406 784 2939
Courriel : cheytrider@rangeweb.net

THE PEOPLE'S CENTER OU « CENTRE DU PEUPLE »
(NATIONS SALISH, KOOTENAI ET PEND D'ORIELLE, PABLO, MONTANA)

Participez à des jeux traditionnels indiens ; descendez la rivière ou voguez sur Flathead Lake, le plus vaste lac d'eau douce à l'ouest du Mississipi. N'oubliez pas d'écouter et d'apprécier le son du vent à travers les arbres, de rendre visite à vos parents, les animaux : à l'ours, au bison, à l'aigle et au cerf. Mais écoutez-nous, aussi, vous donner notre point de vue sur la façon de gérer les ressources naturelles ; vous parler des défis que nous, peuples amérindiens, devons relever si nous voulons assurer un développement durable aux sept générations qui nous succèderont... Nous offrons divers programmes d'initiation à la culture, à l'histoire, à l'environnement, les premiers gardiens de ces terres. Nous, leurs descendants, nous continuons à essayer de préserver, de protéger, de perpétuer et d'embellir les cultures et les paysages de cette région. Tous nos guides sont amérindiens.

Contact : Eagle Award Winner P.O. Box 278, 53253 Hwy 93
Pablo, Montana 59855 • Tél. : 1 406 675 0160
Internet : www.peoplescenter.org/

DINÉ BE'IINÁ OU « LA VIE NAVAJO »
(ARIZONA, PEUPLE DINÉ, NATION NAVAJO, WINDOW ROCK)

Texte et photos : **Suzanne Jamison,** sznjmsn@gilanet.com
et **Roy Kady,** roykady@navajolifeway.org

*D*iné be'iiná, Inc. (DBI ou « La Vie Navajo ») est une société à but non lucratif, fondée par des bergers et des tisseurs Navajo qui entendent retrouver une autonomie économique tout en participant à la revalorisation de la culture Diné. Le mouton – sa compagnie, sa viande, sa laine, le tissage... – fonde notre mode de vie depuis des centaines d'années. Le Diné be'iiná (DBI) s'emploie à réhabiliter les Navajo-Churro, une race ovine rare sur laquelle repose l'art du tissage. Tout au long de l'année, à travers la Nation Navajo, nous organisons des événements gratuits rassemblés sous le titre « Le mouton, c'est la vie ». Ainsi, tous les mois, des fileurs et des tisseurs se retrouvent dans des lieux différents pour des concours de filage. Chaque année, se tient par ailleurs, pendant quatre jours, la Fête internationale du mouton avec des activités pour toute la famille, une vente de couvertures Navajo, des ateliers, des conférences, des dégustations, des excursions. Ces événements sont ouverts à tous ceux qui veulent entrer en contact avec les éleveurs Navajo et les artistes tisseurs. En dehors de ces rendez-vous réguliers, la DBI peut organiser des programmes sur mesure pour des groupes choisis. Le tarif dépend de la durée de l'événement, du nombre d'artistes impliqués et du type d'activités fournies. Nous pouvons vous initier à toutes les étapes de la vie d'un tisseur : depuis la tonte du mouton jusqu'au tissage d'une couverture. Nous vous ferons partager aussi plus largement notre histoire, nos légendes, nos chants. Nous proposons des séjours dans un *hogan* (l'habitat traditionnel des Navajo) ou dans un parc à moutons où les visiteurs pourront s'improviser bergers, aider à la préparation de la laine, la cueillette des plantes pour les teintures... Ces activités sont la meilleure façon de se familiariser avec la philosophie Navajo. Nous pouvons aussi mettre les voyageurs individuels ou les groupes en contact avec les meilleurs fileurs et tisseurs qui pourront leur servir de guides, leur faire visiter les anciens comptoirs, les sites historiques, les ateliers d'artistes et même les aider à faire leur shopping sur les marchés.

CONTACT

Diné be'iiná, Inc. Roy Kady, Project Director
ou **Rachael Dahozy,** Office Manager
PO Box 683, Window Rock, Arizona 86515 Etats-Unis
Tél. bureau : 1 928 729 2037 ; Roy Kady (privé) : 1 928 656 3498
Courriel : roykady@navajolifeway.org
Internet : www.navajolifeway.org • Langue : Navajo et anglais

Informations culturelles

Les Navajo se désignent entre eux par ce nom, Diné, « le peuple ». La Nation Navajo, dans le sud-ouest américain, mord sur trois états : l'Arizona, le Nouveau-Mexique et l'Utah. Peuplée de quelque 220 000 habitants, elle a sa capitale, Window Rock, un gouvernement à part entière avec son président et un conseil tribal de quatre-vingt huit membres représentant les cent dix chapitres ou communautés de la Nation ; sa propre Cour de justice incorporant les usages Navajo ; le Navajo Community College, à Tsaile, qui fut la première université indienne autogérée du continent nord-américain. La Nation Navajo est dry (interdit d'y vendre de l'alcool) et refuse l'implantation sur son territoire de casinos.

MONUMENT VALLEY TOUR OPERATORS ASSOCIATION

(UTAH, PEUPLE DINÉ, NATION NAVAJO, MONUMENT VALLEY)

Il s'agit d'une entreprise à but non lucratif. Ses membres sont des tours opérateurs formés pour faire visiter le parc tribal de Monument Valley. Le but de cet organisme : réhabiliter l'écosystème de la région ; raconter l'histoire du point de vue des Navajo ; garantir aux visiteurs une expérience culturelle authentique.

CONTACT

Harold Simpson, Registered Agent
PO Box 360377, Monument Valley, Utah 84536 • Tél. : 1 435 727 3362
Courriel : mvsttours2005@yahoo.com • Langue : Navajo et anglais

AMÉRIQUE CENTRALE

Dans cette partie du monde, le Costa Rica a été le premier pays à se positionner comme destination d'écotourisme, dans les années quatre-vingt dix. Il a servi de laboratoire, depuis, pour les autres pays d'Amérique Centrale et Latine. Mais, contrairement à ses voisins, sa population indigène est réduite et il lui est difficile de tenir la route dans le secteur plus particulier du tourisme autochtone. Au Belize, se trouvent les plus anciennes initiatives avec La Réserve communautaire des babouins et l'Association d'écotourisme de Toledo. Ses jungles intactes, la deuxième barrière de récifs du monde, et une population (250 000 habitants) qui est l'une des plus diverses au monde sur le plan ethnique – indigènes Maya, Créoles noirs et Afro-Caribéens Garifuna, mêlés aux descendants d'immigrants venus d'aussi loin que l'Inde –, ont fait de ce pays une destination privilégiée. Toutefois, aujourd'hui, ce type de tourisme fleurit un peu partout à travers l'Amérique Centrale. Certaines initiatives commencent à bien se structurer et se regroupent, comme au Guatemala ou au Mexique, au niveau national ou sous forme de routes thématiques, ou encore entre pays. Les coopérations espagnoles, italiennes, françaises sont très sensibles à l'approche autochtone et leur donnent la priorité au sein de leurs programmes de développement. Redturs, un réseau initié par le BIT, accompagne et fédère les initiatives sur tout le continent. EchoWay, une ONG française, présente, sur son site, un bon nombre d'entre elles. Quant aux associations françaises de tourisme, regroupées au sein de l'UNAT, elles sont de plus en plus présentes dans cette partie du continent américain et proposent des circuits ou séjours d'immersion dans les villages. Dans les Caraïbes, les cultures créoles et caraïbes redeviennent à l'honneur et prennent une place de choix aux côtés des destinations « plages et cocotiers ».

LA ROUTE DES CULTURES DU MAÏS
(PANAMA, COSTA RICA, NICARAGUA, HONDURAS, EL SALVADOR, GUATEMALA, BELIZE)

Texte : **Dina Bauer,** Dina.Bauer@web.de

*L*a Route des cultures du maïs est un réseau propre à l'Amérique Centrale. Son but consiste à aider les petites communautés situées en zones rurales et autochtones à élaborer des formes de développement durable par le biais d'activités touristiques. Une cinquantaine de petites sociétés regroupées au sein de ce réseau recoivent ainsi d'un ensemble d'ONG de la région un conseil, une assistance technique et des formations en matière de développement touristique durable. Pour les cultures d'Amérique Centrale, le maïs a été et demeure le fondement du régime alimentaire et de la mythologie indigènes. Il constitue un facteur d'unification de toutes les cultures d'Amérique Centrale et comme la culture est au centre de l'offre que ces pays ont à offrir aux touristes, on a baptisé ce réseau « La Route des cultures du maïs ». Ses opérateurs peuvent organiser des séjours dans un seul ou plusieurs pays d'Amérique Centrale. Le voyageur pourra, par exemple, visiter à pied ou en bateau certains coins à l'écart des routes habituelles tout en respectant l'environnement et en participant à la vie quotidienne des communautés. Il pourra aussi se familiariser avec des particularités culturelles et historiques propres aux villes d'Amérique Centrale et aux sites précolombiens, ou simplement jouir en toute quiétude de la beauté naturelle de cette région.

CONTACT

Yorlenny Fontana. ACEPESA Apdo. : 1257-1002 San José, Costa Rica
Tél. : 506 280 6327 • Fax : 506 280 6327 113
Courriel : yfontana@acepesa.org
Internet : www.centroamerica-rutadelmaiz.com
ACEPESA : www.acepesa.org • Langue : espagnol et anglais

La Réserve communautaire des Babouins
(Nord de Belize City)

Texte et photos : **Gail. B. Lash,** gail@ursainternational.org

J'allais enfin, en ce jour d'avril, assister à la célébration annuelle de Miss CBS, « Miss Réserve des babouins » ! Le couronnement de cette reine, une lycéenne, confirmait bien l'importance que revêt ce projet aux yeux des autochtones. Le court de basket était drapé dans une immense bâche verte et blanche, décorée de feuilles de palmiers. Je payai deux dollars de Belize et me glissai dans

la tente. Quatre villages sur sept avaient déjà fait entrer leurs candidates : chacune arborait une large ceinture de satin, en bandoulière sur sa robe du soir, qui permettait d'identifier son village d'origine. Des questions furent tirées d'un chapeau : qui était le fondateur, le cofondateur de cette réserve ? Quand avait-elle été créée ? Après la fête qui suivit l'élection de Miss CBS, je regagnai mon bungalow, heureuse de savoir que la Réserve des babouins avait une place de choix dans l'esprit et le cœur de tous les résidents, y compris de ces jeunes filles. Installé sur des terres privées, ce sanctuaire a été fondé en février 1985 pour protéger une des dernières populations au monde de singes hurleurs, les *Black Howlers*, appelés babouins, en créole. Chaque propriétaire, bénévole, s'est engagé notamment à entretenir sa part de forêt de manière à créer une sorte de couloir vert qui permet aux singes d'évoluer d'une propriété à l'autre. Sept villages aujourd'hui, répartis sur une superficie d'environ trente kilomètres le long de la rivière Belize et peuplés essentiellement de familles créoles, sont impliqués dans ce projet.

Localisation

Le CBS est situé à une quarantaine de kilomètres au nord de la ville de Belize. Des bus réguliers s'y rendent tous les jours. La location d'une voiture vous permettra plus de souplesse pour visiter, notamment, les sept villages.

CONTACT

Ms. Jesse Young. Présidente du Women's Conservation Group (WCG)
Community Baboon Sanctuary, P.O. Box 1428
Belize City, Belize – Amérique Centrale
Tél. : 501 021 2181 • Courriel : baboon@btl.net
Le courriel ne marche pas toujours. Le mieux est de téléphoner ou de
réserver via un tour opérateur, en ville.

Séjour recommandé

Titre : séjours à la carte.

Activités : Activités organisées par le musée ou par les résidents. Tous les visiteurs
doivent avoir recours aux services d'un guide. Excursions de 3 h en canoë
(US$ 25). Possibilité de louer son canoë et de pagayer 20 miles sur la rivière
Belize ; de faire de la randonnée équestre.

Hébergements : Il y a deux lodges à Bermudian Landing : WCG et The Nature
Resort (entre US$ 35 et $ 50 la nuit). Possibilité de louer une chambre chez l'habitant.

Autres prestations : Un musée d'histoire naturelle, à Bermudian Landing, accueille
les bureaux de la réserve et sert d'office de tourisme pour les réservations. À
visiter aussi : le Musée du patrimoine créole, situé à St. Paul's Bank ; le parc national de Crooked Tree Wildlife Sanctuary ; le Spanish Creek Wildlife Sanctuary constitué à l'image de CBS ; les ruines archéologiques Maya à Altun Ha.

Saison : pluvieuse de juin à novembre ; sèche de décembre à mars.

Organisme de soutien

Le CBS est dirigé par une association à but non lucratif, le Women's Conservation
Group (WCG), constitué d'un représentant par village (des femmes pour la plupart), soit sept en tout. Le nombre de terres impliquées n'a cessé de s'accroître
au cours des années, de sorte que le CBS est devenu un des tissus de cette
société rurale. Soutenue à l'origine par des fonds annuels provenant du World
Wildlife Fund, du Milwaukee Zoo, de la Belize Audubon Society et de dons privés,
la réserve a bénéficié de nombreuses subventions qui lui ont permis de construire
de nouvelles structures d'accueil, de former du personnel, et d'animer les ateliers
de tourisme, de commerce, de gestion, d'artisanat, d'informatique et de reforestation offerts aux villageois. Ici, l'écotourisme a su enrayer l'expansion urbaine,
tout en assurant des emplois, pour plusieurs années, aux fermiers créoles et à
leurs enfants.

TEA, L'Assocation d'écotourisme de Toledo
(District de Toledo, Sud-Est de Belize)

Texte : **Wolfgang Strasda,** wstrasdas@fh-eberswalde.de

Photos : Plenty International, www.plenty.org

$\mathcal{D}$ès les premières lueurs du jour, le village Maya s'anime. Les enfants quittent la maison pour aller chercher de l'eau et du bois, leurs mères préparent les tortillas tandis que les hommes s'enfoncent dans la forêt, vers les champs de *milpa* (maïs) et que les élèves arrivent en courant vers l'école. Le village est une île au cœur de la forêt tropicale humide. Un toucan au bec jaune se pose sur une branche. En compagnie de notre guide, nous remontons la rivière. Il fait délicieusement frais à l'entrée de la grotte, là où la rivière émerge des profondeurs mystérieuses. À six heures juste, la nuit tropicale fond sur le village. Un simple mais succulent dîner nous attend à la table de la famille qui nous héberge. La coutume locale veut qu'on laisse les invités entre eux pendant qu'ils mangent. Mais le mari, sentant notre malaise, viendra vite nous rejoindre. L'Association d'écotourisme de Toledo (TEA), fondée en 1990, a été une des premières organisations de tourisme indigène d'Amérique Centrale, et peut-être même du monde, à chercher à exploiter la diversité culturelle et ethnique et l'intérêt que beaucoup de voyageurs manifestent pour les expériences authentiques. L'association regroupe huit villages traditionnels Maya de l'arrière-pays montagneux et le village Garifuna de Barranco, sur la côte.

Localisation

Le district de Toledo est à l'extrême sud de Belize, entre la chaîne des Montagnes Maya, la frontière du Guatemala et le golfe du Honduras. Punta Gorda est la capitale de la région et la seule ville dotée d'hôtels. On y accède par autobus (un jour entier de voyage depuis Belize, la capitale) ; par petit avion ; ou par bateau depuis les villes guatemaltèques de Puerto Barrios ou Livingston. Pour atteindre les villages : l'autobus ou la voiture de location.

CONTACT
Toledo Ecotourism Association
Pablo Ack. P.O. Box 157, Punta Gorda Town, Belize
Tél. : 501 0 7 22096 • Fax : 501 0 7 22199 • Courriel : ttea@btl.net
Internet : www.southernbelize.com/tea, www.ecoclub.com/toledo,
www.plenty.org/mayan-ecotours : réservations également auprés de
TIDE Tours, à Punta Gorda (www.tidetours.org).

Informations culturelles

Les villages du Toledo sont encore presque exclusivement peuplés de Maya, vivant selon un mode traditionnel. Les langues anciennes, Kekchi et Mopan, sont encore très répandues, même si presque tout le monde parle anglais et (parfois) espagnol. Mais les jeunes ont de plus en plus de difficulté à vivre dans cet environnement, gravement menacé par une démographie galopante, l'agriculture sur brûlis et l'exploitation commerciale par des sociétés extérieures. Les Garifuna sont le deuxième groupe ethnique distinct dans le district de Toledo. Originaires des Îles Caraïbes, descendants d'esclaves africains et d'Indiens, ils sont arrivés à Belize au début des années 1800. Leur langue, qu'ils ont conservée, contient des éléments africains marqués. Le Punta Rock, adaptation moderne des percussions Garifuna, est aujourd'hui populaire dans tout Belize. L'économie Garifuna repose largement sur la pêche. Les Garifuna réussissent mieux que les Maya à s'intégrer dans la société dominante de Belize, voire aux Etats-Unis, d'où le problème majeur que pose, pour ces villages, l'émigration.

Organisme de soutien

Conçue avec l'aide d'un expatrié, l'association intègre les principes essentiels du commerce équitable et du tourisme communautaire. Tous les services sont fournis par les membres de la communauté. Un système de rotation permet à tous les villages et à chaque famille de bénéficier en toute égalité des revenus générés par le tourisme. En 1997, l'association a reçu la très enviée *ToDo Award*, qui récompense annuellement au Salon international du tourisme, à Berlin, les entreprises de tourisme responsable (www.studienkreis.org).

Jolpec Cave Ltd.
(District de Toledo, Crique Sarco)

Texte et photos : **Michael Weck,** m.weck@jolpec.com

*I*l aura fallu une heure et demie de route à travers la jungle, depuis Punta Gorda, pour atteindre les berges de la rivière Temash où Samuel Choc, sa femme Veronica et son frère vivent avec leurs familles dans des maisons à toits de chaume. Bienvenue ! On charge les bagages à bord d'un petit canot et on traverse la rivière. L'auberge est au centre du village, là où aucun véhicule ne pénètre. Jolpec Cave Ltd. est une petite société d'écotourisme privée, fondée en 2003 et gérée par six familles de Crique Sarco. Les villages Maya de Belize jouissent d'une autonomie politique et cette activité nourrit largement les conversations. Crique Sarco est très réputé pour son artisanat et Andres, le président de Jolpec, nous montre comment le bois de rose est sculpté, à la main. Ici, on vit, autant que possible, en autosubsistance : tortillas de maïs, poulet, fruits de saison... Mais c'est un dîner au barbecue qui accueille les voyageurs ! Les villageois apprécient cette entorse aux mœurs locales, excellente façon de lier connaissance avec les étrangers. Il est facile de sympathiser avec ses hôtes indigènes, très ouverts, à condition de respecter quelques règles : ne pas se baigner nu, ni boire de l'alcool devant tous. Antonio, notre guide, connaît les meilleurs endroits de la jungle. L'excursion sur la rivière Temash, sous la voûte de la forêt tropicale, est impressionnante. On y croise le toucan – l'oiseau national de Belize – mais aussi le perroquet, l'iguane – appelé ici « le poulet des bambous » –, l'agouti, le jaguar, le tapir, le singe hurleur... L'isolement avait longtemps tenu Crique Sarco à l'écart du tourisme même si la grande pureté de ses paysages en fait une destination particulièrement attrayante. Avec l'aide de l'auteur de ce témoignage, un site Internet a été lancé cette année qui propose des séjours à travers tout le pays, y compris sur la barrière de corail, site classé *World Heritage* par l'ONU.

Localisation

Crique Sarco est accessible par autobus (descendre à Punta Gorda) ou par avion, Punta Gorda, aussi. De là, vos hôtes de la société Jolpec vous emmèneront jusqu'au village. Les voyageurs qui réservent des séjours à travers tout le pays seront pris en charge à l'aéroport international de Belize City.

CONTACT

Samuel Choc. P.O. Box 62, Punta Gorda, Toledo – Belize
Courriel : s.choc@jolpec.com • Internet : www.jolpec.com
Langue : anglais • Réservations : sur le site Internet.

Informations culturelles

Crique Sarco est au cœur d'un parc naturel de 2400 hectares, lui-même intégré à la « réserve » du District de Toledo, soit quelque trente mille hectares de terres affectées aux Maya Ke'kchi par le Crowns Land Act de 1896. Crique Sarco est gouverné par un *alcalde*, un mot espagnol désignant le chef de village. Conformément aux usages Maya, l'*alcade* remplit un mandat de deux ans au cours desquels il juge les crimes, résout les disputes et organise des activités pour la communauté. La famille est très importante, comme en témoigne l'habitat, organisé selon les clans familiaux. Chaque maisonnée a en moyenne six enfants ce qui explique que la moitié de la population du village a moins de dix-huit ans. Les anciens Maya considéraient l'arbre Copal comme sacré et fabriquaient, avec sa résine, de l'encens (appelé *pom* dans la langue des Maya Ke'kchi) pour les cérémonies, même si, avec l'arrivée des missionnaires, au milieu des années 1900, la plupart des villageois se sont convertis au catholicisme ou au baptisme.

Séjour recommandé

Visites de Crique Sarco et du Parc National de Sarstoon-Temash (minimum 2 jours et 3 nuits) ; excursions en kayak et canots jusqu'à la Mer des Caraïbes ; expéditions de pêche, spéléologie, observation d'oiseaux dans la jungle ; découverte de la culture Maya contemporaine ; exploration de la Barrière de Corail ; découverte de la culture Maya d'autrefois à Xunantunich, Tikal, Lubaantun, Nim Li Punit... Et excursions spéciales sur demande.

Trois réseaux d'agro écotourisme

En réaction à la prolifération des lodges nord-américaines, les Costaricains de souche ont organisé un tourisme « campesino » (paysan), qui s'appuie sur les cultures humaines et pas seulement sur l'exubérante avifaune de ce petit pays, roi de la biodiversité. Trois réseaux sont représentés ici : avec l'aide du Programme des Nations Unies pour le Développement (PNUD), ils visent à fédérer les initiatives en milieu rural et à faire connaître ces offres surtout sur le marché européen. Voir le guide Costa Rica Autentica : La guia de turismo Rural Comunitario (à commander auprès du Programa de Pequenas Donaciones del PNUD Costa Rica, tél : 506 296 17 36 ; courriel : pequenas.donaciones.cr @undp.org ; Internet : www.nu.or.cr/gef).

Actuar

L'Association costaricienne de tourisme rural, fondé en 2001, regroupe plus de vingt petites entreprises de tourisme communautaire et d'ONG environnementales. Nous avons élaboré des critères de qualité, veillant au respect des diversités culturelles et à la maîtrise de l'impact des visiteurs sur l'environnement. Nous vérifions régulièrement sur place que nos membres satisfont bien à ces critères autant qu'aux exigences des voyageurs. ACTUAR recommande tout particulièrement : Cerro Escondido ; Nacientes Palmichal ; Los Campesinos ; Tesoro Verde ; El Yüe et Casa Calateas.

Tél. : 506 362 9188 • Fax : 506 228 5695
Courriel : info@actuarcostarica.com et actuar@racsa.co.cr
Internet : www.actuarcostarica.com

Cooprena

Consorcio Cooperativo Red Ecoturistica National R.L.
Leyla Solano • Tél. : 506 248 25 38
Courriel : cooprena@racsa.co.cr • Internet : www.turismoruralcr.com

Mesa Campesina

Mesa Campesina représente un groupe de paysans, cultivateurs et pêcheurs de la région Nord du Costa Rica qui ont choisi de s'engager dans le tourisme rural. L'association offre un service de qualité et permet de découvrir un environnement naturel et culturel d'une grande richesse. Excursions à la journée; bénévolat ; hébergement chez l'habitant...

Yeudi Herrera/Christian Vega
Tél. : 506 354 6047 et 506 302 3765
Internet : www.costaricaruraltours.com

CONSERVACATIONS

Les trois offres d'ACTUAR sont une source d'inspiration pour tout l'écotourisme tropical. Des informations supplémentaires sur ces trois communautés se trouvent dans le guide de Béatrice Blake, The New key to Costa Rica, qui en est aujourd'hui à sa dix-septième édition et fut le premier guide à classer les entreprises d'écotourisme selon leur degré d'implication en matière d'environnement, d'économie et de cultures locales. Béatrice a créé l'association Conservacances pour aider les personnes et les organismes qui veulent « voyager vert » à organiser des séjours personnalisés. Elle travaille en étroite collaboration avec Actuar.

CONTACT
Béatrice Blake. Courriel : beatrice@keytocostarica.com
CONSERVacations, beatrice@keytocostarica.com
Pour se procurer le guide : www.keytocostarica.com/costa-rica-ecotourism.htm

La Amistad
(Île de Chira, Golfe de Nicoya)

Texte et photo : **Abigail Rome,** abirome@earthlink.net
et **Kyra Cruz,** actuar@racsa.co.cr

Constatant un déclin brutal des réserves de poissons dans leur golfe, des femmes de l'Île de Chira ont décidé de recourir au tourisme pour pallier cette chute de revenus. Elles ont acheté des terres, construit un bateau, une lodge, conçu des sentiers de randonnées et des activités pour les visiteurs. Trois ans de combats pour surmonter l'hostilité de leurs propres maris et de la communauté ; l'absence d'argent ; leur manque total d'expérience dans ce domaine. Aujourd'hui, ces femmes courageuses ont gagné l'estime de la communauté tout entière. Avec un accueil limité à quinze personnes, La Amistad est un havre de paix et de sobriété. Les repas sont cuisinés dans un des deux fours solaires de la *lodge* : recettes variées avec poissons et crustacés pêchés sur place. Les visiteurs peuvent faire de la bicyclette (fournies), visiter les trois villages de cette île de 51 hectares, nager ou, simplement, farnienter dans un hamac, dérangés seulement par le cri des oiseaux indigènes.

Localisation

En voiture : de San José à Costa de Pajaros, puis prendre le bateau public (ou celui de l'association, à réserver à l'avance) à destination de Chira (départ à 7h45, le matin, et à 13h, pour 45 minutes de traversée). À Chira, prendre le bus jusqu'au village de Palito (20 minutes). De là, il faut marcher une heure ou monter à dos de cheval.

CONTACT

Kyra Cruz Meyer. P.O. Box 719-1260 Escazú, Costa Rica
Tél. : 506 362 9188 • Fax : 506 228 5695
Courriel : actuar@racsa.co.cr • Internet : www.actuarcostarica.com
Langue : anglais, espagnol, allemand
Autres opérateurs pour la réservation : cultourica@racsa.co.cr et
CONSERVacations, beatrice@keytocostarica.com

Informations culturelles

La légende dit que les femmes de l'Île de Chira sont les héritières de Chira, une princesse Chorotega. Nakaome, le gardien du temple secret de Barra Honda, enlèva la princesse à une tribu Nicoyan et lui donna l'île en cadeau de mariage. Des siècles plus tard, trois cents familles (3000 habitants) vivent à Chira. Bien que les habitants de l'île soient des descendants de la culture indigène Chorotega, ils ont oublié, pour l'essentiel, leurs racines culturelles.

Séjour recommandé

Titre : **Les trésors de la Princesse Chorotega**
Durée : 2 jours, 1 nuit.
Dates : toute l'année.
Prix : US$ 67 par personne. Inclus : les transferts en bateau, la location de vélo, l'excursion dans la mangrove, tous les repas, le guide local, l'hébergement, les transports dans l'île.
Activités : pêche traditionnelle ; visite des mangroves ; observation des oiseaux et des crocodiles ; soirées légendes ; baignades ; randonnées à vélo.
Hébergement : une *lodge* et un dortoir avec salle de bain partagée (en chambre triple avec des salles de bain privées).
Taille des groupes : 15 personnes.

Organisme de soutien

L'Association des Femmes de l'Île de Chira (*Asociacion de Damas de la Isla de Chira*) est la première organisation de tourisme local à avoir élaboré des alternatives à la pêche et à l'extraction des mollusques, activités gravement menacées par la surexploitation des mangliers ; et à préserver leur patrimoine naturel grâce à des COVIRENAS (comités de surveillance des ressources naturelles).

La Réserve de Keköldi, Association Wak Ka Koneke
(Côte Caraïbes Sud, Hone Creek, Talamanca)

Textes et photos : **Abi Rome** et **Kyra Cruz,** abirome@earthlink.net et actuar@racsa.co.cr

*L*es Indiens Bribi et Cabecar se sont lancés dans le tourisme au milieu des années quatre-vingt-dix en invitant les visiteurs à découvrir la Réserve forestière de Keköldi (2 500 hectares) et à soutenir leur ferme de reproduction d'iguanes, une espèce alors pratiquement en voie d'extinction. La viande et les œufs de ce reptile ont toujours constitué une source privilégiée de protéines pour les Costaricains, très appréciés aussi des indigènes pour leurs préparations médicinales et pour l'artisanat. La ferme fonctionne depuis maintenant onze ans et abrite environ deux mille iguanes ainsi que deux millions d'œufs. En sensibilisant les visiteurs à l'importance culturelle de l'iguane, les Bribi ont non seulement généré des fonds pour leur propre projet de préservation et pour leur communauté, mais ils ont aussi créé des débouchés pour les artisans, très inventifs, des autres villages. Luis Angel Chaves, un des leaders du projet, décrit ainsi l'impact des touristes : « Nous faisons ceci par amour, parce que nous aimons l'iguane. Il fait partie de notre histoire et de notre culture, et prolonge le temps où nous ignorions tout ce que nous savons aujourd'hui... » En 2002, l'association Keköldi Wak Kak Koneke a construit une tour d'observation des oiseaux et une *lodge*, ouverte aux scientifiques, aux étudiants et aux voyageurs curieux de découvrir cette culture indigène. Comme le dit encore Luis Angel Chaves, « Perdre notre forêt, ce serait comme perdre notre main droite. Je dis toujours que lorsque le dernier arbre tombera, le dernier Indien mourra ».

Localisation

Par la route : San José-Limón-Puerto Viejo. À partir de l'embranchement de Puerto Viejo, rouler 800 mètres vers le sud et bifurquer à droite au magasin El Cruce. L'entrée de la communauté de Kekoldi se trouve 400 mètres plus loin.

En autobus : prendre la ligne San José-Puerto Viejo à la gare routière Los Caribeños (Transportes Mepe, tél. : 257 81 29)

Faîtes-vous conseiller par Actuar sur les agences de location de voitures les plus compétitives.

CONTACT

Kyra Cruz Meyer. P.O. Box : 719-1260, Escazú, Costa Rica
Tél. : 506 362 9188 • Fax : 506 228 5695
Courriel : actuar@racsa.co.cr • Internet : www.actuarcostarica.com
Autres lieux de réservation : Red Talamanca Ecotourism Network,
redtalamanca@corredortalamanca.org,
CONSERVacations, beatrice@keytocostarica.com

Informations culturelles

Environ cinq mille deux cents Bribi ont préservé leur culture et leur langue. L'agriculture, avec quelque cent vingt sortes de récoltes différentes, reste leur activité principale. Extrêmement isolés, dotés du revenu le plus bas, par habitant, du pays, les Bribi ont néanmoins un système de troc très étendu qui leur permet de survivre en relative autarcie.

Voir : http ://www.eco-index.org/ong/kekoldi-cr-eng.html

Séjour recommandé

Titre : **Keköldi Iro Soum** (« **Oiseaux migrateurs** », en langue Bribi)
Durée : 1 jour.
Dates : août à septembre.
Prix : US$ 17 (sans le transport de Cahuita à Puerto Viejo) ; U$ 24 (avec transport) ; inclus : snack et guide local ; exclus : repas de midi.
Taille des groupes : de 2 à 20 personnes.
Activités : randonnée accompagnée dans la réserve Bribi et à la découverte des iguanes ; tour d'observation. Visites de la montagne de Talamanca, de Puerto Viejo, Puerto Limon et Uvita island.
Hébergement : 6 chambres de 4 personnes, capacité totale de 24.

Oganisme de soutien

L'association Keköldi Wak Ka Koneke (« Les gardiens de Keköldi ») a été fondée en 1994 dans le but de rendre aux Keköldi les terres dont ils ont été dépossédés et de les aider à y vivre en préservant la forêt pour les générations futures. Elle compte aujourd'hui vingt-cinq membres appartenant aux groupes ethniques Bribi et Cabécar,

La Maison des Femmes de Yorkín
(Côte Caraïbes, Talamanca)

Textes et photos : **Kyra Cruz,** actuar@racsa.co.cr

*L*a Maison des femmes (« *Stibrawba* » en langue bribi) est un lieu d'accueil communautaire – et une association de femmes – situé dans la bourgade de Yorkin, en territoire Bribi. On ne peut l'atteindre qu'en traversant, à bord d'un canoë conduit par un guide expérimenté, le paradis tropical de la rivière Yorkin. Le voyage, à lui seul, est une aventure. Bernarda, leader du groupe et une des guides de l'Association, est venue nous attendre à Bambú, à 45 minutes de Puerto Viejo, la principale destination touristique de la Caraïbe Sud du Costa Rica. Le canoë, dirigé par deux hommes de la communauté, file à travers les rapides. Au village, les enfants nous accueillent avec des chansons en bribi. Nous parcourons les plantations de bananes biologiques et de cacao, en écoutant les femmes nous initier à la mythologie du cacao, sacré pour les Bribi, avant d'apprendre à fabriquer le chocolat.

Localisation

En voiture : route San José/Limón/Bribi/Bambú. À Bambú, prendre le bateau à moteur jusqu'à Yorkín, après réservation préalable auprès de l'association.

En autobus : prendre la ligne directe jusqu'à Bribi (ligne Mepe : San José/Sixoala). Le voyage dure quatre heures et demie.

CONTACT

Kyra Cruz Meyer. P.O. Box 719-1260
Tél : 506 362 9188 • Fax : 506 228 5695
Courriel : actuar@racsa.co.cr • Internet : www.actuarcostarica.com
Langues : anglais, espagnol, allemand
Autres contacts : redtalamanca@corredortalamanca.org,
CONSERVacations, beatrice@keytocostarica.com

Informations culturelles

Les Bribi s'organisent en clans matrilinéaires. La succession du cacique ne revient pas au fils mais au neveu, fils d'une de ses sœurs. Le cacique n'est pas concerné par les questions de production ou d'économie et il n'existe pas de structures politiques pour institutionnaliser le pouvoir. Le cacique représente plutôt une force capable de donner de la cohérence au groupe et incarnant les obligations des lois de la parenté, au service de la communauté. Les grands-mères ont un rôle très important dans la transmission des coutumes, des traditions et des histoires. Chez les Bribi, les femmes détiennent l'autorité dans les affaires privées. S'il y a séparation, ce sont elles qui décident de la garde des enfants. Elles cultivent leurs propres terres et tout ce qui y est produit leur appartient. Les communautés indigènes sont soumises à des restrictions économiques importantes. La vente du bois par exemple n'est pas autorisée dans les territoires autochtones. Pour ces raisons, le tourisme peut être une option pour un développement durable à condition toutefois qu'il respecte les droits culturels et d'autogestion des communautés concernées, ce que fait *La Casa de las Mujeres*.

Organisme de soutien

En 1985, les femmes de Yorkin se sont regroupées pour fonder « Stibrawpa » avec pour ambition de diversifier leurs moyens de production, et principalement l'agriculture. Aujourd'hui, elles continuent à produire du riz, de la cassave, du *nampi* et des haricots pour leur propre consommation, mais elles vendent aussi des bananes et du cacao. Le tourisme leur fournit des revenus supplémentaires importants qui leur permettent notamment d'envoyer leurs enfants à l'école. Chaque famille est propriétaire de son propre lopin de forêt qu'elle aime à faire partager aux visiteurs. Quinze familles bénéficient de ce programme.

Vacances avec des familles paysannes
(Région du Nord)

Texte : **Dina Bauer,** dbauer@acepesa.org

Métilde Wendenbaum, ECEAT, M.Wendenbaum@Eceat-projects.org

*C*e réseau regroupe aujourd'hui cinquante-cinq familles, issues de douze communautés du nord du pays. La moitié des fermes pratiquent l'agriculture biologique. Le réseau a bénéficié de l'aide technique d'une ONG de tourisme. Les visiteurs logent à la ferme, participent à la traite des vaches, aux cultures, aux événements sportifs aussi bien qu'à une partie de cartes impromptue avec un voisin... On peut aussi faire du bénévolat. L'hébergement est modeste mais propre et confortable.

Localisation

Les communautés se trouvent à proximité des villes La Fortuna de San Carlos et Ciudad Quesada, dans le Nord du Costa Rica. On peut y accéder par autobus. Le réseau peut aussi s'occuper directement de votre acheminement.

CONTACT

Vacaciones con familias campesinas. Christian Vega et **Yeudi Herrera**
ACEPESA Apdo. : 1257-1002, San Jose, Costa Rica
Tél./fax : 506 460 5106 • Portable : 506 354 6047 ou 506 302 3765
Courriel : info@costaricaruraltours.com
Internet : www.costaricaruraltours.com
Autre contact : **Yorlenny Fontana** • Courriel : yfontana@acepesa.org

Informations culturelles

L'activité touristique dans ces communautés date de l'an 2000. Les paysans mesurent régulièrement le degré de satisfaction des visiteurs et les effets du tourisme sur l'environnement social et naturel des communautés pour améliorer leurs prestations.

Séjour recommandé

Titre : **Séjour à la ferme**
Durée : 4 jours.
Dates : toute l'année ; saison sèche entre décembre et mai.
Prix : US$ 47 par jour et par personne (guide, déjeuner, activités inclus). Pour dormir chez l'habitant, il faut prévoir US$ 16 de plus, petit déjeuner inclus. 7 dollars pour chaque repas supplémentaire.
Activités : plantation et récolte de l'ananas, de la canne à sucre ; fabrication du fromage ; cours de cuisine au sein d'une famille ; visite des jardins de papillons ; pêche ; visite du volcan Arenal, toujours en activité ; observation du perroquet Buffon (*Ambigua d'Ara*).
Taille des groupes : 8 personnes par guide.

L'ÉCOLODGE DES TROIS RIVIÈRES
(ROSALIE, ST. DAVID)

Texte et photos: **Jem Winston,** info@3riversdominica.com

À l'Écolodge des Trois-Rivières, vous vous initierez aux techniques agricoles de la Dominique, cet État insulaire des Petites Antilles ; vous réaliserez et dégusterez les plats nationaux, comme la soupe Calalou ; vous apprendrez à reconnaître et à cueillir les plantes médicinales, à récolter le café, le bambou, la noix de coco (cueillette, débourrage, séchage...) sur deux plantations. Mais vous partagerez aussi la vie des écoliers et danserez au rythme de la célèbre musique *Jinn ping* tout en la pratiquant, si vous le voulez, avec nos stars locales, les Squads, virtuoses du Reggae et de la Calypso ! Vous pourrez aussi travailler avec les artisans de la Bay Oil factory.

Le Centre d'iniatives en modes de vie durables (le SLIC ou *Sustainable Living Initiative Centre*) de la Dominique fut officiellement créé en février 2005 pour sensibiliser le public et les villageois à l'écologie et les aider à développer des technologies moins préjudiciables pour l'environnement des îles et moins coûteuses. Ce programme est le fruit d'une collaboration entre l'Écolodge des Trois-Rivières et une ONG patentée : *Lifeline Ministries*. Le Centre propose des modules de formation en énergie recyclable et en culture biologique – facilement adaptables dans toutes les maisons et les fermes du pays. Le SLIC a obtenu, entre autres récompenses, le label « *Green Globe 21* » ; la troisième place, pour ses actions en faveur de l'environnement, au classement 2004 de la International Hotel & Restaurant Association. En 2005, l'Écolodge recevait par ailleurs la distinction de meilleur « Hôtel Vert » de l'année par *The American Express & Caribbean Hotel Association Caribbean Green Hotel.*

CONTACT

Jem Winston. Tél. : 1 767 446 1886 • Fax : 1 270 517 4588
Courriel : info@3riversdominica.com
Internet : www.3riversdominica.com • Langue : anglais, français
Autre contact : **Tina Alexander** • Courriel : lifeline@cwdom.dm

LE MAYOLÉ, ASSOCIATION POUR LA PROMOTION DU TOURISME RURAL CARIBÉEN
(BASSE TERRE)

Texte et photos : **Sophie Vermande,** editions@ecotourisme-magazine.com

*C'*est sur la route menant à la station thermale de Ravine Chaude, à quelques kilomètres de leur plantation de cacao, que Sylvie Germain et Jean-Claude Zadigue accueillent depuis une dizaine d'années

scolaires, touristes et locaux, désireux de découvrir ou redécouvrir le patrimoine créole. Sous les tôles de leur grande terrasse où s'alignent tables et bancs suggérant de joyeuses agapes, Sylvie et Jean-Claude, fondateurs de l'Association pour la promotion du tourisme rural caribéen, partagent avec leurs hôtes leur amour de l'île et de ses traditions. Les thèmes abordés sont très variés : on vient au Mayolé – c'est le nom de la structure – découvrir,
durant une journée, l'univers du cacao ou celui de la charrette ; le Noël traditionnel ou le carnaval ; le *ouassou* (l'écrevisse de rivière de la Guadeloupe) ou le *mayolé*, cette ancienne danse qui, telle la *capuera* brésilienne, se pratique avec un bâton. Quel que soit le thème choisi, les participants peuvent se concocter un programme à la carte avec petit-déjeuner traditionnel à base de cacao parfumé d'épices – une recette maison que Sylvie ne dévoile pas – et de café local, avant le départ : à la cacaoyère, pour les uns ; au marché, pour ceux qui décident d'apprivoiser les épices locales ; à la Pointe des Châteaux, si l'on veut assister au lever du soleil. Pour rejoindre la plantation de cacao, plusieurs solutions : la voiture ou plus pittoresque, la charrette. Là encore, c'est le client qui décide ! C'est dans l'une des dernières plantations de cacao de l'île, à Chouchou au Lamentin, que la découverte du petit arbre aux branches tourmentées, introduit par Cortez au milieu du XVIIᵉ siècle dans les Caraïbes et la Guadeloupe, se poursuit. Aujourd'hui, rares sont les Guadeloupéens qui exploitent encore le cacao. Les ressources de la cacaoyère de Jean-Claude et Sylvie, propriété familiale vieille de plus de cent ans, servent uniquement aux animations pleine-nature. « Le but est de protéger un arbre en voie de disparition et de développer le tourisme rural », indique Sylvie,

ancienne journaliste, reconvertie pour son plus grand bonheur. À midi, on pique-nique au bord de la rivière. Au choix, cailles aux amandes et au cacao, poulet au cacao, porc au cacao, accompagné de gratin de légumes du jardin. Des recettes mises au point par Sylvie et Jean-Claude car bizarrement, il n'existe pas en Guadeloupe de tradition culinaire à base de cacao. « Auparavant, le cacao était cultivé, mais il n'était pas exploité ici ; il était exclusivement destiné à l'exportation », explique Sylvie. « Nous n'avons donc pas de recettes traditionnelles à base de cacao, à part la tisane appelée *dlo caco*, composée de cacao fondu dans de l'eau et d'épices, le tout mélangé à de la farine de manioc, parfois du dictame ou du fruit à pain rôti. » Les inconditionnels de la culture créole et les curieux opteront pour un petit-déjeuner au *tan lontan* – le *didico* – constitué de chiquetaille de morue (de la morue séchée coupée en petits morceaux), de concombres, de farine de manioc... L'après-midi est consacré à la pratique. Montage de charrette avec l'un des derniers charrons, confection de nasses à ouassous, travail des fèves de cacao, préparation de confiture de coco, de doucelettes, de gelée de goyave et autres marmelades, ou d'un colombo de cabri avec les épices découvertes le matin même au marché : chacun participe avant de repartir avec sa propre production ou de la déguster, le soir même, autour d'un grand repas convivial.

CONTACT

Le Mayolé
Route de Ravine Chaude. Lamentin
Tél. : 33 05 90 25 79 70
L'association peut organiser des séjours. Les participants sont alors logés dans de petites structures hôtelières ou des gîtes de la Basse-Terre (nord), une région agricole où la culture de la canne à sucre prédomine.

Informations culturelles

Longtemps négligé au profit des activités traditionnelles (pêche, canne à sucre, banane), le tourisme est aujourd'hui la première industrie de ce département français d'Amérique situé à huit mille kilomètres de Paris. D'abord aux mains des Blancs créoles (les descendants des colons français arrivés sur l'île au XVIIᵉ siècle), puis des métropolitains (en provenance de la France hexagonale), le tourisme conquiert peu à peu la population noire, descendante d'esclaves, qui s'investit désormais dans les transports (location de véhicules), l'hébergement (construction de gîtes), les activités. Depuis quelques années, il est donc possible de découvrir une autre Guadeloupe que celle des plages et des cocotiers, longtemps vendue sur le marché européen. Une Guadeloupe qui se réapproprie et valorise avec créativité son riche patrimoine culturel. On peut ainsi se familiariser avec l'histoire du café dans cette ancienne habitation de la Grivelière classée monument historique, ou avec celle de la vanille, à la « Casa Vanille » de Pointe-Noire. À Capesterre-belle-Eau, Germaine concocte tous les vendredis soirs de délicieuses galettes de manioc, une racine aux multiples vertus qu'elle ne se lasse pas de conter. En Grande-Terre, le parc paysager de Petit-Canal invite à découvrir la tradition des jardins créoles. Quant à David Nazaire, guide de moyenne montagne, il aime plonger les visiteurs au cœur de la forêt tropicale pour leur raconter les légendes et surtout l'usage que l'on faisait autrefois des différentes espèces d'arbres et de plantes qui la composent. Pour ces initiatives, contacter le parc national de Guadeloupe et l'association guadeloupéenne d'écotourisme (AGE). Un label « Marque de Confiance du Parc de Guadeloupe » certifie les prestataires répondant à des critères écotouristiques : les cultures locales, les savoir-faire traditionnels, l'architecture créole, la gastronomie créole y trouvent une place de choix.

FENATUCGUA
(Fédération Guatémaltèque
du tourisme communautaire durable)

Texte et photos : **Francisco Enríquez,** turismo_comunitario@yahoo.es

*F*ENATUCGUA est une structure qui s'est créée en janvier 2005 pour fédérer les différents programmes de tourisme communautaire durable du Guatemala et représenter ses membres. Elle est formée des représentants des villages et son conseil d'administration est élu par les communautés ; elle reçoit le soutien technique et financier d'institutions comme l'Organisation Internationale du Travail (OIT),

l'Institut guatémaltèque du tourisme (INGUAT) et l'Institut de formation technique et professionnelle (INECAP). Son objectif : servir d'intermédiaire entre ses membres et les organisations gouvernementales et non gouvernementales qui travaillent dans le secteur du tourisme. FENATUCGUA travaille à créer des conditions optimales pour développer le tourisme de façon durable dans les zones rurales. Son aide revêt les formes suivantes : enseignement, formations professionnelles, aide à la commercialisation, à la promotion, à l'accès aux services financiers. La conservation de la nature, le respect des différentes cultures et l'égalité entre les sexes sont trois principes essentiels à respecter pour devenir membre actif de FENATUCGUA. L'association fédère au total vingt-huit programmes. Les destinations proposées permettent au visiteur de découvrir à la fois les traditions ancestrales et actuelles des Maya du Guatemala, et la grande biodiversité de la région, tout en favorisant ses liens avec les populations locales, généralement très amicales. Avec les sites de renommée mondiale telles que le Tikal (grand site archéologique Maya du pays) ou Antigua, ces destinations font du Guatemala l'un des pays les plus fascinants de l'Amérique latine.

CONTACT

Francisco Enríquez. Courriel : turismo_comunitario@yahoo.es
Internet : www.visitguatemala.com (avec liens vers la plupart des projets communautaires de FENATUCGUA)
Pour de plus amples renseignements concernant nos partenaires, consulter le site : www.redturs.org

Séjours recommandés

Au sein de ce groupe, plusieurs villages ont collaboré pour proposer des itinéraires ou des séjours complets comme l'excursion « La Puerta al Mundo Maya » et le séjour « Ecoquetzal ». L'Asociación Ak'Tenamit (voir la fiche ci-dessous) gère trois sites, et parmi ceux-ci une école, unique en Amérique Centrale, qui enseigne la culture Maya et le tourisme durable, avec son restaurant Buga Mama et le centre écotouristique Río Tatín. L'Asociación Ak'Tenamit, la Ruta Puerta al Mundo Maya, le Centre Turicentro Corazón del Bosque, Ecoquetzal et Aventura Maya K'iche' sont des modèles de développement durable et de bonne gestion des ressources naturelles et culturelles.

CONTACTS RECOMMANDÉS

La Puerta al Mundo Maya, Courriel : info@puertamundomaya.com
Internet : www.puertamundomaya.com
Ak'Tenamit Association - Tatín River Eco-tourism Site and Buga Mama Restaurant, Rocjá Pomtilá Mayan Village
Courriel : bidaspeq@hotmail.com • Internet : www.ecoquetzal.org
Carmelita Village - El Mirador Mayan Archeology Site
Courriel : info@acofop.org
Chicacnab Mayan Village - Ecoquetzal
Courriel : bidaspeq@hotmail.com • Internet : www.ecoquetzal.org
Corazón del Bosque Eco-tourism Centre
Courriel : corazondelbosque@yahoo.com
Internet : www.corazondelbosque.com
Mayan-K'iche'Adventure,
Courriel : kiche78@hotmail.com
Internet : www.larutamayaonline.com

Association Maya d'Ak'Tenamit
(Côte des Caraïbes, Département d'Izabal)

Texte et photos : **Francisco Enriquez,** turismo_comunitario@yahoo.es

L'Association Ak'Tenamit est une ONG guatémaltèque, fondée en 1992, dont le principal objectif est d'assurer le développement durable de la trentaine de villages Maya – plus de huit mille personnes – auxquels elle accorde son aide. Elle s'épanouit au cœur de la forêt tropicale humide à proximité de la Mer des Caraïbes, dans les zones naturelles protégées du Parc national de Río Dulce et de la Réserve spéciale de Río Sarstún, facilement accessibles par bateau. Surélevée de huit mètres seulement au-dessus du niveau de la mer, entre fleuve et forêt, la zone est soumise à de fortes pluies tout au long de l'année, sauf pendant la saison sèche de février à mai. Les visiteurs seront initiés aux traditions Maya dans le cadre exubérant de la jungle, où, de nuit, ils pourront apercevoir des jaguars. Au restaurant de Livingston, ils se régaleront d'un délicieux repas caribéen légèrement épicé, tout en sympathisant avec la population locale, les Garifuna, un peuple Afro-caribéen dont la joie légendaire s'exprime dans la musique, la danse, et une perception cosmique de la vie. Il existe, à Tatín, un parcours nature dans la jungle, une boutique avec de l'artisanat fabriqué par des coopératives indigènes disséminées dans tout le pays, un restaurant, un parcours éducatif jusqu'à l'école, un étang où l'on peut nager. Les sentiers sont balisés. Il est possible d'obtenir les services de guides parlant anglais et espagnol pour ces parcours. On peut aussi visiter la seule école de tourisme durable du Guatemala, où des étudiants Maya suivent une formation qui leur permettra d'accompagner le développement de leur village. Tout au long de l'année scolaire, de janvier à octobre, des cérémonies Maya, des danses et concerts de musique traditionnelle sont organisés sur le site. Ak'Tenamit est l'un des très rares sites d'écotourisme communautaire certifié par « Green Deal », au Guatemala, ce qui est la garantie d'un impact minimal sur l'environnement. Il est recommandé aux visiteurs de se munir de chaussures et de vêtements d'été confortables, d'un chapeau ou d'une casquette, de lunettes de soleil, d'un imperméable, d'une lotion anti-moustique et éventuellement d'un maillot de bain et d'une serviette.

Localisation

Ak'Tenamit est situé dans le village de Barra de Lámpara, dans la municipalité de Livingston (département d'Izabal), près du surprenant canyon de Río Dulce sur la mer des Caraïbes. Un trajet de cinq heures en autobus confortable sépare Ak'Tenamit de Guatemala City. La première étape mène à Puerto Barrios, d'où l'on prendra un bateau jusqu'à Livingston (30 minutes) où est située l'école-restaurant. Pour aller de Livingston à Tatín, une autre traversée en bateau de 20 minutes est nécessaire.

CONTACT

Guillermo Pérez. Asociación Ak'Tenamit
11 Avda. « A », 9-39, zona 2, Guatemala
Tél./ fax : 502 2254 3346 et 2254 1560
Courriel : gperez@aktenamit.org ; info@aktenamit.org
Internet : www.aktenamit.org

Organisme de soutien

L'association Education pour le travail, l'emploi et les droits des populations indigènes (*Education for Work, Employment and Indigenous Population Rights* ou ETEDPI) est un programme de l'Organisation Internationale du Travail (OIT) lancé en 2004 pour le Guatémala, le Honduras et le Nicaragua. En partenariat avec Redturs, un autre programme de l'OIT, plus de vingt-huit programmes communautaires ont été identifiés dans le pays et aidés pour pouvoir être admis au sein de la fédération FENATUCGUA.

Le village de Plan Grande Quehueche

(Côte des Caraïbes, département d'Izabal, Livingston)

Texte et photos : **Francisco Enriquez,** turismo_comunitario@yahoo.es

*P*lan Grande Quehueche est un village traditionnel à huit kilomètres de Livingston, la seule ville afro-caribéenne du Guatemala. Intégré à la Réserve de protection spéciale de la rivière Sarstún, il est très riche en biodiversité : acajous et orchidées, jaguars et crocodiles... La population, très pauvre, vit de l'agriculture et n'a accès ni à la santé publique ni à l'éducation. Aussi en 2001, un groupe de dix-neuf familles a-t-il décidé de construire sa propre écolodge avec le soutien de l'association Ak'Tenamit : une structure confortable et parfaitement intégrée à l'environnement avec quatre vastes chambres doubles, voire triples. Après le voyage en autobus, la traversée de la mer caribéenne est un bonheur : eaux cristallines, dauphins, pélicans et cette plage de sable fin, porte d'entrée sur une jungle magnifiquement préservée. La population de Plan Grande Quehueche est très fière de son héritage Maya. Le visiteur est le bienvenu dans toutes les cérémonies sacrées qui ne sont pas une activité touristique mais bien la vie quotidienne des Maya Kek'chi.

CONTACT

Guillermo Pérez. 11th A Avenue, 9-30, zone 2. Guatemala City
Tél. Et fax : 502 2254 1560 et 2254 3346
Courriel : gperez@aktenamit.org

Informations culturelles

Les Ke'kchi sont un des groupes Maya du Guatemala et du Belize. Après des siècles de discrimination, ils retrouvent leur force et leur fierté. Originaires du département de Alta Verapaz, dans le haut-pays du Guatemala, chassés de leurs terres par une guerre civile de trente ans, ils ont dû se réfugier dans la jungle d'Izabal. Beaucoup d'entre eux ont été exterminés ou ont perdu leurs terres. La cosmovision des Maya Ke'kchi veut que toutes les parties du monde se tiennent dans un équilibre parfait, qu'il importe de préserver. L'homme y a sa place, aux côtés et non au-dessus, des animaux, des plantes, de l'eau, de l'air et des montagnes.

UPPER RIO GRANDE VALLEY

(PARC NATIONAL BLUE & JOHN CROW MOUNTAINS)

Texte et photos : **Linette Wilks,** jcdt@jcdt.org

*N*ichées entre les Blue Mountains et les John Crow Mountains, les communautés de la haute vallée du Rio Grande ont un environnement naturel et culturel extrêmement riche. Les fermes de Millbank, de Bowden Pen et la communauté marron de Moore Town en font partie. En 2003, l'Association locale des fermiers de Bowden Pen, avec l'aide de la Fondation écologique de Jamaïque, s'est attelée à un programme de développement visant à préserver et revaloriser ce patrimoine. C'est dans ce cadre qu'un réseau de sentiers de randonnées a été élaboré, avec un système de marquage des sites importants. Pour explorer l'un d'eux, le sentier de Cunha Cunha Pass qui surplombe le Rio Grande, vous pourrez dormir à la Ranger Station de Millbank ou à Ambassabeth Cabins, un établissement entre les mains des locaux. Ce sentier d'une dizaine de kilomètres relie les paroisses de Portland et de St Thomas et permet de se familiariser avec la vie de ceux qu'on appelle les Marrons, ces anciens esclaves africains qui s'étaient enfuis. Il traverse en partie le parc national des Blue et des John Crow Mountains, une réserve en pleine forêt, qui enregistre une des plus fortes densités de pluie de toute la région caribéenne et où vous pourrez observer le swallowtail géant, le plus gros papillon de l'hémisphère nord. Même si certaines parties de la forêt ont été converties à l'agriculture et repeuplées d'espèces extérieures à la région, les vastes poches de forêt primaire qui demeurent sont un paradis pour les chercheurs, les amateurs d'histoire – naturelle et culturelle – et pour tous ceux qui veulent simplement se reconnecter avec la terre.

CONTACT

Jamaica Conservation and Development Trust. Susan Otuokon
Tél. : 876 960 2848 395-5351 • Fax : 876 960 2850
Courriel : jcdt@cybervale.com • Internet : www.greenjamaica.com

EchoWay,
UN RÉSEAU FÉDÉRATEUR

Anne Vigna, journaliste résidant au Mexique, est coordinatrice d'EchoWay. Elle nous propose cette réflexion sur le cas particulier du Mexique.

Au Mexique, l'écotourisme désigne tout et n'importe quoi comme, par exemple, la moto dans les dunes ou les parcs privés, gros consommateurs de ressources, à partir du moment où l'activité se déroule dans la nature. Regardez donc plus loin que la pancarte!

L'écotourisme communautaire ou rural authentique est toujours associé à l'ejido ou à la collectivité. Les bénéfices sont répartis entre salaires, fonds d'investissement pour le projet et caisse sociale. Parfois, l'école touche 10 % des bénéfices. Les membres remplissent, à titre bénévole, des actions de protection (reforestation, ramassage des déchets sur la plage, sauvegarde d'une source). L'implication d'une université un projet est une vraie garantie.

Une société d'écotourisme montée par un privé peut également avoir une visée communautaire à condition qu'achats, emplois et formations apportent un mieux-être social aux communautés. Mais là encore, il faut pouvoir identifier clairement des actions et des aménagements en faveur de la protection de la nature. Avec les agences de voyages, il faut savoir dialoguer: on peut facilement distinguer entre une communauté qui accueille ses visiteurs et 'un vague folklore qu'on met en scène sans que les intéressés directs n'y aient été associés. L'équipe d'EchoWay, une association loi 1901, a expertisé, en Amérique centrale, une trentaine de destinations mexicaines répondant à la définition «écotourisme solidaire».

A. V., anvigna@echoway.org

LA RÉSERVE DE BIOSPHÈRE DE LOS TUXTLAS
(ÉTAT DE VERACRUZ, RED ECOTURISMO CAMPESINO DE LOS TUXTLAS, RECT)

Texte : EchoWay, anvigna@echoway.org   Photos RECT

*L*e programme communautaire de Lopez Mateos, une petite communauté reculée de 180 habitants, est l'un des plus aboutis qu'offre le Mexique. Il émane de la RECT, une structure rassemblant aujourd'hui neuf communautés, toutes situées dans la réserve de biosphère de Los Tuxtlas qui se déploie autour du lac de Catemaco sur une superficie de 330 000 hectares, avec une partie de forêt tropicale et trois volcans. Quarante-quatre personnes sont impliquées dans ce programme – dont une vingtaine de femmes – réparties en cinq commissions : administration, hospitalité, cuisine, vigilance et guides. La commission vigilance, étant donné la fragilité de l'environnement, s'occupe autant de la sécurité des touristes que de leurs gestes.

Essayez de cueillir une fleur ! On vous fera gentiment remarquer qu'il s'agit d'une réserve intégrale... « Nous sommes arrivés ici dans les années soixante-dix, explique Angel, le président de cette réserve, et avons commencé à déforester pour pouvoir implanter notre communauté et cultiver la terre. Au bout de quelques années, l'érosion des sols était si forte que nous avons dû réfléchir à un autre avenir, la misère nous forçant à toujours plus de chasse et plus de pêche. Devions-nous continuer à détruire et partir ? Ou choisir de préserver pour pouvoir continuer à vivre ici ? »

La réponse de la communauté fut unanime : sur les trois cent cinquante-huit hectares que comptait l'*ejido* (le domaine), cent furent transformés en réserve intégrale. L'*ejido* est une forme de propriété apparue après la révolution quand de grandes étendues de terre furent redistribuées à des groupes de paysans. Chaque membre du groupe ou *ejidatario* dispose d'un droit d'usage, mais pas de propriété, sur ces terres. Des réformes ont permis aux indigènes d'en devenir propriétaires, mais beaucoup ont choisi de ne pas accéder à la propriété. Des permis de pêche et de chasse ont été instaurés avec des comités de restriction qui veillent sur les périodes de reproduction. D'un commun accord, les femmes, elles, ont décidé de ne plus laver dans la rivière ni près des

nombreuses cascades et plans d'eau de la forêt. Cette réserve, créée il y a huit ans avec l'aide et la supervision des scientifiques de l'UNAM (*Universidad Nacional Autonoma de Mexico*) ne reçoit pas encore de touristes à proprement parler mais essentiellement de petits groupes, envoyés par des ONG. Chaque animateur a reçu plusieurs formations, dispensées par des universitaires, en nutrition, hygiène, biologie et connaissance des plantes médicinales. L'hébergement se fait dans des *cabañas* de deux ou quatre personnes, avec toilettes écologiques et panneaux solaires.

Localisation

Une piste de huit kilomètres en très mauvais état monte jusqu'au site où vit la communauté : une heure en camionnette, à partir de Coyame. De là, on avertira par radio le bureau de la réserve et on viendra vous chercher entre trois et cinq heures après votre appel... après les courses ! Le trajet coûte 250 pesos que l'on soit seul ou à cinq.

CONTACT

Reserva de la Biosfera de Los Tuxtlas
Katya Andrade. Tél. : 294 94 31101
Avenida del Malecon. Catemaco, Veracruz
Communauté López Matras
Voir aussi : www.echoway.org, cinq autres communautés de la RECT

Séjour recommandé

Les guides emmènent les touristes pour quelques heures ou plusieurs jours. Attention : vous ne pouvez pas partir seul : la forêt est trop dangereuse pour le novice. Il y a un camp de nuit, en pleine forêt. Le meilleur choix car l'environnement est exceptionnel (mer et lagune d'un côté, forêt de l'autre) et l'eau cristalline. La cascade (30 mètres de haut) n'est qu'à une demi-heure du village.

Prix : 350 pesos/jour/personne : sont inclus trois repas, la nuit et la mobilisation, pour votre séjour, de quatre personnes (cuisine, vigilance, guide et hôte) ; 280 pesos/jour/personne : trois repas et une nuit ; 70 pesos/personne/jour : une chambre.

CIPO
(Conseil Populaire Indigène de Oaxaca)
(Etat de Oaxaca)

Texte : EchoWay anvigna@echoway.org   Photos : CIPO

*V*oici un tourisme que l'on pourrait presque qualifier de « politique » ou « militant ». Le CIPO-RFM (*Consejo Indigena Popular de Oaxaca-Ricardo Flores*) est une organisation indigène, proche de l'idéal politique des zapatistes du Chiapas, qui défend l'autonomie politique et sociale d'une vingtaine de communautés dans l'État de Oaxaca en s'inspirant des idées de l'anarchiste indien, Ricardo Flores Magon, lui-même originaire de Oaxaca. Ses dirigeants ont été plusieurs fois emprisonnés – treize fois pour l'un d'entre eux, Raul Gatica –, et subissent régulièrement des tortures et menaces de mort. Le CIPO étant soutenu sur le plan international, ces échanges, avec l'Europe et la France en particulier, ont incité ses organisateurs à s'orienter vers le tourisme. Depuis 2003, vingt-deux communautés ont conçu dans cet esprit des programmes d'accueil solidaire. La présence d'étrangers faisait, comme par miracle, disparaître la menace des paramilitaires... « Quand des étrangers viennent visiter nos communautés, on ne craint rien, il y a des yeux pour voir ! », expliquent les responsables. « Le principe est de ne pas créer deux mondes différents, les touristes dans leurs cabanes et les habitants dans leurs maisons », précise Raul Gatica. Concrètement, les touristes vivent, mangent et travaillent avec leurs hôtes. On leur propose par exemple de semer le maïs, d'apprendre à faire les tortillas, de récolter le café... Les communautés affiliées au CIPO sont disséminées dans tout l'État de Oaxaca. Elles organisent des circuits de plusieurs jours pour visiter une région et des guides vous accompagnent pendant les trajets. Attention ! Le confort est rudimentaire, vous êtes dans les communautés les plus pauvres du Mexique. Nous vous conseillons les zones rurales plutôt que les groupes CIPO, en ville, comme à Huatulco, par exemple, où les problèmes sont encore plus nombreux et les conditions d'accueil difficiles.

Localisation

Appelez le CIPO depuis Oaxaca pour organiser votre séjour. Vous ne pouvez pas arriver seul dans une communauté. C'est dangereux et il faut respecter leur mode d'organisation.

CONTACT

Casa Del CIPO-RFM. Emilio Carranza No. 210. Santa Lucía del Camino Oaxaca, Mexique – C.P. 71228 • Tél. et fax : 951 51 78183 et 51 78190
Courriel : cipo@nodo50.org et ciporfm@yahoo.com.mx
Internet : www.nodo50.org/cipo/ • Langue : espagnol et anglais

Séjour recommandé

Prix : à partir de 200 pesos par jour répartis ainsi : 70 pesos pour la famille d'accueil, 60 pesos pour les guides, 70 pesos pour les projets de développement du CIPO.

Taille des groupes : maximum 10 personnes.

Hébergement : À Oaxaca même, la casa del CIPO (la maison du CIPO) aura bientôt un dortoir pour les jeunes voyageurs et les jeunes des communautés qui viennent étudier à l'université mais n'ont pas les moyens de louer une chambre. N'hésitez pas à passer les voir, pour discuter avec eux ou acheter leur artisanat.

Recommandations : en montagne, emportez de bonnes chaussures et des habits chauds quelle que soit la saison : il peut faire très froid.

CENBIO
(Centres pour la protection de la biodiversité)
(État de Oaxaca)

Texte : **Clarisa Jimenez,** cenbio@mesoamerica.org.mx

*L*e sud de l'État de Oaxaca abrite plusieurs centres CENBIO, gérés par des communautés. Chacun dispose d'infrastructures d'héber- gement indispensables pour qui conduit des recherches en écologie ou développement communautaire dans la Sierra Norte, la Sierra Sur, Mixe lands et l'Isthmus. Les visiteurs doivent au préalable avoir signé un accord avec la communauté qui les reçoit. Des circuits « découverte » dans les forêts avec un personnel formé à cet effet et une importante base de données informatisée ne sont que quelques-unes des facilités offertes aux visiteurs. En échange, les communautés locales reçoivent une copie de chaque étude réalisée qu'ils ont le droit d'utiliser à des fins de dévelop- pement et de conservation. L'hébergement se fait en dortoir ou chez l'habitant. À travers des itinéraires thématiques, les centres CENBIO dispensent des sortes de cours informels où l'apprentissage est volontaire et expérimental, combinant connaissance et émotion. Ces itinéraires sont le fruit de nombreuses années de collaboration entre les commu- nautés des forêts et l'association ERA (*Estudios Rurales y Acesoría Campesina A.C.*). Le grand public peut aussi y participer. Les deux premiers par- cours, El Relámpago et San Bernardo, traversent les terres communales de Comaltepec. Ils ont été choisis en fonction de la flore et des espèces qui témoignent de l'histoire naturelle de l'écosystème avant l'ère céno- zoïque.

CONTACT

Comisariado de Bienes Comunales en
Santiago Comaltepec 54 66 051
Tél. : 951 51 3 92 93 • Courriel : cenbio@mesoamerica.org.mx

Estudios Rurales y Acesoría Campesina A.C.
Priv Elvira #120, Frac. Villa San Luis – CP 68020, Oaxaca
Tél. : 951 51 3 56 71 et 951 51 3 92 93
Courriel : era@mesoamerica.org.mx

BIOPLANETA
(À TRAVERS TOUT LE PAYS)

Texte : Echo Way, anvigna@echoway.org

*B*ioplaneta organise depuis Mexico des séjours dans les différentes communautés qu'elle soutient, en particulier à Oaxaca, chez les Pueblos Mancommunados, sur l'île de Soyatelpec et à la Ventanilla. Les itinéraires durent d'une semaine à un mois, dans les régions côtières et dans la montagne. Des guides parlant français, anglais ou espagnol vous emmènent sur place. Le séjour peut s'organiser à partir de six personnes. Bioplaneta peut aussi vous aider à organiser un séjour dans une communauté donnée ou vous donner des explications sur un trajet en particulier. Vous pouvez passer les voir à Mexico, leur téléphoner ou envoyer un courriel (temps de réponse un peu long). Adrienne Vega, responsable de l'écotourisme, parle français.

CONTACT

Adrienne Vega. Red Bioplaneta AC
Av del Parque 22, Col Tlacopac San Angel
Tél. : 52 55 56 61 61 56
Courriel : ecoturismo@bioplaneta.com, amvega@bioplaneta.com
Internet : www.bioplaneta.com

L'organisme de soutien

Bioplaneta est une ONG mexicaine, spécialisée dans l'agriculture biologique, la protection de l'environnement et l'écotourisme. Depuis les années quatre-vingt, le réseau Bioplaneta fait bénéficier de micro-crédits les communautés qui souhaitent développer une activité et, en retour, ces dernières s'engagent à financer une autre initiative. 10 à 15 % des bénéfices alimentent un fonds communautaire d'aide sociale. Le réseau compte aujourd'hui cinquante-neuf coopératives dans des domaines variés (tourisme solidaire, coopérative agricole ou artisanale) et commercialise les produits dans plusieurs grandes villes du Mexique.

Ejido Las Nubes
(Chiapas, forêt de Lacandona)

Texte et photos : **Claudia Alfonso Valenzuela**, ceceico@prodigy.net.mx

*L*as Nubes est un domaine situé dans le sud de la forêt tropicale humide de Lacandona. Il est habité par les descendants des Mayas qui se sont regroupés pour former l'organisation Causes vertes à Las Nubes. Les forêts de la région, cernées de montagnes et traversées par les eaux turquoises du fleuve Santo Domingo, sont très bien préservées. Il y a plus de vingt ans, un petit groupe de Mam, venu des plateaux de la Sierra Madre, est arrivé ici à la recherche d'un territoire à coloniser. La brume matinale de la forêt, nouvelle pour les colons, est à l'origine du nom du domaine : Las Nubes ou « Les Nuages ». Aujourd'hui, à Las Nubes, vivent aussi des représentants des ethnies Chol et Canjobal, également d'origine Maya. Le Chiapas est l'un des endroits les plus sûrs et les plus calmes de la région. Les habitants, très hospitaliers, seront fiers de vous faire découvrir la Vistahermosa (« La Vue Magnifique ») ou la Cité des pierres, formation naturelle en roche sédimentaire. Vous logerez dans des chambres confortables avec salles de bains et vous nourrirez de nourriture mexicaine traditionnelle, préparée par les femmes locales.

CONTACT

Emilio Gerónimo Mauricio
Ejido Las Nubes • Tél. : 565 94 05

Réservations au Culturalia Mexico S.C.
Calle Central Oriente No. 5. Comitán C.P. 30000. Chiapas, México
Tél. : 963 632 23 22 et 963 632 60 17
Courriel : ceceico@prodigy.net.mx, culturalia_mex@prodigy.net.mx
Internet : www.turismochiapas.gob.mx • Langue : espagnol, anglais

Ejido Santa Martha
(Chiapas)

Texte et photos : **Claudia Alfonso Valenzuela,** ceceico@prodigy.net.mx

*V*otre séjour à Santa Martha vous plongera dans les modes de vie ancestraux de populations qui vivent encore de pêche, de chasse et de cueillette dans la forêt tropicale humide. Outre le maïs et les haricots, une grande variété de légumes et de céréales sont cultivés sur les lopins de terre adjacents aux maisons. Dans la cuisine, trône le « *comal* », plat en terre cuite qui sert à préparer les tortillas. Autrefois zapatistes, les indigènes d'origine chuj et tojobal s'ouvrent aujourd'hui sur le monde extérieur. Santa Martha est située si près de la frontière guatémaltèque que les visiteurs peuvent facilement l'atteindre en se promenant. Cette proximité du Guatemala a enrichi l'histoire et la culture locales. Vous pourrez vous baigner dans une source d'eau naturelle, vous promener en barque dans les lagons, visiter les plantations de café ou explorer les *cenotes*, ces piscines du désert. Les populations locales comptent sur l'écotourisme pour préserver leur identité culturelle et leur environnement et procurer des revenus aux jeunes et aux femmes en particulier.

CONTACT

Aureliano López Ruiz. Ejido Santa Martha
Tél. : 55 51 50 56 15 • Langue : espagnol

Réservations : **Culturalia Mexico S.C.**
Calle Central Oriente No. 5, Comitán C.P. 30000 – Chiapas
Tél. : 963 632 23 22 et 963 632 60 17
Courriel : ceceico@prodigy.net.mx • Langue : anglais et espagnol

Communauté Huichol Sierra
(État de Madre Occidental)

Texte et photos : **Iveth Castaneda**, flakenzi@yahoo.com.mx

*S*an Andrés Cohamiata, Santa Catarina Cuexcomatitián, San Sebastián Teponahuaxtlán, Tuxpan de Bolaños, et Guadalupe Ocotán sont les cinq sièges du gouvernement traditionnel Huichol. On pense que ce peuple s'est rassemblé au sein de son territoire actuel à partir de la *Conquista* (XVIᵉ et XVIIᵉ siècle). Mais la mémoire collective des Huichol les rattache à une filiation cosmique. Le *maráakate*, ou chaman, pénètre, grâce au rêve, dans le monde des dieux. La médecine traditionnelle est étroitement liée au *maráakate*. Il est celui qui « nettoie » le patient, avec des plumes, en enveloppant son corps de fumée de tabac ou en aspirant avec la bouche l'objet responsable du mal. Les cérémonies sont liées au cycle du maïs ou au *peyotl* (mot *nahuatl* signifiant « petit cactus sans épine de la famille des cactacées »). Le pèlerinage à Wirikuta, la terre sacrée du *peyotl*, a lieu pendant la saison sèche. L'association de solidarité internationale ARUTAM (France) sert de lien avec les associations mexicaines de cette communauté. ARUTAM commence tout juste à travailler sur le tourisme chamanique avec les Huichol. Ceux-ci sont aussi soutenus par l'association mexicaine ODAPI qu'ARUTAM a aidée à démarrer. On peut mettre à l'actif de ces deux organismes : des programmes de captation d'eau potable dans la communauté de La Laguna ; la création d'une association villageoise de Mara'akates à Zapote, et une action de préservation du désert sacré, Real de Catorce, en collaboration avec l'association mexicaine *Conservación Humana AC*.

CONTACT

Association ODAPI. Adrien Tièche et Sabine Tièche-Lemaire
calle Romero de Terreros # 925, Colonia del Valle, delegación Benito
Juárez – 03100 México D.F. • Tél. : 0052 55 56 39 06 25
Courriel : odapi@odapi.org • Internet : www.odapi.org
Association ARUTAM. Jean-Patrick Costa
Chemin de Vermillère – 84160 Cadenet, France
Courriel : arutam@free.fr • Internet : www.arutam.free.fr

ÉCOLODGE DE FINCA ESPERANZA VERDE
(PROVINCE DE MATAGALPA, COMMUNAUTÉ DE SAN RAMÓN)

Texte : **Lonna Harkrader,** LHarkrader@mindspring.com

*L*a Finca Esperanza Verde Ecolodge and Coffee Farm (FEV) est en place depuis 1998, grâce à l'ONG « Communautés des religieuses de Durham-San Ramón » (*Durham-San Ramón Sister Communities*) basée aux États-Unis, et à leur partenaire de San Ramón, une municipalité rurale de trente mille habitants. Il s'agit d'assurer la préservation de la forêt tropicale de montagne tout en développant la région grâce au tourisme durable et à la culture biologique du café « d'ombre ». Tout le personnel est originaire de San Ramón. La totalité des revenus provenant de ce programme est réinvestie dans l'économie locale : amélioration de l'alimentation en eau, construction d'écoles de campagne... La FEV propose des circuits écologiques de deux à sept jours avec un programme quotidien d'activités, incluant la cueillette du café (décembre à février) ; des expériences d'immersion culturelle (discussions avec les autochtones sur des questions sociales, cours de cuisine, initiation à l'herboristerie médicale, à l'ornithologie) ; des randonnées pour observer les singes hurleurs ; un séjour dans une famille d'accueil. Ces circuits sont conçus pour des groupes scolaires, des ornithologues, des familles et des voyageurs adeptes du tourisme durable. Le lodge est en briques faites à la main, équipé de panneaux solaires sur tous les toits et de deux réfrigérateurs dans la cuisine. C'est un paradis de fraîcheur perché à 1 200 mètres d'altitude d'où l'on peut apercevoir, à plus de cent cinquante kilomètres, la chaîne de Dariense. Il peut héberger vingt-six personnes dans trois chambres doubles avec salles de bain, deux bungalows pour six personnes avec WC et douche, et un dortoir pouvant loger huit personnes. En 2004, il a été couronné meilleur lodge écologique du Nicaragua ; prix du tourisme de conservation de la revue du Smithsonian Institute ; et récompensé par la « *TO DO ! Award for Socially Responsible Tourism* ». En 2005,

un séminaire de l'Organisation Mondiale du Tourisme jugeait la FEV comme un modèle du genre pour ce qui est de la réduction de la pauvreté par le tourisme durable. Ces mots d'Ernesto Morales, guide naturaliste à la FEV, illustrent parfaitement le changement d'attitude des autochtones depuis l'introduction de l'écotourisme : « Quand j'ai commencé à travailler à la FEV, j'étais comme les autres fermiers de la région, je taillais les arbres à grands coups de machette, simplement pour passer le temps. Maintenant, j'ai changé. Les touristes et les scientifiques qui sont venus à San Ramón ont fait preuve de tant de respect et de fascination pour ce décor naturel, dont je n'avais moi-même pas conscience, que j'ai appris, moi aussi, à apprécier la faune et la flore de ma région. Un monde nouveau m'est apparu. »

Localisation

En autobus : à Matagalpa, à la gare routière de Guanuca (prendre un taxi depuis la gare routière principale), emprunter l'autobus Pancasan/El Jobo qui traverse la ville de San Ramón. Descendre à Yukul (à 25 minutes de San Ramón). Suivre les panneaux indiquant la FEV (1h de marche). En voiture : il faut 40 minutes pour se rendre de San Ramón à la FEV par piste. Une fois à Yúcul, bifurquer à gauche sur la route principale et suivre les panneaux.

CONTACT

Yelba Valenzuela. Apartado 28, Matagalpa, Nicaragua
Tél. : 505 772 5003 • Fax : 505 772 5003
Courriel : herma@ibw.com.ni
Internet : www.fincaesperanzaverde.org ;
www.durham-sanramon.org
Langue : espagnol (de préférence) ou anglais
Autres contacts : **Durham-San Ramon Sister Communities,**
1320 Shepherd Street, Durham, NC 27707, USA
Tél. : 919 489 1656 • Courriel : info@durham-sanramon.org

Communautés Kuna, Ngwobe-Bugle et Embera

Bocas del Toro, San Blas, Parc national du Chagrès et ville de Panama)

Texte et photos : **Evelyne Fabre,** Route des sens, contact@rtedsens.org

« *A*u cours de nos voyages, nous avons beaucoup appris sur les autres et avons souhaité approfondir, partager, enrichir et prolonger nos expériences. Rester solidaires de ceux dont nous avions connu, là-bas, les difficultés, la misère, mais aussi les espoirs et les ressources dont le monde moderne a perdu le secret. Faire passer aussi l'idée qu'un voyage peut être autre chose qu'une balade dans l'indifférence. » L'association La Route des Sens, membre de la plate-forme pour le commerce équitable et cofondatrice de La Charte pour le tourisme équitable, propose des voyages dans le respect des principes énoncés ci-dessus. Depuis plus de six ans, cet organisme travaille avec les communautés amérindiennes Kuna, Embéra et Ngwobe-Bugle du Panama pour concevoir ces voyages solidaires et équitables liés à des projets de développement villageois, comme, par exemple, le financement d'une coopérative d'artisanat pour les femmes de la communauté des Ngwobé-Bugle, ou l'adduction d'eau potable pour le village Embera de Parara-Purru. Les communautés hôtes sont toutes à l'origine des projets. Ce sont elles qui mettent en place, animent et organisent l'accueil des voyageurs. 6 % du montant du voyage servait à financer des actions de développement.

CONTACT

Association La Route des Sens. BP 35 – 34150 Aniane
Tél. et fax : 33 4 67 57 37 59 • Courriel : contact@rtedsens.org
Internet : www.rtedsens.org

Informations culturelles

Les Embera habitaient à l'origine la région du Darien, située à la frontière du Panama et de la Colombie. La grande insécurité régnant dans cette région

– guérillas, trafics de narcotiques… – ont repoussé les Embera vers l'intérieur du Panama. Ces communautés, déjà minoritaires, ont compris que seule la valorisation de leur identité culturelle pouvait les empêcher de disparaître purement et simplement de la planète. Une bonne partie des Embera se sont installés dans le Parc national du Chagrès. Ils subsistent principalement des produits de la chasse, de la pêche et de la cueillette des fruits. Caractérisés par leur douceur de vivre, ils vivent en harmonie avec l'environnement préservé de la forêt tropicale. Trois communautés sont concernées par notre circuit : les Kuna, dans l'archipel de San Blas ; les Ngwobe-Bugle, dans la région de Bocas del Toro ; les Embera dans le Parc National du Chagrès.

Séjour recommandé

Titre : À la rencontre des populations amérindiennes.

Durée : 15 jours (descriptif sur www.rtedsens.org).

Coût total : 2239 €.

Hébergement : Dans les hôtels locaux et dans les communautés. Les conditions d'hébergement dans les villages peuvent parfois être rudimentaires. Les repas sont partagés avec les personnes qui vous accueillent ou sont pris au restaurant.

Activités : balades en pirogue, pêche, découverte des vestiges de l'époque coloniale, baignades.

Saisons : janvier à avril (c'est la meilleure période pour séjourner dans ce pays tropical).

Taille des groupes : de 7 à 10 personnes au maximum.

Conditions climatiques : chaud et humide entre 20° et 28°.

Santé : se munir d'un traitement anti-paludéen.

COMMUNAUTÉ CACHOTE
(RÉGION DU SUD OUEST, BARAHONA)

Texte et photos: **Laura Perdomo,**
jaragua@tricom.net, sisterlau09@yahoo.com)

*C*achote est une petite communauté vivant dans la partie orientale de la Sierra de Bahoruco et dont la population de fermiers survit grâce à de l'agriculture itinérante et au café. En 2002, ses habitants ont formé l'entreprise d'écotourisme de Cachote avec des membres de l'Association *Ébano Verde Farmers* et la Société écologique de Paraiso. La construction du Centre écologique de Jilguero a suivi et aujourd'hui les villageois proposent camping, excursions et observation d'oiseaux. Ils assurent aussi les repas, l'hébergement (en écocabines) et une randonnée guidée sur une magnifique piste de deux kilomètres où l'on peut voir et entendre des espèces endémiques comme le trogon hispanique (*Priotelus roseigaster*). À votre arrivée, demandez Frank, un guide de 80 ans, qui vous dira tout sur les merveilles de Cachote.

CONTACT

Maltiano Moreta ou
Francisco Asmar
Calle Mella #5,
Paraíso, Barahona
République Dominicaine
Tél. : 809 243 1404
Fax : 809 243 1000
Internet : www.soepa.org
Langue : anglais ou
espagnol

Autres contacts :
NGO : Grupo Jaragua
Laura Perdomo, Yvonne Arias ou Rafael Lorenzo
Calle El Vergel No. 33, El Vergel, Santo Domingo,
République dominicaine • Tél : 809 472 1036 • Fax : 809 412 1667
Courriel : jaragua@tricom.net, ibasdominicanas@yahoo.com
Internet : www.grupojaragua.org.do

Sociedad Ecologica de Paraiso. Calle Mella #5, Paraiso, Barahona
République Dominicaine • Tél. : 809 243 1404 • Fax : 809 243 100
Courriel : soepa@codetel.net.do

ACESAL (Association communautaire
d'écotourisme de Salto de Limón)
(Péninsule de Sanama)

Texte et photos : **Patricia Lamelas,** Lamelas cebse@verizon.net.do
et **Kathleen N. Skoczen,** skoczenk1@southernct.edu

L'Association d'écotourisme communautaire de Salto del Limón (ACESAL), fondée en 1997, assure le gardiennage de l'impressionnante chute d'eau de Salto del Limón, et du site en général, y compris le bassin d'eau de l'Arroyo Chico. Les membres de la communauté, qui gèrent l'association, opèrent depuis treize petites auberges ou *paradas*. Ils vous proposeront des excursions à pied ou à cheval vers Salto del Limón, la Playa Limón ou El Valle ; mais aussi des repas, de l'artisanat comme ces jolies gourdes décorées, sans oublier bien sûr le café et le chocolat biologiques, les cigares... Dans une de ces *paradas*, officie la *Doña* qui sert la meilleure cuisine créole de la région ! Après le déjeuner, les guides arrivent avec les chevaux. De jolis sentiers serpentent à travers les fermes et la très dense forêt subtropicale où poussent le *Guanabana* ou corossol, le *Bija*, *l'Higüero* ou calebasse, le manguier, l'Uva de Sierra (le raisin de la sierra) et le palmier royal, l'arbre national qui est aussi le premier bois de construction local. Un dernier raidillon vous conduira jusqu'aux chutes qui cachent, au-delà, de superbes grottes.

Localisation

El Salto del Limón est situé dans la province-péninsule de Samaná, à la pointe nord-est de la République dominicaine. On y acccède depuis les villages de Rancho Español, Arroyo Surdido, El Café et El Limón où sont installées les *paradas*.

CONTACT

ACESAL. Vasilio Garcia, Président
Carretera Limón, Parada La Manzana, Samaná
Tél. : 809 360 9147 • Courriel : saltodelimon@yahoo.es
Internet : www.saltolimon.de/ACESAL/index.html,
www.leida.de, www.samana.org.do • Langue : espagnol

CEBSE (Center for the Conservation and Eco-Development)
Patricia Lamelas, Directrice exécutive
Ave. La Marina, Tiro al Blanco, Santa Barbara de Samaná, Samaná
Tél. : 809 538 2042 • Fax : 809 538 2792
Courriel : cebse@verizon.net.do
Internet : www.samana.org.do/cebse.htm • Langue : espagnol

Informations culturelles

La région de la Baie de Samaná était autrefois le domaine des Indiens Ciguayo qui furent déplacés peu après la colonisation espagnole. Elle fut successivement occupée par des pirates et des esclaves « marron », puis, dans les années 1820, par plusieurs centaines d'Afro Américains affranchis qui s'installèrent là pendant l'occupation haïtienne de Saint-Domingue. Nombre de leurs descendants parlent encore anglais. À partir de 1960, les descendants des fermiers espagnols de Cibao, les montagnes du centre, revinrent dans la Baie de Samaná où beaucoup d'Haïtiens ont trouvé refuge au cours des deux siècles derniers. Cette péninsule est une des régions les plus riches de la République dominicaine, sur le plan ethnique et culturel. Le tissu familial serré et l'attachement des communautés à leur héritage culturel ont permis à l'association ACESAL de surmonter les obstacles et de montrer la voie à toute la République dominicaine en matière de tourisme communautaire.

Séjour recommandé

Les voyageurs organiseront leur visite sur mesure dans une des *paradas* de Salto of Limón. Les tarifs sont modestes. L'une d'entre elles au moins propose l'hébergement. Pour les autres programmes d'écotourisme communautaire dans la région de la Baie de Samaná, contacter le CEBSE.

Organisme de soutien

ACESAL était au départ un des projets-pilotes du Centre pour la conservation et l'éco-développement de la Baie de Samaná (CEBSE), lui-même une ONG à but non lucratif, fondée en 1992, et dont le siège est à Santa Bárbara de Samaná. Le centre a aussi aidé à la création d'une réserve d'iguanes, dans la pointe est du continent, aujourd'hui gérée par un groupe de jeunes gens de la communauté. Il est très impliqué dans l'observation des baleines.

AMÉRIQUE DU SUD

L'Équateur est sans conteste le leader du tourisme indigène, en Amérique Latine. Avec plus de soixante initiatives, trois fédérations et bientôt une centrale de réservation à l'université, ce pays offre une diversité d'accueil, d'écosystèmes et de cultures impressionnante si l'on sait par ailleurs que nombre des communautés-hôtes sont depuis très peu de temps ouvertes sur le monde extérieur. La Bolivie, le Pérou et l'Équateur, les trois pays où la concentration de peuples indigènes est la plus forte, engagent des échanges. Les disparités demeurent cependant et sont fonction des contextes politiques et économiques de chaque pays. Ainsi, les peuples autochtones de Colombie ont passé des accords pour la gestion de leurs terres ainsi que des partenariats avec les parcs nationaux et les réserves privées tout à fait intéressants. Mais le contexte politique ne favorise pas l'ouverture des frontières. Quant aux communautés autochtones brésiliennes, très protégées par le système de réserves de la FUNAI, elles ne sont encore guère accompagnées dans le développement de leurs activités d'accueil, contrairement à leurs voisins andins. Sur le plateau des Guyanes, on peut s'attendre à des rapprochements entre groupes ethniques aux racines linguistiques communes, les Caribs, qui se retrouvent au-delà des frontières de la Guyane Française, du Surinam, du Guyana, du Vénézuela et du Brésil. Le bouclier guyanais est en passe de voir son identité géographique et culturelle se renforcer grâce aux communautés autochtones. Plus globalement, le réseau REDTURS (www.redturs.org), mis en place par le Bureau International du Travail (BIT), promeut, à travers son portail Internet, plus d'une centaine d'initiatives de tourisme communautaire à travers dix pays d'Amérique Latine. Car le grand problème de l'offre, dans cette partie du monde, reste la communication : les réservations sont difficiles et les informations accessibles sur les séjours, réduites.

Un réseau
de tourisme solidaire

En Bolivie, on parle d'ethno-éco-tourisme. 49 % de la population est d'origine autochtone. Les initiatives soient bien moins nombreuses qu'en Équateur et plus récentes, mais elles se structurent à l'échelle du pays au sein du Réseau de tourisme solidaire (Red de turismo solidario, redturismosolidario@yahoo.es) par lequel on devrait pouvoir passer, bientôt, pour réserver toutes les offres de tourisme communautaire disponibles en Bolivie. En dehors de Tomarapi et Chalalán (voir les fiches détaillées ci-dessous) il existe de nombreuses autres initiatives. Parmi celles-ci :

Turismo Ecologico Social (TES)

Les visiteurs partage la vie et la culture des communautés. L'hébergement est modeste. L'accent a été mis sur les activités dans la jungle. C'est une offre relativement récente. À promouvoir en priorité

Contact : **Javier,** turismoecologicosocial@hotmail.com.

Mapajo

Internet : www.mapajo.com, courrriel : mapajo_eco@yahoo.com, mapajo_eco@hotmail.com

Mais aussi Uyuni et La Chonta, Samaipata. Consulter le site de REDTURS, section Bolivie.

AUBERGE DE TOMARAPI
(PARC NATIONAL DU SAJAMA, COMMUNAUTÉ CARIPE)

Texte et photos : **Nicole Häusler,** nicole.haeusler@t-online.de

*C*réé en 1939, le Parc national du Sajama fut le premier de toute l'Amérique latine. Situé à quatre heures de route environ de La Paz, en bordure de la frontière chilienne, il est peuplé d'alpagas, de vigognes, de lamas, de condors et de flamants roses. Abritant d'imposants volcans, dont les plus hauts – Sajama, Parinacota et Pomerape – s'élèvent à plus de 6000 mètres d'altitude, il offre la possibilité de faire de l'alpinisme, d'explorer des geysers et des sources d'eau chaude dans un décor magnifique. Les éleveurs de lamas de l'Altiplano sont aussi des entrepreneurs : certains d'entre eux ont fondé, en 2002, un gîte de haute qualité, l'Albergue Ecoturistico Tomarapi, dans le village de Tomarapi, au pied du volcan Sajama. Traditionnellement, la population subsistait grâce à l'élevage. L'auberge est devenue une source importante de revenus supplémentaires. Construite par les membres de la communauté Caripe, avec le soutien financier et technique de la MAPZA et du Kreditanstalt für Wiederaufbau (le KFW), elle a été conçue dans le respect des traditions locales. MAPZA, Programme de la société allemande pour la coopération technique (GTZ/GFA), réunit plus de deux cents membres de la communauté Caripe, au sein du Parc national. Le gîte comprend seize lits et un restaurant ; il est équipé d'eau chaude, d'énergie solaire et de radiateurs, et est administré par la société Tomarapi S.R.L., dont font partie vingt-quatre familles Caripe.

CONTACT
Albergue Ecoturistico Tomarapi
Courriel : tomarapi@hotmail.com ou info@boliviamilenaria.com

Ecolodge de Chalalán

(Province de Ballivian, Département d'El Beni,
Communauté San Jose de Uchupiamonas)

Texte et photos : **Amanda Stronza,** astronza@ag.tamu.edu

*P*our la commu-
nauté de San Jose de Uchupia-
monas, tout commença à chan-
ger en 1992 quand un groupe
de dirigeants locaux, visionnai-
res – Guido Mamani et les frères
Alejandro et Zenon Limaco –
décidèrent de diversifier l'économie de leur région grâce à
l'écotourisme. Ils espéraient
remplacer l'exploitation forestière, solution sans avenir et
mal rémunérée, qui contribuait
par ailleurs à détruire les forêts
dont leur communauté dépend depuis trois siècles. Même les ressources en bois de cèdre et d'ébène ne suffisaient plus à retenir les familles.
Parallèlement, les touristes étaient de plus en plus nombreux à affluer
dans la région, mais les retombées financières restaient maigres. Mamani
et les frères Limaco se mirent en quête d'un associé capable de les aider
à créer et exploiter un lodge écotouristique. Des biologistes de l'ONG
Conservation International (CI) avaient constaté à quel point le site était
riche en biodiversité. On parlait de plus en plus de créer un Parc national à Madidi, qui engloberait San Jose et la parcelle forestière sur laquelle
Mamani et les Limaco rêvaient de monter leur entreprise touristique.
L'ONG CI était le partenaire idéal. La Banque interaméricaine de développement (BID) fut sollicitée et, cinq ans plus tard, l'écolodge de Chalalán
voyait le jour. C'est aujourd'hui la seule entreprise écotouristique bolivienne
entièrement gérée par les populations locales et leur appartenant en
propre. Chalalán dispose d'une salle de conférence dans laquelle on peut
installer jusqu'à vingt ordinateurs portables, deux imprimantes et un
projecteur. En 2003, le gîte a accueilli un atelier international, « Trueque
Amazónico », au cours duquel Chalalán et deux autres lodges communautaires, situées l'une en Equateur et l'autre au Pérou, ont pu échanger
leurs expériences.

Localisation

Chalalán est situé à 90km de Rurrenabaque ou « Rurre », une ville de 13 000 habitants sur la rive du fleuve Beni, point de départ des randonnées vers les pampas du nord, ou la selva (forêt humide) au sud. Un avion relie Rurre à l'aéroport international El Alto de la Paz. La ville est aussi accessible par route depuis la fin des années 80. On peut encore y accéder en remontant les fleuves Beni et Tuichi en canot à moteur, jusqu'à la vallée de Tuichi, dans la province de Franz Tamayo-La Paz (département de La Paz), ce qui représente un voyage de 6 heures.

CONTACT

Chalalán Ecolodge Information Center
Tél. et fax : 591 2 434058 La Paz
Tél. et fax : 591 8922419 Rurrenabaque
Courriel : chalalan_ecolodge@latinmail.com
Internet : www.chalalan.com et www.chalalan.com/itinerarios.asp

Informations culturelles

Le village de San Jose regroupe une centaine de familles d'origine Quechua-Tacana qui parlent un mélange d'espagnol et de quechua. Leurs ancêtres sont arrivés des hauts plateaux boliviens, il y a trois cents ans. Au contact du peuple indigène Tacana, ils ont appris à s'adapter à la vie en forêt de basse altitude, à pratiquer la méthode du brûlis pour faire pousser du riz, des bananes et du manioc. Aujourd'hui, ils produisent du café, du cacao, des agrumes et élèvent quelques poules et du bétail. Ils revendiquent actuellement un titre de propriété sur leurs terres, que le gouvernement bolivien accorde aux communautés indigènes. Voir le site Internet : www.chalalan.com/Comunidad/Historia.asp

Séjour recommandé

Title : **Séjour dans la communauté**
Durée : 5 jours/4 nuits.
Prix : $ 835 par personne (groupe de 2) ou $ 375 par personne (groupe de 9-10).
Activités : Le lodge est équipé de 12 sentiers balisés et marqués de bornes. À 1 300 m du lodge, une tour d'observation offre une vue panoramique sur le Parc National de Madidi et les contreforts des Andes, frontière entre la Bolivie et le Pérou.

COMMUNAUTÉ DE SILVES
(ÉTAT D'AMAZONAS, SILVES)

Texte : **Métilde Wendenbaum**, ECEAT Projects

*L*a municipalité de Silves se déploie sur un immense territoire, à 260 km à vol d'oiseau de Manaus (350 kms par la rivière), dans
une région de l'Amazone caractérisée par une forte densité de lacs. Cet

écosystème aquatique est aussi riche
que vulnérable en ce sens où il est
étroitement lié aux processus biologiques qui gouvernent tant la flore et
la faune que les communautés traditionnelles vivant sur les rives du fleuve
– les *ribeirinhos*, comme on les appelle
dans la région. Le conflit le plus courant aujourd'hui, dans cette région
amazonienne, est celui qui oppose les
populations locales tirant leur subsistance de la pêche artisanale et les
pêcheurs industriels venus des grandes villes. Dans le cas de Silves, où
les réserves de poisson ont déjà fortement diminué, la municipalité,
sous la pression des riverains, a créé une zone protégée, l'*Environmental
Protection Area* (APA), confiant le contrôle des lacs à la communauté. Dans
la foulée, s'est créée l'ONG *Associaçao de Silves pela Preservacao Ambiental
e Cultural* (ASPAC) qui, depuis 1994, avec le soutien technique du World
Wide Fund (WWF), travaille à développer le premier programme d'écotourisme de toute la région amazonienne du Brésil. Celui-ci devrait permettre de financer la préservation des ressources en poissons des lacs de
la région. La première phase du projet a vu la construction de
l'hôtel Pousada Aldeia dos Lagos et la formation d'un personnel adé-
quat, choisi parmi les riverains. L'hôtel est bâti sur un site de cinq hectares. À Silves, les touristes peuvent engager des riverains pour les accompagner à la pêche sur les lacs (dans les zones autorisées), les guider, la
nuit, dans des expéditions à la rencontre de la faune nocturne, ou assister, par exemple, à la transformation, magique, du *mandioca* en tapioca.

Localisation

Pendant l'été, il est possible d'atteindre Silves de Manaus par la route. De
Manaus, prendre la direction de Itacotiara, faire 230 km sur une route goudronnée,
puis 120 km sur une route secondaire jusqu'à Itapiranga.

Vicente Neves. Rua 04, s/n, Localidade Ponta do Macário
Panorama Silves, Amazonas, Brasil C.E.P 69110000
Tél. : 55 92 5282124 • Fax : 55 92 528 2124
Tél et fax : 55 92 3528 2045 ou 3234 6562 (Manaus)
Courriel : aldeiadoslagos@terra.com.br ;
aldeiadoslagos@aldeiadoslagos.com.br
Internet : www.aldeiadoslagos.com.br
Autres contacts
Viverde Turismo Ltda. Internet : www.viverde.com.br/home.html,
FreeWay Tour, Adrik Tour

Informations culturelles

Les principales cultures de la région sont : la cassave, l'ananas, le riz, le sucre
de canne, les haricots, le jute, le tabac, la banane, l'orange, le citron, la manda-
rine, le maïs, la pastèque, le cupuacu, le graviola. La population de Silves est multiethnique, composée de 20 % de Portugais, 10 % d'Africains et 70 % d'Indiens :
Indiens Caboquenas, Guanavenas, Bararurus et Andiras. Ce sont des gens très
calmes et pacifiques, accueillants, aimant les fêtes. La langue parlée est le
Portugais.

Séjour recommandé

Titre : **Tourisme communautaire à Silves**
Durée : 6 jours
Dates : toute l'année
Prix : US$ 483 ou 473 € (en chambre double). Sont inclus : l'hébergement, les excur-
sions, le guide bilingue et la pension complète. Exclus : le voyage en avion
depuis Manaus, l'assurance voyage, les pourboires et les boissons.
Activités : observation de la flore et de la faune sauvage ; excursion en canot à
moteur ; visite des plantations de cacao ; de la ville de Silves ; danse et musique
traditionnelles ; sentiers de forêts.
Hébergement : à l'hôtel Pousada Aldeia dos Lagos : 12 appartements avec salles
de bain privées, moustiquaires, ventilateurs et vérandas.
Saisons : température moyenne : 29,5° C. Saisons des hautes eaux : de janvier à
juin ; saison sèche, avec forêt et plages accessibles, de juillet à décembre.

La réserve de Mamirauá
(État d'Amazonas)

Texte : **Nelissa Peralta**, nelissa@mamiraua.org.br

Photos : **Luis Claudio Marigo** et **Marcos Amend**

*L*a réserve de Mamirauá est la plus grande zone protégée de forêt inondée (várzea) de l'Amazone. Elle abrite de merveilleuses espèces endémiques comme le singe blanc Uakari. C'est la première réserve de développement durable à laquelle participent activement les autochtones. L'objectif ici, depuis 1990, consiste, outre à protéger les espèces, à assurer un meilleur niveau de vie aux communautés vivant dans la réserve. L'ONG qui co-gère le site s'efforce de développer des activités économiques durables : pêcheries, entreprises forestières et, depuis 1998, écotourisme. La lodge flottante d'Uakari propose dix appartements avec chauffage solaire et alimentation en eau de pluie recyclée. La moitié des revenus sert à alimenter un système de surveillance communautaire de la réserve et l'autre moitié à financer des actions élaborées et évaluées par un conseil local formé des représentants des sept communautés impliquées. En 2003, la réserve Mamirauá a reçu deux distinctions internationales : « meilleure destination d'écotourisme » selon le *Conde Nast Traveler Magazine* et le « prix du tourisme durable » décerné par la *Conservation Traveller Foundation* (USTOA) et le *Smithsonian Magazine*.

Localisation

La réserve de Mamirauá est située dans le Bassin Central de l'Amazone, près de Tefé, une ville à 500 km de Manaus. À une heure de vol par Rico Airlines de Manaus (http://www.voerico.com.br/ou 55 92 4009 8300). Par bateau : Tefé/Manaus (deux jours par les recreios régionaux ; 55 92 3621 4316). La lodge flottante est à une heure de Tefé, en canot à moteur.

CONTACT

Nelissa Peralta/Monique Vasconcelos. Av. Brasil, 197. Bairro Juruá
Tél. : 55 97 3343 41 60 • Fax : 55 97 3343 2967
Courriel : nelissa@mamiraua.org.br ou ecoturismo@mamiraua.org.br
Internet : www.uakarilodge.com.br ou www.mamiraua.org.br
Langue : portugais ou anglais

PROGRAMME DE TICUNA
(ÉTAT D'AMAZONAS, COMMUNAUTÉ DES INDIENS TICUNA, SAO LEOPOLDO)

Texte et photos : **Carlos Sprei,** carlos@brasil10.tur.br

*L*es Indiens Ticuna vivent sur les berges de la rivière Solimoes, à São Leopoldo, une zone délimitée par le gouvernement fédéral, la Fondation nationale des Indiens du Brésil (FUNAI). Les visiteurs participeront à la vie quotidienne de ces chasseurs-pêcheurs qui pratiquent toujours l'agriculture d'autosubsistance. Ils contempleront les animaux, écouteront les chants des oiseaux, éprouveront cet univers quasi intangible qui leur laissera des souvenirs ineffaçables. En échange de leur disponibilité, pleinement consentie, les Ticuna reçoivent une somme forfaitaire, par visiteur : une manière de leur montrer qu'on peut développer un commerce équitable. Ce « Programme Ticuna » est soutenu par le professeur José Bessa, coordinateur du Programme de recherche sur les Indiens (UERJ) à l'Université fédérale du Brésil.

Localisation

Depuis Manaus, capitale de l'État d'Amazonas, à Tabatinga City, par avion (1h40). Puis par bateau jusqu'à Benjamin Constant City et São Leopoldo. Enfin, une heure de marche à travers la jungle. Le voyage entier, depuis Manaus, se fera en compagnie d'un anthropologue.

CONTACT

Carlos Sprei. Brasil10 Incoming,
Rua da Assembléia 10 suite 1506 – 20011-000 Rio de Janeiro
Tél. : 55 21 2224 05 37 • Fax : 55 21 2224 15 52
Courriel : produtos@brasil10.tur.br, carlos@brasil10.tur.br
Internet : www.brasil10.tur.br/ingles/ingles.htm
Langues : anglais, espagnol, français et allemand

Informations culturelles

Environ quatre cents familles d'Indiens Ticuna vivent à São Leopoldo. Il y a d'autres commnautés indiennes dans la region mais elles sont très difficiles d'accès et assez hostiles.

Séjour recommandé

Titre : **Séjour dans la communauté amérindienne Ticuna**
Durée : 5 jours.
Dates : entre juin et novembre.
Prix : US$ 965 par personne ; US$ 901 (double).
Activités : www.brazil10.tur.br/news/index.htm

Prainha do Canto Verde
(État de Ceará, Nord d'Este)

Texte : **Tanja de Raadt**, ECEAT Projects, tanjaderaadt@hotmail.com
Photos : **René Schärer**, fishnet@uol.com.br

*P*rainha do Canto Verde est un village d'environ 1100 habitants. À l'époque des grosses prises de langoustes (1985-1995), la pêche suffisait à faire vivre les familles, entretenir les *jangadas* (petits voiliers de pêche) et acheter les produits de consommation courante. Mais en 1995, les réserves ayant chuté de manière dramatique, les habitants envisagèrent de se tourner vers le tourisme, projet qui se concrétisa en 1998. La Coopérative du tourisme et de l'artisanat (COOPECANTUR) qui le gère, compte environ soixante-dix membres. 80 % des bénéfices alimentent le capital de départ et 20 % sont réinvestis pour aider les personnes âgées, les scolaires et alimenter un fonds de défense juridique. La coopérative organise aussi des ateliers pour sensibiliser la population aux dangers du tourisme, de la drogue et de la prostitution. Prainha do Canto Verde est devenue un modèle pour les communautés côtières du Brésil. Elle a remporté plusieurs prix : le prix « TO DO ! » 1999 (Allemagne) ; le prix 2002 du tourisme responsable décerné par SENAC (Service national d'appui au commerce brésilien) ; le prestigieux prix 2003 « Tourism for Tomorrow Award » de British Airways (Royaume-Uni) et le « Superecology Award of Revista Superinteressante » (2004, Brésil).

Localisation
À 120km au sud-est de Fortaleza, dans l'État de Ceará.

CONTACT

René Schärer. COOPECANTUR. Caixa Postal 52722
60151-970 Fortaleza – Ceará, Brasil
Tél. et Fax : 55 88 3413 1426 • Courriel : fishnet@uol.com.br
Internet : www.fortalnet.com.br/~fishnet
www.prainhadocantoverde.org et www.amigosprainha.org
Autres tours opérateurs · **Nomad Reisen** : www.nomad-reisen.de (tours personnalisés).

Informations culturelles

Joaquim « Caboclo » et sa femme Filismina furent les premiers colons à construire leur cabane sur la plage. Ils eurent douze enfants, dont descendent 70 % de la population actuelle... Après que des pluies torrentielles eurent inondé le village d'origine, en 1974, les gens partirent vers ce que l'on nomme aujourd'hui le « quartier rouge », à cause de la couleur de la terre. La paix fut bientôt troublée par la nouvelle de l'achat des dunes par un certain Antônio Sales Magalhães. Celui-ci se révéla un spéculateur de talent et réussit à convaincre le juge de la province de ses bonnes intentions. Ce fut le point de départ d'une bataille juridique de vingt-cinq ans pour déterminer qui, des colons qui s'y étaient établis plus d'un siècle et demi auparavant, ou d'Antonio , était le véritable propriétaire de ce village de pêcheurs ! L'affaire est aujourd'hui entre les mains de la Haute Cour fédérale de Brasília, après que des instances inférieures eurent tranché en faveur de la communauté. De nos jours, Prainha do Canto Verde est connue notamment pour sa légendaire expédition, SOS Survie, quand quatre pêcheurs et deux femmes à bord d'une *jangada* voguèrent pendant soixante-seize jours vers Rio de Janeiro pour protester contre la pêche abusive. Sont en cours : un projet de zone marine protégée ; des innovations technologiques et un catamaran à voile pour les artisans pêcheurs. La chorale d'enfants possède un répertoire de chants mettant en scène le combat social et environnemental mené par la communauté.

Séjour recommandé

Titre : **Tourisme communautaire à Prainha do Canto Verde**
Durée : 2 nuits.
Prix : 40 € par personne. Supplément, par personne, de 20 €.
Dates : à négocier avec la compagnie aérienne choisie.
Hébergements : Gîte communal, chambre d'hôtes, chalets sur la plage,
Activités : Sortie à la voile. Randonnée à Corregó do Sal et dans les dunes. Visite de Ponta. Croisière en catamaran. Pêche en mer. Visite de la mangrove.
Conditions climatiques : de 23°C, la nuit, à 32°C dans la journée, toute l'année.
Saisons : meilleure saison de novembre à juin pour une plage tranquille.

Iko Poran
(Rio de Janeiro)

Texte et photos : **Luis Felipe Murray,** rj@ikoporan.org

*I*l s'agit là d'une initiative de tourisme durable destinée à des personnes préoccupées de leurs responsabilités sociales et de l'intégrité de l'environnement et en quête d'expériences originales. Vous pouvez choisir d'être un volontaire international ou vous immerger dans une communauté. L'objectif est de promouvoir les échanges entre des cultures différentes et de soutenir les ONG brésiliennes qui se multiplient à un rythme impressionnant. C'est l'expérience de voyage idéale pour ceux qui veulent éprouver la satisfaction qu'il y a à partager, apprendre et plus globalement à construire concrètement un monde plus juste pour tous. Vous visiterez des programmes de développement très bien structurés au sein de communautés à faibles revenus et contribuerez du même coup à leur durabilité.

CONTACT

Mr Luis Felipe Murray
Associação Iko Poran, Rio de Janeiro, RJ, Brasil, 22 044-900
Tél. : 55 21 3084 2242 • Fax : 55 21 3084 1446
Courriel : rj@ikoporan.org • Internet : www.ikoporan.org

WECHE RUKA

(ARAUCANIE CHILIENNE, COMMUNAUTÉ ANTONIO HUECHE)

Texte : **Jacques Patri,** j.patri@cdt-herault.fr,

et **Sebastian Raby,** Sernatur Araucania   Photos : www.achitur.cl

*L*e projet Weche Ruka (« Maison Neuve » en langue Mapuche) est né en 1998, en réponse à deux types de besoins : d'une part, une demande croissante de la part, notamment, de certains touristes scandinaves, pour mieux connaître la culture et les modes de vie du peuple Mapuche ; d'autre part, une volonté, de la part des membres de la communauté ayant eu des contacts avec le monde extérieur, d'affirmer l'identité, aujourd'hui fragile, du peuple Mapuche. Pendant des siècles, ce peuple fut le grand perdant des guerres de conquête engagées avec l'arrivée des Espagnols au Chili au XVIᵉ siècle. Avec l'aide des « anciens » et quelques subventions publiques et privées (de l'OMT entre autres), dix familles Mapuche se sont d'abord regroupées pour construire une vraie *ruka* (maison traditionnelle) selon des techniques et avec des matériaux traditionnels. Elles se sont ensuite organisées pour accueillir des visiteurs, les invitant à partager leur quotidien lors de courts séjours ou avec des activités à la journée. L'intérêt des étrangers pour leurs milieux, naturel et culturel, a provoqué chez les Mapuche, longtemps tenus à l'écart par notre société, une nouvelle prise de conscience, leur redonnant la fierté de leurs origines et de leurs richesses. Ce projet, exemplaire, se trouve à l'origine d'autres initiatives un peu partout dans le nord et le sud du Chili.

CONTACT

Irene Hueche. Casilla de correo, Padre Las Casas, Chile
 Tél. : 56 09 6693178/09 5818941
 Courriel : wecheruca@hotmail.com, info@achitur.cl
Comunidad Antonio Hueche. Sector Palihue — Comuna de Padre Las Casas — IX Région de la Araucania, Chile
 Pour en savoir plus : www.sernatur.cl, www.indap.cl/turismo/, www.conadi.cl, www.viajesrurales.cl

COMMUNAUTÉ NUEVA IMPERIAL
(IXE RÉGION CAUTIN)

Texte et photos : **Claudia Sannella,** claudiasannella@yahoo.com

*C*e projet de trois cabanes Mapuche, sur les berges de la rivière Chol-Chol dans le sud du Chili, est né d'un partenariat entre la municipalité de Nueva Imperial, la Direction du développement économique du Chili et les Indiens Mapuche. Vous mangerez et travaillerez comme des Mapuche. Vous pourrez aussi rendre visite à un groupe de femmes de la communauté qui, en 2002, ont créé la première association de textiles Mapuche. Elles vous parleront de l'importance de cette activité dans leur culture. Un programme d'exportation de bijoux et d'étoffes est en cours de développement. Chaque année, la municipalité organise le mois de la culture Mapuche.

Localisation

Nueva Imperial se trouve sur la cordillère de Nahuelbuta, à 35 kms de Temuco, dans la IXe région du Chili, et à 677 kms de la capitale, Santiago. Le voyage de Santiago à Temuco se fait par avion, autobus ou train et ensuite, par autobus (service quotidien) jusqu'à Nueva Imperial.

CONTACT

Rodrigo Moya. Encargado de Turismo
I. Municipalidad de Nueva Imperial • Tél. et fax : 56 45 611034
Prat 65, Nueva Imperial, IX Región, Chile
Courriel : turismo@nuevaimperial.cl
Internet : www.nuevaimperial.cl ; cliquer sur Turismo
Les familles Mapuche peuvent être contactées directement :
Marcelo Huilipan, Leonidez Gonzales • Tél. : 09 5303877
Victor Chureao, Enelida Curiqueo • Tél : 09 4021921
Manuel Namoncura, Fresia Lienqueo • Tél : 09 7863018
Langue parlée : espagnol seulement

Informations culturelles

MAPU = terre et CHE = gens ou peuple. Les Mapuche cultivent la pomme de terre, le piment et les haricots. Ils vivaient autrefois dans des tipis. La longue saison d'hiver était la saison de la musique : ils chantaient l'amour ou la tristesse. Les liens vitaux que les Mapuche entretenaient avec la terre, avant l'arrivée des Conquistadors, étaient à l'origine de leurs noms Aujourd'hui, ils continuent de revendiquer leurs terres auprès des gouvernements du Chili et de l'Argentine.

Un réseau animé par des étudiants de l'université

Alice Costille et **Marc Delamare,** en tant que stagiaires de RedTurs,
ont participé à la mise en place du réseau de tourisme indigène animé par l'Université
UCT et ont appris à bien connaître les projets équatoriens.

En Équateur, les populations indigènes, même si elles sont très hétérogènes, représentent à elles seules 40 % de la population du pays. Une telle diversité de populations, de pratiques et de coutumes pour un pays de taille restreinte est une véritable aubaine pour les voyageurs désirant découvrir, échanger et apprendre lors d'un séjour à l'étranger. Le tourisme communautaire, ici, est né à l'initiative des communautés elles-mêmes, il y a plus de vingt ans, dans un contexte de globalisation ayant pour conséquences des crises économiques à répétition. Les autochtones ont cherché des alternatives pour développer de nouvelles ressources économiques et lutter contre ce nouvel ordre social et culturel. Redturs a recensé plus de soixante initiatives à travers le pays, depuis les régions côtières (la Costa) jusqu'à l'Amazonie (l'Oriente) en passant par les Andes (la Sierra). Elles sont fédérées par trois associations importantes : la FEPTCE, RICANCIE, UNORCAC ainsi que par Redturs Bolivie/Équateur/Pérou.

A. C. et **M. D.** alice.costille@libertysurf.fr et marc.delamare@laposte.net

La FEPTCE (Fédération Plurinationale du Tourisme Communautaire)

L'émergence d'un certain nombre de projets de type tourisme communautaire à travers le pays a conduit les acteurs concernés à s'unir au sein de la FEPTCE pour représenter ces initiatives à l'échelle nationale et internationale. Le tourisme communautaire, plus qu'une opportunité économique pour les habitants d'un village, est devenu un moyen de cultiver leur propre identité, de conserver la mémoire collective et de s'inscrire dans une démarche durable de protection de l'environnement social et naturel. La FEPTCE est encore en processus de consolidation. Il est impossible de faire des réservations directement auprès d'elle. Mais elle travaille en association avec certains organismes comme RICANCIE et peut favoriser le contact avec un acteur local (exemple : l'Amazonie pour RICANCIE) qui peut faire les réservations directement auprès des communautés concernées.

RICANCIE

Au début des années quatre-vingt-dix, quelques communautés rurales Quichua de la région de Napo, en Amazonie équatorienne, ont conçu les premiers projets de tourisme communautaire et d'écotourisme. Aujourd'hui le réseau RICANCIE fédère et fourni un appui marketing à neuf communautés dans le respect de leur environnement social, culturel et naturel. RICANCIE a été fondé en 1993. L'objectif était d'améliorer, grâce au tourisme, le niveau de vie de quelque deux cents familles Quichua. RICANCIE milite aussi pour la défense du territoire Quichua et contre les compagnies minières et pétrolières qui veulent exploiter les ressources naturelles. Ces dernières représentent une véritable menace pour la région et sa population. RICANCIE propose des solutions complètes et sur mesure pour les touristes désireux de découvrir certaines communautés d'Amazonie. Le réseau est fier de son évolution effectuée de manière indépendante ainsi que de son fonctionnement démocratique. En effet, il s'agit d'un conseil formé par les membres de chaque village, qui prend les décisions à l'unanimité.

CONTACT : FEPTCE et **RICANCIE.** Luis Guillermo Muñoz
Av. El chofer y Cuenca (a 2.5 cuadras del Terminal terrestre)
Tena – Napo (Amazonia) – Ecuador • Tél. : 593 06 2888479
Portable : 097648760 • Courriel : ricancie2@hotmail.com
Internet : www.ricancie.nativeweb.org

REDTURS Bolivie, Equateur, Pérou

En Équateur, le réseau REDTURS est relayé par l'Université de Spécialités Touristiques de Quito. Cette démarche, décentralisée, facilite la mise en relation entre le touriste et la communauté d'accueil.

CONTACT : www.redturs.com

UCT (Université de Spécialités Touristiques)

L'UCT « info » est un réseau d'information et de réservation du tourisme équatorien, géré par les étudiants qui effectuent leur stage au sein de l'entreprise Planeta Info UCT. Les personnes intéressées se mettent donc en contact avec l'entreprise par courriel ou téléphone ; en espagnol, anglais ou français. Ce sont les étudiants qui effectuent ultérieurement les réservations auprès des communautés concernées. La venue des touristes sans intermédiaires permet une meilleure transparence des prix dans les deux sens et au bénéfice des deux parties. C'est aussi une manière pour la communauté d'acquérir une certaine autonomie et d'en faire profiter au maximum ses habitants (service de guides, restauration...). Cela favorise aussi le contact et les rencontres avec les populations natives de la région et le respect des coutumes et des habitudes du lieu visité.

CONTACT : UCT (Université de Spécialités Touristiques)
Enrique Cabanilla ; directeur pédagogique UCT
Avenida Patria y 9 de Octubre – Quito, Ecuador
Tél. : 593 2544 100 ext 112 • Fax : 593 2544 100 ext 110
Courriel : infouct@uct.edu.ec
Internet : www.uct.edu.ec/info/comunitario/premiereP.html

Communauté Cofán de Zábalo
(Sucumbios)

Texte et photos : **Randy Borman,** randy@cofan.org

*L*e peuple Cofán est l'un des plus anciens de l'Amazonie équatorienne. La forêt tropicale humide, avec ses cours d'eaux sinueux et ses marais grouillants de vie, est notre lieu de vie, que nous partageons avec plusieurs milliers d'espèces de plantes et d'animaux. *La Fundación para la Sobrevivencia del Pueblo Cofán* (FSC ou Fondation pour la survie du peuple Cofán) est une ONG à but non-lucratif, dirigée par des Cofán. Nous acquérons, légalement, des titres de propriété sur nos terres ancestrales afin de prévenir leur occupation par des étrangers ; nous dressons l'inventaire des richesses que recèle notre environnement et travaillons à instaurer un développement durable de manière à ne pas mettre en danger nos ressources et à générer des revenus stables pour la communauté Cofán ; enfin, nous essayons de sensibiliser nos jeunes à ces valeurs. Les Cofán ont l'un des programmes d'écotourisme communautaire les plus anciens et les plus importants d'Amazonie. Nous proposons des circuits de 4 à 10 jours, avec un guide autochtone parlant anglais ou espagnol. Les visiteurs séjournent à Zabalo, dans notre village. Ils peuvent faire de la randonnée, du canoë, pêcher, observer les oiseaux et, s'ils sont biologistes, participer à des excursions spéciales. Des circuits personnalisés peuvent aussi être organisés en fonction des intérêts et de la forme physique des visiteurs. La Fondation assure le transport à destination et en provenance du village. Toutes les recettes sont réinvesties dans nos projets de développement.

CONTACT

Randall Borman. Fundación para la Sobrevivencia del Pueblo Cofán
Mariano Cardenal N74-153 y Joaquín Mancheno
Urbanización Carcelén Alto, Casilla 171106089 – Quito, Ecuador
Tél. et fax : (593-2) 2470 946 • Courriel : randy@cofan.org
internet : www.cofan.org • Langues : anglais et espagnol
Réservations auprès de la Fondation

Séjour recommandé
Consulter le site www.cofan.org/programs.htm

ECOLODGE DE KAPAWI
(PASTAZA)

Texte : **Eloisa Delgado**   Photos : Paulina Rogriguez, Canodros S.A.

L'initiative de Kapawi, en 1993, revient à Carlos Perez Perasso, fondateur de la société Canodros et l'un des plus éminents journalistes d'Équateur. Son idée : donner, grâce à l'écotourisme, une nouvelle source de revenus et d'emplois aux Indiens Achuar. Fruit d'un partenariat entre son entreprise privée, Canodros S. A., et la Fédération du peuple indigène des Achuars en Équateur (FINAE), l'écolodge, située dans l'une des zones au monde où la biodiversité est la plus haute – on y dénombre 540 espèces d'oiseaux et 10 000 espèces végétales – et accessible uniquement par petit avion est un modèle du genre. Jusqu'au début des années soixante-dix, les Achuar vivaient encore indemnes de tout contact avec le monde occidental. Leurs traditions étaient intactes, leur terre épargnée par les compagnies forestières ou pétrolières. La construction de l'écolodge, dont on a dit qu'il était l'endroit le plus spectaculaire de toute la forêt tropicale humide, n'a pas nécessité l'usage d'un seul clou selon la plus pure tradition de l'habitat Achuar. Il fonctionne avec l'énergie solaire, les savons sont biodégradables et les techniques d'évacuation des eaux usées sont parmi les plus performantes en matière de construction écologique. Mais l'extrême isolation de Kapawi n'exclue pas le confort : chacune des vingt chambres doubles est équipée d'une salle de bains avec douche, chauffée à l'énergie solaire, et d'une terrasse donnant sur le lac Kapawi où s'ébrouent les aigrettes, les perroquets, les colibris. La nuit, une délicieuse cacophonie de croassements de grenouilles vous tiendra lieu de berceuse.

« *KAPAWI a fait preuve d'une telle sensibilité culturelle et environnementale que les normes fixées ont été poussées plus haut et que tous les autres écolodges vont devoir reconsidérer leurs exigences.* » Dr. David Pearson, University State, Arizona.

Localisation

Kapawi est située près de la frontière équatorienne et péruvienne, dans le sud du bassin équatorien de l'Amazone, sur la rivière Pastaza, un des principaux affluents de ce grand fleuve. La ville la plus proche est à dix jours de marche.

CONTACT

Ingrid Kayser. Canodros S.A., P.O. Box : 09 01 8442 – Guayaquil, Ecuador
Courriel : sales3@canodros.com
Appel gratuit des États-Unis ou du Canada : 1 800 613 6026
Tél. : 593 4 2285711 280173 ; fax : 593 4 2287651.
Internet : www.canodros.com

Informations culturelles

Le territoire Achuar, peuplé d'environ 4500 personnes réparties sur 56 communautés, se déploie sur 5000 Km2 à quelque 240 Km de Quito. En 2011, toutes les installations de Kapawi reviendront gratuitement aux Achuar. C'est le plus grand programme communautaire jamais développé en Équateur. 70 % des employés du lodge sont Achuar. Canodros se ravitaille directement dans les communautés environnantes. Les touristes paient un droit d'entrée de US $ 10. Ce programme a permis d'attirer l'attention, sur le sort des Achuar, de nombreuses ONG qui ont investi du temps et de l'argent pour renforcer la structure de la FINAE et développer, parallèlement à l'écotourisme, des programmes d'aide à la santé publique, à l'éducation, aux communications et aux transports dans tout le territoire Achuar.

Séjour recommandé

Consulter : http://www.kapawi.com/html/en/ecolodge/activities.htm

Organisme de soutien

Canodros S.A. est un organisme privé qui s'occupe de développer des projets de tourisme durable dans des zones d'intérêt naturel et culturel.

COMMUNAUTÉ HUAORANI
(FORÊT HUMIDE ÉQUATORIENNE, COMMUNAUTÉ QUEHUERI'ONO ET NENKEPARE)

Texte et photos : **Jascivan Carvalho,** manager@tropiceco.com

*L*es Huaorani ont vécu de la chasse et de la cueillette dans les eaux supérieures de l'Amazone depuis des millénaires, sans aucun contact avec les étrangers jusqu'à la fin des années cinquante.

Il existe encore au moins un clan Huaorani – environ 1 200 individus –, qui continue de fuir tout contact avec le monde. Leur chef, Moi Enomenga, est célèbre depuis ses articles dans le magazine américain *New Yorker* où il expliquait sa lutte contre les compagnies pétrolières et son rôle dans le film adapté du livre *Savages* de Joe Kane. Ce séjour, au sein de sa communauté Quehueri'ono, permet d'explorer en compagnie de guides autochtones et naturalistes la forêt tropicale humide, primaire et secondaire. Les séjours se font dans des tentes. Chaque visiteur paye un droit de visite à la communauté et à la Fédération Huaorani (ONHAE). Les autochtones, qui ont reçu une formation adaptée, sont rémunérés pour leur travail. Votre séjour peut vraiment les convaincre que l'écotourisme est une alternative viable face aux appétits destructeurs de l'industrie pétrolière. TROPIC accompagne les Hoaorani depuis 1994.

CONTACT

Jascivan Carvalho. TROPIC. Av. Republica E7-320 y Almagro Edificio Taurus Depto 1A • Tél. : 5932 2234 594/2225907 Fax : 5932 2560756 • Courriel : manager@tropiceco.com Internet : www.tropiceco.com • Langue : anglais, espagnol

Informations culturelles

Les Huaorani vivent dans vingt-quatre campements, disséminés sur une superficie de près de quelque 20 000 km2, entièrement recouverte par la forêt humide. Chasseurs-cueilleurs, ils sont semi-nomades. Leurs campements, installés à deux jours de marche les uns des autres, sont entourés de jardins dans lesquels ils font pousser du manioc, du maïs, des arachides, des patates douces, des piments et

des fruits. Il n'y a pas de discrimination envers les femmes. Le pouvoir n'est assumé que quand il y a des problèmes à résoudre. Pour assurer la survie de la communauté, le groupe peut avoir recours à la polygamie ou la polyandrie. Depuis 1990, le territoire Huaorani a un statut de « homeland » ou réserve qui leur garantit la possibilité de pouvoir préserver leur mode de vie. Mais le sous-sol restant la propriété de l'État, les Huaorani n'ont pas de droit de regard sur son exploitation, la loi stipulant même que toute opposition au forage sera sanctionnée par la perte du statut de réserve. Avec l'aide de juristes locaux et d'ONG internationales, les Huaorani essaient de prouver que l'exploitation pétrolière est impossible sans une intervention massive au sol ; et de forcer les compagnies pétrolières à réparer les dégâts tout en obstruant toute nouvelle prospection.

Séjour recommandé

Consulter le site : www.tropiceco.com/huao-tours-2005
Titre : Aux sources de l'Amazone avec les Huaorani
Durée : 6 jours.
Dates : une fois par mois.
Prix : US$ 650.
Inclus : tous les repas, activités, services de guides (local et naturaliste bilingue), équipement de camping, droit d'entrée dans la communauté et inscription à l'OANAHE.
Exclus : transport de Quito — Shell – Quehueri'ono – Coca – Quito. Compter US$ 200 par personne ; hébergement à Quito ; tranferts aéroports et pourboires
Taille des groupes : 8 au maximum.
Hébergement : en camping ; confort limité et immersion dans la nature.
Saisons : toute l'année.

Organismes de soutien

Les groupes peuvent adresser des dons à la Fundacion Amazonia, conçue pour pallier les difficultés économiques en Amazonie équatorienne qui menacent la survie de tous les groupes indigènes et des zones protégées. Tropic est une société d'éco-tourisme récompensée par plusieurs prix qui fonctionne depuis 1994. Elle est spécialisée dans l'organisation de séjours de qualité. Les programmes amazoniens primés de Tropic sont menés en partenariat avec les communautés indigènes qui, dans l'Amazonie équatorienne, sont devenues les garde-fous les plus efficaces contre la destruction de la forêt tropicale.

Communauté Shiwiar
(Région de l'Amazone)

Texte et photos : **Pacal Languillon,** planguillon@yahoo.fr

*T*out commence par un grand océan vert au milieu duquel quelques rivières boueuses serpentent. Tout à coup, j'aperçois une petite piste de terre, en bord de rivière. L'avion va me laisser là, à plus de 300 kilomètres du « monde extérieur ». La pirogue se fraye un chemin dans la jungle. On me propose de la *chicha*, la boisson locale faite de manioc mastiqué. Mes hôtes pointent leurs mains vers des toucans, des perroquets, des papillons géants avant de m'initier aux techniques de la pêche et de la chasse. Je dîne à la lueur d'une bougie : poissons frais et manioc bouilli. Des centaines de lucioles éclairent la nuit. J'aurai bientôt la chance de pouvoir observer des caïmans, des piranhas, des boas, et des centaines de singes qui parcourent la canopée.

Localisation

300 kms à l'intérieur de la forêt tropicale, dans la province de Pastaza proche de la frontière avec le Pérou, dans l'est du pays. Pour accéder au site depuis Quito, vous devez d'abord vous rendre à Puyo, soit par autobus (5 heures, US$ 5), soit par avion (40 minutes, US$ 100). Depuis Puyo, vous prendrez un avion 5 places jusqu'à Shiona (1 heure). De là, on vous conduira en canoë (30 mn) jusqu'au village de Tanguntsa.

CONTACT

Fundacion Shiwiar Sin Fronteras
Pascual Kunchicuy, responsable du projet à Puyo
Tél. : de l'étranger : 593 9 832 3637 ou 593 9 769 2988
Tél. : de l'Équateur : 09 832 3637 ou 09 769 2988
Courriel : shiwiarfund@hotmail.com et ikiamp21@hotmail.com
Internet : www.ikiam.info, ou www.ecotourisme.info,
www.shiwiar.net ou www.theshiwiarsproject.org
Langue : espagnol et anglais

Informations culturelles

Pascual Kunchicuy, Indien Shiwiar et initiateur du projet, nous transmet ce message. « Nous appartenons à la même tradition culturelle et linguistique que les Achuar et les Shuar. Notre population est de sept cent vingt-sept personnes vivant dans neuf villages. Notre langue est le Shiwiar Chicham, et nous parlons aussi le Quichua. Nous ne sommes entrés en contact avec le monde occidental qu'en 1941, lors de la guerre opposant le Pérou à l'Équateur. Il y a eu peu d'intrusions étrangères au sein de notre territoire, mis à part les missionnaires évangélistes et une campagne d'exploration pétrolière dans les années 1970. Du pétrole a été trouvé, mais il n'a pas encore été exploité, et nous espérons qu'il ne le sera jamais. Après une longue bataille politique, le gouvernement équatorien nous a cédé 89 337 hectares de terrain en 1992, et nous a reconnus comme « nationalité Shiwiar ». Cependant, il nous reste plus de cent mille hectares de territoires ancestraux à récupérer. Notre organisation politique, la ONSHIPAE (Organizacion de la Nacionalidad Shiwiar de Pastaza Amazonía Ecuatoriana) travaille en collaboration avec la Pachamama Alliance pour acquérir les titres légaux sur notre territoire. Nous espérons que l'écotourisme générera les fonds suffisants et stimulera la prise de conscience internationale nécessaire pour nous permettre de remporter ce combat. »

Séjour recommandé

Titre : **L'expédition Ikiam** (*Ikiam* signifie « forêt » dans notre langue).
Durée : 5 jours et 4 nuits.
Coût total : US$ 35 par jour, vol en supplément (compter US$ 200 par personne).
Activités : découverte de la culture Shiwiar et de la biodiversité de la forêt ; balades en canoë sur le Rio Conambo ; récolte du manioc ; utilisation des plantes médicinales ; camping en pleine forêt.
Taille des groupes : 5 personnes au maximum.
Hébergement : au sein de cabanes traditionnelles Shiwiar.
Saisons : toutes saisons.
Conditions climatiques : humide et chaud.

Organismes de soutien

La FUNSSIF (*Fundation Shiwiar Sin Fronteras*) et la ONSHIPAE (*Organizacion de la Nacionalidad Shiwiar de Pastaza Amazonía Ecuatoriana*) travaillent en collaboration avec la Pachamama Alliance. Internet : www.pachamama.org

LE CENTRE DE FAUNE SAUVAGE NAPO
(RÉGION DE L'AMAZONE)

Texte : **Peg Abott**, pabbott@vtc.net
Photos **Bud Ferguson**, budgingy@pacbell.net

*L*e Napo Wildlife Center est un programme d'écotourisme communautaire qui a transformé une superficie de cent trente-deux kilomères carrés en réserve privée au sein du Parc national de Yasuní, dans la région de l'Amazone. La communauté d'Anangu avait choisi, il y a dix ans, de préférer l'écotourisme à l'exploitation forestière. À ce jour, le programme est un grand succès et la destination favorite de quelques uns des meilleurs biologistes tropicaux du monde. Situé sur un lac d'eau noire près de la rivière Napo, le centre abrite un complexe d'hébergement de dix cabanes privées avec salle à manger, bar, salon et une tour d'observation, tout près. Le personnel du lodge, fruit d'un partenariat entre la commmunauté, la Fondation EcoEcuador et Tropical

Nature, est autochtone comme le sont les guides, tous formés au naturalisme et bilingues. Le guide en chef, qui est tout simplement formidable, est né au village. Le centre est la propriété à 51 % de la fondation EcoEcuador qui fait elle-même partie du réseau de conservation Tropical Nature qui a financé la construction du lodge.

CONTACT

Peter English. Head of Tropical Nature and EcoEcuador
Tropical Nature, 1916 Wilson Blvd, Suite 302 – Arlington, VA 22201
Tél. : 703 875 3315 • Fax : 202 318 8144
Courriel : travel@tropicalnaturetravel.com
Internet : www.tropicalnature.org

Communauté de Piedra Blanca
(Province de Bolivar)

Texte : **Sia Fasuluku,** mariamin73@yahoo.com
et **Métilde Wendenbaum,** M.Wendenbaum@Eceat-projects.org
Photos : **Chris Hardyment,** chrishardyment@hotmail.com

*L*a communauté de Piedra Blanca, constituée d'une vingtaine de familles, est installée au creux d'une vallée boisée au pied des Andes occidentales, dans la province de Bolivar. En 2003, cette communauté a pris l'initiative d'un projet de tourisme communautaire. Avec l'aide, entre autres, d'une ONG locale (CRACYP) et d'organisations volontaires, américaine (Global Routes) et anglaise (Challenges Worldwide), elle a pu développer son infrastructure touristique en 2004. Des circuits vous mèneront au plus profond de la forêt de Piedra Blanca, devant ces falaises blanches vertigineuses qui ont valu son nom au site (Pierre Blanche). Vous explorerez la forêt la nuit, avec ses singes, ses pécaris, ses tatous, ses ocelots, ses pumas... Piedra Blanca est un camp de base idéal pour des randonnées le long des anciennes routes commerciales du pays, empruntées avant l'ère Inca, ou pour des expéditions sur les hauteurs du *paramo* vers les *salinas* (célèbres pour leur fromage et leur chocolat). Et il y a bien d'autres choses à voir : les ateliers de pyrotechnie et d'armes à feu, les luthiers et l'effigie de la Vierge de Guayco. Les visiteurs peuvent aussi dévaler les eaux du Rio Zapotal sur des embarcations traditionnelles en bois, pareilles à celles que les tribus pré-Inca de Manteño Huancavilca utilisaient. Il se pourrait que ces mêmes bateaux aient été utilisés par les premiers colons de l'Ile de Pâques, dans le Pacifique, à 4 000 km de là. Chaque dollar dépensé par les visiteurs dans la communauté y reste. Le programme a pour objet la conservation de la forêt locale et la reforestation des zones dégradées de la région.

Localisation

À environ 125km de la capitale, Quito. Communauté de Piedra Blanca, près de San Luis de Pambil, Canton de Guaranda, Province de Bolivar.

CONTACT

Raul Cabrera. CRACYP, San Luis de Pambil, Bolivar Province
Casilla Postal 17-04-10372, Quito, Ecuador
Tél : 593 00593 32656018 • Fax : 593 32656059
Courriel : community@piedrablanca.org
Internet : www.piedrablanca.org
Autres contacts : chrishardyment@hotmail.com (conseiller pour le
projet basé au Royaume-Uni). Challenges Worldwide envoie des
bénévoles du monde entier pour travailler sur ce programme.

Informations culturelles

On connaît mal l'histoire de cette vallée. Des objets utilisés par les tribus Manteño Huancavilca de l'Équateur central (avant l'ère Inca) y ont été découverts, ainsi que d'anciennes tombes et des gravures sur pierre. Les premiers colons de l'ère moderne ont peuplé la région en 1967. Ce sont eux qui ont nommé l'endroit Piedra Blanca. Le chaman local se sert de la Piedra Negra, seule pierre noire, pour soigner les malades. Aujourd'hui, l'économie de Piedra Blanca repose essentiellement sur l'agriculture et, à un moindre degré, sur l'exploitation forestière. Le village compte un seul magasin, une église et une petite école pour les enfants de 5 à 11 ans.

Séjour recommandé

Titre : **Séjour communautaire au pied des Andes**

Durée : de 3 à 4 nuits. Des circuits à pied et en raft plus longs peuvent être organisés à la demande.

Dates : toute l'année.

Prix : pour 2 jours, tout compris (les repas, les guides, les embarcations), par groupes de 5 personnes, US$ 330 total, plus les taxes ; groupes de 10 : US$ 600 total, plus les taxes.

Activités : Observations d'oiseaux, randonnée à cheval, circuit culturel, services d'un chaman, sorties nocturnes, fabrication de l'*aguardiente* (eau de vie).

Hébergement : Ecolodge (capacité de 25 personnes) ; camping possible dans le village et la forêt ; chambre chez l'habitant.

Saisons : saison sèche de juin à décembre ; saison pluvieuse et humide de janvier à mai/juin.

Taille des groupes : au maximum de 30 personnes.

Conditions : les circuits les plus aventuriers ne sont pas faits pour les très jeunes ou les personnes plus âgées.

Communauté de Pavacachi
(Centre Est, Région de l'Amazone)

Texte : **Tanja de Raadt,** ECEAT Projects. tanjaderaadt@hotmail.com
Photos : GVI, Global Vision International

*R*aúl Tapuy, un des hôtes de cette communauté Pavacachi dans la forêt équatorienne, nous confie ceci : « Je suis un Indien Shiwiar. J'habite un village extrêmement isolé de trois cents habitants, sur les berges de la rivière Curaray, au fond de la jungle équatorienne. Le seul moyen de l'atteindre est de prendre un petit avion à l'aéroport de Shell. Le vol dure quarante-cinq à soixante minutes. » Depuis huit ans, Raúl et son ami Pascual proposent ces plongées dans la forêt amazonienne et dans la culture Shiwiar. Raul n'ayant pas un accès direct à Internet, la communication avec les visiteurs et la logistique des séjours sont assurées par son ami, Pascual Kunchicuy. Raúl Tapuy est un guide naturaliste certifié, spécialisé dans la forêt humide d'Amazonie. L'équipe travaille en étroite collaboration avec l'organisation de bénévolat anglaise, Global Vision International (GVI) dont l'objectif est d'aider les ONG locales et la communauté autochtone à la préservation, dans cette zone de 53 000 hectares d'une exceptionnelle pureté, d'espèces rares et menacées comme les crocodiles, caïmans, anacondas, piranhas, perroquets, aigles, cerfs et tigres... Le village a créé sa propre association forestière (ASOFVH) qui est propriétaire de la réserve. Les revenus générés par les activités touristiques sont redistribués comme suit : 15 % pour les dépenses courantes ; 10 % dans l'habillement ; 30 % dans la nourriture ; 20 % dans l'éducation ; 10 % dans la santé ; 15 % dans la consolidation de l'activité touristique.

Localisation
Pavacachi est à 150 km de Puyo, la capitale de la province Pastaza.

CONTACT

Raúl Tapuy Vargas
Pastaza-Parroquia sheell Av.10 noviembre y rió pindo
(junto al coliseo de shell), Pavacachi-Pastaza – Ecuador -Amazonia
Tél. : 593 032 795 176 • Fax : 593 032 795 176
Courriel : tamia212000@yahoo.com
Autre contact : **Global Vision International** (UK) www.gvi.co.uk

Informations culturelles

Les Quichua et les Shiwiar qui forment la communauté de Pavacachi sont les deux peuples Amérindiens les plus connus (60 000 personnes) de l'Équateur. Les Quichua cultivent les céréales – maïs et pommes de terre – depuis des siècles. Leur langue, le quichua, est toujours enseignée aux enfants dans les écoles. Certaines communautés Quichua comme les Otavalos ont développé des industries textiles et artisanales, dont les produits sont appréciés dans le monde entier. Les Shiwiar ont toujours vécu dans la forêt. Les rêves ont pour eux une signification majeure. Ils vivent dans une société sans argent, peignent leurs visages pour des occasions spéciales et continuent d'utiliser des sarbacanes pour tuer le gibier. Ils demeurent autosuffisants sur leur territoire, encore capables d'obtenir de la forêt pratiquement tout ce dont ils ont besoin.

Deux séjours recommandés

1. Titre : Séjour scientifique

Durée : 4 semaines.
Prix : US$ 650 par semaine et par personne.
Inclus : guide, hébergement, nourriture, transports, équipement de pêche, communication radios en cas d'urgence, taxes.
Exclus : boissons, sac de couchage, et matériel requis pour le programme
Saison : été et hiver.
Activités : recherche et exploration sur les oiseaux, reptiles, camp, randonnée en forêt, pêche sportive, observations nocturnes, soirées d'échange avec la communauté.
Taille du groupe : minimum 10, maximum 24 personnes.

2. Titre : 6 jours d'aventure dans la forêt

Activités : techniques de survie, camping, observation d'animaux, (crocodiles), pêche au piranha, raft.
Prix : US$ 80 par personne et par jour.
Saison : été (mai à décembre).
Hébergement : hôtel, camping et éco-lodge avec salle de bain.
Taille du groupe : de 5 minimum à 12 au maximum.

ECOLODGE DE SANTA LUCIA
(PROVINCE DE PICHINCHA, NORD-OUEST DE QUITO)

Texte et photos : **Abi Rome,** abirome@earthlink.net

L'Écolodge de Santa Lucia est perché au sommet d'une grande colline, à 1 900 mètres au-dessus du niveau de la mer, dans les forêts de nuages des Andes équatoriennes, au cœur d'une réserve de sept cent trente hectares quasiment vierge. La vue, à trois cent soixante degrés, sur le camaïeu de verts qu'offrent tour à tour la forêt primaire sur les collines avoisinantes, les pâturages en contrebas et enfin les villages, est à couper le souffle. Les nuages entrent et sortent des vallées, courent le long des crêtes ; les oiseaux chantent – il y en a trois cent soixante-dix espèces - différentes ! Et le petit déjeuner taquine vos papilles : jus de papaye fraîche, pain maison, œufs, confiture de framboise du cru... Santa Lucia se niche dans la partie sud de la biorégion Choco qui s'étend du Panama à l'Equateur du nord, une des régions où le taux de biodiversité est le plus haut au monde. Le lodge a été construit par les membres de la coopérative de Santa Lucia qui, au milieu des années 1990, comprirent que la richesse de leurs terres tenaient plus à sa biodiversité, et à sa préservation, qu'à son potentiel agricole. Avec l'aide de la Fondation Maquipucuna et de l'association Rainforest Concern, ils lancèrent un projet d'écotourisme qui n'a cessé depuis de s'étoffer. Le lodge a trois étages, des fenêtres panoramiques sur toutes ses faces, une salle à manger, un patio avec des hamacs pour farnienter les jours de pluie ou écouter les sérénades des musiciens qui viennent régaler leurs hôtes de balades équatoriennes ou de chansons d'amour. On apprend aussi comment les paysans utilisent à des fins médicinales ou domestiques les quelque deux mille espèces de plantes, comment ils font du *panela* avec la canne à sucre. On guette l'apparition de mammifères menacés comme l'ours à lunettes, le puma, l'ocelot. Les volontaires sont les bienvenus pour travailler, une semaine ou plusieurs mois, dans les jardins, aider à planter des arbres, à construire et entretenir les sentiers, et à donner des leçons d'anglais ou d'écologie.

Localisation

Santa Lucia est situé dans le nord-ouest de la province de Pichincha, à environ 80 kms au nord-ouest de Quito (deux heures et demie en autobus ou en voiture). Il faut ensuite marcher sur un chemin assez raide pendant 1 à 2 heures jusqu'au lodge, en compagnie d'un guide. Des mulets portent les bagages.

CONTACT

Francisco Molina, Recepción de Santa Lucía
Barrio la Delicia, Nanegal, Quito, Ecuador
Tél. : 593 2 2 157 242 • Fax : 593 2 2 157 242
Courriel : info@santaluciaecuador.com
Internet : www.santaluciaecuador.com • Langue : anglais et espagnol

Informations culturelles

La Coopérative de Santa Lucia s'est formée en 1976, à l'initiative d'un groupe de familles de paysans sans terre, suite au passage d'un décret de réforme foncière. Ils commencèrent par débroussailler des parcelles de forêt pour les cultiver mais les problèmes posés par l'agriculture en forêt les poussèrent vite à chercher d'autres moyens de subsistance. Ils sont aujourd'hui activement engagés dans la préservation de leur forêt et fiers de partager avec les visiteurs leur profonde connaissance de la flore et de la faune.

Organisme de soutien

La réserve de Santa Lucía est la propriété des paysans ou *socios* (membres) qui fournissent l'intégralité du personnel du lodge. L'association Rainforest Concern (www.rainforestconcern.org) soutient Santa Lucia depuis 1998, en finançant la reforestation, ses programmes de surveillance de l'environnement et de formation des garde-forestiers ; en envoyant des groupes de volontaires ; en achetant des terres pour accroître la superficie de la réserve. Santa Lucía a obtenu le second prix dans la catégorie « conservation » du concours « Tourisme demain » organisé par le World Travel and Tourism Council ; finaliste aux Oscars du USA Condé Nast Traveler Magazine Ecotourism Awards ; et second encore aux Oscars du Tourisme Responsable.

Communauté de Yunguilla
(Province de Pichincha)

Texte et photos : **Jascivan Carvalho,** manager@tropiceco.com

*Y*unguilla est une communauté de cinquante familles paysannes qui vivent de l'agriculture organique, l'élevage de bétail, l'artisanat et le tourisme. Leur village se trouve dans le nord-ouest de l'Équateur, à 2 650 mètres d'altitude, dans un climat tempéré, oscillant entre 12 et 25 degrés. Yunguilla fait partie de la forêt protégée du bassin supérieur de la rivière Guallamba. On peut y observer de nombreuses espèces exotiques : orchidées, broméliades, oiseaux divers ; marcher sur de spectaculaires sentiers appelés « *culuncos* » et que les populations pré Inca utilisaient autrefois pour échanger les produits entre les hautes-terres et les zones côtières. Yunguilla a un très bon restaurant. On peut être hébergé chez l'habitant (chambres double, salle de bain commune avec eau chaude). L'observation des oiseaux, le partage des tâches agricoles avec les paysans et les randonnées à cheval figurent parmi les activités que propose ce séjour.

CONTACT

Germán Collahuazo. Yunguilla • Tél. : (9) 770-5074
Courriel : yunguilla@yahoo.com, info@yunguilla.org
Jascivan Carvalho. General Manager.
Tropic Ecological Adventures. Av. Republica E7-320 y Almagro.
Edf. Taurus Dpto 1-A, Quito — Ecuador
Tél. : 5932 2234 594 2225907 • Internet : www.tropiceco.com

COMMUNAUTÉ D'AGUA BLANCA
(PROVINCE DE MANABI)

Texte et photos : **Alice Costille,** alice.costille@hotmail.com
et **Marc Delamare,** marc.delamare@laposte.net

*A*gua Blanca est un village communautaire de 8 046 hectares, situé au cœur du Parc National de Machalilla, dans la province de Manabi, près de Puerto. Les habitants vivent de l'agriculture, l'artisanat, la récolte de fruits et de l'écotourisme. Un lieu parfait pour découvrir, échanger, s'activer ou se relaxer. Le tourisme communautaire sur ce site existe depuis 1984, suite aux fouilles archéologiques de 1979. Le développement d'Agua Blanca s'est fait petit à petit et aujourd'hui la communauté offre un cadre de toute beauté avec une biodiversité étonnante, un accueil chaleureux au sein des familles ainsi qu'un riche panel d'activités touristiques. La communauté a le privilège de jouir de quatre écosystèmes – végétation tropicale, épineuse, humide et de transition –, ce qui explique la présence d'une faune et d'une flore aussi diversifiée.

Le site est bien géré. Dans chaque famille, le père ou l'un des fils est formé pour être guide et le personnel tourne pour garantir un revenu équitable aux membres de la communauté. L'hébergement se fait principalement dans des *cabañas* de bambous, simples, doubles ou triples avec possibilité de douches privées. Il y a également une aire de camping disponible avec des douches communes. On mange généralement dans les familles, mais il y a aussi un petit bar restaurant. Les recherches archéologiques à Agua Blanca ont permis d'ouvrir un musée. Il retrace les us et coutumes des civilisations antérieures, comme la civilisation pré-Inca. La lagune de souffre est un lieu paisible où enfants et parents se baigneront dans une eau de jouvence réputée pour ses propriétés médicinales. Encore quelques efforts pour monter au mirador d'Agua Blanca où vous attend une vue magnifique, à 360 degrés, sur le village et la vallée Rio Buena Vista.

Localisation

Voyager en autobus est très facile en Équateur où même dans les plus petites villes vous aurez toujours un terminal terrestre avec une multitude de compagnies de bus qui desservent tout le pays. En voiture, suivre les mêmes indications. De Quito, il faut vous rendre à Portoviejo (6 heures de bus) puis rejoindre la ville de Puerto Lopez via Jipijapa (2 heures). Puis prendre un taxi jusqu'à Agua Blanca pour US$ 6 maximum (négocier les prix !!!) ; ou un bus en demandant au chauffeur de vous laisser à Agua Blanca (entree) pour faire ensuite 5 km à pied (chemin facile même avec des sacs).

Julio Ventura. Présidente de la communauté
Tél. : 09 44 34 864 (portable)
Courriel : casaculturalaguablanca@hotmail.com

Séjour recommandé

Possibilité de cumuler plusieurs formules.

1. Découverte du chemin de Manteño : Découverte de la communauté avec son musée, son site archéologique, la Lagune de souffre, ainsi que la faune et la flore environnante.

Durée : 1 jour.

Prix par jour et selon le nombre de personnes : 1 pers : US$ 45 ; 2 à 5 pers : US$ 30 ; plus de 5 pers : US$ 25.

2. San Sebastien : Marche dans le bosque humedo (végétation humide) jusqu'à San Sebastien ; nuit en tente.

Durée : 2 jours.

Prix : par jour et selon le nombre de personnes : 1 pers : US $ 90 ; 2 à 5 pers : US$ 80 ; plus de 5 pers : US$ 60.

3. Agua Blanca a Los Frailes : Découverte des plages et des falaises : marche à travers le bosque espinoso.

Durée : 1 jour.

Prix par jour et selon le nombre de personnes : (transports compris) : 1 pers : US$ 60 ; 2 à 5 pers : US$ 40, + de 5 pers : US$ 30.

Non inclus : Prix du ticket d'entrée au Parc de Machalilla. Environ US$ 20.

4. Agua Blanca a Isla de la Plata : Visite en bateau des îles de la Plata, appelées « le petit Galápagos ».

Durée : 1 jour.

Prix par jour et selon le nombre de personnes : (transport compris) : 1 pers : US$ 55 ; 2 à 5 pers : US$ 50 ; + de 5 pers : US$ 45.

Non inclus : Prix du ticket d'entrée au Parc de Machalilla. Environ US$ 20.

Les tarifs hors formules.

Logement : US$ 4 par personne et par nuit.

Nourriture : Pension complète, US$ 8 par personne et par jour.

Volontariat

La communauté lance un appel au volontariat pour apprendre l'anglais aux enfants et surtout aux guides. Si vous êtes intéressé, prenez contact avec alice.costille@hotmail.com

COMMUNAUTÉ HMONG DE JAVOUHEY
(NORD-OUEST)

Texte et photos : **Christelle Fourestier,** christouille17@yahoo.fr

*J*avouhey est un petit village Hmong d'un millier d'habitants, situé dans l'Ouest guyanais. Il suffit de trois heures de voiture au départ de Cayenne pour être immédiatement transporté au cœur de l'Asie. Ce petit village pittoresque est entièrement bâti dans le style laotien. De petites maisons en bois sur pilotis s'égrènent le long des chemins en latérite. Des centaines de fleurs enchantent nos narines de leurs effluves odorants. Le dimanche, jour du marché, des groupes de femmes en vêtements traditionnels proposent leurs broderies multicolores. Le marché est le lieu de tous les délices : soupes, beignets, nems, rouleaux de printemps, jus de tapioca... À l'extrémité du village, aux abords de la petite rivière Accarouany, les frères Ly et Fu Siong ont décidé, il y a quelques années, de faire vivre leur famille, non plus seulement de l'agri-culture, mais aussi du tourisme. L'aventure a commencé avec la cons-truction d'un carbet rudimentaire

(structure pour hamacs) situé à une trentaine de minutes en pirogue du village. Aujourd'hui, plusieurs carbets joliment décorés attendent les visiteurs dans leur écrin de fleurs et d'arbres immenses.

Localisation
À 300 kms de Cayenne, direction Saint-Laurent du Maroni par la RN1 (3 heures de route en voiture).

CONTACT

Siong Ly. Village de Javouhey — 14, rue Couchant. Guyane Française
Tél. : 33 0 594 34 25 12 et 33 0 594 34 34 51
Pas de site internet

Informations culturelles
Historiquement, les Hmong, peuple d'origine chinoise, habitent certaines régions montagneuses de la Chine Populaire, de la Thaïlande, du Vietnam et du Laos où ils constituent une infime minorité de la population. Ils forment une société segmentaire dotée d'une organisation politique de type égalitaire. Les

décisions collectives sont prises au sein d'un conseil regroupant les hommes influents de la communauté. À la fin de la guerre, dans le Sud-Est asiatique, beaucoup de Hmong laotiens ont fui l'arrivée au pouvoir du communisme et se sont installés aux États-Unis et en France. En 1977, le gouvernement français a incité plusieurs centaines de familles de Hmong à participer, en Guyane, à un programme de développement visant à mettre en valeur des zones de déforestation à Cacao, Javouhey et Saül. Cette petite communauté d'environ 4000 âmes s'est rapidement adaptée à un environnement naturel très proche de son milieu d'origine tout en conservant sa culture et ses traditions.

Séjour recommandé

Titre : Séjour à Javouhey

Plusieurs formules sont proposées :

Excursion à la journée : aller-retour en pirogue jusqu'au site des carbets ; randonnée avec un guide le long d'un layon (sentier) avec repérage des traces d'animaux, reconnaissance des plantes aromatiques et médicinales et démonstration de l'efficacité des pièges importés du Vietnam par le grand-père Siong (il y a même un piège à hommes !).

Aller-retour en pirogue avec nuit en carbet (quatre au choix de différentes tailles) et visite guidée par Monsieur Ly du layon « pièges ».

Tarifs : location du carbet 5 € la nuit + 5 € la journée par personne. Transfert en pirogue aller-retour : 15 € par personne. Possibilité de louer deux canoës (tarif à l'heure, à la demi-journée, à la journée ou plus). Il est recommandé de venir en Guyane durant la saison sèche, entre juillet et décembre, ou en mars durant ce qu'on appelle le « petit été de mars. »

Les séjours se font généralement le week-end, mais ils peuvent aussi s'organiser en semaine pour bénéficier de la tranquillité du lieu et d'une plus grande disponibilité des organisateurs.

COMMUNAUTÉ KALI'NA D'AWALA YALIMAPO
(NORD-OUEST, FRONTIÈRE DU SURINAM)

Texte et photos : **Christelle Fourestier**, christouille17@yahoo.fr

*A*wala Yalimapo est un village amérindien de la communauté des Kali'na (Carib). On compte six ethnies amérindiennes en Guyane, installées principalement sur les rivières du Maroni et de l'Oyapock, sur le littoral et à Kourou. Les Kali'na habitent le littoral depuis toujours et vivent principalement de la pêche. L'arrivée à Awala est toujours une surprise. Le visiteur est tout de suite frappé tant par l'architecture des habitations que par le paysage. Contrairement au reste de la Guyane, Awala bénéficie d'un climat relativement sec, donnant au lieu l'étrange allure d'un désert. Des cactus poussent de part et d'autre de la rue goudronnée (10 kms) et la plage vient lécher le pied des maisons. Awala est aussi le site de ponte des tortues luth le plus important au monde. Chaque année, de mars à août, des centaines de monstres marins – leur poids peut dépasser six cents kilogrammes – viennent déposer leurs œufs aux abords du village. Ce spectacle, généralement nocturne, a conduit certains Amérindiens à construire des carbets d'accueil afin de pouvoir passer la nuit à contempler le reflet de la lune dans les yeux d'une future maman tortue.

Localisation

De Cayenne : direction Saint-Laurent du Maroni par la RN1. Après le village d'Iracoubo, prendre à droite en direction de Mana. À Mana, suivre les panneaux Awala Yalimapo, Réserve Naturelle de l'Amana (3 heures en voiture).

Séjours recommandés

Chez Judith et Denis

Le carbet Gîte de France « Chez Judith et Denis » propose des nuits en carbet avec hamac ou en bungalow lit. Les carbets sont construits suivant l'architecture amérindienne traditionnelle (toit en feuilles de palmier). Labellisé « Table d'hôte », le gîte propose des repas sur réservation avec dégustation de produits locaux (fricassée de gibier ou « blaff » de poisson, généralement accoupa ou

loubine). La capacité d'accueil est de quinze personnes (trois carbets dressé de moustiquaires et équipés de toilettes et d'une douche privative).

Prix : par personne : 23 € avec petit déjeuner ; pour 2 personnes : 32 € ; personne supplémentaire 12, 5 € ; enfant 9, 5 €. Location du hamac 4 €. Repas (le soir) 15 €.

> **Contact :** Courriel : dethibault@wanadoo.fr • Tél. : 33 0 594 34 24 38

Restaurant-gîte Yalimalé

Le restaurant-gîte Yalimalé donne la possibilité aux visiteurs de dormir dans des carbets fermés avec, au choix, lit ou hamac. Face à la mer, ils permettent d'être aux premières loges pour observer la ponte des tortues. La capacité d'accueil est de trente-quatre personnes (trois carbets pouvant accueillir dix personnes et un petit, quatre). Le restaurant propose des menus locaux (salade de crevettes au lait de coco, salade de couac, cachiripo de poisson ou gibier) mais peut aussi servir des plats à la demande.

Prix : 13, 5 € indifféremment lit ou hamac ; 5, 5 € le petit déjeuner et 20 € le repas.

> **Contact :** Courriel : magriet.pierre@wanadoo.fr.
> Tél. : 33 0 594 34 34 32

Le Gîte de Simili

Le Gîte de Simili est une auberge de jeunesse gérée par la mairie d'Awala. Elle propose des bungalows fermés avec toutes les commodités modernes. Sa situation au centre du village et à deux pas de la plage permet aux visiteurs de mêler la découverte des traditions et des modes de vie kali'na à la ponte des tortues.

Prix : 18 € par personne avec petit déjeuner ; repas sur réservation : 20 € avec boisson ; location du hamac 5, 5 €

> **Contact :** Tél. : 33 0 5 94 34 16 25 • Fax : 33 0 5 94 34 20 71
> Courriel : awalayalimapo@fuaj.org

PROGRAMME TOURISTIQUE DU NORD RUPUNINI

(NORD-OUEST, FRONTIÈRE BRÉZILIENNE ET VÉNÉZUÉLIENNE)

Texte et photos : **Alfonso Forde,** alphonsoforde@yahoo.com

*L*a région de Rupununi est formée de savanes et de marais, inondés chaque année et qui s'étendent jusqu'au Brésil sur une superficie de 8 000km². Il n'y a qu'une saison des pluies, de mai à septembre. La région, traversée par le fleuve Rupununi, compte plus de 400 espèces de poissons, dont le plus grand poisson d'eau douce au monde, l'arapaïma (ou *pirarucu*), et plus de 300 espèces d'oiseaux. Vous aurez de grandes chances d'y rencontrer les géants de l'El Dorado ; le jaguar, l'aigle harpie, la loutre géante d'Amazonie, le fourmilier géant, le caïman noir et bien d'autres animaux de la région, comme les singes hurleurs, les capucins et les aras. La région nord du Rupununi abrite le peuple amérindien des Makushi, subdivisé en quatorze communautés regroupant environ 3500 habitants. L'anglais est la langue enseignée à l'école, mais le *makushi* est la langue la plus usitée. Le *North Rupunini Tourism Program* (NRTP) fait partie du *North Rupunini District Development Board* (NRDDB) formé par les communautés.

Localisation

Tous les villages sont situés entre 350km et 390km de la capitale Georgetown. On peut y accéder en 4x4 depuis Georgetown (huit heures), ou bien depuis Annai (qu'on rejoint par avion) et qui est à une trentaine de kilomètres des autres villages.

CONTACT

NRTP. Alphonso Forde, tourism coordinator
NRDDB, BinaHill Institute. North Rupununi Region # 9 Guyana
Courriel : alphonsoforde@yahoo.com

Séjour recommandé

Titre : Découverte des communautés de la région Nord du Rupunini
Durée : 5 jours et 4 nuits.
Activités : Le Rewa – Upper Rewa tour (circuit de la rivière Rewa). Les guides qui vous accompagneront font partie des tribus Makushi et Wapishana. Les habitants de la communauté sont établis sur la rive droite du fleuve Rupununi et se déplacent principalement en bateau. Ils vivent de la chasse, de la pêche et de la cueillette. Le manioc, denrée alimentaire de base, est aussi cultivé.

Présentation des communautés

Annai. C'est le centre administratif de la région avec 420 indigènes d'origine Makushi. Activités : culturelles (artisanat, danse), canoë sur le fleuve Rupununi et observation des animaux sauvages (y compris les caïmans, la nuit). Vous pourrez séjourner dans la maison d'hôte de l'administration ou dans le Rock View Lodge, à 1km de la communauté.

Wowetta. Wowetta est l'un des cinq villages amérindiens de la région. Il regroupe 230 individus des tribus Makushi et Awarak. La meilleure période pour s'y rendre est la saison sèche, entre septembre et avril. Activités : Circuit du « Cock of the Rock » (possibilité de dormir au gîte, 6 personnes maximum), ornithologie, randonnées dans la nature, observation des grenouilles vénéneuses, visite de la communauté.

Rupertee. Pas d'école primaire contrairement aux autres communautés ; les enfants vont à Annai. Activités : Le « Paurine Nature Trail » permet de découvrir, en plus des animaux, une espèce d'arbre rare, le Centrolobium paraense, dont le bois est commercialisé (Paurine wood). Produits artisanaux fabriqués avec ce bois et autres produits de la forêt.

Surama. La communauté Surama est une communauté autochtone, issue du peuple Makushi, forte de 230 individus. Activités : observation de la faune sauvage de jour comme de nuit, excursions ornithologiques, randonnées, sorties en canoë sur la rivière Buro-Buro, connue pour ses petits rapides et la pêche.

Aranaputa. Le village a été établi par des colons. La population d'Aranaputa est mixte (450 individus dont 80 % d'indigènes). Activités : le « Nature Trail » et le « Rest Cabin » (refuge) sont perchés à 1000 mètres au-dessus du village et offrent un panorama extraordinaire sur la savane. Le refuge accueille jusqu'à 8 personnes. Il est équipé d'une cuisine simple, d'une salle à manger et de chambres à coucher, avec des hamacs.

POSADAS AMAZONAS

(PROVINCE DE TAMBOPATA, DÉPARTEMENT DE MADRE DE DIOS)

Texte et photos : **Amanda Stronza,** astronza@tamu.edu

*L*a rivière Tambopata descend les pentes des Andes depuis la ville de Puno, près du Lac Titicaca, à travers les collines basses et les terrasses de la plaine amazonienne, pour alimenter la rivière Madre de Dios et finalement grossir le fleuve Amazone. Ce faisant, la Tambopata traverse quelques-uns des villages les plus riches en espèces d'oiseaux, de papillons et de libellules qui soient au monde. Elle traverse aussi un élégant complexe de bâtiments aux toits de chaume connu sous le nom de Posada Amazonas, un grand écolodge dissimulé dans les arbres. Entièrement bâti avec des matériaux traditionnels, Posadas Amazonas comporte quarante-huit chambres, une réception et une grande salle ouvrant des deux côtés sur la forêt, une salle de repas au plafond en paille tressée. Installée dans une des forêts les plus reculées et les moins touchées au monde, Posada Amazonas n'en manque pas moins de confort. Les formules proposent des itinéraires à la carte, de riches festins de cuisine péruvienne, et des guides naturalistes, tous dotés d'une solide connaissance des lieux et d'un réel charisme. Aux dires de tous, Posada est un écrin de luxe dans un des endroits les plus étonnants au monde du fait de son extraordinaire biodiversité. Le lodge est une copropriété dirigée par la communauté d'Infierno, quelque quatre-vingt personnes au total : Indiens Ese Eja, familles andines et *riberenhos*, des riverains migrants. Un partenariat innovant a permis cette acquisition : en mai 1996, la communauté d'Infierno et la société privée Rainforest Expeditions ont signé un contrat stipulant qu'ils partagent les profits à raison de 60 % pour la communauté et 40 % pour Rainforest Expeditions avec possibilité, au bout de vingt ans, que l'ensemble des infrastructures, y compris les équipements, reviennent à la communauté si elle le désire.

Localisation

Posada Amazonas est limitrophe avec la Tambopata-National Reserve, une étendue de 750 000 hectares dans le Sud-Est de l'Amazonie péruvienne. Un vol quotidien régulier relie Lima ou Cuzco à la ville de Puerto Maldonado d'où, en une demi-heure de route, on atteint la rivière de Tambopata, puis, par bateau, la lodge de Posada Amazonas (une heure).

CONTACT

Kurt Holle, Rainforest Expeditions SAC
Av. Aramburú 166 Of. 4B, Miraflores. Lima 18, Pérou
Tél. : 51 1 4218347 • Fax : 51 1 4218183
Courriel : kholle@rainforest.com.pe • Internet : www.perunature.com

Informations culturelles

Bien que la réserve de Tambopata abrite aujourd'hui des populations migrantes venues de toutes les régions du Pérou et de l'Amazonie, c'est la terre ancestrale de seulement quelques groupes indigènes qui y vivent encore. Parmi eux, les Indiens Ese Eja. Ese Eja signifie « gens authentiques ». Ce peuple se subdivise en trois groupes : différences linguistiques mineures et origines géographiques variées. Les Ese Eja qui vivent actuellement dans le village d'Infierno sont en fait des Bawaja Ese Eja, installés depuis le XVIe siècle sur les berges de la rivière Tambopata et de ses affluents. Les deux autres groupes sont associés aux rivières Heath (ainsi qu'à Madre de Dios) et Madidi, en Bolivie. Le commerce du caoutchouc fut le début d'une période d'échange pour les Ese Eja, avec les autres peuples des bords de l'Amazone, les immigrants de Bolivie, du Brésil, et jusqu'au Japon. Au XXe siècle, avec le boom du caoutchouc, les Ese Eja adoptèrent un style de vie sédentaire, avec un danger croissant d'épidémies. De 1 000 habitants, leur population tomba à moins de deux cents. Historiquement, la terre connue

aujourd'hui sous le nom de *Native Community of Infierno* n'était qu'un morceau du vaste territoire d'origine des Bawaja Ese Eja. Vers la fin des années soixante, le gouvernement militaire péruvien de Velasco vota une loi qui attribuait la terre aux peuples indigènes. Ainsi, en 1976, les familles vivant à Infierno reçurent la propriété légale de 9 558 hectares, répartis de part et d'autre de la rivière Tambopata, et le statut légal de « communauté indigène ».

Séjour recommandé

Titre : **Excursions naturalistes dans une des forêts les plus riches d'Amazonie**
Dates : tous les jours.
Prix : 3 jours/2 nuits : $US 190 ; 4 jours/3 nuits : $US 280 ; nuit supplémentaire : $US 90 ; supplément par personne et par nuit : $US 35.
Activités : Excursions écologiques et histoire naturelle ; découverte de la faune amazonienne ; partage des activités de la communauté d'Infierno ; randonnée guidée ethnobotanique ; excursion en catamaran sur le lac Owbow ; tour d'observation dans la frondaison des arbres ; macrophotographie d'insectes et de grenouilles.
Hébergement : dans le lodge (technologie à impact limité, gestion environnemental).

Organisme de soutien

Rainforest Expeditions est une société d'écotourisme péruvienne fondée en 1922 par Eduardo Nycander et Kurt Holle. Les deux lodges situées dans la forêt tropicale humide de Tambopata, Posada Amazonas et *Tambopata Research Center*, reflètent bien notre philosophie. Au centre de recherche de Tambopata, nous recevons des touristes et des chercheurs depuis 1989.

COMMUNAUTÉ DE HUMACCHUCO
(PROVINCE DE ANCASH, VILLE DE HUARAZ)

Texte et photos : **Guido Van Es,** guidovanes@mountain.org

*A*u terme d'un trajet de huit heures en voiture depuis Lima, vous atteindrez Callejón de Huaylas, vallée bordée, à l'est, par les sommets enneigés de la Cordillère Blanche, et Huaraz, la ville la plus importante de la vallée. Des ONG comme le *Mountain Institute* (Institut de la montagne) et le *Crooked Trails* y travaillent depuis des années. De nombreux tours opérateurs appartiennent à des intérêts étrangers et les salaires payés aux locaux restent bas.

Au début de 2005, le *Mountain Institute*, ONG péruvienne basée à Huaraz, et *Crooked Trails*, tour opérateur Américain à but non-lucratif spécialisé dans le tourisme communautaire, ont uni leurs forces pour fonder le Responsible Travel Center (Centre du voyage responsable), appelé ici Yachaqui Wayi. Les programmes de tourisme communautaire (Cuyaquiwayi, à Vicos, et Huascar Haundy, à Humacchuco) ont été mis en œuvre dans de magnifiques villages de montagne où les habitants sont encore vêtus comme autrefois et vivent à la manière traditionnelle des Andes.

Inka Naani, qui veut dire « voie Inca » dans le dialecte local, est un programme impliquant six communautés et se déployant sur cent kilomètres, le long du Chemin Inca, vaste réseau de routes datant de cet empire. En vous déplaçant à pied, de communauté en communauté, vous passerez devant des centaines de vestiges de la présence Inca, y compris des temples.

Localisation

Liaison directe par autocar entre Lima, capitale du Pérou, et Huaraz (environ 8 heures) ; coût entre 30 et 45 soles, soit environ 10 €. Nous vous recommandons les compagnies Movil Tours et Cruz del Sur. Le trajet de la gare routière d'Huaraz jusqu'au centre d'information de Yachaqui Wayi, Avenida, Tarapacá 1452, vous coûtera moins d'un dollar en taxi.

CONTACT

Guido van Es. Avenida Tarapacá 1452, Huaraz, Ancash, Pérou
Tél : 51 0 43 722362 et 51 43 422362 • Fax : 51 0 43 726610
Courriel : Guidovanes@mountain.org

Site Internet : www.yachaquiwayi.org
Langues : à Yachaqui Wayi : anglais, espagnol, hollandais, portugais, français, allemand. Dans les villages : espagnol (des interprètes peuvent vous aider)

Informations culturelles

Les communautés avec lesquelles nous travaillons sont des communautés andines dont certaines ont gardé toute leur spécificité. Cinq communautés le long de l'Inka Naani bénéficient directement du projet : Soledad de Tambo, San Cristóbal de Tambo, Sacracocha, Taparaco, San Lorenzo de Isqu et Huánuco Pampa. Au centre Yachaqui Wayi, nous vous aiderons volontiers à préparer cette rencontre. Consultez le site Internet, www.mountain.org/work/andes/tourism/index.cfm

Séjour recommandé

Titre : Apprentissage interculturel auprès de la communauté d'Humacchuco
Durée : de 3 à 5 jours (ou 1, ou 15...).
Dates : quand vous voudrez.
Prix : $ US 30 dollars par jour, sans compter le transport jusqu'à la communauté qui coûte $ US 1, 50 (transport en commun) ou environ 20 (en taxi) pour l'aller simple. Inclus : hébergement, nourriture et boissons, guides, entrée au Parc. Exclus : transport jusqu'à la communauté et déplacements si désirés.
Hébergement : gîte touristique, conçu et construit par les autochtones (toilettes à compostage, une douche froide et 4 bons lits) ; situé juste à côté d'une famille locale qui fournit les repas.
Activités : Vous pourrez aider les paysans dans les champs, visiter divers sites, y compris l'école locale, cuisiner avec vos hôtes, écouter les musiciens locaux et fabriquer du pain dans le four en terre cuite.
Taille des groupes : jusqu'à 25 personnes à Humacchuco, mais il est difficile d'accueillir des groupes de plus de 10 personnes à Vicos en raison de la distance qui sépare les gîtes.
Condition physique : bonne forme pour profiter pleinement de votre séjour. Différents programmes peuvent cependant être organisés en fonction de vos capacités (randonnées jusqu'aux lacs de montagnes et aux glaciers, ou séjour plus relaxant dans la communauté avec votre famille, par exemple).
Saisons : Saisons des pluies de novembre à mars ; saison sèche d'avril à octobre. Les mois d'avril et de mai sont les plus beaux, avec les montagnes couvertes de fleurs éclatantes. Vicos et Humacchuco sont particulièrement intéressants pour la randonnée pendant la saison des pluies. De juin à octobre, le climat sec et la poussière peuvent être gênants, mais vous aurez beau temps tous les jours et une vue incomparable sur les sommets enneigés.
Recommandations : vêtements chauds, bonnes chaussures de marche, crème solaire, un chapeau. Si vous le pouvez, de petits cadeaux pour les familles, par exemple des fournitures scolaires ou des vêtements.

Marais de Huacarpay
(Vallée de Cuzco)

Texte et photos : **Francesc Giro,** f.giro@fundacionatura.org

*L*es marais de Huacarpay sont enfouis au fond de la vallée de Cusco où des ruines préinca et inca indiquent que de tout temps des peuples se sont installés là pour y jouir de la beauté des paysages et de la qualité de la vie. On peut y observer l'ibis des Andes, différentes espèces de canards, le rale d'eau et un petit passereau très coloré appelé ici « *sietecolores* ». Un des oiseaux les plus recherchés ici par les ornithologues est une espèce de colibri, le « barbu montagnard » (Oreonympha nobilis) qui se nourrit des fleurs jaunes des buissons qui poussent le long de la route. Alors que je voyageais, en route vers le Parc National de Manu, en juin 1996, je me suis intéressé à cette région de marais. Idéal à explorer à pied ou en vélo. Idéal aussi pour y développer un programme d'écotourisme : la ville de Cusco, à trente kilomètres à peine, reçoit mille à deux mille visiteurs par jour. Quelques années plus tard, l'ONG Fundación Natura, en partenariat avec deux associations locales, Asociación Andes (http://www.andes.org.pe) puis l'Asociación Ecosistemas Andinos (http://www.ecoanperu.org)/ et avec l'aide des communautés de Lucre et de Huacarpay, a réussi à stimuler la conservation de ce site et à y développer un programme d'écotourisme. Tout a commmencé par la formation et la sensibilisation de la population locale. Puis on construisit les infrastructures pour l'observation des oiseaux. En même temps, on commençait de reboiser les montagnes alentour avec des espèces indigènes de Polylepis. En mai 2005, finalement, le gouvernement régional donnait la priorité à la conservation de ce site. Avant le début de la formation, la relation entre la population locale, surtout les enfants, et les oiseaux, était la fronde. Un jour, un enfant de huit ans m'approcha et, me voyant intéressé par les oiseaux, me fit cadeau d'un jeune canard sauvage, que, plus tard, je relâchai dans le marais. La Lagune de Wacarpay a des atouts naturels et culturels qui en font une destination écotouristique parfaite pour les visiteurs de Cusco et, au-delà. Les visiteurs découvriront comment on extrait l'argile pour fabriquer des briques, comment on cueille les « *totoras* » (massette) pour fabriquer des matelas ou bien pêcher avec

des embarcations construites elles aussi à base de « *totora* ». La Lagune de Huacarpay, avec le Parc Archéologique de Piquillaqta, est un des lieux les plus propices à l'observation d'oiseaux de toute la vallée de Cusco. On y recense au minimum 108 espèces d'oiseaux différents, en tenant compte des oiseaux migrateurs. On y trouve trois espèces endémiques du Pérou. La forme et la taille de la lagune se sont révélés des atouts incontestables pour créer cette réserve naturelle avec un sentier naturaliste qui en fait le tour, ponctués d'affûts pour la faune sauvage et de tours d'observation ou miradors.

Localisation

Cusco est situé dans le sud-ouest du Pérou. C'est la destination la plus visitée du pays pour ses richesses culturelles. Huacarpay n'est qu'à 30 minutes en voiture (ou en autocar) de Cusco.

CONTACT

Asociación de Ecosistemas Andinos (ECOAN)
Avenida Ecuador, C-8 ; Parque Industrial Wanchaq, Cusco
Tél. : 051-084 227988 • Courriel : info@ecoan.org
Internet : www.ecoanperu.org
Pour la réservation : info@ecoan.org
Constantino Aucca Chutas, President : taucca@hotmail.com

Informations culturelles

Huacarpay et Lucre sont des communautés andines qui ont préservé leurs traditions culturelles même si la proximité de la ville de Cusco les a rendues perméables au mode de vie occidental. L'activité économique de la vallée est avant tout basée sur l'agriculture et l'élevage : maïs, pommes de terre, petits troupeaux appartenant à des exploitations familiales. Récemment, on a constaté

une croissance de l'activité touristique au niveau local et la création de plusieurs petits restaurants. Les terres continuent d'appartenir à l'État péruvien même si les populations locales profitent et exploitent les ressources naturelles comme la collecte de massette, d'œufs, la chasse, la pêche, le pâturage pour le bétail.

Séjour recommandé

Titre : **Visite de la station balnéaire de la noblesse Inca**

Durée : Un jour au moins. 3 à 4 heures au minimum. Le temps varie en fonction des souhaits du groupe.

Activités : randonnée, observation d'oiseaux locaux et migrateurs, de la flore, visite de fouilles archéologiques qui ont démarré en avril 2004. Itinéraire naturaliste, archéologique et botanique.

Dates : Tous les jours.

Saisons : Toute l'année.

Prix : Consulter les organisateurs ; inclus : transport, guide, repas champêtre, matériel d'interprétation ; exclus : l'hébergement.

Hébergement : Ville de Cusco, Albergue de Urpicancha. Tél. : 051084 238045 ; 051084 9746212. Il y aura bientôt un hôtel à Lucre dans une ancienne usine restaurée, juste à côté de la petite ville de Lucre.

Taille des groupes : 20 au maximum.

Conditions climatiques : Saison des pluies : de décembre à mars. Températures aux alentours de 0°C tous les matins entre mai et juillet. À signaler, en novembre et décembre, la floraison des cactées et en juillet/septembre, la présence des oiseaux migrateurs en provenance d'Amérique du Nord.

Organisme de soutien

Fondation Natura est une des premières fondations, en Espagne, à avoir pour mission la conservation de la biodiversité. Indépendante sur les plans politique et économique, l'organisation renonce à toute confrontation et dénonciation publique. Fondation Natura a surtout des projets de conservation de zones humides, de steppes et de reboisement de rivières en Espagne avec la participation de civils et de sociétés privées. Un des objectifs de la Fondation est la promotion de l'écotourisme comme instrument de conservation de la biodiversité et de développement économique pour les populations locales.

Communauté Pemon, Ye'Kuana, Warao, Criollo

Texte et photos : **Dominique Jacquin,** natura@internet.ve

*L*e Venezuela contient sur une superficie deux fois plus grande que la France tous les écosystèmes tropicaux : de la steppe désertique aux neiges andines ; des marais du delta de l'Orénoque aux atolls coralliens de la Caraïbe. Les régions principales du pays sont l'Orénoquie, les Andes, la Guyane, les Caraïbes. Les Ye'Kuanas, ethnie caraïbe d'environ 7 000 individus, vivent sur un territoire forestier représentant un sixième de la France. La péninsule de Paria est, avec 150 kilomètres de côte vierge, le dernier domaine de forêt primaire caraïbe ; les archipels vénézuéliens, quasiment inhabités, représentent le plus grand domaine marin du bassin sud caribéen : Los Roques, Las Aves, Los Testigos, La Blanquilla pour n'en citer que quelques uns. Les mythiques Tepuys, de l'Écu guyanais, montagnes tabulaires issues de l'antécambrien – la plus vieille ère géologique de la planète – abritent le Churun Méru des Indiens Pémon, la plus haute chute d'eau du monde, avec ses mille mètres de dénivelé.

J'ai sélectionné quatre sites. Ces circuits sont pris en main à cent pour cent par les locaux et sont le résultat de nombreuses années d'investissement des populations. Les participants seront en prise directe avec leurs hôtes, mon agence, Natura Raid, ne jouant dans ce cas que le rôle d'intermédiaire totalement gratuit. Attention ! La capacité de dialogue et d'adaptation sont de rigueur : ici pas de tourisme mais du voyage, du vrai !

CONTACT

Natura Raid. Avenida Libertador Torre Exa, Piso 1, oficina 101, Chacao, Caracas • Tél. et fax : 0058 212 7406546
À Margarita
Avenida 4 De Mayo, Edificio Silcat,
frente a la tienda Grafiti, piso 4, oficina 4-1 - Porlamar
Tél./fax : 58 295 2614419
Courriel : natura@internet.ve ou natura@cantv.net
Internet : www.naturaraid.com
Directement auprès de l'opérateur autochtone du Rio Caura
Jonas Camejo. Tél. : 582856510918, Mobile : 00584143850948
Courriel : jonastours@hotmail.com

Informations culturelles

À lire sur le Venezuela : *Le partage des eaux* d'Aleo Carpentier ; *Expédition Orénoque Amazone* d'Alain Gerhbrant ; *Papillon* d'Henri Charrière, dédié aux pêcheurs de Paria.

Séjours recommandés

Les Ye'kuana. Le Rio Caura en Guyane vénézuélienne. Le Caura. Les chutes du Para. Depuis la petite ville de Ciudad Bolivar sur l'Orénoque, prise en charge par la famille Jonas Camejo. Comptez de six à quinze jours. Au coeur de la grande forêt, sur le territoire des Indiens Ye'kuana, coule le fleuve Caura. À bord d'une pirogue, nous remontons son cours jusqu'aux étourdissantes chutes du Para. Navigation, balades et bivouacs en hamacs nous permettent de découvrir une nature vierge et exubérante. Hébergement chez les Indiens Ye'kuana, découverte avec eux de la grande forêt, navigation en pirogue sur un superbe fleuve au rives changeantes, harmonie de rochers et grands arbres, ascension de pitons dominant l'immense forêt, baignade aux cataractes des chutes du Para, point culminant du voyage. Au-delà de la chute, les Ye'kuana sont maîtres chez eux et ont obtenu la gestion du territoire forestier. Sur le Rio aux eaux acides aucun moustique ! Garanti toute l'année.

Les Pémon. L'écu guyanais et les Tepuys. Le salto Karuay, dans le parc de Canaima. Prise en charge par la communauté Pémon de Kabanayen, plus précisément la famille de Guadalupe ; trois jours de raid, à pied, en 4x4 et en pirogue au coeur du pays des Tepuys, bivouac sous tente en pleine nature. À 4h de

route en 4x4 de l'aéroport de Santa Elena, sur la frontière brésilienne. Paysages uniques au monde. Depuis Kabanayen, comptez $ US 80 par jour et par personne

Les Warao. La péninsule de Paria, dans la mer des Caraïbes. Santa Isabel et Rio Grande. Depuis le village côtier de Rio Caribe, à 30min de l'aéroport de Carupano, prise en charge par la famille de pêcheurs de Cucha Lopez, 2h de navigation en barque le long de la sauvage côte de Paria pour débarquer au village de Santa Isabel, perché sur un rocher, isolé du monde, seulement accessible par une mer parfois difficile. Hébergement au sein de la famille, chaque jour possibilité de randonnés en forêt vers les cascades du Rio Grande, voire même de continuer en barque, vers l'est et la très riche baie de San Francisco où la grande forêt primaire tombe dans la mer, depuis la côte des cascades d'eau douce se jettent dans les flots. Mer du bout du monde, riche faune sous-marine, énormes mérous, un monde entre ciel et mer de petits agriculteurs paysans-pêcheurs. Des oiseaux marins comme les frégates par paquets! D'avril à septembre, observation de la ponte des tortues de luth (énormes!). Hôtes très authentique, sublimes passages marins. Depuis Rio Caribe de $US 80 à 150 par jour et par personne.

Les populations andines. Traversée de la cordillère andine, du village de Gavidia vers les plaines de Barinas. De la steppe d'altitude à la forêt des brumes, 7 jours de trek, difficulté moyenne – 5h de marche par jour, point culminant le Santo Cristo, alt.4200m – portage par mulet, prise en charge par la famille de Romulo, à Gavidia. À 2h de route de l'aéroport de Mérida, compter pour deux personnes environ $US 80 par jour et par personne. Bivouac sous tente à proximité des petites communautés paysannes, très riche flore, grande authenticité.

Voir le site Internet de la La Fondation Programme Andes Tropicales (PAT) : www.andestropicales.org/Andes_Vzla. html

ASIE

L'Asie décolle, c'est une réalité. Et la Chine est en train de devenir la première destination touristique au monde, supplantant la France dans ce rôle. Les initiatives de tourisme communautaire sont si nombreuses dans ce continent qu'elles y deviennent le fondement même du tourisme et sa carte de visite. La coopération hollandaise apporte une aide particulièrement précieuse à l'émergence de ces projets et les moyens qu'elle met à disposition des gouvernements sont exemplaires : groupes de conseillers en écotourisme ; mise en réseau des villages d'accueil ; formation à la mise en marché des produits. Cet appui concerne le Vietnam, le Laos, la Thaïlande et le Cambodge. Sur la chaîne himalayenne, l'association Himalayan Homestays, créée dans le cadre d'un programme de l'UNESCO et coordonné par le Moutain Institute, a montré la voie en fédérant les chambres d'hôtes animées par des femmes Ladakhi ou originaires du Sikhim et créant un lien d'hospitalité d'un bout à l'autre de la chaîne montagneuse où les passages, d'un état à l'autre, sont difficiles. De nouvelles synergies naissent dans le cadre des associations d'écotourisme créées au sein du Népal, du Sikhim ou du Kyrgyztan. La Chine n'est pas en reste, mais le chemin à parcourir est encore long. Les initiatives communautaires sont encore considérées avec scepticisme. Un accompagnement est nécessaire pour donner les moyens d'acquérir les outils qui visent à l'autonomie et la gestion en directe, par les populations autochtones, des prestations d'accueil.

COMMUNAUTÉS KHENGPA ET MONPA

(BHOUTAN CENTRAL, TRONGSA)

Texte et photos : **Nanda Ritsma, SNV Bhutan,** nritsma@druknet.bt

*L*e Bhoutan, dernier royaume bouddhiste de l'Himalaya, est très riche sur le plan culturel, autant que par la grande variété d'espèces qu'abritent ses écosystèmes et qui ont quasiment disparu des autres régions de l'Himalaya. La direction du Parc national de Jigme Singye Wangchuck, en coopération avec l'Association des tours opérateurs du Bhoutan, a mis au point le Sentier Najbi, un trekde basse altitude, de six jours, facile pendant les mois d'hiver (novembre à mai). Ses points forts : la traversée des villages Monpa et la possibilité d'observer un primate très rare, le *Langur doré*, en voie d'extinction, ainsi que le calao à cou roux (*Aceros nipalensis*). Le parc abrite également des trésors historiques : ainsi ce pilier commémoratif dans le temple de Nabji rappelant la paix négociée par Guru Rimpotché, au VIIIᵉ siècle, entre les rois du Bhoutan et de l'Assam. On pense que les Monpa furent les premiers habitants du Bhoutan. Leur religion est un mélange de chamanisme et de bouddhisme. Ils sont experts dans l'art d'utiliser le bambou, aussi bien pour construire des maisons que pour la vannerie.

CONTACT

Association of Bhutanese Tour Operators (ABTO)
Mr. Tek Bdr. Khatiwara ou Ms. Nanda Ritsma
P.O.box 938 Thimphu Bhutan
Tél. : 975 0 2 322862 • Fax : 975 0 2 325286
Courriel : abto@druknet.bt • Internet : www.abto.org.bt
Voir aussi le site du gouvernement du Bhoutan, ministère du Tourisme :
(www.tourism.gov.bt)

Organisme de soutien

Le tourisme communautaire étant nouveau au Bhoutan, le département du Tourisme (DoT) a sollicité en 2002, pour élaborer ce Sentier Nabji, l'assistance de l'Agence de développement hollandaise (SVN), forte d'une grande expertise dans l'Himalaya en matière de tourisme communautaire et durable et déjà très impliqué ici dans le développement intégré.

Le Centre de développement des Femmes Stung Treng
(Nord-Est, région du Mékong)

Texte et photos : **Isabelle Lanfranconi**, infos@tourismforhelp.org

*C*han et Chantha, un couple de khméro-vietnamiens, ont longtemps travaillé pour une organisation internationale avant de fonder leur propre ONG, le Centre de développement des femmes de Stung Treng (Stung Treng Woman Developement Center). Ils réhabilitent le tissage et le façonnage de la soie auprès de femmes en situation précaire. Après cinq années d'existence et la création d'une trentaine de métiers à tisser, ils peuvent s'enorgueillir d'avoir redonné à cette province un intérêt pour son artisanat et sa culture ancestrale. Ils ont eu l'idée, avec leurs amis européens de l'association *Tourism for help*, de créer une petite structure hôtelière – une dizaine de bungalows – où, pour l'instant, ils forment de jeunes Cambodgiens à accueillir des visiteurs. On peut ici explorer l'une des dernières forêts primaires du monde, observer les dauphins Irrawadi (le

mammifère le plus menacé au monde, selon le WWF) qui se prélassent dans le fleuve servant de frontière naturelle entre le Cambodge et le Laos. Le passage de la frontière se fait de préférence à pied pour rencontrer les pêcheurs d'anguilles et, plus loin, admirer les chutes du Mékong, en territoire Lao. Aux confins de la province la plus orientale du pays (frontière du Vietnam), vivent les dernières minorités Kroeung et Jaraï. On les aperçoit encore, travaillant dans la forêt à dos d'éléphant. Les femmes, comme les enfants, chiquent le béthel, ce qui donne, ajouté à leur petite taille, une étrangeté à cette ethnie.

Localisation

51 km séparent Stung Treng de la frontière du Laos. Cette province se trouve dans le nord-est du Cambodge, à égale distance de la Thaïlande et du Vietnam. Stung Treng est accessible par avion épisodiquement (aéroport national), taxi et bateau.

CONTACT
Kim Dara Chan et **Chantha Nguon, Swdc. Isabelle Lanfranconi-Lejeune**
Association Tourism for Help. 81, Route de St. Georges
1213 Petit Lancy Genève Suisse • Tél.: 41 22 793 1094
Courriel : infos@tourismforhelp.org • Internet : www.tourismforhelp.org

Informations culturelles

Les maisons, dans cette région du pays – leur agencement, leurs matériaux – sont le reflet d'une culture subtile et solidement ancrée dans l'environnement. Mélange de bois et de bambou, bâtie sur pilotis, la maison Khmer Loeu répond toujours au même plan : une terrasse commune pour reçevoir les visiteurs et causer à la veillée ; des appartements privés distribués de part et d'autre de cette terrasse chez les ethnies d'origine austronésienne ; ou bien derrière et d'un seul côté, si l'on se trouve dans une maison de type môn-khmère. Chez les Austronésiens où une maison peut abriter plusieurs familles, chaque ménage dispose d'une travée entre deux paires de colonnes, l'intimité toute relative étant assurée par une cloison de bambou. On dort la tête à l'est, là ou résident les esprits. Les maisons de type môn-khmer sont les plus jolies, décorées sur leur fronton avec des motifs décoratifs géométriques faits de bambous tressés et propres à chaque clan : lignes, quadrillages, chevrons, losanges... figurant alternativement la mâchoire du grillon, le bec du toucan, les feuilles du kapokier, les dents du buffle. Contrairement aux Cambodgiens de la plaine, les montagnards de l'ethnie Kroeung sont très tolérants en matière de sexualité pré maritale. Lorsqu'une jeune fille est en âge de prendre époux, son père lui construit une petite maison de célibataire, face à la demeure familiale. Les Jaraï, eux, ont développé des rites funéraires très élaborés avec sacrifices, libations... Leurs tombeaux sont très élaborés, avec des sculptures évoquant l'art précolombien et les statues primitives des Dayaks de Bornéo. Les « pleureurs » des Jaraï sont également très célèbres.

D'après P.-Y. Clais

Une des premières destinations au monde

Pam Wight est une des rares consultantes en écotourisme à bien connaître la Chine. Elle partage avec nous ces réflexions nourries par ses missions auprès des communautés indigènes de ce vaste pays.

*L*a Chine, avec 22 % de la population mondiale et une classe moyenne aisée, est un vaste réservoir de voyageurs qui attire par ailleurs de plus en plus de visiteurs internationaux. On prévoit qu'en 2010, elle sera devenue la première destination au monde. Le pays dispose de très nombreux atouts naturels – lacs, montages, fleuves, grottes, réserves naturelles – exploités partiellement ou intégralement comme attractions touristiques. L'accent toutefois y est mis davantage sur la beauté des lieux plutôt que sur leur biodiversité ; sur les curiosités culturelles plutôt que sur l'intégrité des cultures. Le type de gouvernance exercé par le régime chinois, très centralisé, rend difficile le succès des initiatives de tourisme communautaire, émanant de groupes locaux. Et la forte densité des flux touristiques est une entrave supplémentaire : c'est par autocar entier, ici, qu'on aborde un site, fût-il la grande muraille ou une réserve naturelle ! Si on reconnaît, en Chine, que l'écotourisme peut être une stratégie importante de développement économique et de conservation, il règne une certaine confusion quand il s'agit de définir l'écotourisme et ses produits. On favorise les grands complexes hôteliers, proches des sites naturels, qui augmentent les flux touristiques et aggravent la dégradation de l'environnement. On sait par exemple que le tourisme a de forts impacts sur la Réserve de pandas de Wolong, le Parc du glacier Hailougou, et la Réserve naturelle de Jiuzhaigou. Jiuzhaigou est un site du Patrimoine Mondial, certifié de type GG21. Le nombre de pandas décline ; et si les communautés vivant au sein du parc tirent quelques bénéfices de cette activité, il est loin d'en être de même pour la communauté vivant juste à l'orée du parc. Il y a 56 minorités ethniques officiellement reconnues en Chine, les Hans constituant la première et la plus grande d'entre elles. La plupart de ces minorités habitent les régions frontalières du pays, dont beaucoup peuplent les forêts reculées et les territoires montagneux du Sud-Ouest. Pour ces peuples, chez qui la préservation de l'environnement naturel et culturel est une valeur profondément ancrée, l'écotourisme est plein de promesses. Sur les sites touristiques, qu'ils animent avec leurs danses, leurs chants, ils sont largement mis à contribution. Il apparaît que les villages folkoriques, établis au départ par les minorités autochtones comme des centres d'interprétation de leur culture, se sont aujourd'hui déplacés dans les régions où la demande touristique est forte et proposent des spectacles sur commande ; la relation touristes/locaux est largement influencée par les tours opérateurs officiels et par les chefs des comités villageois. Ainsi, l'écotourisme en Chine aujourd'hui présente des risques : aggravation des dommages environmentaux ; infrastructures inadéquates ; destabilisation des minorités ethniques. Le développement de l'hébergement alternatif, à petite échelle et de type communautaire, figure néanmoins comme une exception : c'est le cas de B & B près de Dalian ; des fermes autour de Beijing ; ou des formules de séjours proposées dans les petits villages du Sichuan. Il reste que ces initiatives ont besoin pour se développer des ONG environmentales, des universités ou autres structures d'appui. En conclusion, le tourisme communautaire en Chine a un potentiel, mais il reste un long chemin à parcourir.

Pam Wight, pamwight@superiway.net

LA MONTAGNE KAWA KARPO
(PROVINCE DU YUNNAN, NORD-OUEST)

Texte : **Isa Daronnat,** ecoyunnan@hotmail.com

*À*la frontière du Tibet et à l'extrême nord-ouest de la province du Yunnan, se profile, majestueuse et mystérieuse, la montagne de Kawa Karpo (*Meilixueshan,* en chinois). Culminant à 6740 mètres d'altitude, très riche en faune et en flore, Kawa Karpo est un haut-lieu du bouddhisme tibétain. Au cours de l'année 2003, plus de cent mille personnes au total sont venus accomplir ici les fameuses *koras* (circumambulations). Aussi loin que remonte la légende de Kawa Karpo, ce pèlerinage apporte au pèlerin l'accumulation de mérites et une protection étendue aux membres de sa famille et à la vie en général. Aux yeux des Tibétains, Kawa Karpo représente l'union la plus sacrée qui puisse exister entre l'homme et son environnement. Malheureusement, aujourd'hui, les sacs en plastique, bouteilles de verre, emballages de nouilles instantanées offrent un triste spectacle au visiteur venu vénérer la déité. Aussi l'association française ECO (*Ecology & Culture Organisation*) a-t-elle décidé en 2004 d'aider les habitants du site à mettre en œuvre un tourisme responsable et équitable, par le biais de son antenne locale.

Localisation

Kawa Karpo se trouve au coeur des montagnes Hengduan, à la frontière séparant la province du Yunnan du Tibet. Deqin (3600 mètres) est la dernière petite ville avant d'entrer au Tibet. L'arrivée se fait à l'aéroport de Kunming avec transport terrestre jusqu'à Zhongdian ou bien en avion de Kunming à Zhongdian (75 €). À Zhongdian, un membre de notre équipe vous accueille et vous prend en charge jusqu'au village de Feilai Si (une journée de route).

CONTACT

ECO (Ecology and Culture Organisation)
Wang Xiao Gang – Responsable de l'antenne Chine (en chinois et en anglais) ou Isa Daronnat – Secrétaire (en francais, anglais)
Cui Hu Bei Lu, 25 – Wen Lian Xiao Qu – Bt 6, Porte 2, #301
Tél. : 86 871 516 6709 • Fax : 86 871 516 2482
Courriel : ecoyunnan@hotmail.com
Internet : www.ecokawakarpo.com

Informations culturelles

La région de Shangri La, également appelée la Petite porte du Tibet, est majoritairement habitée par des Tibétains (Zangzu) qui vivent de la culture d'orge grillé (*tsampa*) et de l'élevage des yaks. Jusqu'à il y a encore dix ans, la montagne n'était pas connue du monde extérieur mais l'arrivée récente d'équipes internationales d'alpinisme et de touristes a gravement menacé l'équilibre subtil que les habitants locaux entretiennent avec la nature.

Séjour recommandé

Titre : **A la rencontre de Kawa Karpo**

Durée : de 5 à 15 jours

Prix : de 80 à 100 € par jour et par personne sur une base de 6 participants. Le prix du voyage est versé à l'association ECO qui le redistribue à l'équipe de logistique du voyage et en utilise une partie pour financer des programmes communautaires de sensibilisation à l'environnement. Sont inclus : les services d'un guide tibétain ; l'hébergement en pension complète ; les chevaux de portage ; le matériel de camping ; les transferts terrestres ; toutes les activités et tickets d'entrée sur les sites et réserves naturelles

Type d'activités : Randonnée au coeur de la montagne de Kawa Karpo sur les sentiers de pèlerinage : petite kora (5 jours) ou grande kora (15 jours). Ces randonnées se doublent d'une action de nettoyage des sentiers de pèlerinage ou d'une action de sensibilisation environnementale avec les écoles locales

Hébergement : A Feilai Si, auberge tibétaine. Dortoirs, chambres doubles ou individuelles. Au cours de la randonnée dans la montagne, il est prévu de dormir chez l'habitant. Pour les étapes en dehors de villages, camping autour du feu

Taille des groupes : 6 personnes au maximum

Conditions requises : Public de randonneurs, bonne condition physique (altitude moyenne de marche : 3000/4000 mètres

Saison recommandée : de mai à mi-novembre, hors période d'hiver

Précautions à prendre : nous consulter en cas de problème cardio-vasculaire.

Communauté Chuandixia
(Province de Hebei)

Texte et photos : **Anne Kern,** amurray@wildchina.com

*F*ondé il y a plus de cinq cents ans, le village de Chuandixia offre un rare exemple d'architecture Ming, au cœur des montagnes de la province de Hebei, à quelque quatre-vingt dix kilomètres à l'ouest de Beijing. La vocation touristique de la ville remonte au début des années 1990 quand un grand nombre de jeunes quittèrent le village pour les grandes villes. À un moment donné, il ne resta plus que dix-sept habitants à Chuandixia. Puis, le tourisme commença à se développer, en Chine, et le bruit courut qu'on pouvait admirer dans cette bourgade des vestiges très bien préservés de la période Ming. En 1995, des fonctionnaires du Bureau des Reliques Culturelles se déplacèrent pour vérifier l'authenticité des bâtiments. Maintenant les villageois, tous dotés du même nom de famille, perçoivent un taxe pour chaque visiteur qui entre à Chuandixia. Les familles tiennent de petits restaurants et louent des chambres aux visiteurs. Ils gardent pour eux plus de 90 % des sommes gagnées. Les invités dorment dans des lits traditionnels kang, avec, dessous, de petits fours de charbon, qui réchauffent délicieusement les nuits d'hiver. On leur sert du pain de maïs, du riz rouge. Si peu parlent l'anglais à Chuandixia et si les salles de bain manquent de confort, l'atmosphère désintéressée qui règne dans le village séduira les voyageurs. Au mois de juillet 2005, la population de Chuandixia comptait à nouveau 200 personnes. La bourgade est accessible par autobus depuis la station de métro de Pingguoyuan.

CONTACT

Chuandixia Travel Information Center
Tél. : 86 101 6981 9333 • Courriel : cuandixia@gwebinfo.com
Internet : www.chuandixia.com • Langue : Mandarin
Autres contacts
WildChina, Zhao Bei.
Courriel : info@wildchina.com • Internet : www.wildchina.com
Cette agence, basée à Beijing, peut faire des réservations pour votre séjour à Chuandixia.

Le village de Jiaju
(Province de Sichuan, Préfecture de Ganzi)

Texte et photo : **Pam Wight** pamwight@superiway.net

L'ouest de la Chine abrite la partie orientale de l'Himalaya où vivent les Jiarons, qu'on a surnommés les grands fermiers du Tibet. Éleveurs de yaks, ils sont célèbres pour leurs fameuses cultures en terrasses et dans les vallées. Ils construisent aussi de merveilleuses bâtisses blanches, décorées de peintures traditionnelles et de drapeaux de prière. Jiaju est un de ces célèbres villages Jiaron, perché à 3000 mètres d'altitude, à côté de la rivière Jinchuan. Six cents personnes y vivent, réparties en quelques cent cinquante maisonnées sur une superficie de cinq hectares. Beaucoup de familles ont converti leurs maisons à étages en logements chez l'habitant, tournées vers le sud. Celle de Baosheng est typique, avec son mélange de génération, les animaux au rez-de-chaussée, les toilettes et la cuisine à l'entrée, les chambres au-dessus, un étage réservé au séchage des graines (maïs, piments) et sa salle de prière, accessible par une échelle, dans les combles. Les voyageurs sont accueillis par des danses et des chants traditionnels et invités à y participer. On conseille aux voyageurs internationaux de se faire conduire jusqu'au village par des guides expérimentés. Il peut être difficile à trouver, après la longue route vers l'ouest, depuis Chengdu. Même s'il y a environ cinquante logements pour touristes dans le village, quinze seulement appartiennent, à ce stade, à l'Association touristique fondée en 2002, qui a fixé des normes en matière de sanitaires, de construction, d'éducation, de cuisine, d'évacuation des déchets..

CONTACT

Baosheng, Jiaju Village.
Tél. : 86 013688498350 ou 086-0836-3523081
Courriel : l'office CI-China, à Chengdu (Sichuan), peut aider pour les réservations : tianfeng@conservation.org.cn
Langue : chinois ou tibétain

VILLAGES YI ET HANI
(PROVINCE DE YUNNAN, VILLE DE YUANYANG)

Texte : **Geneviève Clastre**, genevieve.clastres@wanadoo.f

Photos : **Roger Culos**

*M*aliwen est un Yi, natif de Yuanyang, qui s'est initié tout seul à la photographie et a déjà publié un petit livre pour promouvoir sa région. Longtemps membre du Bureau de la culture local, il développe aujourd'hui sa propre activité centrée sur deux pôles : accompagnement de photographes amateurs et guidage de petits treks. Son objectif est de faire le lien entre les visiteurs et les communautés villageoises locales dont il fait partie et parle les différentes langues. Maliwen est également un homme de lettres, qui passe ses hivers à écrire de longs articles sur la culture et les coutumes régionales.

CONTACT

Maliwen, Bureau des Afffaires Culturelles de Yuanyang

District de Yuanyang, Préfecture de Honghe. Kunming, Yunnan, Chine
Tél. : (0873) 5621907 • Portable : 13887318119 • Fax : (0873) 5622993
À contacter directement. Maliwen ne représente que lui-même.
Possibilité de se faire recommander par Geneviève Clastres (Zhenni),
qui travaille régulièrement avec lui.
Maliwen ne parle que le mandarin, le Yi et le Hani, mais son fils (un
jeune homme entre 20 et 30 ans), qui l'assiste souvent, parle un peu
l'anglais.
Autre contact pour la réservation

ECO (Ecology and Culture Organisation)

Isa Daronnat • Courriel : ecoyunnan@hotmail.com
Internet : www.ecokawakarpo.com • Langue : français

Séjour recommandé

Pas de séjour précis. Accompagnement ponctuel dans la région de Yuanyang sur demande et réservation. Les villages (tibéto-birmans) Yi et Hani offre des paysages magnifiques de rizières en terrasses ; marche à pied, photographies, découverte des marchés ethniques locaux, fêtes locales et festivals.

Maïthri Mandir ou « La maison des amis »
(sud de l'État du Kerala)

Texte et photos : **Sarva Atma Mithra,** sarvatma777@yahoo.com
et **Martine Macheboeuf,** m.macheboeuf@tiscali.fr

L'État du Kerala mérite bien son surnom de « Venise de l'Inde ». Dhyana Bindhu offre un cadre exceptionnel : une petite maison au milieu des cocotiers, des hibiscus, des manguiers, des oiseaux, des papillons. Le repas est pris en famille sur des nattes posées à même la

grande terrasse dominant la cocoteraie : poissons grillés, légumes, sauce à la mangue, riz blanc. Shila, la cuisinière, qui nous donnera plus tard des cours de cuisine, a manié délicatement le piment ! L'après-midi, nous nous rendons dans le village où est installée l'association Maithri Mandir, « La Maison des Amis ». Nous sommes accueillis par les couturiè-res (les machines ont été achetées par l'association). Cet atelier, comme celui de batik (peinture à la cire), est le fruit d'un échange entre l'Inde et un groupe d'amis français. Le lendemain matin, cours de yoga, médi-tation, chants religieux (pour ceux qui le désirent). Médecin moi-même, en France, je fais la connaissance du médecin ayurvédique dont la com-pétence me frappe. Tous les matins qui suivront, Shila et Indira, for-mées par Sarvatma, me prodigueront des massages ayurvédiques : je n'ai jamais connu, en France, des soins aussi efficaces, et un tel profes-sionnalisme. Un dispensaire fonctionne, j'ai pu former avec Fiorella, infirmière anesthésiste, une dizaine de personnes pour les premiers secours et la confection de pansements. Travail, échanges, rires, joie de vivre, amitié. Tandis que nos amis indiens retrouvent leur autonomie et leur dignité dans le travail, nous-mêmes retrouvons les vraies valeurs de la vie et l'enfant qui est en nous !

Localisation

Le village de Nedungolam se trouve à 45 km de l'aéroport international de Thiruvananthapuram (Trivandrum), capitale du Kerala, dans le Sud-Ouest de

l'Inde. Un taxi viendra vous prendre à l'aéroport si vous le désirez. Dans ce cas, prévenir à l'avance l'association Maithri Mandir au 00.91.474.20.616.77. Vous pouvez également prendre le train de Trivandrum à Paravur, puis le taxi jusqu'à Nedungolam.

CONTACTS

Maïthri Mandir. Sarva Atma Mithra
11, rue des marronniers, Caveirac 30820 France
Tél. : 33 4 66 81 84.15 • Portable : 33 6 63 31 61 09
Courriel : sarvatma777@yahoo.com, m.macheboeuf@tiscali.fr
Internet : www.maithrimandir.org
Marie-Angèle BONATO. 48, rue des Tulipes, 30240 Le Grau du Roi.
Tél. : 33 4 66 51 58 53 • Portable : 33 6 12 90 48 25
Courriel : marieangele3434@wanadoo.fr
Contactez-nous bien avant votre départ pour faire votre réservation.

Informations culturelles

Le Kerala est un petit État créé en 1956 sur la base d'une division linguistique de l'Inde. Il représente un peu moins de la moitié de la superficie de la France et est peuplé de 38 millions d'habitants. Il est arrosé deux fois par an par la mousson, ce qui explique sa végétation luxuriante et ses rivières qui coulent d'est en ouest vers la mer d'Arabie. L'ethnie de base est l'ethnie dravidienne. Toutefois, les relations commerciales autrefois avec la Chine et les pays arabes, les invasions aryennes, les premières diasporas juives et l'arrivée des colonies portugaises ont amené une population très diversifiée et provoqué la création de milliers de castes et sous-castes dans les différents groupes sociaux économiques. Jusqu'à l'arrivée du communisme, le système féodal était de mise. Mais avec ce nouveau régime, le Kerala est devenu l'État le plus alphabétisé de l'Inde. Les très gros progrès sanitaires ont aussi provoqué une explosion démographique qui explique certains des problèmes auxquels est aujourd'hui confronté le Kerala : surpopulation et dépendance alimentaire. La politique communiste et la présence de syndicats puissants n'ont jamais permis l'industrialisation du Kerala. Le Kerala est

aujourd'hui un État en crise. Les grandes familles qui vivaient jusqu'ici des intérêts de « l'argent du Golfe » placé dans les banques indiennes aux taux très avantageux de 18 %, se sont vues, suite à la décision gouvernementale d'aligner les taux d'intérêts à 4 % sur le marché mondial, incapables d'assumer leur subsistance. Toute l'économie locale en est affectée, avec un fort taux de chômage, un très fort niveau d'endettement et de graves conflits sociaux et familiaux. Le taux de suicide y est un des plus élevés au monde.

Séjour recommandé

Titre : Séjour Soins Ayurvédiques
Durée : 15 Jours
Dates : Hiver et Eté
Prix : Hébergement : 15 € par jour et par personne ; petit déjeuner 2 € ; repas indien 3 € ; soins : entre 20 et 30 €
Hébergement : à Maithri Mandir, dans des maisonnettes individuelles avec WC et douche à l'intérieur ; et à Dhyanabidhu, dans des chambres doubles
Saisons : hiver (décembre, janvier, février, mars) chaud et sec ; été (juillet, août, septembre) saison des pluies, mais la température est plus fraîche

Organisme de soutien

L'association Maïthri Mandir est une association indienne à but non-lucratif. L'association a choisi de se consacrer essentiellement aux femmes avec ou sans enfants, et aux orphelins qui subissent le plus dramatiquement la conjoncture socio-économique. Son action se concentre sur les besoins alimentaires, éducatifs et sanitaires.

La réserve de tigres de Periyar
(État du Kerala, District de Idukki)

Texte : **K.G. Mohanlal Nair**, kg_mohanlal@yahoo.com

*L*a Réserve de tigres de Periyar, plus connue sous le nom de Thekkady, offre un environnement unique alternant des paysages de forêt humide, de prairies et un lac qui attire des milliers de touristes venus du globe tout entier. Le Département forestier de l'État de Kerala a élaboré des programmes d'écotourisme qui mettent l'accent sur la protection des communautés autochtones et des forêts. Le gouvernement soutient ces initiatives à travers la Fondation Periyar, publique. Cinq cents familles en bénéficient directement, outre les répercussions sur la vie économique et sociale de la région.

- Le Sentier des tigres de Periyar : ce programme de trekking et de camping, très populaire sur le plan international, permet à 23 anciens braconniers de subsister tout en veillant sur les zones les plus sensibles de la réserve ;

- Rafting d'une journée dans des embarcations de bambou ;

- Randonnée nature : une journée de trekking avec vingt jeunes du hameau ;

- Patrouille dans la jungle : trekking nocturne comme volontaire rémunéré au sein de la patrouille régulière de protection de la forêt ;

- Séjour dans des tours d'observation au sein de la forêt et dans des huttes traditionnelles reconstituées au milieu des massifs de bambou et des prairies.

Enfin, un musée, le Tribal Heritage Museum, permet de se familiariser avec les traditions des peuples de la région.

Localisation

Le site se trouve à 140 km de l'aéroport de Madurai (État du Tamil Nadu, anciennement Madras) ; à 265 km de Kochi (Kerala) et à 265 km de Thiruvananthapuram (Kerala). Accessible par train et voiture.

CONTACT

Deputy Director (Periyar East). Periyar Tiger Reserve, Thekkady, Kerala, India • Tél. : 91 4869 222027 et 91 4869 222027 Fax : 91 4869 223750 • Courriel : dd@periyartigerreserve.org Internet : www.periyartigerreserve.org • Pour la réservation, vous pouvez contacter n'importe quel tour opérateur au Kerala.

La réserve de Shenduruney
(État du Kerala, District du Kollam)

Texte : **K.G. Mohanlal Nair,** kg_mohanlal@yahoo.com

*L*a Société Thenmala de Promotion de l'Écotourisme veille notamment sur la Réserve de Shenduruney, créée pour préserver une espèce endémique menacée : un arbre appelé *Gluta travancorica*. Le travail de cette structure, qui témoigne d'une synergie unique entre le gouvernement, le secteur privé et la communauté locale, a été salué sur le plan international, par l'Organisation Mondiale du Tourisme, entre autres.

Localisation

À 72 km de l'aéroport de Thiruvananthapuram. À 3 km de Thenmala. À 66 Kms de Kollam. Par la route, le site est très bien desservi depuis toutes les villes du Kerala.

CONTACT

Chief Executive
Thenmala Ecotourism Promotion Society
TC 15/1170, Krishnavilasom Road,
vazhuthacaud, Trivandrum
Kerala State, India
Tél. : 91 471 2329770
Fax : 91 471 337037
Courriel : info@tenmalaeotourism.com
Internet : www. tenmalaeotourism. com

ASSOCIATION KABANI
(ETAT DU KERALA, DISTRICT DE WAYANAD)

Texte et photos : **Sumesh Mangalassery**
et **Nirmal Joy,** kabanitour@yahoo.com

*L*es Adivasis – son peuple tribal – l'île de Kuruva – un trésor de biodiversité –, les Grottes préhistoriques d'Edakkal, les Chutes de Soochipaara et les Monts Chembra figurent parmi les principaux attraits du district de Wayanad, le moins développé de l'État du Kerala. L'ONG KABANI, une initiative communautaire, pense qu'un autre tourisme est possible. Tirant son nom de la seule rivière du district de Wayanad à couler dans une autre direction que la plupart des rivières du Kerala, l'association travaille à promouvoir le développement durable, et notamment l'agriculture organique, les techniques de gestion des déchets et des constructions respectueuses de l'environnement.

CONTACT

Sumesh Mangalassery & Nirmal Joy
P.O. Mananthavady, Wayanad (Dist), Kerala, India Pin – 670 645
Tél. : 91 9447546584 et 91 9447887396
Courriel : kabanitour@yahoo.com, info@kabani.org
Internet : www.kabani.org
Langues : anglais, malayalam, hindi

LODGE DE LA RIVIÈRE DE VAN GHAT
(PROVINCE DE UTTARANCHAL, OUEST DE L'HIMALAYA)

Texte et photos : **Vikram Singh,** vikram@wildworldindia.com
et **Sumantha Ghosh,** sumantha@wildworldindia.com

*L*a lodge de la rivière de Van Ghat, au Parc national de Corbett, a été créée dans le but d'aider la communauté locale, en collaboration avec le Département des forêts, à assurer la préservation du Mahseer à ailerons jaunes. Des braconniers non seulement mettaient en péril cette population mais abîmaient la rivière en y faisant sauter de la dynamite, en utilisant des blocs générateurs pour électrocuter les poissons, compromettant aussi, gravement, la perpective de développer une activité touristique de pêche sportive. Il y a trois ans, une base de surveillance et de préservation de l'espèce fut installée sur les lieux. En deux ans, le poisson avait fait son retour dans les eaux de la rivière. Le Département des eaux et forêts eut vent de notre initiative et nous loua une portion de cinq kilomètres de la rivière pour que nous puissions y développer, outre notre action de préservation, une activité de pêche sportive en coordination avec les communautés d'éco-développement du village (EDC's). Nous employons actuellement huit guides naturalistes locaux. La lodge se compose de cinq cases de chaume. On relâche le poisson, sitôt pêché. On note une recrudescence, dans la région, de la vie sauvage et notamment des tigres, des éléphants, des léopards, des cerfs et des antilopes et, maintenant que le Mahseer est revenu, les aigles-pêcheurs nichent de nouveau tout près.

CONTACT

Sumantha Ghos. 21 Kailash Hills, New Delhi 110065, India
Tél. : 91 11 26832883 • Fax : 91 11 26391769
Courriel : sumantha@wildworldindia.com
Internet : www.wildworldindia.com • Langue : anglais
Autre contact : mahseer@wildworldindia.com ;
wwi@wildworldindia.com

Communauté Lepcha
(État du Sikkim, Réserve du Dzongu)

Texte et photos : **Norbert Trehoux**, n.trehoux@wanadoo.fr

*A*près six heures de marche à travers les champs de cardamome, nous parvenons au monastère de Tholung. Dans ce lieu chargé d'histoire et de légendes, les reliques de Guru Rinpotché, le moine tibétain ayant introduit le bouddhisme en Inde, sont présentées aux fidèles, réunis en masse pour cette célébration. Pendant trois jours, une procession ininterrompue de pèlerins lepcha, bhotia et tibétains se recueillent, prient dans le bourdonnement de mantras intemporels... Retour à Tingvong chez nos hôtes, Bonhum et Pema, tous deux professeurs à l'école du village. En dégustant le maïs broyé, le riz soufflé et le tchi, boisson traditionnelle locale à base de millet fermenté, nous décidons de partir le lendemain à la rencontre de l'oncle de Pema, le sorcier qui communique avec les esprits de la nature. Depuis plusieurs mois, la montagne est fâchée : le gouvernement indien a entamé la construction d'un barrage au sud du Dzongu, un second est en projet. À terme, ce serait un quart de la superficie totale du Dzongu qui serait engloutie des dizaines d'espèces animales et végétales endémiques. L'oncle de Pema est convaincu qu'en accueillant des étrangers, en leur offrant la douceur du lieu et la beauté de l'âme lepcha, l'esprit de la montagne les protègera à nouveau.

Localisation

La Réserve du Dzongu est située dans le nord de l'État du Sikkim, au pied du Kangchenjunga (8585m). Depuis Delhi, envolez-vous pour Bagdogra, dans le Nord Bengale (3 heures de vol, 160 €), puis rejoignez Gangtok, la capitale du Sikkim, en jeep (153 kms, 4 heures, 2 €). Autre possibilité, Bagdogra/Gangtok en hélicoptère (vue imprenable sur la chaîne himalayenne, 20 mn, 50 €). À Gangtok, un représentant du DETC vous prend en charge et vous emmène dans la réserve en jeep-taxi (70 kms, 4 heures, 2 €).

CONTACT

En raison de sa situation géostratégique (frontalière du Népal et de la Chine), l'accès à la Réserve du Dzongu est récente et réglementée. Vous devez réserver votre séjour par courriel auprès du Comité Écotouristique du Dzongu (DETC). Ce comité organise les séjours, gère les aspects logistiques (obtention de permis, taxis depuis/vers Gangtok), et redistribue les revenus du tourisme à la communauté. Les réservations doivent être faites au moins six semaines à l'avance.

M. Sherap LEPCHA, Secrétaire Général du DETC
Development Area, Gangtok – 737101, Sikkim, India
Tél. : 91 3592 226162 • Portable : 91 98320 46882
Courriel : sherap@rediffmail.com

Mr. Renzino LEPCHA, Secrétaire d'ECOSS, (Ecotourism and Conservation Society of Sikkim (ECOSS), l'ONG partenaire
Below Fellowship Church, Gangtok 737101, Sikkim, India
Courriel : ecoss@sikkiminfo.net • Tél. : 00 91 3592-229183
Portable : 00 91 94341 44144 • Internet : www.sikkiminfo.net/ecoss
Internet : www.himalayan-homestays.com • Langue : anglais

Informations culturelles

Peuple originel du Sikkim, les Lepcha ne représentent plus aujourd'hui que 10 % de sa population (60 % de Népalais, 20 % de Bhotias et 10 % d'Indiens). On dit qu'ils sont arrivés de la région d'Assam, au XIIe siècle, mais ils se considèrent comme les enfants du Kangchenjunga et ont leur propre langage, très ancien et de la famille tibéto-birmane. 90 % des Lepcha sont des agriculteurs, cultivant essentiellement la cardamome. Revendue très peu cher aux commerçants de la ville, cette épice ne leur permet plus néanmoins de vivre correctement. La vie quotidienne des villageois est étroitement liée à celle des monastères. Le bouddhisme relève de l'école des Nyingmapa. Cette école réunit les plus anciennes traditions tibétaines qui datent du VIIIe siècle et ses enseignements sont souvent mêlés d'éléments Bön, la première religion du Tibet, qui fait appel à la magie. Les Nyingmapa ont une discipline religieuse beaucoup moins stricte que celle des autres écoles : les moines ont le droit de se marier afin d'avoir une descendance qui leur permettra de perpétuer la tradition et la transmission des enseignements. Ils ont aussi le droit d'avoir des occupations laïques et de vivre hors des monastères. La littérature,

l'art et la culture Lepcha étaient très riches, mais tout fut détruit à l'arrivée des Tibétains, dont l'influence fut profonde.

Séjour recommandé

Titre : Découvrez l'histoire, le mode de vie et la culture des Lepcha

Prix : 45 €/jour, départ de et retour à Gangtok. Le prix de votre séjour est versé au Comité touristique du Dzongu, qui le redistribue aux personnes concernées (guide, chambre d'hôte, taxi…).

Durée : de 2 à 7 jours selon les désirs, en logement chez l'habitant.

Activités : Visite des monastères et rencontre avec les moines et les sages ; participation aux récoltes, à la cuisine ; initiation aux plantes médicinales ; randonnées sur les chemins escarpés avec un guide local, présent durant tout votre séjour.

Hébergement : les familles vous reçoivent chez elles en toute simplicité, dans des maisons construites en pierre et bois. Vous disposez d'une chambre indépendante, à un ou deux lits, et savourez les repas traditionnels Lepcha.

Saisons : la meilleure période pour visiter le Dzongu s'étale de mi-septembre à mi-décembre et de mars à juin. Climat tempéré, chaud en journée et frais à froid la nuit. Prévoir des vêtements légers à chauds.

Taille des groupes : 8 personnes au maxim.

Conditions requises : connaissance de l'anglais et bonne condition physique.

Organisme de soutien

Ce projet de développement du tourisme communautaire dans la réserve du Dzongu a été initié en 2002 par l'ONG Geres (Groupe Énergies Renouvelables et Environnement Solidaire), financée par l'Union Européenne. L'objectif du Geres a été de définir le contour d'un schéma touristique cohérent avec le potentiel et les attentes locales et de mettre en œuvre des actions concrètes sur le terrain. http://geres.free.fr

SÉJOURS ZANSKARPA
(VALLÉE DU ZANSKAR, LADAKH)

Texte et photos : Rencontres au Bout du Monde

*D*epuis Leh, c'est par une piste caillouteuse que nous rejoignons ces villages du bout du monde. Nous apprenons comment confectionner le *chang* (la bière d'orge) et les *mok mok* (sortes de raviolis tibétains) que nous dégustons le soir, lors d'une *chang party* organisée en notre honneur. Nous assistons à la peinture des *tangkas* : cet art d'une complexité extrême demande à ceux qui souhaitent le pratiquer plusieurs années d'études assidues. Ancien royaume perdu au cœur de l'État indien du Jammu et Cachemire, le Zanskar est constitué d'une large vallée située à plus de 3500 mètres d'altitude que traverse l'imposante et tumultueuse rivière Zanskar, dominée par des cimes dépassant souvent les 6000 mètres. Totalement isolée du monde par le froid et la neige durant huit mois de l'année, la population (environ quinze mille personnes) y vit depuis toujours en autarcie, cultivant l'orge qui constitue l'aliment de base mais aussi une monnaie d'échange, tout comme l'élevage du yak dont le lait produit le beurre nécessaire à la fabrication du très convivial thé tibétain. La culture bouddhiste tibétaine, et l'isolement engendre chez les Zanskarpas une ouverture envers autrui sans pareil.

CONTACT

Rencontres au Bout du Monde
1013, chemin Mouret. 13100 Aix-en-Provence • Tél. : 33 4 42 96 42 89
Courriel :rencontresbm@wanadoo.fr • Internet : www.boutdumonde.ws

Séjour recommandé

Titre : **Séjour villageois multi-activités dans la haute-vallée du Zanskar** (avec ou sans randonnée).
Durée : 24 jours dont 13 en immersion dans les villages du Zanskar.
Dates : août.
Prix : 1365 € par personne dont 103 € intégralement attribués à nos programmes de solidarité et au CBT du Zanskar.
Taille des groupes : 6 personnes maximum.
Autre option : Un deuxième séjour villageois avec randonnée sera proposé en juillet et août 2006 : 26 jours dont 8 en immersion dans les villages et 9 de randonnée.

HIMALAYAN HOMESTAYS
(LADAKH)

Texte : SNC   Photos : Rencontres au bout du Monde

$\mathcal{C}$e réseau de séjours chez l'habitant, au Ladakh, s'est créé en 2002 après que les locaux eurent manifesté leur désir de tirer profit des touristes passant dans leurs villages. Les premiers séjours furent organisés dans le Parc national d'Hemis, capitale indienne du léopard de neige, puis dans le Sham. Ces séjours leur procurent des revenus supplémentaires et compensent les pertes de bétail dues au léopard des neiges et autres prédateurs. Les villageois, engagés dans cette activité touristique, comprennent qu'ils ont tout intérêt à veiller sur ce beau félin de l'Himalaya, rare et menacé. Le Parc National de Hemis, au sud de Leh, est divisé en trois grandes vallées, Rumbak, Markha et Shang, reliées par des passes – Gandala (4 900mètres) et Kongmrula (5 150 mètres) –, infranchissables l'hiver. Quinze villages et cent maisonnées environ peuplent ces vallées qui restent l'habitat privilégié du célèbre léopard des neiges. Les chambres sont confortables, avec bougies ou chauffage solaire, un mobilier traditionnel et des aménagements qui respectent parfaitement l'environnement.

CONTACT

Himalayan Homestay Organizations. Snow Leopard Conservancy, Ladakh Rinchen Wangchuk, IBEX Hotel Complex, Leh 194 101
Tél. : 91 1982 250953 ; fax 252735 • Courriel : slcindia@sancharnet.in

Organismes de soutien

L'Institut de la Montagne (The Mountain Institute ou TMI) s'est spécialisé dans la protection des environnements naturels et humains des montagnes et l'amélioration des conditions de vie des montagnards, dans l'Himalaya, les Andes et les Appalaches. Courriel : summit@mountain.org. Internet : www.mountain.org

La Société de Conservation du Léopard des Neiges (SLC) se consacre à la défense de cette espèce menacée. Elle part du principe que les locaux sont potentiellement les protecteurs les plus efficaces du léopard des neiges. Contact au Ladakh : slcindia@sancharnet.in. Internet : www.snowleopardconservancy.org

COMMUNAUTÉ MENTAWAI
OU LES « HOMMES-FLEURS »
(ÎLE DE SIBERUT, ARCHIPEL DES MENTAWAI)

Texte : **Jean-Luc Mathion** et **Jérôme Kotry** Photos : **Philippe Gigliotti**

*N*ous sortons d'une jungle épaisse pour entrer dans une petite clairière peuplée de cochons, de poules. Au milieu, une grande construction de bois, montée sur pilotis. C'est une *uma*, la maison communautaire des *Mentawai*, les « hommes-fleurs » qui ont décidé de préser-

ver leur mode de vie traditionnel sur cette toute petite île, menacée par la déforestation. Ils sont quelques centaines, un millier peut-être. Sur la véranda de l'*uma*, le chef de la maison nous attend, vêtu d'un pagne rouge, couvert de tatouages, une fleur dans les cheveux. Sa dignité est intimidante. Teo Repa, notre hôte, est *sikkerei*, c'est-à-dire *chaman*. Mais il est aussi rimata, le chef de son clan. Aussi, a-t-il de nombreuses visites : les membres d'*uma* voisines venant se faire conseiller, exposant leurs malheurs ou leurs conflits. Comme toujours chez les *mentawai*, tout se passe dans l'harmonie, la discussion est ouverte. Mais la veille de notre départ, c'est une tâche de *sikkerei* qui attend Teo Repa : il sacrifie en notre honneur une poule et un cochon. Et, surprise, il leur parle longuement avant de le faire, presque en douceur. Encore une fois, il faut préserver l'harmonie, et l'animal ne doit pas partir fâché. Seuls les chamans connaissent les formules adéquates pour cela. Puis chaque personne présente offrira une mèche de cheveux, qui seront tous mélangés, toujours sous le flot de paroles magiques, afin que tous ici ne fassent plus qu'un.

Localisation

En bordure de l'Océan Indien et à 150 kilomètres des côtes de Sumatra, l'île de Siberut est la plus grande de l'archipel des Mentawai, composé d'une quarantaine d'îles, dont quatre seulement sont habitées. On y accède en ferry ou en pirogue à moteur chartérisée depuis la ville de Padang, capitale de Sumatra ouest.

Hendrikus Napitupulu. Muara Siberut — Indonésie
Relais opérationnel en Indonésie : Jean-Luc Mathion, Français qui
réside à Bali et accompagne les voyages Tamera sur Siberut.
Tél. (portable) : 62 812 464 99 22
Courriel : tttjlm@yahoo.fr ou kitetal@pop.denpasar.indo.net.id
Pour la réservation des séjours organisés, contacter le tour opérateur
Tamera en France
26, rue du Bœuf 69005 Lyon
Tél. : 33 4 78 37 88 88 – Fax : 33 4 78 92 99 70
Courriel : jerome@tamera.fr ou tamera@tamera.fr
Internet : www.tamera.fr

Informations culturelles

Les *mentawai* sont actuellement parmi les tout derniers représentants d'une
tradition dite « néolithique » vieille de 3000 ans. Contrairement à la plupart des
ethnies indonésiennes, ils ne connaissent ni la culture du riz, ni le travail du fer,
ni le tissage, ni la poterie, ce qui est le résultat de réels choix et non un ancrage
dans un mode de fonctionnement « primitif ». Ils pratiquent la chasse à l'arc, la
pêche, quelques cultures et la cueillette. Le pivot de leur vie sociale, politique et
religieuse n'est pas le village, mais l'*uma*, la maison communautaire d'un clan,
composé de 5 à 10 familles dont certaines seulement vivent dans l'*uma*. De grandes cérémonies collectives, les *puliajat*, contribuent tout au long de l'année à consolider le sens égalitaire et unitaire de la communauté. Parmi toutes les parures cor-
porelles, il y a d'étonnants tatouages, et bien sûr les fleurs, notamment les
hibiscus, que les *mentawai* se mettent dans les cheveux, d'où leur surnom
d'« hommes-fleurs ».

Séjour recommandé

Titre : Rencontre avec les « hommes-fleurs » de Siberut
Durée : 15 jours France/France.
Dates de départ : départs regroupés les 22 Avril et 16 Septembre 2006, mais départs à la carte possibles à d'autres périodes.
Saisons : toute l'année (climat équatorial).
Prix : 2 890 €€
Inclus : tous les vols internationaux et intérieurs ; les transferts et les transports terrestres en minibus, bateaux et pirogues ; l'hébergement ; tous les repas (sauf à Padang) ; les services d'un accompagnateur français vivant en Indonésie et spécialiste des « hommes-fleurs », d'un chef d'expédition local et de porteurs locaux ; les entrées des sites et permis de trekking ; une contribution au développement d'une école, projet dans lequel les *Mentawai* sont partie prenante et agissante, avec pour enseignants des *Mentawai* et un enseignement destiné à les initier aux savoirs modernes tout en stimulant et perpétuant les savoirs ancestraux qui sont en danger de disparition.

Exclus : les taxes aériennes, les frais de visa (25 dollars à l'arrivée à Padang), les repas à Padang, les cadeaux aux *Mentawai* qui nous accueillent, le supplément d'hébergement chambre individuelle à Padang et Bungus, les boissons autres que thé, café et eau, les dépenses personnelles, les assurances…

Activités : randonnée à pied à la rencontre des « hommes-fleurs ». Parcours adaptables selon les souhaits du groupe ; possibilité d'immersion dans une *uma* au sein d'une communauté pour 3 à 7 jours.

Hébergement : chez les *Mentawai*, l'hébergement se fait dans la partie réservée aux invités de passage au sein de l'*uma* traditionnelle. Sinon, chez l'habitant à Muara Siberut, en hôtel à Padang et en *losmen* (auberge indonésienne) au bord de l'océan à Bungus.

Taille des groupes : 6 personnes au maximum.

Conditions requises : bonne condition physique, bonne humeur et un engagement moral. Conditions climatiques : chaud et humide. Il peut pleuvoir toute l'année.

Autres options : Un superbe voyage d'exception de 22 jours, la Grande Traversée de Siberut, partira les 16 Avril 2006 et 3 Mars 2007, dans le cadre de la Trans-indonésienne de Tamera. Rencontre de 5 clans *mentawai*, dont les légendaires *sakuddei*, au cours d'une traversée est-ouest de l'île à pied et en pirogue, accompagnée par des représentants des clans traversés. 3 900 € (5 personnes).

TERRES COUTUMIÈRES
DE KRAYAN HULU
(EAST KALIMANTAN, DISTRICT DE NUNUKAN, TIMOR)

Texte : **Cristina Eghenter**, awing@samarinda.org

*L*es hautes terres de Krayan se trouvent dans le cœur de Bornéo, dans la partie nord de la frontière occidentale de l'Indonésie avec la Malaisie. La fraîcheur repose du climat chaud et moite des basses terres de Bornéo. L'hospitalité est pro- fondément enracinée dans les traditions des peuples Dayak Lundayeh et Sa'ban. Un pro- gramme pilote en matière d'écotourisme communautaire a vu le jour ici, en 2002. Trois communautés composent la région : Long Rungan, le plus petit village ; Pa'Upan situé à mi-rivière et Long Layu, en amont de la rivière et peuplé de quelque six cents personnes. Une partie de ces terres fait partie du Parc National de Kayan Mentarang, l'une des forêts humi- des de montagne les plus vastes d'Asie du sud-est. Pour les autochtones, il était important qu'un projet de conservation profite à l'économie locale et s'inscrive dans une perspective de développement durable. L'inspiration de ce projet est venue d'une visite à Sabah, en Malaisie, où plusieurs communautés avaient mis au point une entreprise de ce type. Le World Wide Fund contribua à son développement. En 2003, le comité local d'écotourisme était devenu une ONG, appelée Tana Tam Krayan Hulu, ce qui veut dire « Notre terre de Karyan Hulu ». Cet organisme maintient des liens avec les communautés de l'autre côté de la frontière, à Sarawak et Sabah, avec lesquelles il tente de mettre en œuvre des programmes d'é- cotourisme transfontaliers.

Localisation

Des vols de la Missionary Aviation Fellowship (MAF) relient Tarakan à Long Bawan trois fois par semaine (petits avions de 4 à 5 places). La MAF dessert aussi Long Layu, Tang Laan et Long Rungan une ou deux fois par semaine au départ de Long Bawan. Les réservations doivent être faites très à l'avance.

CONTACT

Mr. Oktavianus Ramli et Mr. Gat Kaleb
LSM Tana Tam Krayan Hulu, Jalan Diponegoro No 18,
Tarakan, Kalimantan Timur Indonésie
ou c/o WWF Kayan Mentarang National Park,
Jalan Gunung Belah 188, Tarakan Kalimantan Timur Indonésie
Tél. : 62 551 34010 (LSM Tana Tam) • Tél. : 62 551 21723 (WWF KMNP)
Fax : 62 551 21507 (WWF KMNP)
Courriel : Tana_tam@yahoo.com (LSM Tana Tam),
awing@samarinda.org (WWF KMNP)
Internet : www.borneo-ecotourism.com
Langue : indonésien et anglais

Informations culturelles

Cette région est peuplée par les Dayak Sa'ban qui viennent du sud (Hulu Bahau) et les Dayak Lundayeh (Lengilu) qui ont atteint les terres hautes en descendant la rivière. La loi coutumière joue toujours un rôle important dans la vie sociale des Dayak qui vivent au cœur de Bornéo. Les communautés vivant de part et d'autre de la frontière entre la Malaisie et l'Indonésie partagent bien des coutumes et la langue. Cet héritage commun fait de cette région une destination unique en matière d'écotourisme transfrontalier. La communauté a élaboré un code de conduite pour les touristes. On conseille aux voyageurs de ne pas se déplacer sans accompagnateur local et de respecter les prix établis par le Comité d'Écotourisme.

Séjour recommandé

Le Comité d'Écotourisme de Krayan Hulu propose des séjours chez l'habitant. L'hébergement est modeste mais l'atmosphère amicale qui règne dans les villages en fait une destination inoubliable. Sur demande, le Comité peut organiser des spectacles de danses traditionnelles. Il y a un bel artisanat : nattes et paniers en bambou.

LONG JELET, HULU PUJUNGAN
(PROVINCE DE KALIMANTAN TIMUR, DISTRICT DE MALINAU)

Texte : **Cristina Eghenter**, awing@samarinda.org.

*L*ong Jelet est un très petit village, situé dans la partie haute de la rivière Pujungan, le dernier avant la longue plongée dans le vide de la forêt vierge et la chaîne montagneuse qui sépare la région de Pujungan de celle d'Apo Kayan. L'atmosphère est très chaleureuse dans ce village qui est la porte d'entrée sur la magnifique jungle et les grands sites historiques du centre de Bornéo. Les traditions y sont encore très vivaces : culture du riz, cueillette dans la forêt, pêche, chasse, travail collectif, et la célébration du nouvel an quand le son des guitares traditionnelles Kenyah emplit l'air et que les danses se déploient pour le plus grand plaisir des villageois et de leurs hôtes. Le comité local d'écotourisme veille sur plusieurs sentiers menant aux chutes majestueuses et aux sommets de la région. L'hébergement se fait chez l'habitant, simple mais propre. Le séjour est inoubliable !

CONTACT

Mr. Laing Jalung. c/o WWF Kayan Mentarang National Park
Jalan Gunung Belah 188, Tarakan – Kalimantan Timur, Indonésie
Tél. : 62 551 34010 (LSM Tana Tam), 62 551 21723 (WWF KMNP)
Fax : 62 551 21507 (WWF KMNP)
Courriel : awing@samarinda.org (WWF KMNP)
Internet : www.borneo-ecotourism.com
Langue : indonésien et anglais

LE TREK DE RINJANI
(ÎLE DE LOMBOK, À L'EST DE BALI)

Texte : **Lisa Choegyal** lisa@trcnz.com, Photos : **Heinz-Josef Heile**

*L*e Mont Rijani, situé à une altitude de 3726 mètres, dans l'Île de Lombok, est le second plus haut sommet volcanique d'Indonésie. Il fait partie de la fameuse « Ceinture de Feu ». Le Trek de Rinjani, qui dure quatre jours, traverse le Parc national de Gunung Rinjani, et relie les villages de Senaru et de Sembalun Lawang, via les bords du cratère, ou vice versa. On considère que c'est l'un des meilleurs treks de toute l'Asie du Sud-Est. On peut le faire seul, ou avec des guides locaux et des porteurs. Les forêts pentues qui s'élèvent directement depuis la mer, entretiennent un micro climat et servent de collecteurs d'eau pour toute l'île de Lombok. Le Parc de Gunung, créé en 1997, se déploie sur quelque 40 000 hectares dans une zone de transition majeure, appelée *Wallacea*, où la flore et la faune d'Asie du Sud-Est rencontrent celles de l'Australasie. Pour les insulaires de Lombok, aussi bien les Sasak que les Balinais, le volcan est un lieu sacré. Chaque année, des milliers de pèlerins s'y rendent pour lui prodiguer des offrandes et baigner leurs maux dans ses sources d'eau chaude.

Ce trek, qui s'intègre à un programme d'écotourisme, a été lancé en 1999, avec l'aide du gouvernement néo-zélandais. L'objectif est de prendre appui sur le programme d'écotourisme pour financer la gestion du Parc. Le trek est géré par le *Rinjani Trek Management Board* (RTMB) dont le siège est à Mataram, la capitale de l'île de Lombok. Il y a environ vingt villages dans le voisinage du Parc. Les Sasak, son principal peuplement, sont issus de couches socio-économiques très défavorisées. Ils pratiquent un mélange d'hindouisme et d'islam, mâtiné de croyances animistes ancestrales. Le trek étant de nature relativement difficile, les visiteurs sont plutôt jeunes (moins de 35 ans) et, quand ils sont étrangers, viennent d'Europe et d'Australie, du Sud-Est asiatique pour certains. Le centre d'information de Rijani, géré par la communauté, propose des expositions conçues en partenariat avec le bureau indonésien du World Wide Fund International (section volcanologie) et les

autochtones. Elles traitent des cultures Sasak et balinaise ; du sens que ces peuples donnent à la montagne ; des codes d'éthique et de sécurité à respecter ; de la flore et la faune. Les chefs locaux ont mis au point des visites guidées des villages. Ainsi, dans le village de Pemangku, on peut passer du temps avec un chef religieux tout en se familiarisant avec les techniques des fermiers locaux. La tradition orale a fait l'objet de transcriptions dans des manuels pour revaloriser la culture locale et aider les villageois dans l'accueil de leurs hôtes. Les visiteurs à la journée et les trekkeurs plus fortunés peuvent faire des dons par le biais des centres d'accueil et des coopératives villageoises.

Le village de Senaru, à deux heures et demi de voiture (trajet sans difficulté) de Mataram ou de Senggigi, est la principale porte d'accès au Parc national. Même pour ceux qui ne souhaitent pas faire le trek, le site est très populaire : un agréable village de montagne, frais et fleuri, perché sur un éperon au-dessus de Bayan. L'hébergement se fait dans des gîtes familiaux (*losmen*). Les cafés servent de délicieuses spécialités locales. Les guides, dont beaucoup de femmes, proposeront aussi de vous faire découvrir les villages voisins : les rizières en terrasse, trois chutes d'eau et nombre d'autres magnifiques panoramas.

CONTACT

M. Asmuni Irpan. Rinjani Trek Manager
Courriel : rinjani@indo.net.id
Internet : www.lomboksumbawa.com/rinjani/trek.htm
Autre contact
NZAID-GRNP (Programme d'écotourisme du Trek de Rinjani)
Lombok Raya Hotel. Jl. Panca Usaha n° 11, Mataram
Lombok, NTB, Indonésie • Tél. et fax : 62 370 641124
ou tél. de l'hôtel : 62 370 632305 x 1407
Courriel . rinjani@indo.net.id

L'Association de tourisme du Kazakhstan

Texte : UNESCO, www.unesco.org/culture/fr

*L*e Kazakhstan, qui est le neuvième plus grand pays au monde, propose de nombreuses activités écotouristiques : découverte des vastes steppes du pays, trekking, rafting et escalade dans l'extraordinaire système montagneux du Tian Shan, nom chinois des « Monts célestes » qui longent les confins sud-est du pays. Le tourisme est un phénomène relativement récent dans le Kazakhstan rural, mais on note, chez les touristes étrangers, un intérêt croissant pour la culture nomade kazakhe. Un moyen peut-être pour réduire le chômage et la pauvreté dans les campagnes. Au Kazakhstan, l'UNESCO a pour partenaire la Fondation montagnarde kazakhe, une ONG dont le siège est à Almaty, l'ancienne capitale du pays. Des activités supplémentaires sont en cours de développement, telles que la vente d'artisanat et l'hébergement dans des yourtes, ces habitations en feutre propres aux nomades d'Asie centrale. Une coopération se met aussi en place avec les Kirghizes pour développer le tourisme transfrontalier, les monts du Tian Shan se déployant également dans le Kirghizstan. La Kazakhstan Tourist Association a un centre d'information, ouvert depuis avril 2005 (Ecotourism Information and Resource Centre, EIRC). Sur son site Internet, on trouve des informations sur une dizaine de circuits à la journée, des sites à visiter et des séjours chez l'habitant. La Kazakhastan Moutaineering Foundation offre quant à elle une assistance au développement du tourisme culturel et sportif en montagne et rassemble des séjours à caractère sportif et naturaliste organisés par des agences réceptives et des communautés locales.

CONTACT

Kazakhstan Tourist Association. Nathalie Pereira
Office 520, 85 Dostyk Avenue, 480100 Almaty – Kazakhstan
Courriel : pereira.nathalie@gmail.com ecotourism.kz@mail.kz
Internet : www.ecotourism.kz

Kazakhastan Moutaineering Foundation
Internet : www.kazakhstan-ecotourism.org
Séjours recommandés :
www.kazakhstan-ecotourism.org/eco/index.php

L'Association de tourisme communautaire du Kyrgyzstan

Texte : **Métilde Wendenbaum** ECEAT Project.
M.Wendenbaum@Eceat-projects.org
Photos : **Jacqueline Ripart** et Shepherd's way trekking

L'Association de tourisme communautaire Kyrggyz (Kyrggyz Community Based Tourism Association ou KCBTA), active depuis 2000 mais officiellement enregistrée en janvier 2003, s'est constituée pour tenter d'améliorer les conditions de vie des populations vivant dans les régions montagneuses isolées du pays. Onze destinations sont aujourd'hui accessibles à travers cet organisme avec chaque fois, la possibilité de séjourner dans les villages ou les communautés nomades. Cinq groupes de bergers se sont par ailleurs regroupés pour proposer des séjours de « jailoo tourisme » ou tourisme en yourte : ce produit s'appelle *Shepherds'Life*, Vie de Berger. L'association dont le siège est à Bishkek, la capitale, bénéficie du soutien inconditionnel de l'association suisse de coopération internationale, Helvetas, et en particulier de son Community Based Tourism Support Project (CBTSP) qui opère dans tout le pays. Un partenariat entre cette association et certains tours opérateurs réceptifs du pays a également été mis en place afin de regrouper et clarifier l'offre touristique nationale disponible en matière de tourisme durable. L'association diffuse une brochure (dont une partie peut être téléchargée sur Internet) présentant ses membres et les séjours qu'ils conçoivent ainsi que nombre d'autres informations relatives aux manifestations culturelles et aux festivals divers.

CONTACT

KCBTA. Ms. Aigul Shabdanbekova (spécialiste marketing)
#4, 95 Kievskaya St., Bishkek 720001 Kyrgyzstan
Tél. : 996 312 62 23 85 ou 61 18 14 • Fax : 996 312 61 18 14
Courriel : marketing@cbtkyrgyzstan.kg, guinee@yandex.ru,
Internet : www.cbtkyrgyzstan.kg,
www.tourism.elcat.kg, www.helvetas.kg
Pour les coordonnées des membres de KCBTA et de leurs partenaires,
consulter les sites : www.cbt.in.kg/en/contacts
et www.cbtkyrgyzstan.kg/en/partners

Shepherd's Way Trekking
(Région d'Issyk-Kul)

Texte : **Métilde Wendenbaum** ECEAT Project,
M.Wendenbaum@Eceat-projects.org et **Gulmira Ishen** shepherd@elcat.kg,
Photos : **Jacqueline Ripart** et Shepherd's way trekking

*U*ne belle histoire que ce trek de Shepherd's Way ! Gulmira et Ishen, qui ont fondé cette petite société familiale à Barskoon, au sud du lac Issyk-Kul, en 1994, avec Rash Obolbekovs, le frère d'Ishen, sont tous deux issus de familles de bergers traditionnelles. Enfant, la jeune Gulmira parcourait tous les jours dix kilomètres pour aller à l'école dans la vallée. Mais sous le régime communiste, arriver à l'école à cheval était mal vu, aussi laissait-elle son cheval à l'entrée du village. Gulmira et Ishen se sont rencontrés à l'université de Kyrgyz State, à Bishkek. Mariés, ils revinrent dans leur village natal, à 1600 m d'altitude, pour y enseigner l'anglais à l'école. À l'époque, il y avait un fort taux d'alphabétisation (99 %) et le système de santé était gratuit pour tout le monde. Mais en 1991, après la chute de l'ancienne Union Soviétique, les salaires arrivaient avec un retard de cinq à six mois, les produits manquaient dans les magasins et l'inflation était forte. Incapables de faire face, le couple repartit vivre dans la capitale où Ishen travailla à la création d'une agence de tourisme gouvernementale, spécialisée dans les randonnées équestres. Mais après deux ans au service de cette société et sur les conseils d'un ami suisse, il décida de revenir une nouvelle fois au village, avec Gulmira, et fonder, après cinq ans encore de travail à la mine, cette petite société de tourisme équestre. Rash, leur associé, est le plus jeune fils de la famille. Comme le veut la tradition, il demeure au village avec ses parents âgés et hérite du père. À Barskoon (base de ce trekking à cheval), c'est lui qui est responsable des chevaux et assure l'organisation du travail. Shepherd's Way Trekking est la seule société de tout le Kirghizstan à posséder ses propres chevaux. Elle opère de manière saisonnière dans trois villages avec, au total, de quinze à vingt villageois impliqués dans cette activité touristique. Les chevaux sont fournis avec des selles Kyrgyz, rembourrées en laine épaisse

et très confortables. En chemin, les employés s'occupent des chevaux, installent le camp et préparent tous les repas. Les randonnées vont de très faciles sur des chemins larges, à difficiles avec des rivières à traverser, et des gorges impressionnantes. Les membres de la société sont très concernés par la protection de l'environnement ; ils organisent des séminaires dans les écoles, portant par exemple sur la collecte et le tri des déchets. Les visiteurs peuvent acheter des chapeaux, chaussures, chaussons, souvenirs, tapis Kyrgyz et sacs fabriqués par la communauté. Gulmira s'apprête à aider un réseau de dix femmes, qui existe déjà dans leur village, à développer et diversifier leur artisanat pour le commercialiser sur place et à l'étranger.

Localisation

Le village de Barskoon est situé à proximité du lac de Issyk-Kul à 350 kilomètres à l'est de la capitale, Bishkek

CONTACT

Gulmira, Ishen & Rash Obolbekov
P.O. Box : 2032, Bishkek, 720000, Kirghizstan
Tél : 996 312 29 74 06 ou 996 312 66 73 71
Portable : 996 502 51 83 15
Courriel : shepherd@elcat.kg
Internet : http://www.kyrgyztrek.com/
Autres tours opérateurs proposant ce séjour : en France, Cheval d'Aventure, Caval'Rando, Nomade Aventure, Tamera Voyages d'Aventures ; en Suisse, Voyages APN ; en Grande-Bretagne, The Adventure Company.

Informations culturelles

Le Kirghizstan était formé autrefois de nombreuses tribus, chacune contrôlée par un roi. Chaque représentant siégeait au parlement sous le nom de « Groupe de barbes blanches ». Aujourd'hui encore, un groupe de sages continue à participer de façon non officielle au gouvernement. Les nomades vivaient alors de lait et viande de chèvre ; ils échangeaient leurs produits avec la Chine et

l'Ouzbékistan. Les richesses de chaque région dépendaient des qualités diplomatiques du chef de la tribu (ainsi, le chef de la tribu d'Issyk-Kul signa un important accord de paix avec la Russie et la Chine et la population put bénéficier d'outils, de graines et de nouveaux chevaux). Nombreux sont les jeunes qui étudient maintenant à l'étranger, espérant ainsi trouver plus facilement un travail à leur retour. Les Kyrgyz accordent beaucoup d'importance aux animaux, à l'eau, au silence, au bois, au pain... Ils n'ont aucun désir de conquête territoriale. Le respect envers les femmes est un des fondements de leur société (une expression évoque le devoir d'un fils à « rembourser le lait de sa mère »). De nombreuses femmes ont accédé à un rang politique élevé. Après l'effondrement de l'ex-Union Soviétique, les femmes furent les premières à élaborer des solutions pour survivre alors que leurs maris se désespéraient d'avoir perdu leurs activités.

Séjour recommandé

Titre : **Randonnée à cheval en haute montagne**

Durée : 8 jours.

Dates : chaque semaine en fonction de la compagnie aérienne choisie.

Prix : entre 60 et 90 € par personne et par jour. Le prix varie en fonction de la région, de la difficulté du parcours et du nombre de participants.

Inclus : hébergement chez l'habitant et en yourtes au village de Barskoon à l'arrivée et au départ ; chevaux, guides, tentes, repas.

Activités : randonnée à cheval. Toutes les courses partent de Barskoon, sur la rive sud du lac Issyk-Kul. Les guides parlent anglais, Kyrgyz et russe. Ils sont tous formés en conduite équestre, secourisme et ont tous l'expérience des urgences en montagne. Superbes paysages, tapis d'edelweiss.

Hébergement : sous tente, dans les yourtes et chez l'habitant.

Taille des groupes : de 2 au minimum à 8 au maximum.

Conditions requises : pour tous les âges.

Saisons : de mi-avril à mi-octobre (de +2° C à +28 ° C). Les nuits sont froides (jusqu'à -11° C parfois).

Autres options : 13 circuits différents sont proposés d'une durée de 4 à 30 jours.

Programme de développement touristique du Mékong ou MTDP
(Luang Namtha, Luang Prabang, Khammouane, Champassak)

Texte : **Paul Eshoo**, pauleshoo@yahoo.com,
Photos : **Tara Gujadhur, Souksan Pakzy, Jan Burrows, Nam Ha project**

*N*ous avons quitté le bureau plus tard que prévu, rassemblant avec précipitation nos affaires pour notre mission de quatre jours. Il s'agissait de sensibiliser des villages cibles aux avantages et aux inconvénients du tourisme ; d'expliquer aux villageois comment ils peuvent minimiser l'impact du tourisme tout en en bénéficiant de manière durable et équitable. Nous devions visiter quatre villages ethniques (Hmong, Lanten, Khmu, Sida) situés sur la Pu Sam Yord, la Montagne aux Trois Pics, gigantesque relief visible de la ville de Luang Namtha. Ce voyage avait été choisi en raison de sa riche diversité culturelle (quatre groupes ethniques), de sa beauté naturelle (jungle épaisse, vues panoramiques, terrains variés), des besoins financiers et de l'isolement des villages.

Au bout de deux heures de marche, nous avons émergé de la jungle. L'ascension de la montagne Sam Yord, difficile, devait nous prendre encore cinq heures. Nous étions arrivés... Quoique... À Sam Yord Maï, un village Hmong qui s'était déplacé vers (ce que ses habitants considéraient) un lieu moins en hauteur, plus proche de la route, que leur ancien village, Sam Yord Kao, la destination que nous visions. Nous avons continué notre route et, au terme d'une autre longue journée de marche, sommes finalement arrivés à l'ancien village, Sam Yord Kao. Le chef du village était tout sourire et amusé de savoir que nous avions marché si longtemps pour arriver jusqu'à lui. Sans hésitation, il nous cuisina un plat chaud de riz nature et engagea une plaisante conversation avant de nous montrer les lits que les villageois nous avaient gentiment préparés. Le lendemain, tous assistèrent nombreux à la réunion de sensibilisation au tourisme, brillants pour l'occasion dans leurs costumes traditionnels Hmong. Ils commencèrent par énoncer les choses à faire et à ne pas faire : « Il ne faut jamais toucher l'autel dans une maison », expliqua un chaman. « Ne pas non plus entrer dans une maison qui a une branche placée

devant l'entrée sans demander la permission », mit en garde un ancien. « Ne pas donner de bonbons aux enfants », ajouta une mère. La liste s'allongea tandis que les villageois se faisaient de plus en plus enthousiastes. C'est alors qu'un homme se leva au fond de la salle : « Nous souhaitons la bienvenue à tous les touristes. Mais êtes-vous sûrs qu'ils voudront parcourir un aussi long chemin à pied ? »

Localisation

Luang Namtha : à une heure d'avion de Vientiane, la capitale du Laos

Luang Prabang : vols directs depuis Bangkok, Thaïlande (une heure), et Vientiane (moins d'une heure). Accessible aussi par la route depuis Vientiane ou les provinces de Luang Namtha/Oudomxai (un jour entier).

Khammouane : de Vientiane, six heures de route ; ou traverser le Mékong à Nakhon Pranom, en Thaïlande. On peut aussi y accéder par le Vietnam

Champassak : vols depuis Vientiane et depuis le Cambodge. Accessible aussi par la route et par bâteau depuis le Cambodge ou par voie de terre depuis la Thaïlande.

CONTACT

Mr. Sounh Manivong
Director of the LNTA-ADB Mekong Tourism Development
PO Box 3556, Lanexang Avenue, Vientiane, Laos
Tél. : 856 0 21 212 251 • Fax : 856 0 21 217 910
Courriel : snh_manivong@yahoo.com
Internet : www.ecotourismlaos.com, www.tourismlaos.gov.la
Langue : anglais

Les réservations ne sont pas centralisées. Chaque séjour a un opérateur différent. Ci-dessous, une liste des opérateurs pour chaque province :

Luang Namtha province
Luang Namtha Guide Service 856 086 211 534 M. Bountha
Vieng Phoukha Guide Service 856 086 212 400 M. Khammouane
Green Discovery : www.greendiscovery.com ou 856 0 86 211 484

Luang Prabang province
Action Max (Luang Prabang) : 856 0 71 252 417 ;
actionmaxasie@yahoo.fr ou www.actionmaxasie.com
Lao Youth Travel (Luang Prabang) : 856 0 71 253 340 (L. Prabang) ; 856 0 21 240 939 (Vientiane) ; youtheco@laotel.com or www.laoyouthtravel.com
Luang Prabang Tourism Office : 856 0 71 212 487 ; demander Vongdavone

Khammouane Guide Service (district de Thakek) ; 856 0 51 212 512 bureau ; 856 0 20 232 8217 M. Kenta
Na Hin Guide Service (district de Hin Poun) ; 856 0 20 575 7439 Mme Muang Kham
Champassak province
Office du tourisme provincial ; 856 0 31 212 021 M. Sulichan
Kiat Ngong Village ; 856 0 20 573 1207
Champa Mai Travel ; 856 0 31 212 932 Mme Sonesida

Informations culturelles

Voir le site : www.ecotourismlaos.com.

À Luang Namtha, il y a, en décembre et janvier, des fêtes très colorées de nouvel an, le *Boun Gin Jiang*. À Luang Prabang, en avril, une belle régate. À Khammouane, en février, le festival Sikkottabong ; sur le trek de Phoun Hin Boun Trek, en mars, le festival Mueang. Ne manquez pas non plus à Champassak, en mars, le festival Vat Phou.

Séjours recommandés

Titre : se référer à la brochure PDF sur le site www.ecotourismlaos.com.
Taille des groupes : de 2 à 8 personnes.
Saison : de octobre à mai. La saison des pluies est de juin à septembre.
Public : voyageurs prêts à sortir des sentiers battus et à participer à un programme de développement rural et de conservation de la biodiversité.
Durée : le programme offre des séjours de 1 à 4 jours d'activité. Sont compris les repas, les guides, et l'hébergement.

Organisme de soutien

Le Programme de développement touristique du Mékong est implanté dans quatre provinces du Laos : Luang Namtha, Luang Prabang, Khammouane et Champassak. Son but est d'aider les communautés à participer à leur développement touristique tout en les associant aux profits générés. Les communautés reçoivent des formations : guides, accueil des touristes, cuisine, gestion, marketing. On les aide aussi à construire des infrastructures comme des lodges, des toilettes, des aires de repos, à améliorer leurs sentiers. Le programme est mis en œuvre par l'Administration du tourisme national du Laos (LNTA) avec des fonds de la Banque asiatique de développement (ADB).

Aire nationale de conservation de Dong Phu Vieng, NBCA
(Province de Savannakhet)

Texte et photos : **Tony Donovan,** tdonovan@snvworld.org

*J*e me suis réveillé ce matin un peu fatigué, mais encore sous le charme de la cérémonie traditionnelle Baci, destinée à porter chance, à laquelle j'avais participé, la veille, dans le village de Ban Vong Si Keo. Les complexes rituels de cour (*courting rituals*), propres à la culture Katang, m'avaient tout particulièrement fasciné. Comme le soleil se levait, je bouillais d'envie de partir pour la forêt sacrée de Dong Sa'Kee. Khaisy, notre guide, avait promis de nous montrer les fameux poteaux funéraires des clans Lak La'puep, liés aux rites d'inhumation des Katang. J'étais impatient de descendre la rivière Xe Banghieng à bord d'un bateau à longue poupe. Ma curiosité avait été piquée par le récit de l'origine du nom des rapides de Kaeng Saammatek. Il y a longtemps, un riche commerçant, portant de nombreux trésors, chevauchait son éléphant lorsque soudain un tigre attaqua les voyageurs. L'éléphant se jeta dans la rivière Xe Banghieng, se noya et devint un rocher. Le tigre fut lui-même emporté par les flots, se noya et fut à son tour pétrifié. Le commerçant fut le seul survivant : il rassembla tous ses trésors et les mit dans de grands pots. Puis, il construisit un radeau avec trois rondins de bois, chargea ses pots et entama sa descente de la rivière. Quand il atteignit les rapides, le radeau se brisa sur les rochers, et tous ses trésors furent emportés. C'est pourquoi on les appelle Kaeng Saammatek – littéralement rapides (*kaeng*), trois (*saam*), attachés ensemble (*mat*), cassés (*tek*). Qui sait, j'aurais peut-être même un peu de temps pour une petite chasse aux trésors dans l'eau des rapides ! Aucun doute, ce jour s'annonçait extraordinaire !

Localisation

La province de Savannakhet est idéalement située au cœur de la République démocratique du Laos. Sa capitale, Savannakhet, est à 495 kilomètres au sud de

Vientiane (route 13) ; à 247 km au nord de Pakse (route 13) ; à 241 kilomètres à l'est de Lao Boa (frontière entre le Laos et le Vietnam) ; sinon, on l'atteint en traversant le Mékong depuis la ville thaïlandaise de Mukdahan. Des ferries circulent régulièrement dans la journée et un pont reliera Savannakhet à Mukdahan en 2006.

CONTACT

Savannakhet Eco-guide Unit. P.O. Box 905, Savannakhet, Laos
Tél. : 856 41 214 203 • Fax : 856 41 212 755
Courriel : savannakhetguides2@yahoo.com
Site Internet : (en construction) Savannakhet, SNV Laos website
(www.snv.org.la), www.ecotourismlaos.com • Langue : anglais

Informations culturelles

La province de Savannakhet s'appelait autrefois Souvannakhet : de *souvan* (or) et *khet* (territoire), autrement dit le territoire de l'or. C'est une ville tranquille au charme colonial avec de jolis temples et des musées intéressants. La province abrite deux aires nationales de conservation en biodiversité : Dong Phu Vieng et Phu Xang Hae, et une autre, gérée par la province appelée Dong Natad. Dong Phu Vieng s'étend sur une superficie de 197 000 hectares et abrite 36 villages dans son enceinte ; 39, dans ses alentours. On peut y observer des primates comme le macaque à queue de cochon ; le colobe asiatique (*Pygathrix nemaeus)*, l'entelle à dos argenté, le gibbon concolor ; des éléphants, des bisons, des cerfs, diverses espèces d'ours, de loutres, de félins et de porcs. De nombreuses espèces d'oiseaux y vivent aussi : les calaos (pie, bicornes, festonné) ; les vautours (chaugun et royal) ; les pluviers et les vanneaux indiens.

Des lignes directrices pour une visite à faible impact ont été rédigées par les membres de la communauté et tiennent compte de leurs tabous et protocoles culturels.

Séjours recommandés

Titre : Eco-trekking à Dong Phu Vieng : « La piste Katang vers la Forêt Sacrée »
Durée : 3 jours.
Dates : à la demande.
Prix : de 3 à 7 personnes US$ 99 ; de 8 à 10 personnes US$ 65.

Inclus: hébergement, guides, eau potable, donations aux projets de conservation et de développement communautaire, taxes.

Exclus: déplacement à l'intérieur du pays jusqu'à Savannakhet.

Hébergement: chez l'habitant, dans des chambres d'hôtes.

Activités: trek, accueil au village, contes et légendes le soir, participation aux événements traditionnels du village; observation des animaux et des traces de dinosaures; découverte des produits de la forêt et de leur usage pour la nourriture, la médecine, l'énergie; initiation aux traditions funéraires; à l'artisanat: tissage de la soie, travail du fer.

Taille des groupes: de 3 à 10 personnes.

Saison: sèche, de décembre à mai. D'autres treks peuvent être organisés pendant la période de juin à novembre. Température de 20 à 35° C.

D'autres séjours d'éco-trekking ont été créés dans le même esprit:

Trek de cinq jours à Phu Xang Hae: « Les Montagnes de l'éléphant: berceau de la civilisation Phuthai ».

Trek de deux jours à Dong Natad: « Séjour chez l'habitant au coeur spirituel de Savannakhet ».

Trek d'un jour à Dong Natad: « Sentier du miel au lac de Nong Lom Lake ».

Organisme de soutien

Le trek est géré par l'Unité des Écoguides de Savannakhet, une initiative de l'Office du tourisme de la province de Savannakhet. C'est une organisation indépendante, de guides formés en écotourisme, qui fonctionne depuis 2004, emploie deux personnes à plein temps et gère l'administration, les finances, le marketing et la promotion du produit. Ses activités sont contrôlées par le Comité de direction de l'écotourisme de la province de Savannakhet, lui-même formé de représentants des principaux groupes d'investissement dans le développement touristique de la province. La coopération hollandaise, par le biais du SNV (*Netherlands Development Organisation*) soutient le travail de ce comité. Deux de ses conseillers en écotourisme – un national et un international – la représentent dans cette province laotienne.

L'Expérience Akha
(Province de Luang Namtha, District de Sing)

Texte et photos : **Meike Mumm GTZ,** mmumm@gmx.de, Bill Tuffin

*C'*est dans la province de Luang Namtha que la culture des clans Akha est la mieux préservée. L'Expérience Akha, une excursion de trois jours dans huit villages Akha de la région de Muang Sing, permet aux voyageurs de partager directement les usages de ce peuple : leur vie dans la forêt, dans les champs et au village. Les hôtes ne feront pas qu'observer : ils participeront à la cueillette du bambou ; du riz et du coton. Chaque tour se fait sous la conduite de deux guides autochtones qui ont reçu une formation d'éco-guides et ont appris l'anglais. L'hébergement se fait en maisons traditionnelles Akha à Ban Lao Khao et Ban Tamee, avec une prise en charge intégrale par les villageois. L'agence Vientiane Travel/Exotissimo et la coopération allemande (GTZ) ont travaillé ensemble pour élaborer cette offre de séjour qui comblera les voyageurs désireux d'un échange vrai et de qualité avec les Akha. Les villageois sont propriétaires de ce produit et le vendent sur une base contractuelle au tour opérateur. L'Expérience Akha incite le peuple Akha à préserver ses coutumes et à les partager, tout en les dotant de nouvelles compétences capables de leur apporter des revenus.

CONTACT

Exotissimo Laos. Pangkham Street, Vientiane Laos
Tél. : 856 21 241 861 2 • Fax : 856 21 262 001
Courriel : laosales@exotissimo.com • Internet : www.exotissimo. com
GTZ-RDMA. Meike Mumm • Tél. : 856 20 5785881 • Fax : 856 81 212383
Courriel : mmumm@gmx.de

Séjour recommandé

Consulter/:http://www.ecotourismlaos.com/activities/akha_experience. htm

Camp de Yourtes des Sables d'Arburd
(Nord du Désert de Gobi)

Texte et photos : **Jan Wigsten,** jan.wigsten@nomadicjourneys.com

*L*e Camp de yourtes des Sables d'Arburd est une sorte de lodge dressée au cœur des steppes arides de la Mongolie. Choidogiin Batbadrakh et sa femme Densmaa sont parents avec au moins un tiers de la communauté de cette région et ont réuni tous les membres de leur famille, tous leurs amis pour créer ce camp, organiser les treks à dos de cheval avec la yourte tirée par une caravane

de chameaux. C'est l'éclatement de l'URSS, au début des années quatre-vingt-dix, qui a propulsé les nomades Mongols dans l'économie de marché. Batbadrakh a travaillé d'abord avec l'agence Nomadic Journeys comme responsable des randonnées à cheval. Puis, comme ce travail lui plaisait, il a décidé, avec ses amis, ses parents, de créer ce camp de yourtes, de monter ses propres circuits que Nomadic Journeys, aujourd'hui, juste retour des choses, propose à l'attention des voyageurs. À seulement quatre heures de la capitale Ulaanbaatar, le camp de yourtes s'élève tout près de la dune, longue de vingt kilomètres, des Sables d'Arburd, dans la partie nord du désert de Gobi. Les falaises verticales des monts sacrés de Zorgol Hairhan Uul ne sont qu'à trente-cinq kilomètres de là. Les membres de la famille de Batbadrakh sont tous d'émérites cavaliers, relevant de la fameuse tradition équestre mongole. Badrakh a passé deux ans au Japon à entraîner des chevaux de courses. Ils organisent aussi des treks à des dates fixes, avec yourte mobile transportée par une caravane de chameaux.

Localisation
À quatre heures de route au sud d'Ulaanbaatar. Pas de transport public.

CONTACT

Nomadic Journeys Ltd. P.O. Box 479, One Sukhbaatar Street,
Ulaanbaatar 13, Mongolie • Tél : 976 11 328737 • Fax : 976 11 321489
Courriel : infomongolia@nomadicjourneys.com
Internet : www.nomadicjourneys.com
Langue : japonais, mongol, anglais

Informations culturelles

C'est aux nomades de ces steppes mongoles qu'on doit la Grande Muraille construite et reconstruite plusieurs fois par les civilisations chinoises. Ce mur qui sépare les peuples nomades des peuples agricoles, est aujourd'hui obsolète mais la plupart des Mongols, eux, sont toujours nomades, quelque 2500 ans plus tard. La région des Sables d'Arburd autorise à une plongée, relativement proche de la capitale Ulaanbaatar, dans ce mode de vie nomade, quasiment inchangé depuis des siècles.

Séjour recommandé

Titre : **Trek en chameau dans le désert de Gobi**
Durée : 7 jours et six nuits
Dates : dates fixes (voir avec les organisateurs)
Prix : US$ 590 par personne
Hébergement : tentes et yourtes (ger)
Taille des groupes : 2 à 12
Saison : été : de juin à septembre.

BAYAN OLGII AIMAG
(POINTE OUEST DE LA MONGOLIE)

Texte et photos : **Canat Cheriyazdaa,** Canat_c@yahoo.com

*L*a chaîne de l'Altaï court à des altitudes de plus de 4 000 mètres le long de la frontière sino-russe, pas très loin du Kazakhstan, dans l'extrême-ouest de la Mongolie. Quelques vols par semaine à bord d'un vieil avion russe conduisent vers cette terre de magnifiques contrastes où vit – c'est l'unique endroit en Mongolie – l'autre grand groupe ethnique du pays, les Kazakhs. Si les cafés Internet et les téléphones portables sont courants dans la capitale de la province, la majorité de ses habitants continue de vivre en nomades comme le faisaient leurs ancêtres. Ici, la steppe infinie s'interrompt pour laisser monter vers le ciel des tours rocheuses surplombant des vallées luxuriantes trouées de lacs. Le climat impitoyable de Mongolie rend la vie nomade particulièrement difficile. Les bergers reçoivent peu d'aide du gouvernement central ou de l'administration locale. Aussi, quand le pays s'est ouvert sur le reste du monde, ils ont compris que partager leur culture avec les voyageurs pouvait les aider à survivre. Depuis neuf ans, la compagnie Canat achemine vers eux de petits groupes de touristes. Les familles louent leurs animaux, leurs yourtes. On peut aussi faire du trekking, de l'escalade, du ski, y observer des oiseaux rares, pêcher et chasser avec les aigles dorés.

Localisation

Bayan Olgii est accessible par vols réguliers (3 fois par semaine) depuis la capitale, Ulaanbataar. Attention, comme il y a peu de places, les vols, notamment l'été, peuvent être pleins un mois à l'avance. Réservez très à l'avance. Vous pouvez aussi gagner en avion la capitale de la province, Khovd, et ensuite prendre un taxi jusqu'à Olgii (six à huit heures de route).

CONTACT

Canat Cheriyazdaa. PO Box 071, Bayan Olgii aimag, Mongolie
Tél. : 99110303 • Fax : 422 22772 • Courriel : Canat_c@yahoo.com
Internet : www.mongoliaaltaiexpeditions.com
Langue : anglais et russe

Informations culturelles

Les neuf dixièmes des 92 000 habitants de Bayan Olgii aimag sont des Kazhaks. Ils vivent en harmonie avec tous les autres peuples nomades. Les principaux évènements de l'année sont le Festival de l'Aigle, qui marque, début octobre, le début de la saison de la chasse, et les fêtes de Nuaryz célébrées à l'équinoxe du printemps. Les montagnes de l'Altaï sont l'un des derniers refuges au monde de l'Altaï Argali, le plus grand mouton du monde, et aussi du léopard des neiges. Toute la Mongolie occidentale est par ailleurs riche en sites archéologiques : pétroglyphes et sculptures des anciens nomades turcs.

Séjour recommandé

Titre : **Trek de Altai Tavan Bogd**

Durée : 15 jours et 14 nuits.

Dates : du 5 juillet au 1er septembre.

Prix : US $ 110 par personne et par jour ; U$ 95 par personne (groupes de 2) ; U$ 75 (groupes de 3 à 5) ; US $ 65 (groupes de 6à 8) ; US $ 55 (groupes de 9 à 15).

Inclus : guide anglophone, transport, nourriture, tente, hébergement, équipement de camping, chevaux et chameaux, tous les permis dans le parc national et aux frontières.

Exclus : les boissons alcoolisées, et les randonnées à dos de cheval ou de chameau, les pourboires.

Conditions climatiques : été et automne : températures de de 16 à 20ºC. La nuit, le thermomètre peut descendre en dessous de zéro.

Condition physique : de 7 à 8 heures de marche par jour à une altitude de 800 mètres environ.

Communauté de Tamang
(Région de Langtang, District de Rasuwa)

Texte et photos : **Rabi Jung Pandey,** info_trpap@ntb.org.np ;
Paul Stevens, pstevens@snv.org.np et **Jamuna Ulak**

*L*e Népal, pays du Mont Everest, a acquis une réputation mondiale pour son tourisme de montagne et son trekking, depuis sa conquête dans les années cinquante. Dans la partie nord de la chaîne himalayenne, se trouve la région de Langtang, un mélange de beauté naturelle, d'héritage historique et culturel, bien connue pour ses cultures Tamang et tibétaine. La piste « Tamang Heritage Trail » est un produit touristique récemment développé, relié par des routes, qui représente une expérience unique de nature vierge. Cette destination de trekking n'est qu'à une longue journée en car de Katmandu, la capitale. Les rituels Tamang, la culture tibétaine, les fêtes, l'architecture traditionnelle, les costumes, les danses traditionnelles Syabru font de ce circuit – huit jours sur la route de Syaphrubesi-Goljung-Gatlang-Chilime-Tatopani-Rasuwagadhi-Briddhim-Syaphrubesi – une destination d'exception. À la passe de Goljung, une tour d'observation permet d'apercevoir le Langtang et le Kerung (Chine). Dans le froid de Rasuwa, les touristes plongeront dans la source d'eau chaude aux vertus soignantes de Tatopani avant de rejoindre Nagthali pour y camper. La visite à Thuman dans les monastères et les maisons décorées de riches gravures sur bois est, elle aussi une expérience extraordinaire, comme l'est le séjour à Briddhim, la halte suivante, dans l'une des vingt-quatre maisonnées du village. Le visiteur appréciera les soirées passées en compagnie de ses hôtes à déguster le pain et le ragoût « sherpa », le thé Tibétain, le vin Briddim...

Localisation

Dhunche, la capitale du district, est à 122 kms au nord de Kathmandu et à 8 heures de bus.

CONTACT

Rabi Jung Pandey. Tourism for Rural Poverty Alleviation Programme (TRPAP) PO Box-107, Tourist Service Centre, Bhrikutimandap Kathmandu, Népal
Tél. : 977 1 4269768 et 977 1 4256909 • Fax : 977 1 4269770

Courriel : info_trpap@ntb.org.np
Internet : www.welcomenepal.com/trpap • Langue : anglais
Autre contact pour la réservation
Briddim Homestay Tourism Management Committee, Briddim,
Tél. : 977 10 540212
Toutes les agences de trekking à Kathmandu.
Courriel : taan@wlink.com.np

Informations culturelles

Briddim est un village tibétain bouddhiste perché à 2229 mètres d'altitude. Bien que ses habitants appartiennent à l'ethnie Tamang, ils sont très influencés par la culture tibétaine. Le village est un véritable musée vivant avec des festivals colorés qui se tiennent principalement en février, juin, août et novembre.

Séjour recommandé

Titre : **Trek du patrimoine Tamang**
Durée : 8 jours.
Saisons : avril-mai et septembre-décembre.
Hébergement : chambre chez l'habitant, camping et lodge.
Pour plus d'informations, consultez :
www.welcomenepal.com/trpap/areas_langtang. html
Le programme TRPAP offre des circuits ou séjours similaires dans les régions de Chitwan, Dolpa, Lumbini, Kanchenjunga, et Solukhumbu :
voir www.welcomenepal.com/trpap/areas_chitwan. html

Organisme de soutien

Le Programme de Tourisme pour la réduction de la pauvreté rurale (TRPAP) fonctionne depuis plus de cinq ans dans six districts ruraux du Népal : quarante-huit comités villageois de développement, impliquant 160 732 personnes dans 28 337 maisonnées. Lancé en septembre 2001, soutenu par le Programme de Développement des Nations Unies, le ministère du Développement International et l'agence hollandaise SNV-Népal, il a pour objectif de contribuer à la réduction de la pauvreté au Népal grâce au développement d'un tourisme solidaire, pro-environnement, pro-communautés rurales et pro femmes. Il a adopté une approche partenariale, faite de multiples actionnaires à tous les niveaux et mène également des campagnes de sensibilisation sur l'hygiène et la prévention du SIDA.

Communauté de Rupandehi
(District de Rupandehi, Lumbini)

Texte et photos : **Paul Stevens** et **Rabi Jung Pandey,**
pstevens@snv.org.np info_trpap@ntb.org.np

*C'*est à Lumbini, dans les plaines tranquilles du Sud-Ouest du Népal, qu'est né le Bouddha historique. Mais dans ce célèbre lieu de pèlerinage, les touristes ne font souvent que passer, contribuant très peu à l'économie locale. Ce programme a été conçu spécifiquement pour que les pauvres, les femmes musulmanes notamment, puissent profiter de la manne touristique en vendant leur artisanat. Autrefois, leurs fameux *dhakkis* servaient essentiellement à stocker le grain. Aujourd'hui, ces paniers sont produits à grande échelle et commercialisés dans tous les hôtels et lodges de la région, permettant aux femmes d'envoyer leurs enfants dans des établissements scolaires et de vivre une vie meilleure. « Je ne savais pas que les objets faits en kaas et en mooj (herbes) pouvaient se vendre », raconte Shobhawati Pal, une résidente du village de Madhubani qui a bénéficié de ce programme de formation et dont tous les grands hôtels aujourd'hui achètent la production. Shobhawati souhaite créer bientôt sa petite entreprise de vente d'artisanat. Le programme assure par ailleurs activement la promotion du Circuit bouddhiste de Lumbini, un must pour les fidèles du monde entier. Il espère ainsi que de plus en plus de touristes visiteront cette région, générant toujours plus de revenus pour les autochtones qui commencent vraiment à s'ouvrir au tourisme occidental en créant leurs propres lodges, restaurants etc. Les femmes musulmanes sont parmi les plus réceptives à cette incitation au développement touristique : elles y voient l'occasion d'échapper à la pauvreté et à la discrimination auxquelles elles sont souvent en butte dans ces milieux ruraux .

Localisation

Depuis Kathmandu, vols réguliers de 35 minutes vers Bhairawa (aussi appelé Siddharth Nagar), la ville la plus proche de Lumbini (à 22 kilomètres). On peut aussi y accéder par la route ou prendre un autobus : dix heures pour 284 kilomètres.

CONTACT

Rabi Jung Pandey. PO Box 107, Tourist Service Centre, Bhrikutimandap, Kathmandu, Népal

Tél. : 977 1 4269768 et 977 1 4256909 • Fax : 977 1 4269770

Courriel : info_trpap@ntb.org.np

Internet : www.welcomenepal.com/trpap • Langue : anglais

Autres contacts pour les réservations :

nata@mail.com.np ou natonepal@wlink.com.np

Informations culturelles

Lumbini est peut-être le seul endroit au monde aujourd'hui où hindous et musulmans vivent en harmonie, veillant ensemble sur la ville natale du Bouddha. Son anniversaire, Buddha Jayanti, est célébré en grande pompe : chants, processions. Régulièrement, tous les deux ou trois ans, ses précieuses reliques, appelées Asthi Dhatu, sont exposées. Pour plus d'information, voir : http://welcomenepal.com/trpap/areas_lumbini. html

http://www.mylumbini.com

Séjour recommandé

Titre : Circuit bouddhiste de Lumbini

Durée : 4 jours.

Saison : mars à mai ; septembre à décembre.

Hébergement : en hôtels et lodges.

Communauté de Gurung
(district de Gorkha)

Texte et photos : **Alexandre Noël,** noel_alex@hotmail.com

*G*orkha est la ville d'origine des fameux soldats Gurkha, engagés dans l'armée britannique. C'est aussi le berceau de la dynastie Shah. Différents groupes ethniques vivent dans le district : Brahman, Chhetri, Gurung et Tamang sont les plus nombreux. Les Gurung notamment ont une culture très riche. Bouddhistes, ils ont réussi à préserver leur langage traditionnel, d'origine tibéto-birmane. Le Centre pour la recherche et le développement communautaires (CCODER) a développé des programmes de tourisme avec ces « tribus » indigènes du Népal pour tenter de réduire la pauvreté. L'hospitalité népalaise est célèbre même si les conditions d'hygiène, dans un des pays les plus pauvres du monde, sont loin de répondre aux normes occidentales. Le voyage est un séjour itinérant anglophone au sein de la communauté Gurung. Les randonnées se font en petits groupes de cinq à quinze personnes et sont techniquement faciles avec une altitude maximale de 3500 mètres. CCODER est une ONG qui a pour mission de créer des communautés rurales autosuffisantes. Depuis sa création en 1990, elle a aidé plus de vingt mille personnes et soutenu la création de trente-neuf banques communautaires, six écoles et un centre de santé géré par les communautés villageoises.

CONTACT

Dr. Govinda Dhital. P.O.Box 5716, Kathmandu, Nepal
Tél. : 977 1 4351681 • Courriel : dhital@wlink.com.np
Internet : www.ccoder.org • Langue : anglais

Activités : découverte de la culture Gurung et népalaise ; visite du palais Gorkha, l'ancien siège de la dynastie Shah qui a unifié le Népal, et du monastère Bouddhiste de Gompa, à Sirandada ; randonnée dans les forêts de rhododendrons ; visite d'un jardin de plantes médicinales de haute altitude géré par CCODER et initiation à la médecine ayurvédique ; visite d'écoles et de banques communautaires opérées par CCODER ; détente et nage en rivière. Un guide local vous accompagne durant tout le séjour.

LES KALASH
(VALLÉE DE CHITRAL, NORD-OUEST DU PAKISTAN)

Texte : UNESCO www.unesco.org/culture/fr

*C*hitral, une étroite vallée de 320 km de long dans le Nord-Ouest du Pakistan, abrite quelque 250 000 habitants dans des villages édifiés au milieu de minuscules champs de blé et de maïs en terrasse. Coupée du reste du Pakistan par des chutes de neige de décembre à mai, la vallée s'éveille l'été et constitue une destination idéale pour le trekking et le rafting. Chitral est limitrophe des vallées Kalash de Birir, Bumburet et Rumbur, avec leur végétation dense, leurs noyers et leurs arbres fruitiers géants, drapés de vignes grimpantes surmontant des torrents rapides. C'est là que vit le peuple Kalash, dont on dit souvent qu'il descend des légions d'Alexandre le Grand. Leur culture très particulière, comme les cheveux blonds et les yeux bleus des Kalash, en font en peuple mystérieux qui attire chaque année près de 2 500 à 3 000 touristes dans la région. Mais ce nombre pourrait sensiblement augmenter et les bénéfices tirés du tourisme être mieux répartis entre les collectivités locales. Le Programme d'Aide Rural de l'Aga Khan, partenaire de l'UNESCO aux côtés de l'Association Chitral pour le tourisme montagnard (CAMAT), est présent depuis de nombreuses années dans la région où il lutte contre la pauvreté et tente d'empêcher la désagrégation des communautés montagnardes. Il promeut la région sur Internet, forme des guides et des cuisiniers autochtones, et aide à l'ouverture de maisons d'hôte gérées par la population. Un code de bonnes pratiques pour le développement touristique est en cours de réalisation : il servira d'ouvrage de référence pour les activités ultérieures.

CONTACT

CAMAT (Chitral Association for Mountain Area Tourism)
Mountain Inn, Chitral, N.W.F.P, Pakistan
Tél. : 92 933 413540 • Fax : 92 933 412668
Courriel : office@camat.org.pk
The Aghan Khan Rural Support Programme (AKRSP)
Internet : www.akrsplessons.org

FONDATION SEWALANKA
(SINHARAJA, BAIE D'ARUGAM, UNAWATUNA)

Texte et photos : **Oliver Walton**, oliver_walton@hotmail.com

*L*a Fondation Sewalanka est une ONG nationale de développement qui aide des communautés vulnérables à travers tout le pays. Le programme de tourisme communautaire de Sewalanka met l'accent sur trois points forts du tourisme cinghalais : Sinharaja – la plus grande forêt humide de Sri Lanka ; la Baie d'Arugam, une station balnéaire de

la côte Est, très populaire chez les surfeurs ; et Unawatuna, une célèbre plage du Sud de l'île. À Arugam, Sewalanka a aidé des pêcheurs locaux à lancer deux écotours. Plus largement, le but de cette OGN est à la fois d'aider à transférer une partie des bénéfices générés par le tourisme vers les communautés locales et de réparer l'impact négatif sur la société cinghalaise du tourisme de masse. Sewalanka travaille aussi à promouvoir le concept de tourisme communautaire auprès d'autres groupes d'intérêt dans le pays et à faire pression dans ce domaine sur le gouvernement.

CONTACT

Mr Harsha Kumara Navaratne. Sewalanka Foundation
PO Box 3. Boralesgamuwa, Sri Lanka
Tél. : 94 0 11 2545 362 5 • Fax : 94 0 11 2545 166
Courriel : sewahq@sri.lanka.net • Internet : www.sewalanka.org
Langue : anglais et cinghalais

Pour plus d'information sur les écotours de Sewalanka à Arugam Bay, voir le guide de Lonely Planet sur Sri Lanka ou contactez cette adresse électronique : sewahq@sri.lanka.net.
Voir aussi le site : www.arugam.lk

Projet Intégré des Hautes Montagnes du Pamir

(Région de Murghab dite « Le Toit du Monde »)

Texte : **Guy Delaunay,** photos : **Erik Engels, Guy Delaunay**- Equaterre

equaterre@aol.com

« *Ubaidullah, notre guide, entre dans la yourte comme un diable. Avec un sourire immense, il nous secoue pour nous réveiller en laissant tomber de ses moufles des paquets de neige fraîche : « Marco polo, des milliers de marco polo, dans l'autre vallée... à vingt minutes de marche ! » Il prépare fébrilement le thé, répète encore « marco polo ! gros gros mouton, vite ! » On sort péniblement des sacs de couchage, le froid vif pénètre par le sas de la yourte. L'univers scintille sous le ciel radieux... il fait moins trente ! En quelques minutes, nous avons atteint le rebord de la colline.*

Ubaidullah plonge dans la neige, pointe son doigt vers le vallon. À 400 mètres de nous, un spectacle inoubliable. Cent, peut-être deux cents marco polo, font lentement mouvement, par files de vingt à trente têtes, dans le vallon encore dans l'ombre. Même à l'œil nu, on distingue les énormes trophées des plus grands mâles. Soudain, à la sortie d'un petit col, en pleine lumière, une nouvelle harde s'avance sur la neige étincelante. Étonnant voyage dans un monde inconnu, où chaque habitant rencontré nous a offert son cœur, sa maison, son pain. Le Pamir en hiver, quelle folie merveilleuse ! »

Extrait d'un carnet de voyage écrit lors de la première expérience de safari photo touristique, en hiver 2004.

Grâce à des fonds de l'Agence Suisse de Développement et de Coopération (SDC), l'ONG française, ACTED, a lancé en 1999 un programme de développement dans la région de Murghab, qui était considérée comme « cause perdue » par le gouvernement Tadjik et d'autres acteurs du développement du fait de son éloignement, du manque de moyens et de motivation des autorités, et du déficit de perspectives pour une population censée avoir dépassé son point d'équilibre économique

viable. Visant à une diversification économique et à un renforcement des structures communautaires, les acteurs de ce programme ont développé avec succès des actions qui pourront être reproduites dans des zones de montagne comparables. Parmi ces actions, figure ce projet d'écotourisme communautaire, soutenu par l'UNESCO, depuis 2002, et mis en œuvre par l'association d'écotourisme de Murghab (META).

Localisation

L'accès à la région de Murghab se fait : soit par Douchanbé, la capitale du Tadjikistan, via la ville de Khorog (vol intérieur possible) ; soit par Bichkek, la capitale du Kirghizstan, et un vol pour la ville frontalière de Osh (2 heures), puis par la Pamir highway qui traverse la chaîne du Grand Altaï. On recommande d'aborder cette voie en deux jours pour habituer l'organisme à l'altitude. L'hiver, la route peut être fermée pour quelques heures, au pire une journée, mais ne présente pas de danger majeur pour des véhicules correctement équipés. L'association s'est dotée d'un minibus 4X4.

CONTACT

Ubaidullah Mamadiev, président de META (Association d'écotourisme de Murghab). META Office – Murghab — Tadjikistan
Tél. : 992 3554 21 453 • portable : 882 165 060 15 13
Courriel : Murghab@acted.automail.com
Ou **Guy Delaunay**

Informations culturelles

La région de Murghab est un haut plateau aussi vaste que la Suisse et perché à une altitude comprise entre 3500 et 7500 mètres. Le Pamir, théâtre du « Grand Jeu » entre Russes et Anglais au XVIIIe siècle, reste une région politiquement sensible. L'Union Soviétique a longtemps assuré la survie économique de cette région, avant-poste stratégique entre la Chine et l'Afghanistan. Après la chute de l'Union et jusqu'au début de 2004, la population a survécu grâce à l'aide humanitaire internationale. Les 14 000 habitants, Kirghiz et Pamiri du Sud, ont une activité semi-nomade liée à l'élevage du yack, du mouton et de quelques chameaux de Bactriane. Les plateaux du Pamir sont réputés pour leurs paysages lunaires

et désertiques. Le glacier de Fedchenko, avec ses 77 kilomètres, est le plus long glacier alpin du monde. Le Pamir est aussi connu pour abriter une population endémique mythique, celle du marco polo (*Ovis ammon polii*). Un parc national destiné à préserver la faune et de la flore du Pamir existe, mais essentiellement sur le papier : les ressources manquent pour une gestion efficace. Les nécessités de survie favorisent le braconnage et la collecte, comme bois de chauffage, du *teresken*, un arbuste adapté aux conditions climatiques extrêmes, devenu rare autour des villages.

Séjour recommandé

Titre : **Randonnée Chamelière au Pamir ; Randonnée sur le Toit du Monde ; les hauts passages de la Route de la Soie**

Durée : 6 jours.

Prix : total de Osh à Osh (en juillet 2005), en jeep (maximum 4 passagers), pour un groupe de 4 personnes : US$ 350 ; minibus (maximum 8 passagers), pour un groupe de 8 personnes : US$ 400.

Inclus : hébergement complet, transports, guides et chameliers.

Exclus : carburant, frais de visa, taxes.

Activités : partage de la vie des Kirghiz semi-nomades en jailoo (campements de yourtes en pâturages d'été) ; trekking ; observation du marco polo et d'une faune dont l'ibex, l'ours brun, le loup, l'oie sauvage indienne, et si on est très chanceux, le magnifique léopard des neiges ; randonnée avec les derniers chameaux de Bactriane de la région ; randonnée à cheval ; alpinisme sur les sommets de 6000 à 7000m, dont le Pic Lénine et le Pic du Communisme ; visite de sites archéologiques dont les plus anciens remontent à 8000 av.- J.-C.

Hébergement : hébergement en maisons d'hôtes et en yourtes.

Saisons recommandées : été (de juin à septembre) : circuits découverte, trekking, haute montagne et randonnées chamelières. En hiver (décembre/janvier) : photo safari et approche du « marco polo ».

Condition physique : capacité de s'adapter à la haute altitude (en cas de problème, la maison de Murghab a été équipée d'un caisson hyperbar).

Communauté de Kiriwong
(Province de Nakhon Sri Thammarat, Thaïlande du Sud)

Texte : **Peter Richards,** waywarden1@yahoo.com   Photos : REST

*L*e village de Kiriwong, niché au cœur des montagnes du Khao Luang, dans la province de Nakhon Sri Thammarat, est réputé pour la créativité de ses habitants et la beauté stupéfiante de son site. Fondé il y a trois cents ans par treize familles, Kiriwong est aujourd'hui peuplé de

plus de trois mille habitants. Pendant plus de deux cents ans, les familles de Kiriwong ont développé le système « *Suan Som Som* » : des vergers dont les arbres fruitiers, soigneusement sélectionnés, sont mélangés à d'autres arbres issus de graines récoltées dans la jungle comme la noix de coco, la mangue, la banane, le gingembre... Cette forme unique d'agro-sylviculture locale s'est transmise de génération en génération. Mais en 1988, Kiriwong fut dévastée par des inondations et la communauté comprit que ses vergers de montagne ne pouvaient égaler la forêt naturelle dans sa capacité à protéger des inondations. Le besoin d'une gestion de l'environnement sur le long terme se fit sentir. Avec l'aide d'universitaires, d'ONG et du gouvernement, la communauté mit sur pied une série de systèmes innovants qui alliaient la sagesse locale aux connaissances techniques. Aujourd'hui, plus de vingt petites communautés de la région fabriquent des produits écologiques, des vêtements à partir de feuilles et d'écorces, des savons aux herbes, des objets en bois, et des conserves de fruits de la forêt. Le succès de Kiriwong a eu pour effet de faire affluer les visiteurs Thaï et des étrangers, attirés par les randonnées dans le parc national. Pour gérer ce tourisme de manière responsable, le village a fait appel à une ONG Thaï, *Responsible Ecological Social Tours Project* ou REST, spécialisée dans le tourisme communautaire. Aujourd'hui, le Club de tourisme communautaire de Kiriwong propose toutes sortes d'activités passionnantes aux visiteurs.

Localisation

Nakorn Sri Thammarat est la ville la plus proche et la porte d'entrée de Kiriwong. Pour se rendre à Nakorn, vous pouvez soit voyager en train (14 heures), en bus (11 heures) ou en avion (1 heure ; il n'y a pas de vol quotidien jusqu'à Nakorn Srithammarat. Se renseigner à Thaï Airways.

CONTACT

REST (The Responsible Ecological Social Tours Project)
Potjana Suansri (REST Project Coordinator)
Ou Peter Richards (REST CBT Marketing Manager)
Room 318/116, Building D. Praya-Phirom Pakdee-Ratchada 2
Soi Ratchada Phisek 36. Ladyao, Chatuchak, Bangkok 10900
Thaïlande • Tél.: 662 930 5309 • Fax: 662 930 5881
Courriel: rest@asiaaccess.net.th, resto@hotmail.com
Internet: www.rest.or.th
NB: Prévenir la communauté 2 semaines à l'avance. Adressez vous à
REST qui a une équipe de guides anglophones.

Informations culturelles

Le Parc National de Khao Luang occupe 570 kilomètres carrés de la province de Nakhon Si Thammarat. Il inclut le plus haut sommet de Thaïlande du sud (1835 mètres) et est reconnu comme un haut lieu de biodiversité; sa forêt tropicale humide représente le plus vieil écosystème du monde. À l'intérieur du parc, vit une population nombreuse qui représente une menace pour la forêt: monoculture dépendante de produits chimiques et tournée vers l'exportation. De nombreux conflits opposent le parc et les villageois dont les vergers se trouvent souvent à l'intérieur des limites controversées du parc. Mais grâce notamment à leur implication dans les activités d'écotourisme, les membres de la communauté ont petit à petit gagné le respect des autorités: ils ont prouvé leur capacité à contrôler l'expansion des vergers de Suan Som Som et à développer des sources de revenus alternatives. Le Club de tourisme communautaire de Kiriwong a un code de conduite pour les randonnées dans la jungle, et de savoir vivre chez l'habitant. Les visiteurs sont informés de ces directives par leurs hôtes dès leur arrivée, ou avant toute randonnée.

Séjour recommandé

Titre : **Séjour à Kiriwong, Communautés, cultures et montagne de Khao Luang**
Durée : 5 jours et 4 nuits
Prix : pour 4 personnes, US $ 225 ; pour 5-7 personnes, US$ 205 ; pour 8-10 personnes, US$ 170
Inclus : transport (en songthaew), hébergement, activités, repas, guides anglophone REST, entrée du parc, dons à la communauté, assurance
Exclus : boissons alcoolisées, souvenirs et dépenses personnelles
Dates : de janvier à juin, sur demande
Hébergement : chez l'habitant :
Activités : visites de Wat Pramahathat, le lieu de naissance du Bouddhisme Thaï, à Nakorn Sri Thammarat. Accueil au village de Kiriwong avec participation à la fabrication de produits écologiques et cours de cuisine ; trekking dans la Forêt d'Emeraude et le Parc national de Khao Luang ; visite du jardin fruitier, collecte de fruits et de plantes comestibles et médicinales ; nuit dans un camp de brousse ; ascension de la montagne de Khao Luang ; cours à l'école du village ; spectacle de marionettes traditionelles thai (en option)
Taille des groupes : maximum 12
Condition physique : bonne condition pour randonner dans un climat humide et chaud (30° C) et en terrain pentu

Organisme de soutien

L'association REST (Responsible Ecological Social Tours Project) en Thaïlande s'est fixée pour but d'aider des communautés rurales Thaï à planifier, développer et gérer des activités de tourisme communautaire. L'association offre trois services qui génèrent des fonds pour continuer notre tâche : séjours de tourisme communautaire ; séjours d'études ; stages de formation et de consulting. En ce moment, elle travaille avec d'importants partenaires nationaux et internationaux dans les secteurs public, privé et à but non lucratif pour soutenir la croissance et la valorisation du concept de tourisme communautaire, et pour prouver que des autochtones peuvent gérer le tourisme. REST en Thaïlande a reçu le *World Legacy Awards* de 2002 pour la Destination Stewardship ; elle a été co-organisatrice de la Conférence Régionale de Chiang Mai, Thaïlande, en 2002, l'année internationale du tourisme.

Communauté de Karen
(Province de Mae Hong Son, Nord-Ouest, Village de Ban Huay Hee)

Texte : **Stéphanie Thullen,** stephanie@snvnc.org.vn   Photos : REST

L'économie rentable, les réglementations gouvernementales discriminatoires et le tourisme sauvage ont bouleversé la vie quotidienne de la petite communauté Karen vivant dans le village de Ban Huay Hee. En 1997, les villageois ont décidé de répondre à ces ingérences en développant leurs propres activités de tourisme communautaire. Pour cela, ils ont sollicité l'aide d'une ONG locale, Programme pour le rétablissement de la vie et de la culture (PRLC), et de son partenaire de Bangkok, Séjours écologiques et sociaux responsables. Khun Anee Kwantu, le chef de Ban Huay Hee, résume ainsi cette expérience : « *Autrefois, nos jeunes ne s'intéressaient pas à notre culture traditionnelle et ils voulaient émigrer vers les grandes villes modernes comme Bangkok. Le village est devenu bien plus attirant pour eux depuis que les touristes y séjournent. Ils sont plus enclins, aussi, à s'instruire de nos traditions auprès des anciens afin de devenir guides pour le village. Comme notre village refuse de dépendre entièrement du tourisme, nous avons décidé de ne pas recevoir plus de deux groupes par mois. Ce nombre ne devrait pas interrompre nos tâches quotidiennes, mais au contraire les stimuler. 80 % des revenus générés reviennent directement aux familles qui offrent l'hébergement et les repas aux touristes. Nous avons développé un système de rotation afin d'éviter la jalousie parmi les membres de la communauté. 15 % de l'argent va au Club d'écotourisme qui gère le programme et 5 % au Fonds communautaire du village.* » Le tourisme communautaire n'a pas remplacé mais complété la principale source de subsistance des villageois, l'agriculture, dont ils entendent bien qu'elle demeure leur priorité. Ainsi, tout en guidant les touristes à Doi Pui, un villageois pourra emporter quelques orchidées cultivées dans sa pépinière pour les replanter lors d'une marche en montagne. Ou encore, il pourra profiter d'une visite des touristes dans les rizières pour vérifier si les récoltes ne sont pas infestées de mauvaises herbes ou

d'insectes. Les visiteurs seront alors invités à participer à la replantation des orchidées et au travail dans les rizières.

Localisation

Ban Huay Hee est situé dans la province de Mae Hong Son, une région montagneuse du Nord-Ouest de la Thailande, le long de la frontière de la Birmanie (ou Myanmar, depuis 1989), à 900 km de Bangkok. Par avion ou train, de Bangkok à Chiang Maï ; puis en autobus (8 heures) ou en avion (30 minutes) jusqu'à Mae Hong Son. De là, compter encore 30 km de route jusqu'à la montagne de Ban Huay Hee. L'accès ne peut se faire qu'avec l'assistance d'un tour opérateur.

CONTACT

À Bangkok :

Responsible Ecological Social Tours (REST) Project
Potjana Suansri (Project Manager)
109/79 Mooban Yucharoen Pattana, Ladprao Road, Soi 18
Ladyao, Chatuchak, Bangkok 10900, Thaïlande
Tél. : 66 2 938 7007 • Fax : 66 2 938 5275
Courriel : rest@asiaaccess.net.th • Internet : www.ecotour.in.th

À Mae Hong Son (anglais limité) :

PRLC (Project for Recovery of Life and Culture)
53 Moo 8, Tambon Pan Moo, Amphur Muang. Mae Hong Son 58000
Tél. : 66 0 53 613 462 3

Informations culturelles

Ban Huay Hee, 200 habitants, est peuplé par les Sgaw Karen, le principal groupe ethnique dans les populations montagnardes de Thaïlande (pour plus d'information, consulter le site www.infomekong.com/karen_secondary_sgaw. htm). Toutes les familles, à l'exception d'une seule – animiste –, sont chrétiennes. Le village abrite une école primaire avec deux enseignants, une petite boutique et une église. Il n'y a pas d'électricité, mais une station solaire, le téléphone par satellite et deux postes de télévision. Les solides connaissances des Karen en matière de forêt et d'écologie agricole leur permettent de maintenir la fertilité de leurs sols. Ils utilisent un système de rotation cyclique de la terre pour faire pousser le riz, le maïs et d'autres légumes, le tout dans le même champ. Avec ce système, on

enlève les arbres d'une parcelle de terre tout en préservant les racines et au moins un mètre à la base de l'arbre. Cela empêche l'arbre de mourir, permettant ainsi à la forêt de repousser et au sol de se régénérer lorsqu'il est en jachère. Chaque parcelle de terre est utilisée pendant un an, puis réutilisée tous les six à dix ans. Une partie des terres de la communauté est située dans le Parc national de Mae Surin.

Séjour recommandé

Titre : **Découverte de la vie des Karen et de la nature à Doi Pui**
Durée : 3 nuits et 2 jours.
Dates : sur demande.
Prix : US $ 120 par personne pour des groupes de 4 à 6 personnes.
Inclus : transport, guide anglophone, repas et hébergement, taxe d'entrée, dons, assurance.
Exclus : boissons, souvenirs et dépenses personnelles.
Saison : d'octobre à mars.
Hébergement : chez l'habitant et en camping.
Activités : randonnée guidée jusqu'au sommet de la montagne de Doi Pui ; échanges culturels ; observation d'oiseaux et visites des communautés environnantes ; apprentissage des pratiques agricoles, du tissage, de la fabrication de paniers et de la ferronnerie.
Taille des groupes : de 1 à 10 au maximum.

Organismes de soutien

Project for Recovery of Life and Culture (PRLC) est une ONG locale qui travaille dans la province de Mae Hong Son depuis quinze ans, de préférence avec des minorités ethniques qui dépendent de la forêt. Elle gère différents programmes de gestion indigène des ressources naturelles, d'agriculture durable, d'activités alternatives, de promotion de la société civile et de développement de compétences pour la jeunesse.

Responsible Ecological Social Tours Project (REST) est une ONG basée à Bangkok et créée en 1994. REST travaille à développer le tourisme communautaire dans diverses communautés du nord et du sud de la Thaïlande.

Communauté de Dao rouge

(Tavan, Parc national de Hoang Lien, Hameau de Ta Chaï Dao)

Texte et photos : **Julie Marran,** juli_marran@yahoo.fr

*A*près vingt minutes de mobylette, ou une heure et demie de marche à pied sur une petite route chaotique, apparaît une vallée où serpente la rivière Muong Hoa. Le village de Tavan se répartit en six

hameaux longeant, de près ou de loin, les méandres de ce cours d'eau. Nous croisons quelques vendeuses avec des hottes remplies de vêtements traditionnels et de bijoux en argent ainsi que des hommes, revenant des champs accompagnés de leurs buffles. Au-delà d'une passerelle en bois assez étroite et rudimentaire, la marche se poursuit jusqu'au hameau de Ta Chaï Dao majoritairement habité par des Dao mais également par des familles Hmong et Giay. À la sortie du village, à l'orée des bois, une maison en *peu mu*, bois traditionnel d'Asie du Sud-Est, a été aménagée pour recevoir les touristes. Elle doit bien mesurer 30 mètres de long et est séparée en deux : une pièce pour l'espace de vie commune, et la « chambre » des touristes (8 places y sont disponibles). Une famille réunissant quatre générations habite ces lieux. C'est aux Dao, à eux entièrement, que revient cette initiative. En effet, aucune subvention ne leur a été allouée par le gouvernement vietnamien. En 1992, la province de Lao Caï s'ouvrait au tourisme. Les Hmong se proposent les premiers de recevoir des touristes, pour compléter leurs revenus. Les Dao, eux, proposent ce type d'accueil depuis quatre ans. Mais comme ils habitent un des hameaux les plus éloignés de Tavan, ils ne reçoivent que très peu de touristes... Quelques privilégiés !

La nuit tombée, le repas prend place sur une table basse éclairée aux bougies : riz parfumé, légumes verts et viande de porc garnissent les bols. S'ensuit une petite soirée familiale pendant laquelle les enfants s'installent autour du feu en compagnie de leur grand-père qui leur apprend à écrire en caractères chinois. Après ces « cours du soir », la veillée se termine par une lecture de contes et légendes ancestraux. La nuit nous attend, sur des nattes en rotin.

Localisation

Le village multiethnique de Tavan est situé dans la province de Lao Caï, zone frontalière de la Chine, à 350 kms au nord ouest de Hanoï, au pied du Mont Fan Si Pan (3143 mètres).

Il faut compter 8 heures en train (couchette) de Hanoï à Lao Caï ; puis 1h30 de bus pour atteindre Sa Pa ; 30 minutes de moto ou jeep jusqu'à Tavan ; enfin 45 minutes de marche pour arriver au hameau de Ta Chaï Dao.

CONTACTS

Se renseigner auprès de n'importe quelle agence de voyages, à Sa Pa. Un guide local vous mènera à Tavan. Précisez bien que vous désirez vous rendre dans le hameau de Ta Chaï Dao, sans quoi on vous mènera à Tavan Hmong où le tourisme est assez développé. Quelques adresses d'agences de voyages sur place peuvent vous être utiles :

Agence Topas, à Hanoi et à Sa Pa. Tél. : 84 928 36 37
Courriel : info@topas-adventure-vietnam.com, info_topas@fpt.vn
Internet : http://www.topas-adventure-vietnam.com
Handspan. Tél. : 84 87 21 10 à Sa Pa ou 84 92 60 581, à Hanoi
Courriel : handspan@hn.vnn.vn • Internet : www.handspan.com
Contact d'un guide :
Anh Tuan Pascal (parlant français et anglais)
I & Solutions. Walking & Trekking shop
23, Muong Hoa Street, Sa Pa • Tél. : 84 20 872 491

Informations culturelles

Les Dao, originaires de Chine, ont émigré au Vietnam depuis le XIIe siècle jusqu'à la première moitié du XXe siècle. Autrefois, les Dao vivaient d'agriculture, de chasse, de pêche et de la récolte des produits de la forêt. Depuis la création du Parc national de Hoang Lien, en 1994, un plan de gestion a pris place avec de nombreuses interdictions concernant les ethnies et leurs relations avec la forêt. Il s'agit de protéger les espèces végétales et animales devenues rares et d'empêcher la déforestation. Cependant, ces populations, qui vivent depuis toujours

d'une économie de subsistance, ont besoin de ressources naturelles tant pour leur consommation personnelle que pour fournir des revenus supplémentaires à leur foyer. La solution adoptée de vente de produits artisanaux et d'accueil des touristes est donc favorable à ces ethnies. Le calendrier lunaire est essentiel à cette population. Il leur permet effectivement de fixer leur emploi du temps dans la production comme dans la vie quotidienne. Les Dao portent encore les tenues traditionnelles en chanvre teint à l'indigo, couvertes de broderies très colorées. Les femmes nouent autour de leur tête de grandes étoffes rouges. Les anciens apprennent aux nouvelles générations à lire les caractères chinois. Quelques livres de culte, de contes et de poèmes ont échappé à la guerre du Vietnam et sont encore entre les mains de ces populations.

Calendrier des manifestations culturelles :

Festival de danse des Dao rouges à Sa Pa : pour la fête du Têt ; 1er et 2e jour du premier mois lunaire ;

Fête Gao Tao des Hmong dans tous les villages : 2e au 5e jour du premier mois lunaire ;

Fête du dragon des Giay à Tavan (Cam Duong) : le jour du dragon du premier mois lunaire ;

Le premier mois lunaire tombe entre fin janvier et début février. Consulter le site Internet : www.sapa-tourism.com

Séjour recommandé

Titre : **Entre montagnes et rizières, à la rencontre du peuple Dao**

Durée : de 3 à 6 jours

Prix : transport (train 26 € ; bus 15 € ; moto avec chauffeur 5 €) ; hébergement et pension complète : 4 € par jour

Activités : séjour au sein d'une famille Dao ; découverte de l'histoire et de la culture Dao ; randonnée au cœur de la forêt tropicale avec découverte de la biodiversité endémique ; Participation aux activités quotidiennes telles que la vannerie, la broderie, la confection de bijoux ; possibilité de visite de champs de cardamome ; présence d'un guide local parlant vietnamien ou Dao, et français ou anglais

Saison : de novembre à mai (pour éviter la mousson)

Hébergement : chez l'habitant, dans une maison en bois. Lit et moustiquaire

Taille des groupes : 8 personnes au maximum.

Communauté de Tay
(District de Sa Pa, Province de Lao Caï, Village de Ban Ho)

Texte : **Stéphanie Thullen,** stephanie@snvnc.org.vn et
photos : **Nguyen Duc Hoa Cuong,** cuong@snv.org.vn

*A*u creux de la romantique vallée Muong Hoa, le village de Ban Ho est depuis toujours réputé pour ses merveilleux paysages, ses minorités ethniques et son hospitalité chaleureuse... Assis dans une maison traditionnelle Tay, sur pilotis, on savourera le spectacle des rizières en terrasses, la rivière Muong Hoa, les cascades, les forêts primitives et... les plats locaux. Les Tay sont réputés pour leurs spécialités de poisson et leur riz gluant aux cinq couleurs, leur porc fumé et le Khau Nhuc. Le Khau Nhuc est une recette de porc préparé avec un mélange compliqué d'ingrédients de la forêt contenant des feuilles, des graines et des racines. Les vieux du village racontent : « Autrefois, les villageois partaient dans la forêt sans ustensiles de cuisson. Ils ont dû recourir à un morceau de bambou pour cuire le riz, le poisson ou la viande et ont trouvé ça délicieux. De retour au village, ils ont enseigné cette technique aux autres habitants ». Ici, les ancêtres ont aussi transmis l'art du tissage, de la teinture et de la cueillette des plantes pour la fabrication du tissu. Comme le dit encore un ancien : « De nos jours, les jeunes n'ont pas le temps de fabriquer leurs propres vêtements. Mais ils aiment porter les costumes traditionnels, lors des mariages ou des fêtes... » Les visiteurs de Ban Ho pourront aussi s'initier aux techniques du tricot ou de la charpente, au tressage d'objets en rotin – paniers ou jarres à vin. Le trekking à destination de Nam Toong Village offre aux touristes des vues fantastiques sur la vallée, dévoilant des villages entourés de rizières en terrasses qui sont l'œuvre de générations de dur labeur. Suivre la piste jusqu'au sommet de la montagne à destination de Ta Trung Ho Village offre de merveilleuses occasions d'apprécier la beauté du Hoang National Park.

Localisation

Le village est situé à 25 kilomètres au sud de la ville de Sa Pa. Il y a plusieurs moyens de s'y rendre ; en 4X4 (2 heures de route en 2005 ; 30 minutes en 2007 ; en moto ou en bicyclette (3 heures en 2005 ; 1 heure en 2007).

CONTACT

M. Nguyen Van Manh. Vice-Directeur de l'Office du Tourisme de Sa Pa
Cau May street, Sa Pa Town, Sa Pa district, Lao Caï Province, Vietnam
Tél. : 84 20 871975 • Fax : 84 20 871976
Courriel : sapatipc@yahoo.com
Internet : www.sapatourismonline.com • Langue : anglais et français
Autres contacts
Topas Adventure Vietnam – Sa Pa office
M. Hans Christian Neilsen
Courriel : info@topas-adventure-vietnam.com
Internet : www.topas-adventure-vietnam.com/default.htm
SNV Viet Nam – SPPT Portfolio
Nguyen Duc Hoa Cuong – Sustainable Tourism Development Advisor
Courriel : cuong@snv.org.vn

Informations culturelles

Ban Den est un village de la minorité ethnique Thay qui regroupe environ 200 familles, soit quelque 1200 habitants. Le peuple Thay compte environ 1,2 million de personnes dont le plus gros groupe vit au Vietnam, dans les montagnes du nord-Est, là où il s'est installé voilà plus de deux mille ans. En raison d'un contact étroit avec les populations des plaines et ceci pendant des siècles, la société Thay a été fortement influencée par la majorité culturelle Kinh aux rituels et pratiques confucéennes similaires. Les Thay sont des fermiers cultivant le riz, le tabac, les graines de soja, les fruits et les épices. Ils pratiquent aussi la pisciculture et l'élevage d'animaux. Ils ont développé des systèmes d'irrigation très sophistiqués, à partir de roues à eau installées au bord des rivières. Ils pratiquent le bouddhisme, le confucianisme et le taoïsme, tout en vouant un culte aux génies et aux esprits ambiants. Les Thay ont une langue écrite, développée au XVIe siècle et sont connus pour être des lettrés et des artistes. Le chant, le théâtre, le lancer de cerfs-volants figurent parmi les passe-temps populaires.

Dans les régions plus reculées, certains groupes Thay dressent des maisons funéraires sur les tombes, qu'ils décorent de rubans de papier blanc.

Séjour recommandé

Titre : Trek classique à Sa Pa, Lao Chaï, Ta Van et Ban Ho
Durée : 4 jours et 3 nuits.
Départ : tous les jours.
Prix : de US$ 60 à US$ 75 par personne.
Inclus : guide, repas (pension complète) hébergement chez l'habitant, spectacle culturel, activités sportives, plantation d'arbre, transferts.
Exclus : boissons et dépenses personnelles.
Hébergement : maisons traditionnelles sur pilotis.
Saison : septembre à avril, température fraîche.
Taille des groupes : 10 au maximum.

Autres options possibles.

Organisme de soutien

Le Centre d'information et de promotion de Sa Pa a bénéficié pour implanter le tourisme dans cette région de l'aide de l'Agence hollandaise de développement (SNV). Au début, le village était une simple halte, au terme d'un trek d'une journée. Mais en 2001, quelques maisonnées reçurent des licences les autorisant à proposer des services d'hébergement. Depuis 2003, le Programme de tourisme durable soutenu par la SNV, l'IUCN et le Comité de district, a aidé la communauté à organiser des activités comme le trekking dans les environs du village ainsi que diverses activités culturelles. Les tours opérateurs dans la ville voisine de Sa Pa sont les principaux partenaires de la communauté.

COMMUNAUTÉ DE KATU
VILLAGES DE DOÏ ET DE KAZAN
(PROVINCE DE THUA THIEN HUE, DISTRICT DE NAM DONG, VILLAGES DE DOÏ ET DE KAZAN)

Texte : **Stéphanie Thullen,** stephanie@snvnc.org.vn
Photos : **Douglas Hainsworth,** douglas@snv.org.v et **Pham Thi Duyen Anh,** duyenanh@snvnc.org.vn

*L*es Katu du village de Doï, tous vêtus de leurs plus beaux atours traditionnels, noirs et rouges brodés de blanc, se rassemblent autour du bâtiment commun en attendant que le groupe des touristes arrive. On peut discerner l'impatience et l'excitation sur leurs visages, car ce n'est que récemment qu'ils ont commencé à accueillir des hôtes. Finalement, la camionnette arrive. La plupart des artistes viennent juste d'apprendre les chansons et les danses qu'ils interprètent – de nombreux Katu ont perdu leurs traditions du fait de l'assimilation à la culture Kinh, prédominante au Vietnam – et leurs expressions trahissent leur nervosité. Pourtant, ils font preuve de fierté et d'élégance si bien qu'au bout de quelques minutes, ils se détendent et commencent à s'amuser. Certains touristes les rejoignent et chantent des chants de leur propre pays. Le spectacle terminé, quelques visiteurs partent pour un trek jusqu'à la cascade de Kazan. Après avoir grimpé et descendu les rochers, traversé le courant pendant une trentaine de minutes, ils sont récompensés par une baignade dans la petite piscine à la base de la cascade. La chaleur du soleil commence à se dissiper. Il est temps de rentrer à Huê ! La ville figure au sommet de la liste des « lieux à découvrir », pour les visiteurs du Vietnam. Son palais impérial et les anciennes tombes des dernières grandes dynasties du Vietnam ont été honorés par l'UNESCO comme Sites du Patrimoine Mondial.

Localisation

Le village de Doï et la commune de Thuong Lo sont situés dans le district de Nam Dong et la Province de Thua Thien, à 60 kms de Huê, sur des routes goudronnées en bon état. Ils peuvent être atteints en une heure.

CONTACT

Tokyo Trading and Tourist Co Ltd. M. Truong Dinh Lam, Director
34, Tran Cao Van Street, Huê, Vietnam
Tél. : 84 54 821467 • Fax : 84 54 821466
Courriel : dongkinh@dng.vnn.vn
Langue : japonais, anglais, vietnamien
Autres contacts
SPPT Portfolio – SNV Vietnam North Central Office
14 Nguyen Van Cu, Huê, Vietnam
Tél : 84 54 830192 ou 830117 • Fax : 84 54 820257
Courriel : snvnc@snvnc.org.vn • Internet : www.snv.org.vn
Langue : anglais et vietnamien
Exotissimo. Rhona Taylor, Adventuer Department Manager
26 Tran Nhat Duat Street. Hanoï, Vietnam
Tél. : 84 828 2150 • Fax : 84 828 2146
Internet : www.exotissimo.com

Informations culturelles

Les résidents du village de Doï-Kazan appartiennent à la minorité ethnique Katu (parfois aussi nommée Co Tu). Les Katu étaient autrefois les maîtres de la source supérieure de la rivière Huong et ils pratiquaient la culture alternée dans des forêts primaires. Les Katu ont de riches et solides traditions. Lorsqu'ils se rendent en forêt, ils portent « une feuille spirituelle » comme porte-bonheur et parlent aux « esprits flottants » qu'ils imaginent évoluer autour d'eux. Bien qu'il s'agisse d'une société patriarcale, les femmes Katu sont hautement respectées dans la communauté, car elles sont capables de communiquer et de se mêler plus facilement aux esprits. En 1976, ce groupe ethnique fut réinstallé dans les vallées afin de cultiver du riz. La majorité des Katu vivent dans les districts de Nam Dong

et A Luoi, de la Province de Thua Thien Huê, et les districts de Hien et Giang, de la Province de Quang Nam. Dans tout le pays, la population totale des Katu avoisine les 37 000 habitants. Le village de Doï regroupe 101 familles, soit 506 personnes. Guerriers puissants et chasseurs de la jungle, les Katu étaient autrefois craints. Ce sont aujourd'hui des fermiers et même s'ils ont conservé bien des aspects de leur culture colorée, leur activité de chasseurs de têtes n'est plus que légende.

Séjour recommandé

Titre : Culture et aventure Katu
Durée : 2 jours et 1 nuit.
Dates : sur demande et 2 jours à l'avance.
Prix : contacter SNV ou les agences locales.
Inclus : transport, hébergement, circuits accompagnés, repas et soirées culturelles.
Activités : circuits dans les jardins, visite des chutes d'eau et du parc national de Bach Ma avec un supplément.
Hébergement : camping sous une moustiquaire dans la maison communautaire
Taille des groupes : 15 au maximum.
Saisons : toute l'année, à l'exception des chutes de Kazan, difficiles d'accès en novembre et décembre à cause des inondations.
Conditions climatiques : d'avril à septembre, chaud et sec ; de septembre à mars, frais et souvent pluvieux pendant les mois de novembre à janvier.

Organisme de soutien

L'initiative de tourisme communautaire du village de Doï est soutenue conjointement par l'Agence hollandaise de développement (SNV), le Département de tourisme de la Province de Thua Thien Hue et la communauté de Thuong Lo-Kazan. Il s'agit de soutenir des projets de développement locaux pour multiplier les opportunités économiques et revitaliser les cultures menacées tout en offrant aux visiteurs des expériences authentiques et mémorables. De nouveaux emplois ont été créés qui profitent aux plus pauvres du district, permettant par ailleurs à ces populations de pratiquer de nouveau le chant, la danse et l'artisanat, autant de traditions qui reculaient sous la pression de la pauvreté. SNV et l'Office du Tourisme de Huê ont collaboré étroitement avec les populations locales pour assurer une distribution équitable des bénéfices à travers un fonds communautaire.

EUROPE

Qui a dit qu'il n'y avait pas de communautés autochtones en Europe ? Ainsi, les Sami du nord de la Scandinavie vivent encore partiellement de l'élevage de rennes et les communautés des pays de l'Europe de l'Est demeurent très attachées à leurs savoir faire traditionnels : leurs activités s'apparentent à de la subsistance et sont étroitement liées aux richesses que leur procurent les ressources naturelles, qu'elles soient en zone subalpine de montagne, sur la toundra subarctique ou en zone côtière. L'Europe est riche de ses cultures régionales, de ses langues et dialectes locaux, de sa gastronomie, de ses campagnes. La France doit son rang de premier pays hôte du monde en grande partie à son accueil dans les terroirs, à ses paysages ruraux préservés et à ses traditions culinaires. Les autres pays européens limitrophes ne sont pas en reste. Le tourisme rural, l'agrotourisme, le tourisme vert ont été extrêmement bien accompagnés par des pays comme la France, l'Espagne, et encouragés par la Communauté Européenne plus globalement à travers des programmes comme LEADER +, un programme destiné aux zones rurales qui permet, en France par exemple, de soutenir cent quarante territoires porteurs d'une stratégie de développement organisée autour d'un thème fédérateur. Les guides de tourisme rural, les réseaux de ferme d'accueil comme celui d'ECEAT (Tourisme rural écologique européen) abondent. Nous n'avons retenu que certaines expériences originales, pionnières qui donnent le ton pour le tourisme de demain et qui font le pont avec les autres initiatives autochtones décrites sur les autres continents. Ces initiatives mettent l'accent sur la valorisation des métiers traditionnels, la sagesse et la tradition d'accueil des communautés rurales, un rythme de vie plus serein (tourisme dit « lent »), le développement d'une agriculture biologique ou raisonnée. Elles s'appuient, toutes, sur la grande valeur des paysages et des produits du terroir.

Natyral per Njeriun
ou « Nature pour l'humanité »
(Durrës, Côte adriatique)

Texte et photos : **Janette LeHoux,** janette_lehoux@yahoo.com

*D*urrës, avec une population estimée à trois cent mille habitants, est la seconde ville d'Albanie et son plus grand port. Riche d'une histoire remontant à la période pré-romaine, Durrës regorge de trésors antiques : artefacts et monuments illyriens, vénitiens et ottomans. Outre ces attraits culturels, Durrës peut se vanter d'offrir les plus belles plages de sable blanc de tout l'Adriatique. C'est aussi une excellente base depuis laquelle on peut rayonner vers la capitale de l'Albanie, Tirana, avec ses couleurs éclatantes et ses cafés bruyants, et Kruja, ancienne ville ottomane, dont le bazar, réputé, propose de l'artisanat issu de tout le pays. Durrës n'a pas cessé de croître depuis la chute du communisme, mais hélas l'essentiel de ce développement a consisté en construction sauvage sur les côtes pour répondre à un tourisme de masse. Aujourd'hui, des milliers de touristes, venus principalement des régions où l'on parle l'albanais, s'agglutinent dans ces hôtels même si de nombreux visiteurs, étrangers comme Albanais, sont à la recherche de formules plus personnelles et originales. Natyral per Njeriun (« Nature pour l'humanité »)

est une organisation locale de protection de l'environnement qui a ouvert ses portes en 2005 dans le but de promouvoir un tourisme culturel qui devrait permettre aux voyageurs de profiter pendant encore de longues années de cette splendide région d'Albanie. Pendant les mois d'été, les employés de l'ONG assurent la liaison entre les touristes et les familles d'accueil. Hors saison, ils travaillent activement à la promotion de la région. Chaque année, des centaines de familles ouvrent leurs maisons aux touristes avec, aussi, la possibilité de prendre ses repas sur place. Une

occasion unique de se familiariser avec la cuisine albanaise authentique, la culture locale, ce qui n'est pas possible avec des formules plus conventionnelles. Les Albanais sont connus pour leur hospitalité et les habitants de Durrës viennent de tous les coins de l'Albanie : beaucoup portent encore leurs vêtements traditionnels et jouent des instruments de musique propres à leur lieu d'origine. Une merveilleuse façon de s'initier à la culture albanaise et de se faire des amis !

CONTACT

M. Fali Ndreka. En face de l'Hotel Adriatik, à côté de l'école primaire
Durrës, Albanie • Tél. : 355 68 22 92 379
Courriel : natureforman@yahoo.com (albanais, anglais)
csdcdur@icc-al.org (anglais)

Organisme de soutien

Fali Ndreka, le président de l'association Natyra per Njeriun, est originaire de Dibra, une région du nord-est de l'Albanie, connue pour la beauté de ses montagnes et de ses lacs. Il est arrivé à Durrës en 1999. Biochimiste de formation, M. Ndreka s'est toujours intéressé à la façon dont la gestion des resources naturelles affectait la santé et le bien-être d'une communauté. Depuis son arrivée, il essaie de sensibiliser la population de Durrës à l'écologie et au développement durable. Impliqué dans l'écotourisme, il travaille aussi avec les lycées, les groupes communautaires ainsi qu'avec des ONG internationales pour attirer leur attention sur les problèmes environnementaux de l'Albanie et sur la nécessité de mieux gérer les ressources naturelles du monde.

SANCTUAIRES CULINAIRES CRÉTOIS
(ÎLE DE CRÈTE)

Texte et photos : **Nikki Rose,** nikkirose@cookingincrete.com

*L*e concept du régime méditerranéen, originaire de Crète, n'est pas un régime, c'est un mode de vie. Derrière les stations balnéaires et les imposantes falaises de craie, la Crète, ce sont aussi des villages dans lesquels le temps s'est arrêté, où les habitants ramassent encore des escargots sauvages, des artichauts et de la camomille, du blé moulu à la main pour faire

du pain cuit dans des fours communaux. Les Crétois pensent que les liens sont aussi nécessaires à la vie que l'eau. Les Sanctuaires culinaires crétois sont un réseau local de gens qui cherchent à préserver la riche culture de leur île, son agriculture et son époustouflante beauté naturelle. Il y a beaucoup d'histoires à raconter, de gens à rencontrer. Ici, en zone rurale, l'agriculture organique durable se pratique depuis l'ère de Minos, soit

depuis quelque trente-six siècles ! Et les petits producteurs d'huile d'olive, de fromage, de vin et de pain prospèrent toujours sur l'île. Près de quatre mille ans de production ont doté les fermiers crétois de toute l'expertise nécessaire. Mais les décennies s'enchaînent et de plus en plus de fermiers sont absorbés par le monde moderne. C'est la vitrine de la Crète qu'il faut préserver et découvrir. Le réseau Sanctuaires culinaires crétois (Crete's Culinary Sanctuaries ou CCS) est conçu et géré par la communauté, mais pas au sens ordinaire du terme. Nous travaillons de manière très étroite avec nos membres et sur la base de ce qu'ils ont à offrir. Cette activité leur rapporte 200 à 300 % de plus que ce qu'ils gagnent autrement. Par ailleurs, 50 % des revenus du réseau sont partagés avec l'Association méditerranéenne pour la santé de la terre. Comme les communautés sont très petites, elles ne pourraient faire face seules au label de « destination d'agritourisme ». À travers ses tours et la promotion systématique de leur travail à l'échelle internationale, CCS leur assure le soutien dont elles ont besoin pour réussir. Et le réseau continue de s'étendre sur l'île. L'association encourage aussi d'autres partenaires à lancer leurs propres programmes et à se regrouper en coopératives. Leurs prin-

cipaux partenaires, installés près de Rethymno, sont des bergers et fromagers ; des cuisiniers traditionnels, les patrons de tavernes et de cafés traditionnels, des apiculteurs, des acteurs de l'agriculture organique (vin, olive…), des pêcheurs, des villas ou appartements gérés localement par des gens du cru. Mais aussi des membres locaux du monde universitaire : archéologues, botanistes, nutritionnistes ; des spécialistes des activités de plein air qui sont aussi activement engagés dans des projets de conservation (trekking, escalade, parapente, équitation, cyclisme).

CONTACT

Nikki Rose. Skisma, Elounda, Crète, Grèce T.K. 72053
Tél. : 30 28410 42797 • Portable : 30 69 48226150.
Courriel : nikkirose@cookingincrete.com
Internet : www.cookingincrete.com • Langue : anglais
Autre tour opérateur pour les réservations : www.ResponsibleTravel.com

Séjour recommandé

Nos voyages changent selon les saisons. Ils cumulent des activités de plein air – exploration de plages désertes, de villages reculés, randonnées à travers la campagne –, des excursions historiques, la cueillette des olives, la récolte du miel, la fabrication de vin et de fromage, sans jamais oublier le plaisir de goûter à la bonne chair.

COMMUNAUTÉ GRECQUE DE CALABRE
(MONTAGNES DE L'ASPROMONTE)

Texte et photos : **Elisabeth Fox,** elizabeth.fox@parconazionale5terre.it,

*E*n Italie du Sud, à l'extrême bout de la botte, en Calabre, il reste encore quelques villages où, sur les berges de la rivière Amendolea, on parle encore la vieille langue d'Homère, d'Aristote et de Platon. Nichée au cœur du Parc national de l'Aspromonte, dans cette poche culturelle connue comme « l'île grecque de la Calabre », vivent les descendants des

anciennes colonies helléniques. L'histoire de cette région est très ancienne. Elle plonge aux racines de la Grande Grèce, mais se ratta- che aussi à celle de Byzance, pour avoir été pendant des siècles un avant-poste de la province occi- dentale de l'empire byzantin. Il est extraordinaire de constater que l'histoire et la langue – le gréco- salentin – relient sans disconti- nuité à travers les siècles les habi- tants des premières colonies grecques aux villageois, de l'Aspro-

monte d'aujourd'hui. Cette langue, très différente du grec moderne, intègre des éléments du grec ancien, du grec byzantin, du latin, et, plus tardivement, de l'italien et du grec moderne. Si certains érudits en datent l'apparition entre le VIIe et le IXe siècle, d'autres disent qu'elle descend directement du grec classique. Il y a deux cents ans, dans la région de Bovesi, on parlait encore le grécanique dans une vingtaine de villages. L'isolement géographique et les conditions très rudes de la vie dans l'Aspromonte avaient entretenu, jusqu'à la seconde guerre mondiale, une économie autarcique qui avait aidé à la préservation de la langue et de la culture. Mais la modernisation de l'économie et l'émigration ont gra- vement compromis la survie de cette langue en Calabre, la région la plus pauvre de toute l'Italie. Les années soixante et soixante-dix ont toute- fois un renouveau d'intérêt pour la culture grécanique qui a entraîné la création de toute une série d'associations et de coopératives qui aident notamment à la revitalisation de cette langue menacée de disparition : elles organisent des séjours d'immersion culturelle pour les touristes, des rencontres interactives entre bergers, forestiers, artisans, fermiers,

femmes au foyer, aînés, musiciens ethniques et figures historiques. L'environnement naturel, dans cette Calabre, est spectaculaire, avec une faune extrêmement variée. Les guides locaux organisent des treks très originaux : explorez, par exemple, « Le Sentier de l'Anglais », emprunté pour la première fois en 1847 par l'écrivain Edward Lear, tandis que les ânes portent vos bagages. Vous pourrez, comme en son temps, loger chez l'habitant et faire, sur ses pas, une plongée unique dans une culture immémoriale et des paysages dont la beauté sauvage est inégalée en Italie.

CONTACT

Cooperativa San Leo. Andrea Laurenzano
Via Polemo 89033 Bova (RC), Italie
Tél. : portable 39 3479350278 • Fax : 39 0965762165
Courriel : coopsanleo@katamail.com • Internet : www.naturaliterweb.it
Langue : italien, anglais et grec
Autres contacts
Naturaliter (petit tour opérateur fonctionnant en coopérative)
Pasquale Valle, Amendolea di Condofuri 89030 Condofuri (RC) Italie
Tél. : 39 0965 626840 • portable : 39 3289094209
Courriel : info@naturaliterweb.it
Ugo Sergi's Farm holidays, « Il Bergamotto »
Loc. Amendolea 89030 Condofuri (RC) Italie
Tél./fax : 39 0965 727213 • portable : 39 347 6012338
Courriel : ugosergi@yahoo.it
Calabria in Famiglia, association Bed & Breakfast
Tél. : 39 0965 626840
Courriel : info@bbcalabria.it • Internet : www.bbcalabria.it

PROJET DES GRANDS CARNIVORES DES CARPATES
(ZARNESTI, RÉGION DE BARSA)

Texte et photos : **Simona Buretea,** simonaburetea@yahoo.com

*Z*arnesti est situé au pied du massif de Piatra Craiului, dans le coude de l'arc des Carpates. Intégré à la région de Barsa, du nom du fleuve qui traverse la dépression, il surplombe les monts Bucegi, Postavaru,

Piatra Mare, Ciucas et Fagaras. Les forêts contiguës abritent des loups, des ours, lynx, des chevreuils, des cerfs rouges, des sangliers, des chamois ainsi que toutes sortes d'autres mammifères et oiseaux. Cette zone offre un excellent exemple de cohabitation harmonieuse entre la vie sauvage et l'homme, car, par ailleurs, on pratique aussi, ici, l'élevage et l'agriculture. Sa géomorphologie, sa flore et sa faune, ont valu au massif de Piatra Craiului d'être déclaré zone protégée en 1938 et parc national en 1990. Un programme d'écotourisme s'y est développé depuis 1997. Il propose à la fois des services de très haute qualité et des produits exclusivement locaux : pension complète, guides naturalistes, carioles tirées par des chevaux, artisanat, location de bicyclettes, ski de fond, équitation, parapente, escalade. Le programme fonctionne toute

l'année, avec des thèmes différents selon la saison. Pour des raisons de respect de l'environnement, la taille recommandée des groupes est de huit personnes, mais nous pouvons accepter jusqu'à quinze personnes par groupe.

CONTACT

SC ECOSHOP SRL. Simona Buretea. Tél. : 0040 788 578796
Courriel : simonaburetea@yahoo.com
Internet : www.absolute-nature.ro

LE TOURISME INDIGÈNE EUROPÉEN

Sylvie Blangy a fait de nombreux séjours en famille dans la communauté Sami de Övre Soppero. Elle a suivi et accompagné leur conversion dans l'activité touristique et nous livre ici ses interrogations.

*É*leveurs de rennes dans le nord de la Scandinavie et quoique subissant de plein fouet des pertes de rennes dues à des sols gelés dès l'automne, la communauté Sami a réussi à trouver un second souffle et des revenus complémentaires grâce à de petits projets touristiques autogérés. Autrefois, dans le territoire Sami, les hommes ne quittaient pas les rennes. La famille Sami itinérante suivait le troupeau et le renne bâté transportait le matériel de bivouac. Aujourd'hui, les Sami ont gardé leurs territoires avec droits de pêche et de chasse. L'élevage extensif de rennes, fortement subventionné, l'utilisation de motoneiges et la sédentarisation des familles ont refaçonné les modes de vie. Mais les Sami sont un bon exemple d'adaptation et d'intégration de la modernité dans la tradition. Leur nourriture est toujours composée à 60 % de viande de renne. L'ensemble de la communauté Sami se déplace l'été jusqu'au camp de marquage des rennes, en Norvège ou dans les montagnes suédoises, et participe à la capture et aux rituels. La langue Sami est parlée à l'école et enseignée. C'est aujourd'hui l'une des cultures traditionnelles les plus vivaces d'Europe. Le programme suédois de labellisation de l'offre touristique, Nature's Best, a déclenché un véritable renouveau culturel du peuple lapon, réhabilitant une activité traditionnelle d'élevage de rennes auparavant considéré comme source de conflits pour l'utilisation des terres et l'exploitation des ressources naturelles. Les activités que les Sami proposent aux touristes, la randonnée avec rennes de bât ou en traîneau, nécessitent des animaux habitués à la présence de l'homme. Les jeunes entrepreneurs Sami ont sollicité les anciens pour leur réapprendre à apprivoiser les rennes, élevés traditionnellement en semi-liberté dans le nord. Et l'accueil et le guidage leur permettent de libérer la pression sur les pâturages. Pour mieux promouvoir leur offre touristique, la presque totalité des opérateurs Sami de Suède adhèrent à Nature's Best. Ce programme de certification fournit formation, assistance commerciale et marketing, et les aide à tisser des liens avec les autres intervenants du tourisme. Un représentant de la communauté Sami, Nutti, siège au conseil d'administration de Nature's Best et participe au développement du label.

Un important sujet de discussion actuel est l'élaboration de nouvelles règles pour rendre la randonnée touristique compatible avec l'élevage transhumant. Le label Nature's Best valorise la culture Sami jusqu'à présent peu considérée par le reste de la population suédoise. Seul encore à promouvoir les communautés autochtones, il participe à la promotion de quinze opérateurs Sami et sert de laboratoire pour les autres labels autochtones en cours de création en Amérique Latine (TIES, 2004) et en Australie (ROC, 2004).

S. B.

Site Internet de Nature's Best : www.naturesbest.nu

Min Eallin, Samis
(près de Kiruna, Laponie, nord de la Suède)

Texte et photos : **Sylvie Blangy,** sylvie.blangy@club-internet.fr
et **Jean-Louis Martin,** jean-louis.martin@cefe.cnrs.fr

*P*er Nils et Britt Marie Päiviö habitent au nord de la Suède, en Laponie, en territoire Sami. Övre Soppero, leur village, est le seul en Suède où plus de 90 % de la population se consacre à l'élevage des rennes. Per Nils et Britt Marie en vivaient, essentiellement, mais des pluies givrantes en début d'automne, emprisonnant les lichens, ont décimé les troupeaux durant la dernière décennie. Le couple s'est alors tourné vers l'accueil de visiteurs pour faire découvrir et apprécier leur culture. La première tentative a consisté à reconstruire une hutte lapone, ou *köta*, maison ronde en armature de bois de bouleau, recouverte de tourbe ou de mottes d'herbes. Équipée d'un poêle, de lits superposés et d'une table centrale, la hutte peut accueillir une famille de six. Alentour, balades à ski ou à pied sont possibles sur une étendue de plus de cent kilomètres de forêt, de tourbières et de toundra. Les repas sont à base de produits issus d'élevage : viande de renne séchée, fumée, accompagnée de gelée de baies arctiques et de pain lapon. Après la *köta*, Per Nils s'est lancé dans la reconversion d'un ancien corps de ferme en musée lapon (vêtements, ustensiles, tentes).

Il aime parler du métier d'éleveur de rennes ou organiser une pêche au saumon, en barque. Selon les saisons, il montre comment capturer les rennes au lasso, marquer les jeunes bêtes, dépecer la viande, la fumer dans la *köta* ou la sécher au grenier. Britt Marie, elle, enseigne la fabrication du pain traditionnel, fait admirer le travail du cuir ou de la corne de renne que les artisans locaux utilisent pour fabriquer les magnifiques couteaux lapons que l'on accroche à la ceinture. Le couple a conçu un trek inédit, sur le chemin de migration des rennes en pays Sami. Le point de départ de cette randonnée se situe au camp d'été de Gaiccacaccá où, chaque année vers la mi-juillet, la communauté Sami procède au marquage des jeunes rennes. Le camp d'hiver de Järamä, à 50 km du village de Övre Soppero, est le terme de la randonnée. Gaiccacaccá est situé à 900 m d'altitude, en bordure du Parc National norvégien de Övre Dividal. Cette randonnée traverse une des plus vastes régions d'Europe sans aucune route, sur plus de cent kilomètres, depuis la toundra arctique du Finmark norvégien jusqu'aux forêts boréales de bouleaux, au cœur de la Laponie suédoise. La région tout entière est elle-même connue comme étant la zone de migration des rennes autour du pôle, en Fennoscandie. La richesse de la biodiversité, liée à l'ouverture des milieux naturels par les rennes, est un des aspects excitants de cette découverte. Nos hôtes Sami nous apprendront à lire dans le paysage la signature des anciens camps, nous verrons bien sûr quelques petites bandes de rennes, et avec un peu de chance, leur immense cousin, l'élan. Au cœur des territoires des ours bruns et des gloutons, farouches et peu faciles à observer directement, nous chercherons la compagnie des oiseaux prestigieux du Grand Nord comme le cygne chanteur, le lagopède et la somptueuse chouette harfang, ainsi que celles du pluvier doré, de l'aigle royal et du pluvier guignard. En début d'été, de nombreuses fleurs apparaissent alors qu'en fin de saison, on commence à goûter aux airelles et myrtilles. Nous cuirons notre pain sur le feu dans la tradition Sami et mangerons le Char arctique, pêché dans les lacs d'altitude norvégiens, la Truite, l'Omble et même, plus bas, le saumon. Le groupe du début juillet aura peut-être même la chance d'assister au marquage des rennes guidés et rassemblés au coral.

Localisation

Nord de la Suède, à 130 km au nord-est de Kiruna, la capitale de la Laponie suédoise, près de la frontière finlandaise. On arrive en avion jusqu'à Kiruna ou bien en train, de Stockholm après une nuit très agréable en couchette.

CONTACT

Per Nils Päiviö et Britt Marie Labba
Min Eallin Box 115, S-980 14 Övre Soppero
Tél.: 46 0 981 300 58 • Portable: 070 3625566 ou 070 5977765
Courriel: info@mineallin.com • Internet: www.mineallin.com/
Pour la réservation des séjours organisés, contacter en France:
Saïga. 4, rue Fleuriau BP 1291 17086 La Rochelle cedex 2
Tél.: 33 5 46 41 34 42 Fax: 33 5 46 41 34 92
Courriel: mainate@saiga-voyage-nature.fr
Internet: www.saiga-voyage-nature.fr
En Suède:
PolarQuest. P.O. Box 180, SE-401 23 Göteborg
Tél.: 46 31 333 17 30• Fax: 46 31 333 17 31
Courriel: info@polar-quest.com • Internet: www.polar-quest.com

Informations culturelles

L'avenir des migrations traditionnelles de rennes dépend aujourd'hui de la reconduction du traité entre la Norvège et la Suède. De la révision de cette convention dépend également l'avenir du peuple Sami, dont la culture est liée à l'élevage des rennes et à ces migrations traditionnelles. En vous proposant cette randonnée, Per Nils et Britt Marie espèrent attirer l'attention au niveau international sur la légitimité des revendications Sami. Ils font office de pionniers et leurs essais de diversification sont observés attentivement par l'ensemble de la communauté. Ils ont pour l'instant fait preuve de beaucoup d'ingéniosité et de prudence. Les programmes qu'ils nous proposent, en exclusivité pour la France, sont certifiés « Tour de qualité »: une reconnaissance de leur savoir-faire issu de cette activité d'éleveur qui consiste à migrer avec les rennes en limitant les impacts sur les ressources naturelles et les paysages. Les langues parlées sont le sami, le suédois, le finnois. L'activité touristique date des années 1995. Per Nils et Britt Marie sont les seuls au village à fournir ce service d'accueil. Des artisans vendent des objets d'art, des gobelets en bois de bouleau, des couteaux ornés

en bois de rennes travaillé. Leurs partenaires commerciaux sont l'Hôtel de Glace, à Kiruna, et les tours opérateurs suédois et français, Polarquest et Saïga. Leur séjour est certifié Nature's Best via Polarquest.

Un séjour recommandé

Titre : **Territoires Sami, Route de migration des rennes et culture Sami**
Consulter la fiche technique sur le site Internet : www.saiga-voyage-nature.fr
Durée : 12 jours Kiruna/Kiruna.
Type d'activités : randonnée à pied avec sac à dos léger pour les effets personnels.
Dates de départ : dimanche 10 juillet au jeudi 21 juillet ; dimanche 24 juillet au jeudi 4 août ; dimanche 7 août au jeudi 18 août.
Saisons : été uniquement.
Prix : 2 290 € par personne, sur une base de 8 personnes.
Inclus : la présence d'un guide naturaliste de Saïga ; l'hébergement en pension complète, du déjeuner du jour 1 au petit-déjeuner du jour 12 (cuisine traditionnelle présentée sous forme de repas chauds ou de pique-niques ; tous les transferts terrestres en minibus ou en voiture ; toutes les activités, visites et entrées mentionnées dans le programme, le « carnet de voyage et d'observation » ; toutes les taxes et services, les assurances assistance/rapatriement/frais médicaux (souscrites pour votre sécurité).
Exclus : le voyage depuis votre lieu de résidence jusqu'à Kiruna et retour ; les frais de formalités et documents personnels ; la mise à disposition du matériel nécessaire pour le couchage (sac de couchage...) ; les boissons et dépenses personnelles ; le supplément « chambre individuelle », les assurances* annulation-bagages et autres.
Hébergement : en lavvu (tente traditionelle laponne) ; cabines en bois utilisées pour la surveillance hivernale ; en köta (hutte en tourbe) et dans une ferme restaurée tout confort.
La taille des groupes : 12 au maximum.
Conditions requises : tout public et âge ; pour le trek, bonne expérience de la randonnée.

YÉMEN

Communauté de Socotra
(Île de Socotra, Océan Indien)

Texte et photos : **Miles Davis**, Misr69@aol.com

*S*ocotra fait partie d'un archipel situé à quatre cents kilomètres au sud du Yémen. C'est un ensemble fascinant de montagnes, de côtes, de grottes, dunes, plateaux et lagons. La présence, sur l'île, de nombreuses plantes et animaux endémiques, s'explique par l'isolement qui a longtemps été le sien. Socotra est l'endroit idéal pour s'adonner à des

activités de pleine nature et à des excursions culturelles. La *Socotra Ecotourism Society* (SES), une ONG locale, met à votre disposition des activités très variées : randonnées ; séjours chez l'habitant dans des villages ; hébergement en hôtel à Hadibo et dans des camps spécialement construits dans des zones protégées ; repas traditionnels Socotri ; sorties en bateaux de pêche ; plongée dans des zones marines protégées ; observation de la ponte des tortues (de mai à août). Tous les bénéfices dérivés des activités touristiques de la SES vont aux habitants de Socotra. Cet impact direct se fait de plusieurs manières : par l'emploi d'une main-d'œuvre locale ; l'achat de nourriture et d'artisanat aux villageois ; les dons versés aux programmes locaux de développement de l'écotourisme et pour la formation en écotourisme.

CONTACT

M. Abdelateef Saad Amer. Socotra Ecotourism Society, Hadibu, Socotra Island, Yémen
Tél. : 967 05 660132 660579
Courriel : ecosocotra@socotraisland.org
Internet : www.socotraisland.org/ses
Langues : anglais et arabe
Plusieurs tours opérateurs, au Yémen, proposent des excursions vers Socotra, mais le moyen le plus sûr pour que l'argent aille à ceux qui en ont le plus besoin, c'est-à-dire à la communauté elle-même, est de faire ses réservations par le biais de la Société d'écotourisme de Socotra.

Informations culturelles

Socotra se niche entre la corne de l'Afrique et la Péninsule arabique, dans le Mer d'Arabie. Sa position stratégique, le long des anciennes routes commerciales entre l'Orient et l'Occident, lui a valu d'être occupée quasiment sans discontinuité. Pendant des siècles, l'île a été une source d'encens et de myrrhe, précieuses monnaies d'échange pour les gens d'alors. Les Grecs ont occupé l'endroit, comme les Portugais au XVIᵉ siècle, pour le commerce des épices. Socotra fut un port d'une importance vitale pour les Britanniques, sur leur route de l'Inde vers l'Europe. Rattaché au protectorat britannique du Yémen, il le resta de la fin du XIXe siècle jusqu'à l'indépendance du pays, en 1967. L'île, gouvernée alors par le Sud Yémen, servit de base militaire aux Soviétiques jusqu'à la réunification du pays, en 1990. Trois autres îles, Darsa, Samha et Abd al Kuri, forment l'archipel, l'île de Socotra, un peu plus petite que la Corse, étant la plus grande. On estime sa population à environ 50 000 personnes. La ville d'Hadibo, sur la côte nord, est la principale zone urbaine. Beaucoup de gens toutefois ont un mode de vie semi-nomade. Ils pêchent sur les côtes pendant la plus grande partie de l'année, puis se fixent à l'intérieur de l'île pour récolter les dates quand la mousson venue du Sud enveloppe l'île, rendant la mer inaccessible de juillet à septembre. Certains insulaires vivent en permanence dans de petits villages au centre de l'île, dans la chaîne des monts Haggier, près des sources d'eau fraîche et de nourriture nécessaires à leurs troupeaux de chèvres et de vaches. Dans l'économie de l'île, la pêche est la principale source de revenus. Le tourisme pourrait s'y développer et devenir le principal moteur de croissance de Socotra.

OCÉANIE

AUSTRALIE

L'Australie compte plus de deux cents prestataires aborigènes impliqués dans le tourisme. Ils sont fédérés en partie par Aboriginal Tourism Australia (Tourisme Aborigène d'Australie ou ATA), une ONG nationale, ou bien sont de plus en plus accompagnés par des organismes régionaux comme les chambres de commerce ou les offices de tourisme. ATA travaille en étroite coopération avec Tourism Australia, le bureau officiel du gouvernement, conscient du potentiel que représente la culture aborigène pour le tourisme australien. Quant aux communautés autochtones elles-mêmes, elles cherchent de plus en plus à développer une activité touristique comme source de revenus, d'emplois et comme outil de formation. La liste des opérateurs figure sur le site Internet d'ATA. Lonely Planet s'en est fait le relais, en publiant, en 2001, un guide richement illustré Aboriginal Australia & the Torres Strait Islands, guide to Indigenous Australia qui a été suivi, en avril 2005, de cette autre publication, très complémentaire : Aboriginal & Indigenous Australia Owned and Operated Tourism, an owners manuel » (cf. bibliographie). Le guide de Lonely Planet (www.lonely-planet.com) couvre l'ensemble de la culture aborigène tandis que le guide Contact, publié par Cactusmedia (www.contactguides.com.au) recense les opérateurs les plus récents : organisateurs d'excursions, de visites accompagnées et prestataires d'hébergements. Les deux ouvrages ont été réalisés avec des contributions des Aborigènes eux-mêmes. L'Australie est le seul pays à avoir couvert aussi bien la thématique. Les initiatives présentées ici donnent une idée de la gamme des offres disponibles. Nous vous recommandons de consulter aussi les sites de ATA et de ROC (cf. descriptif ci-dessous). Pour en savoir plus sur la culture aborigène et les enjeux économiques et politiques en général, voir les sites de AIATSIS (Australian Institute of Aboriginal and Torres Strait Islander Studies, www.aiatisis.gov.au) et d'ATSIC (Aboriginal and Torres Strait Islander Commission, www.atsic.gov.au).

Les communautés qui s'expriment ci-dessous tiennent à signaler au lecteur que de nombreuses compagnies non aborigènes prétendent commercialiser des séjours aborigènes en Australie. Or les meilleurs ambassadeurs et interprètes de cette culture ne peuvent être que les intéressés eux-mêmes. C'est la raison pour laquelle des circuits comme celui de Iga Warta (voir plus loin) sont tellement appréciés, car le visiteur y est initié à la culture Adnyamathanha par des guides Adnyamathanha dans le pays Adnyamathanha. Un débat est soulevé ici : la tentation des « Anglophones » à puiser dans la culture aborigène et à la valoriser commercialement sans véritable retour ni bénéfice pour la communauté. Un besoin se fait sentir : la certification et la garantie de l'authenticité des séjours et la promulgation d'une loi protégeant les savoir faire et les cultures aborigènes.

AUSTRALIE

ATA, Aboriginal Tourism Australia

Texte et photos : **Alice Crabtree & Lois Peeler,** crabtree@austarnet.com.au
et lois@aboriginaltourism.com.au

*A*boriginal Tourism Australia (ATA) est une organisation composée d'opérateurs touristiques aborigènes. Elle est recommandée par les instances touristiques fédérales. Son siège est à Melbourne avec des bureaux dans chaque État et chaque « territoire » (l'Australie est une fédération composée de six États – Queensland, Nouvelle-Galles-du-Sud, Australie du Sud, Australie occidentale, Tasmanie et Victoria – et de deux « territoires » – le Territoire du Nord et le Territoire-de-la-Capitale, Canberra). ATA s'engage à rehausser le niveau de professionnalisme des acteurs de ce tourisme indigène tout en encourageant le développement durable, l'emploi et en assurant la protection des droits de propriété culturelle du peuple aborigène et des insulaires du Détroit de Torres au sein de l'industrie touristique. L'organisation et les opérateurs associés souhaitent partager leur amour pour leur terre, son caractère sacré, son passé et son présent. ATA, qui est financé par le ministère de l'Environnement et du Patrimoine, publie un code de conduite pertinent et utile à tous les voyageurs en terre aborigène appelé « Bienvenue au pays ». Ce code insiste sur les « 3 R » :

- Relations : reconnaître les liens du peuple aborigène avec la terre ;
- Responsabilité : reconnaître la responsabilité continue de ce peuple envers sa terre et votre propre responsabilité à voyager d'une manière réfléchie ;
- Respect : respecter les croyances aborigènes liées à leur terre et à leur culture. En tant que visiteur, respecter les souhaits de vos hôtes et toutes les restrictions qu'on vous demandera d'observer.

CONTACT
Aboriginal Tourism Australia
PO Box 18315, Collins Street East, Melbourne, VIC 8003, Australie
Tél. : 61 3 9654 3811 • Fax : 61 3 9654 3822
Courriel : ata@aboriginaltourism.com.au
Internet : www.aboriginaltourism.com.au • Langue : anglais

ROC, RESPECTING OUR CULTURE

Texte et photos : **Alice Crabtree** et **Lois Peeler,**
crabtree@austarnet.com.au et lois@aboriginaltourism.com.au

*L*e programme Respecting Our Culture (ROC) a
été développé par ATA pour aider les Aborigènes à élaborer des offres de séjour qui soient à la fois viables sur le plan
commercial et respectueuses des protocoles culturels et
de l'environnement. Les offres certifiées ROC sont facilement identifiables par leur logo. Le processus formel de certification ROC inclut des procédures qui vérifient que les
propriétaires traditionnels et les garants sont consultés de
part et d'autre et que la culture aborigène est présentée
avec le maximum de justesse.

Une brochure et un manuel de formation est édité
et mis à disposition des opérateurs aborigènes. Il peut être commandé
en ligne sur le site de ROC. Il existe actuellement douze entreprises
bénéficiant du label ROC et dix-huit autres qui s'apprêtent à s'y rallier.
La liste des offres certifiées se trouve ci-dessous mais nous vous invitons
à consulter le site ROC pour découvrir les toutes dernières informations.

Localisation

ROC proposent des excursions et séjours à travers toute l'Australie : à Melbourne
et dans les principales villes du pays-continent comme dans des destinations très
reculées.

Saisons

Le Territoire du Nord (Arnhem Land et Centre) jouit d'un climat tropical. Ces circuits normalement n'ont lieu que pendant la saison sèche, de mai à octobre.
Vérifiez avant de partir.

CONTACT

ROC programme administrator. North Rialto Towers
525, Collins Street, Melbourne, Vic, Australia, 3000
Tél. : 03 9620 4533 • Fax : : 03 9620 45 44
Courriel : admin@rocprogram.com
Internet : www.rocprogram.com ou www.aboriginaltourism.com.au

Séjours recommandés et entreprises certifiées :

il s'agit de séjours complets, entièrement personnalisés en immersion totale, ou de visites, à la journée, de centres culturels. Les entreprises certifiées ROC peuvent être identifiées par le logo suivant :

Odyssey Tours and Safaris (Territoire du Nord, www.odysaf.com.au.). La grande spécialité de cette compagnie est l'organisation de charters privés, pour des couples, des familles ou de petits groupes.

Davidson's Arnhem Land (Territoire du Nord). Excursions, avec l'autorisation spéciale des propriétaires rituels du Mont Borradaile, dans les parties les plus reculées de la Terre d'Arnhem, célèbre notamment pour ses peintures rupestres considérées comme les plus anciennes et les plus belles du monde.

Tiagarra Aboriginal Culture Centre and Museum (Tasmanie, www.tiagarra@soutcom.com.au ou téléphone : 03 6424 8250). Ce site est situé à Mersey Bluff, Devonport. Il abrite plus de deux cents peintures rupestres dont dix seulement sont accessibles au public. Le musée, le seul de cette espèce en Tasmanie, permet aux visiteurs de se faire une idée du mode de vie traditionnel des Aborigènes Tasmaniens.

Backpackers Adventure Tours (Victoria). Battours est une jeune entreprise touristique, drôle et pleine d'énergie, qui saura, comme nulle autre, vous entraîner dans le centre rouge de l'Australie que les explorateurs blancs crurent longtemps occupé par une mer. À bord d'une 4x4, vous découvrirez certains des plus étonnants paysages du continent et rencontrerez les vrais personnages du *bush* australien.

Jumbunaumbunna Walkabout Tours (Victoria, www.jumbunnawalkabout.com.au). C'est un petit tour opérateur situé à Mildura, dans le nord-ouest de l'État du Victoria, dirigé par John et Debra Grimet. Tours à la journée, personnalisés, au Lac Mungo, un des sites archéologiques les plus anciens d'Australie, berceau de l'« homme de Mongo ». Des excursions jusqu'au lagon de Thegoa et dans les vignobles de la région sont également possibles. John est Aborigène.

Brambuk Aboriginal Culture Centre et Brampuk Backpackers (Victoria, www.brambuk.com.au.). Situé à Budja Budja (Halls Gap), dans la région des Grampians, ce superbe centre culturel, lauréat du grand prix national d'architecture australien, comporte une boutique, un café où l'on sert une grande variété de mets locaux, et une magnifique salle de spectacle, le *Gariwerd Dreaming Theatre*. Des récits traditionnels et diaporamas sur l'histoire et la culture aborigènes y sont mis en scène ; des excursions organisées vers les sites, très riches, de peintures rupestres. Le centre propose aussi un choix d'hébergement : chambres avec lits doubles et simples, dortoirs, petit déjeuner inclus. Accès à Internet, cuisine, buanderie, téléphone, salle de télévision et barbecue. De nombreux cafés et attractions sont accessibles à pied.

Koorie Heritage Trust (Victoria, www.koorieheritagetrust.com). Ce centre se trouve au cœur de la communauté Victorian Koorie. Des expositions mettent en valeur le travail d'artistes, jeunes ou confirmés, originaires des quatre coins du pays. Impressionnante collection d'objets aborigènes et une boutique très bien achalandée en vannerie et bijoux.

Lombadina Aboriginal Corporation (Australie occidentale, www.lombadina.com.au). Cette retraite paisible dans les terres aborigènes de la péninsule de Dampier propose des bungalows très bien équipés ou des espaces plus simples pour voyageurs avec sacs à dos. Réservez un bateau de pêche ou partez à la rencontre du peuple Bard, leur vie traditionnelle, leurs aspirations d'aujourd'hui. Ou, détendez-vous tout simplement sur des plages immaculées de sable blanc.

Yanchep National Park (Australie occidentale, www.naturebase.net/yanchep.html). Niché dans les régions boisées de Tuart et Banksia, à exactement cinquante kilomètres au nord du centre de Perth, la capitale de l'État, c'est l'un des plus anciens parcs nationaux de l'Australie occidentale. Il abonde en toutes sortes de plantes et d'animaux, tous plus extraordinaires les uns que les autres.

Communauté aborigène de Iga Warta
(Australie du Sud)

Texte et photos : **Gayle Mather,** gayle@portaugustasa.com

*I*ga Warta est une occasion unique de découvrir et de partager la culture très vivante des Adnyamathanha, sur leurs terres-mêmes, adossées aux superbes montagnes de la partie nord de la chaîne des Flinders, en Australie du Sud. Dans la langue aborigène de ce peuple, le Yura Ngawarla, Iga Warta veut dire « site de l'oranger sauvage ». Cette entreprise appartient en intégralité aux Aborigènes. Elle est entièrement gérée par eux avec un personnel exclusivement Adnyamathanha. Les visiteurs sont invités à vivre avec des familles aborigènes et à s'immerger complètement dans leur mode de vie. Ils seront initiés aux traditions d'autrefois, le *Muda* (*Dreaming* ou Rêve), et à leur pertinence dans la vie des Adnyamathanha d'aujourd'hui. Ces séjours conviennent à tous les visiteurs. Des excursions de plusieurs jours peuvent être organisées sur demande. On encourage les voyageurs à dormir en plein air, sur des matelas de brousse (*swags*). Mais pour ceux qui désirent des conditions d'hébergement plus confortables, nous avons aussi des tentes de safari « cinq étoiles » avec salles de bain ainsi que des cabanes de style plus rustique. Les tentes, dressées en campement permanent, permettent aux visiteurs de ne jamais se couper de l'environnement, de sa beauté rugueuse. Ils ont à leur disposition dans ce camp un bloc cuisine et un bloc de douches/toilettes. Notre entreprise, c'est notre outil pour assurer une autonomie à notre communauté. C'est aussi un outil très important de préservation de notre langue, de notre culture et de nos sites.

CONTACT

Tél. : 08 86483737 • Fax : 08 86483794
Courriel : info@igawarta.com • Internet : www.igawarta.com

Communauté aborigène de Hope Vale
(Cape York, pointe nord du Queensland)

Texte et photos : **Judy Bennett,** judbent@bigpond.com

*L*a Nation Guugu Yimithirr, avec sa langue, sa culture, sa nourriture de brousse, sa médecine et son histoire, habite le sud-est du Cap York. Cette nation est formée de plusieurs clans, chacun étant propriétaire de son propre domaine foncier. Un de ces domaines, propriété des Nugal-Warra, abrite de nombreux sites de peintures rupestres, de grande importance sur le plan culturel et spirituel. Longtemps fermés aux visiteurs, ils sont maintenant, du moins pour certains, accessibles sous la conduite de Willie Gordon, un aîné Nugal-Warra, qui raconte les mythes et les légendes mises en scène dans les peintures. « Cet art raconte l'histoire du clan Guugu Yimithirr. Il nous rappelle qui nous sommes, ravive nos liens historiques et spirituels avec la terre et nous enracine dans cette terre », explique Wilfred, « Willie » Gordon. Ainsi, la Grotte de la Réconciliation, inscrite dans un paysage spectaculaire, raconte une émouvante histoire, pleine de compassion, tandis que la Grotte de la Naissance est d'une importance capitale pour le clan. Des excursions de deux ou quatre heures partent de Hope Vale du lundi au samedi (le transport depuis Cooktown est inclus). Il existe trois autres entreprises de tourisme aborigène dans la région de Hope-Vale. Maaramaka Tours, dirigée par Irene Hammett, qui ouvre sa paisible maison de brousse aux visiteurs pour le déjeuner ou le thé, un thé typique à l'australienne, tout en livrant avec maints détails l'histoire de sa famille et de la région. Chez un autre aîné, Eddie Deemal, vous pourrez camper sur la superbe plage de Elim, proche du fameux site des *Coloured Sands* (Sables Colorés). Tout près,encore, il y a aussi le campement permanent de Chrissy Deemal, où l'on peut se restaurer. Au sud de Cooktown, dans la communauté aborigène de Wujal Wujal, les voyageurs pourront aussi visiter les chutes d'eau de Bloomfield en compagnie des propriétaires rituels de ce site, la famille Walker.

Localisation
Cape York, près de Cooktown.

CONTACT

Willie Gordon & Judy Bennett. Guurrbi Tours
PO Box 689, Cooktown, Qld 4895, Australie
Tél. : 61 7 4069 6043 ; portable de Judy Bennett : 61 417 305 490 ; de
Willie Gordon : 61 428 781 199 • Courriel : info@guurrbitours.com
Internet : www.guurrbitours.com • Langue : anglais

Autres entreprises dans la région de Hope Yale

Walker Family Tours
Les Walkers sont membres du clan des Kuku Yalanji, un peuple qui vit
depuis des milliers d'années dans cette forêt humide inscrite au
Patrimoine Mondial. Excursions de trente minutes, d'une heure ou de
deux heures. Vous pouvez ensuite prendre un repas traditionnel avec
la famille et acheter de l'art Yalanji.
Francis Walker. Walker Family Tours, c/o Post Office
Wujal Aboriginal Community, Queensland 4895, Australie
Tél. : 61 7 4060 8069 ou 8139 • Fax : 61 7 4060 8108.
Courriel : walkerfamilytours@bigpond.com
Internet : www.walkerfamilytours.wujal.com.
Guurrbi Tours
Visites de peintures rupestres avec un propriétaire rituel
Pam's Place, PO Box 689, Cooktown, Qld 4895, Australie
Tél. : 61 7 4069 6259 • Fax : 61 7 4069 5964
Maaramaka Tours
Irene Hammett
C/o Post Office, Hope Vale, via Cooktown, Qld 4895, Australie
Tél. : 61 7 4060 9389 • Courriel : irenehammett@hotmail.com.
Eddie Deemal :
C/o Post Office, Hope Vale, via Cooktown, Qld 4895, Australie
Tél. : 61 7 4060 9223
Malabama Tours
Chrissy Deemal
C/o Post Office, Hope Vale, via Cooktown, Qld 4895, Australie
Tél. : 61 429439555

Communauté aborigène des KuKu Yalnanji
(Queensland du Nord)

Texte et photos : **Alice Crabtree**, crabtree@austarnet.com.au,
Lois Peeler, lois@aboriginaltourism.com.au

*L*es KuKu Yalanji sont les premiers habitants des terres qui s'étendent depuis le nord de Cooktown jusqu'à Chillagoe, vers l'est, et Port Douglas, vers le Sud. Les KuKu Yalanji aussi ont une culture et une histoire bien à eux, étroitement liées à la forêt humide dans laquelle ils vivent depuis des milliers d'année. Les « Dreamtime Tours » ou Tours du Temps du Rêve sont des marches relativement faciles de deux heures sur des sentiers tracés au cœur de la forêt humide de Daintree. Vos guides ont été initiés par les aînés – pères, mères, grands-pères, oncles, tantes... – et vous donneront de fascinantes explications sur la manière dont sont utilisées les plantes de la forêt, les légendes du Temps du Rêve, l'histoire des sites et la culture d'aujourd'hui. Vous pourrez admirer des peintures rupestres récentes, visiter des abris en écorce et assister à une démonstration de peinture. Selon le guide, vous saurez comment, ici, on faisait pour éviter de devenir un des membres de la Génération Volée (quand les Blancs retiraient aux mères aborigènes leurs enfants métis pour les élever loin de la brousse) ; où comment on pratique, ici, la médecine et en quoi consiste la renaissance culturelle. On vous servira le thé, bouilli sur un feu de bois, que vous dégusterez sous un abri fait en écorce d'arbre. Une boutique propose de l'art et de l'artisanat locaux . Ces excursions ont lieu du lundi au vendredi à 10 heures, midi et 14 heures ; pas le week end ni les jours fériés, encore que vous puissiez demander à la communauté de vous recevoir exceptionnellement ces jours-là, si vous les prévenez suffisamment à l'avance, et acceptez des conditions spéciales. Les réservations sont vivement recommandées. Vous pouvez demander à ce qu'un minibus vous prenne à Port Douglas et à votre auberge de Mossman pour la randonnée de 10 heures.

Localisation
Gorge de Mossman.

`CONTACT`
Colin Brook or Betty Minnicon. Kuku Yalanji Dreamtime Walks
Bamaanga BuBu Ngadimunku INC.
PO Box 171 Mossman Qld 4873, Australie
Tél. : 61 7 40982595 • Courriel : tours@yalanji.com.au
Internet : www.yalanji.com.au • Langue : anglais

Communauté Aborigène de Bardi
(plateau des Kimberley, Australie occidentale)

Texte et photos : **Alice Crabtree & Lois Peeler,**
crabtree@austarnet.com.au et lois@aboriginaltourism.com.au

*L*ombadina est une communauté aborigène, installée dans un décor tranquille, tout près des eaux bleues et chaudes de l'Océan Indien. C'était autrefois une mission et une ville perlière. Les Bardi ont une longue pratique de la vie marine. Ils sont à l'aise aussi bien sur les flots que dans les marais riverains et sur les rivières des mangroves. Le poisson et les crabes des marais restent leur nourriture de base. Une visite à Lombadina est une occasion unique de partager cette culture avec des hôtes chaleureux. Le temps d'une journée, ou plus, vous pourrez les suivre à la chasse aux crabes, partir avec eux à la pêche sur l'océan, ou explorer la brousse environnante. Vous logerez dans des bungalows entièrement équipés ou dans des chambres plus rudimentaires.

CONTACT
Robert Sibosado
Lombadina Community, PO Box 372, Broome, 6725 WA, Australie
Tél. : 08 91924936 • Fax : 08 9192 4939
Courriel : lombo@comswest.net.au, info@lombadina.au
Internet : www.ibizwa.com/lombadina/touris.htm
www.lombadina.com.au
Réservation : Mamabulunjan Aboriginal Corporation
Langue : anglais

Communauté Aborigène de Biridu
(Plateau des Kimberley, Australie occidentale)

Texte et photos : **Alice Crabtree & Lois Peeler ;**
crabtree@austarnet.com.au et lois@aboriginaltourism.com.au

*B*ungooleee Tours est la propriété de Dillon Andrews, un Aborigène Bunuba de la communauté de Biridu, dans la région de Fitzroy Crossing, dans le Nord-Ouest de l'Australie. Aîné respecté de tous, Dillon Andrews dirige cette petite société qui organise des plongées de trois jours dans la culture de ce peuple aborigène, dans ses croyances étroitement associées aux superbes gorges de Windjana et à Tunnel Creek, restes d'un ancien récif de l'ère dévonienne. À l'abord des sites sacrés, les visiteurs seront invités à participer aux cérémonies au cours desquelles on enfume les lieux et on appelle les ancêtres. Dillon offre à ses hôtes le rare privilège de pouvoir séjourner dans une « outstation » – ces terres ancestrales que les Aborigènes repeuplent depuis les années quatre-vingts. Ils pourront y camper et y rencontrer d'autres membres de la communauté Biridu. Y visiter également l'endroit où vivait, dans les grottes sacrées, Jandamarra, l'ancêtre légendaire des Bunuba, qui, dans les années 1890, résista férocement à la pénétration européenne et à l'installation des Blancs sur les terres aborigènes du plateau des Kimberley.

CONTACT

Dillon Andrews. Bungoolee Tours. Fitzroy Crossing, WA, Australie
Tél. : à Fitzroy Crossing 08 9191575
Tél. : communauté aborigène de Biridu – 08 91915026
Courriel : fxinfo@sdwk.wa.gov.au
Réservation : Fitroy Crossing Visitor Information Centre 08 91915355
Courriel : fxinfo@sdwk.wa.gov.au • Langue : anglais
Lois Peeler. 47, Bourke Street, Melbourne 3000, Australie
Tél. : 61 3 9654 3811 • Courriel : ata@aboriginaltourism.com.au
Internet : www.aboriginaltourism.com.au

Lodge de Kumul Adventure
(Hautes Terres, Mont Hagen, Province de Enga)

Texte et photos : **Bruce Beehler,** b.beehler@conservation.org

*L*a Kumul Adventure Lodge, perchée à 2800 mètres d'altitude sur un piton au milieu d'une forêt, surplombe une haute vallée qui se déploie au pied de la face ouest de l'ancien volcan de Mont Hagen. La lodge a été conçue et est gérée par une communauté indigène de la Province d'Enga. C'est une formidable occasion de pouvoir passer du temps dans la forêt humide, enveloppée de brumes, du centre de la Nouvelle-Guinée. Les visiteurs pourront observer dans les environs de nombreux oiseaux de paradis et notamment le très rare *Papuensis d'Archboldia*. Le long des sentiers de forêt, ils découvriront des espèces rares d'orchidées, propres à cette île du Pacifique, à moins qu'ils ne préfèrent grimper jusqu'au sommet du Mont Hagen (3700 mètres). Il faut à peu près une heure en voiture depuis l'aéroport de Kagamuga, dans la ville de Mont Hagen, pour atteindre la lodge. Si vous avertissez vos hôtes à l'avance, ils viendront vous prendre à l'aéroport. L'hébergement est très confortable, avec de bons repas comme chez soi, et des chambres individuelles dans des maisons typiques de cette région des hautes terres. Les nuits étant froides, chaque chambre dispose du chauffage. C'est assurément une des meilleures addresses, en matière d'hébergement écotouristique, de toute la Papouasie-Nouvelle-Guinée.

CONTACT

Paul Arut,
Kumul Adventure Lodge
P.O. Box 989, Mount Hagen,
Western Highlands Province,
Papouasie-Nouvelle-Guinée
Tél. : 675 542 1615

Fax : 675 542 1615 • Courriel : kumul-logde@global.net.pg :
Langue : anglais

Nous remercions tout particulièrement nos trois sponsors qui ont choisi de soutenir la réalisation de ce guide par des achats anticipés et la mobilisation sur le terrain de leurs conseillers techniques pour la rédaction des fiches. Depuis une dizaine d'années, le ministère des Affaires Étrangères (MAE) en France, les agences de coopération hollandaise et allemande (SNV, aux Pays-Bas et GTZ, en Allemagne) font œuvre de pionniers dans le domaine du tourisme durable, responsable et solidaire, en Europe et plus largement dans le monde. À l'initiative de la GTZ et du MAE, les agences de développement italienne, espagnole, anglaise, suédoise, autrichienne, nord américaine, ainsi que des organisations onusiennes, se sont réunies cinq fois depuis 2003 et ont défini un début de stratégie commune visant à faire du tourisme durable un programme à part entière. Jusqu'à présent, cette thématique entrait dans des programmes plus vastes de développement rural, de conservation de la biodiversité ou de réduction de la pauvreté. Le tourisme indigène, villageois, communautaire n'en est encore qu'une toute petite composante. Mais les programmes insistent de plus en plus sur la nécessité de faire des « résidents » les principaux acteurs de leur développement. Sous l'impulsion de la SNV, les trois agences de ce réseau européen, se sont rapprochées de l'Organisation Mondiale du Tourisme (OMT) pour travailler ensemble avec l'objectif principal de réduire la pauvreté. Chacune des trois agences décrit ici ses activités. Pour plus d'informations, contacter ses responsables :

Gilles Beville : gilles.beville@diplomatie.gouv.fr
Martin Tampe : martin.tampe@gtz.de
Marcel Leijzer : mleijzer@snvworld.org

MINISTÈRE DES AFFAIRES
ÉTRANGÈRES

MAE

La Coopération française pour la promotion
d'un tourisme responsable et solidaire

Les actions du ministère français des Affaires Étrangères s'inscrivent dans une logique de réduction des inégalités et de la pauvreté et du développement d'activités économiques durables. Les appuis en faveur d'un tourisme responsable au profit des pays en développement, se déclinent selon trois axes :

1. Identifier des expériences probantes sur le terrain et les soutenir. Ces expériences sont promues par des ONG comme par des acteurs du secteur privé. La Coopération française soutient par exemple des actions de tourisme villageois au Burkina Faso (TDS), de tourisme villageois et sportif au Mali (Calao/Karamba Touré et Tetraktys), d'agenda 21 local par le tourisme à Djibouti... Elle est également engagée dans des actions de renforcement de capacité au travers d'appui à des écoles et enseignements spécialisés. Elle met au service d'Etats ou d'organisations internationales une assistance technique spécialisée. Enfin elle soutient les opérations menées par l'Agence française de Développement en faveur du tourisme durable.

2. Capitaliser sur les pratiques mises en œuvre dans des contextes différents et mettre en réseau les acteurs concernés. À cet effet, des études sont réalisées et des soutiens apportés à la réalisation de manifestations permettant la rencontre des acteurs et leur mise en réseau : ainsi, le forum de Ouagadougou en novembre 2002 ; les rencontres des acteurs du tourisme solidaire brésilien à Brasilia en juillet 2003 ; le forum international de Marseille en septembre 2003 ; le 1er forum du tourisme solidaire bolivien à Cochabamba en juin 2004 ; le 1er forum latino américain du tourisme solidaire au Mexique/Hidalgo, en novembre 2004 ; enfin le forum international sur le tourisme solidaire et le commerce équitable au Mexique/Chiapas, en mars 2006.
Voir : www.tourisme-solidaire.org et www.tourismesolidaire.org.

3. Sensibiliser, nouer des partenariats et bâtir des projets. Un travail de sensibilisation auprès des élus locaux, comme des représentants de la France à l'étranger, est en cours. Des partenariats sont construits entre administrations françaises, avec les collectivités territoriales, avec le milieu associatif. Des interventions diverses, en France et sur le terrain, sont menées tant par le ministère que par des experts membres d'un réseau de compétences (Tourisme et Territoires-Développement Durable – T2D2).

La SNV
Coopération hollandaise
et le tourisme durable

L'Organisation de développement des Pays-Bas (SNV) travaille à promouvoir une société dans laquelle tous sont libres de poursuivre leur propre développement durable. La SNV emploie mille deux cents personnes dans environ trente pays d'Afrique, d'Asie, d'Amérique Latine et des Balkans. L'agence a fait du tourisme durable un de ses quatre grands domaines d'expertise, sur le terrain : ses représentants conseillent les ministères et les offices du tourisme, les gouvernements locaux, les associations et les entreprises ; ils aident à la planification, l'élaboration de directives, le développement de produits, les stratégies de marketing et de gestion... Notre but est d'atteindre ce que nous appelons des *Millennium Development Goals* (ou MDG, Buts de développement pour le millénaire) dont voici trois exemples :

MDG 1 : L'éradication de la pauvreté : par le tourisme et la diversification des emplois et des revenus pour les pauvres ;

MDG 3 : La parité : et notamment l'accès des femmes aux profits engendrés par le tourisme ;

MDG 7 : L'engagement pour un développement durable : en favorisant, par des mesures d'incitation économique, la protection de l'environnement et une meilleure compréhension de la valeur de la biodiversité et de l'importance de sa préservation.

Dans le cadre de leur collaboration, initiée en 2004, la SNV et l'Organisation Mondiale du Tourisme ont travaillé ensemble au Cameroun, en Éthiopie, au Mali, au Vietnam, au Laos et au Bhoutan. Des missions ont été conduites pour identifier des destinations d'écotourisme potentielles. Deux millions d'euros ont également été versés dans un fonds fiduciaire créé en 2004 pour fournir une assistance technique aux programmes ST-EP conçus conjointement par la SNV et l'OMT. L'agence a aussi restructuré son site Internet dédié au thème du tourisme durable www.snvworld.org/avec une liste de publications disponible en ligne : la SNV a compilé tous les ouvrages sur ce thème et en particulier les manuels de formation, stratégies, études de marché réalisés par ses collègues des agences de développement.

La GTZ

Coopération technique allemande
Le tourisme responsable
pour un développement durable

La GTZ est une organisation de coopération technique œuvrant pour le ministère fédéral allemand de la Coopération économique et du Développement (BMZ) ainsi que pour d'autres ministères et institutions du gouvernement allemand et pour des mandataires publics, internationaux et privés. La GTZ soutient le tourisme indigène à travers des programmes très variés et se rattachant à ces grands axes :

1. la conservation de la nature financée grâce à l'exploitation touristique des aires protégées et des régions naturellement attrayantes (voir par exemple www.pendjari.net ; Issyk-kol@gtz.kg, www.wwf.de/regionen/welt/dzanga-sangha) ;

2. le développement économique avec la formation de tour-opérateurs, le marketing l'élaboration de plans régionaux de développement touristique et la mise en œuvre de chaînes de valorisation et commercialisation de produits locaux, agricoles et touristiques ;

3. le développement communal : le programme d'écotourisme dans les montagnes de l'Ankaratra, à Madagascar, avec gestion de la station forestière et des offres de tourisme sur la base d'une convention de trente ans par une association qui réunit cent quarante-huit communautés locales est un exemple très représentatif de ce volet. Mais aussi les randonnés touristiques dans le nord du Pérou proposées par des communautés indiennes avec une attention particulière portée aux cultures agricoles traditionnelles ;

4. l'élaboration de stratégies régionales comme en Amérique Centrale à travers les ministères du Tourisme nationaux (www.fodestur.org.ni) ; en Europe centrale, avec l'élaboration du « Tour du Danube » (A.salamurovic@gtz.co.yu) et en Mozambique/Afrique du Sud/Zimbabwe (gtzforestry@teledata.mz) ;

5. enfin, des projets sectoriels (voir www.gtz.de/tourismus et www.gtz.de/biodiv).

L'ORGANISATION MONDIALE DU TOURISME (OMT)

En qualité d'institution spécialisée des Nations Unies, l'OMT s'attache à contribuer aux « Objectifs de Développement du Millénaire (ODM) », et plus particulièrement au premier d'entre eux, la réduction de la pauvreté. Pendant trois décennies, en tant qu'agence d'exécution du Programme des Nations Unies pour le développement (PNUD), l'OMT a fourni son assistance technique dans de nombreux pays en développement. Aujourd'hui, l'organisation met l'accent sur le développement durable du tourisme dans tous les segments de marché du secteur et dans tous les types de destinations. Depuis le Sommet de la Terre de Rio (1992), ses principales activités en matière de durabilité peuvent se résumer comme suit :

1996 : Agenda 21 pour l'industrie du voyage et du tourisme ;

1999 : Contribution à la 7e Session de la Commission sur le développement durable des Nations Unies ;

1999 : Code global d'éthique du tourisme ;

2002 : Organisation, avec le PNUE, de l'Année internationale de l'écotourisme, déclarée par les Nations Unies et qui a abouti à la Déclaration de Québec sur l'écotourisme, qui met un accent particulier sur la reconnaissance des cultures indigènes ;

2002 : Participation au sommet mondial sur le développement durable (SMDD) de Johannesburg, qui a conduit à l'intégration du tourisme au Plan d'action accordé par les gouvernements (art. 43) ;

2005 : Déclaration « Le tourisme au service des objectifs de développement du Millénaire », faite à New York, dans le cadre du Sommet des Nations Unies pour évaluer les ODM.

D'autre part, l'OMT a publié les ouvrages suivants sur le thème de tourisme et réduction de la pauvreté : *Le tourisme et la réduction de la pauvreté* (2002) ; *Le tourisme et la réduction de la pauvreté – Recommandations pour l'action* (2004) ; *Tourisme, microfinance et réduction de la pauvreté* (2005) ; *La réduction de la pauvreté par le tourisme - Un recueil de bonnes pratiques* (2006).

Par ailleurs, au cours du SMDD de Johannesburg, le concept de ST-EP (tourisme durable- élimination de la pauvreté) a été lancé. Ce programme se décline en deux lignes d'action :

1. La Fondation ST-EP, fondation internationale à but non lucratif, dont les statuts ont été approuvés par l'assemblée générale de l'OMT, en décembre 2005 et dont le but est de fournir un appui financier aux pays et aux organisations pour exécuter des projets de développement dans le domaine du tourisme durable avec l'intention de réduire la pauvreté.

2. Le Fonds fiduciaire pour la coopération technique, créé en 2004 en collaboration avec la SNV, et dont les premières actions ont été menées en Afrique occidentale, en Afrique orientale, en Asie et en Amérique latine. Depuis 2004, des missions exploratoires ont été envoyées en Éthiopie, au Cameroun, en Zambie, en République dominicaine, à Haïti, au Mali, au Viêt-Nam, au Laos, en Colombie, en Tanzanie, au Kenya et au Mozambique. Elles ont défini dans chaque pays un ensemble de projets ST-EP pilotes dont l'exécution a déjà commencé au Cameroun et en Éthiopie. D'autres actions suivront dans cette voie. Depuis décembre 2005, le MAE et la GTZ ont rejoint la SNV et signé un accord de coopération ou MoU avec l'OMT en vue d'une collaboration renforcée sur le tourisme comme outil de réduction de la pauvreté.

EUGENIO YUNIS
Chef du Département du Développement durable du tourisme, OMT

TIES
ou LA SOCIÉTÉ INTERNATIONALE D'ÉCOTOURISME

Créée en 1990, la Société Internationale d'Ecotourisme, TIES est la plus grande et la plus ancienne organisation d'écotourisme du monde. Cette association compte huit cents membres (universitaires, consultants, ONG, gouvernement, propriétaires de lodges, tours opérateurs, voyageurs…) répartis dans plus de quatre-vingts dix pays, et est entièrement dédiée à la production et à la diffusion d'informations sur l'écotourisme. Fondée par Megan Epler-Wood, elle est dirigée depuis février 2003 par Martha Honey, elle-même assistée d'un conseil d'administration de vingt-et-un membres, présidé par Kelly Bricker.

L'association, pionnière, a notamment pris à bras le corps le thème de la labellisation et de la certification pour en faire un levier et un outil de sensibilisation du grand public et des opérateurs privés. En partenariat avec Rain Forest Alliance et le PNUE, TIES travaille à la création d'un programme d'accréditation international (*Sustainable Tourism Stewardship Council*). Les recherches menées par les membres de TIES sur *les codes d'éthique et les politiques d'impact minimum* ont généré des lignes directrices pour les tour-opérateurs nature, le tourisme maritime et les communautés autochtones. Le livre *International Ecolodge Guidelines* fait maintenant autorité dans les domaines des hôtels environnementaux et des hébergements écotouristiques. Le programme « *Votre choix de vacances peut faire la différence* » reste la page d'accueil la plus visitée du site de TIES. La « philanthropie des voyageurs » est le dernier-né des programmes pilotes de TIES. C'est un mouvement bénévole en pleine expansion basé sur la générosité des voyageurs et des voyagistes qui consiste à donner du temps, de l'argent et à partager ses talents pour s'assurer que les communautés autochtones visitées puissent avoir accès à la santé, à l'emploi et l'éducation. TIES s'occupe aussi de formation avec le développement de cours à distance et la promotion de formations universitaires existantes.

Nous donnons ici une liste des principaux organismes dont les membres ont contribué à la réalisation de ce guide en fournissant des contacts, rédigeant des témoignages et en faisant connaître le guide sur leur propre site Internet.

L'Association française des volontaires du progrès (AFVP). Créée en 1963, l'association recrute, forme et encadre sur le terrain des Volontaires de Solidarité Internationale qui s'engagent durant deux ans dans des missions d'aide au développement, en appui à des partenaires locaux. www.afvp.org

Alticoba 21. ALTICOBA 21 est une démarche d'action collective, territoriale, qui utilise le tourisme responsable comme moteur économique, mais aussi comme catalyseur pour le développement durable. Elle se distingue des Agendas 21 locaux, généralement urbains, par une origine, une impulsion et une forte implication de la société civile. ALTICOBA 21 est porté par T2D2.

Agir pour un Tourisme Responsable (ATR). Les tours opérateurs français, regroupés au sein de cette association, s'engagent à instaurer davantage d'éthique dans les voyages qu'ils proposent et à mener conjointement des actions en faveur du progrès social et de la préservation des patrimoines culturels et naturels. www.tourisme-responsable.org

Association Actualités Solidarité. Cette association loi 1901 vise à diffuser l'information solidaire pour tous et en tout lieu. Sur son site Internet, une page entière est consacrée à la découverte et à la protection des peuples indigènes. www.actualitesolidarite.com/achat/rubriques/peuplesindigenes.htm

Conservation International. Depuis vingt ans, cette agence américaine se sert du tourisme comme d'un levier pour les stratégies qu'elle élabore afin de protéger la biodiversité à travers le monde et le bien-être des peuples habitant des zones écologiques très fragiles. www.ecotour.org

Echoway est un réseau de bénévoles qui expertise des structures d'écotourisme solidaire selon une grille d'analyse spécifique. Il promeut un tourisme solidaire et écologique accessible aux voyageurs partant seuls. Les visiteurs sont formés avant leur départ à l'utilisation de la grille d'analyse et aux questions relevant de l'écotourisme solidaire et de l'écologie. www.echoway.org

ECOtourisme Magazine. Depuis juillet 2004, le tourisme durable a son magazine, un trimestriel tiré à 25 000 exemplaires dont le propos est de guider ses lecteurs sur la voie d'un tourisme respectueux, responsable et solidaire. Disponible en kiosque en France, en Suisse, au Luxembourg, au Québec et dans les Antilles-Guyane. Abonnement sur www.ecotourisme-magazine ; com ; tél. : 05 90 94 39 74 ; courriel : editions@ecotourisme-magazine.com

ECEAT est un réseau européen créé en 1993 pour la promotion du tourisme rural écologique. Les Guides Vacances Vertes, publiés par ce réseau, recensent en tout 1500 adresses dans vingt-deux pays européens. Quelques-uns seulement de ces guides ont été traduits en français et en anglais. Le reste est en hollandais ! www.eceat.org

Forum international tourisme solidaire et développement durable (FITS). Ce site a pour objet, conformément aux décisions du forum international de Marseille en 2003, de mettre à votre disposition des textes, des chartes, des contacts, des documents de projet, des références concernant le « tourisme solidaire et responsable ».

FTTSA (*Fair Trade in Tourism South Africa* ou Commerce équitable en Afrique du Sud) est une organisation à but non lucratif qui s'efforce de raccorder le mouvement international du commerce équitable avec les impératifs du développement local, post-apartheid. www.fairtourismsa.org.za

Green Travel Market Info est un service exclusif de mise en relation des produits du tourisme durable du monde entier avec des tours opérateurs, des médias et autres professionnels du tourisme. www.greentravelmarket.info

ILCP (*International League of Conservation Photographers* ou Ligue internationale des photographes spécialisés dans la conservation). Cet organisme encourage les photographes qui travaille dans des communautés autochtones à faire passer en priorité la volonté et les exigences culturelles de ces peuples, avant leurs propres intérêts professionnels. L'organisation élabore actuellement un code d'éthique à destination des ethnophotographes. www.conservation-photography.net

Rain Forest Alliance aide les petites et moyennes entreprises communautaires en Amérique Latine à être plus compétitives sur le marché. www.rainforest-alliance.org

Planeta. com est le plus ancien site Internet à mettre l'accent sur l'écotourisme et les voyages responsables. www.planeta.com

Pro-Poor Tourism (PPT) promeut une approche du tourisme qui profite aux plus pauvres. www.propoortourism.org.uk

Redturs. La mission de Redturs est de développer et de renforcer, en Amérique Latine, les réseaux de tourisme rural communautaire. www.redturs.org

The Nature Conservancy. Cet organisme reconnaît que le tourisme durable, respectueux de l'environnement et bénéficiant d'une active participation des communautés locales et des peuples autochtones, peut être une source de financement très précieux pour les zones du monde écologiquement sensibles ainsi qu'un formidable levier de développement économique pour les peuples indigènes. www.nature.org

Tourism Concern, organisation caritative britannique, milite pour metre fin à l'exploitation des peuples indigènes par le tourisme. www.tourismconcern.org.uk

L'Union Nationale des Associations de Tourisme (UNAT) est une fédération regroupant la majorité des associations et mutuelles françaises de tourisme. En partenariat avec des ONG, ministères, experts, associations et tours opérateurs, l'UNAT mène un travail de réflexion sur le concept et les pratiques de tourisme équitable. www.unat.asso.fr

PEG ABOTT travaille pour la fondation *EcoEcuador*, affiliée au *Tropical Nature Conservation System*, en Équateur.

RAVAKA ANDRIAMAHOLY, diplômée de 3ᵉ cycle en économie de développement et gestion de projet, est actuellement responsable de l'information et la communication au sein de l'ONG Fanamby. Elle a 25 ans, est mariée et mère d'un enfant.

GRAEME ARENDSE a grandi à deux pas de la Réserve de Rondevlei, en Afrique du Sud. C'est un naturaliste autodidacte et passionné.

GILLIAN ATTWOOD, présidente du *Malealea Development Trust*, est Maître de conférences à l'Université de Witwatersrand, à Johannesburg, Afrique du Sud.

DINA BAUER, géographe spécialisée dans le développement touristique, est consultante dans la coopération internationale. Actuellement basée au Costa Rica, elle travaille pour l'ONG *Asociación Centroamericana para la Economia la Salud y el Ambiente* (ACEPESA).

OWEN BEATON, diplômé en écologie de l'Université de Durham, dirige le *Tandroy Conservation Trust*, une organisation caritative anglaise qui travaille avec le peuple Antandroy, dans le sud de Madagascar.

BRUCE BEEHLER, ornithologue et écologiste tropical, grand spécialiste de la Nouvelle-Guinée, est vice-président du Programme Mélanésie de Conservation International. Il est l'auteur de *A Naturalist in New Guinea* et co-auteur de *Birds of New Guinea* et *The Birds of Paradise*.

LUCA BELPIETRO, docteur en économie et guide professionnel, vit au Kenya avec sa femme Antonella, depuis 1996. Il y a créé le très beau lieu d'accueil, Campi ya Kanzi.

JUDY BENNETT a vingt-cinq ans d'expérience dans l'industrie du tourisme. À 47 ans, elle a obtenu un mastère en politique internationale du tourisme sur les Indiens Kuna de San Blas, au Panama. Elle travaille actuellement pour *First Australians Business* dont le siège est à Brisbane, en Australie.

DYANI BINGHAM travaille pour la *Montana Tribal Tourism Alliance*, aux États-Unis.

BEATRICE BLAKE est l'auteur du guide **THE NEW KEY TO COSTA RICA**, aujourd'hui dans sa 17ᵉ édition, et qui met l'accent sur l'écotourisme communautaire.

RANDALL BORMAN, né à Shell, en Équateur, de parents américains, est un représentant élu de la Nation Cofán. Il consacre sa vie au combat contre les nouvelles formes de colonisation et la destruction de la forêt amazonienne.

KOSTAS BOUYOURIS, agronome, a un mastère en Agriculture écologique et est membre fondateur de la *Mediterranean Association for Soil Health*, en Grèce. Il est aussi conseiller technique pour le groupe Grecotel.

JASCIVAN CARVALHO est diplômé en Marketing de l'université catholique de Quito, en Équateur, et en Gestion du tourisme, de l'université de Barcelone. Pionnier dans son pays, avec Andy Drumm, en matière de tourisme communautaire, il dirige l'agence équatorienne *Tropic*.

IVETH CASTANEDA, Mexicaine, est titulaire d'un Mastère 2 en Gestion du tourisme, de l'Université de Perpignan.

MARK CHAPMAN, 39 ans, formé en marketing et en logistique, travaille avec les communautés du Nord Wollo depuis six ans, pour les aider à élaborer des infrastructures touristiques.

CANAT CHERIYAZDAA a, le premier, rendu possible le contact entre les voyageurs américains, français et anglais, et les chasseurs d'aigles de Bayan-Ulgii, en Mongolie. Il est directeur d'une agence de voyage.

LISA CHOEGYAL, basée à Kathmandu, au Népal, spécialisée en écotourisme, travaille pour *Tourism Resource Consultants*, à Wellington, en Nouvelle-Zélande

GENEVIÈVE CLASTRE a fait des études de chinois et de relations internationales. Accompagnatrice et conférencière, elle est journaliste, éditrice et auteur.

JEAN-MARIE COLLOMBON travaille au GRET, (Groupe de recherche et d'échanges technologiques), à Paris. Il a été chargé, pour le ministère des Affaires Étrangères, de la coordination du Forum International Tourisme solidaire et Développement durable (FITS) de 2003 à Marseille et 2006, au Chiapas, Mexique.

HÉLÈNE COMBEL travaille pour Vision du Monde, en France.

ALICE COSTILLE, étudiante en commerce international, effectue actuellement un stage de trois mois au sein de l'Université de Spécialités Touristiques de Quito, Équateur, en collaboration avec le Bureau International du Travail, afin de promouvoir le tourisme communautaire équatorien.

ALICE CRABTREE a un doctorat en écologie aquatique. Basée en Australie, elle est la coordinatrice de la région Asie-Pacifique et de l'étude sur la certification pour la Société Internationale d'Écotourisme.

KYRA CRUZ est directrice exécutive chez ACTUAR, un réseau de tourisme indigène rural du Costa Rica. Elle est l'auteur et l'éditeur de *Le Véritable Costa Rica, Votre Guide du Tourisme Indigène*.

ISABELLE DARONNAT, 40 ans, diplômée en Langues étrangères appliquées et en Gestion des ONG, vit en Chine depuis sept ans avec son mari Wang Xiao Gang et leurs deux garçons. Elle a fondé l'association Eco.

MILES DAVIS, titulaire d'un B.A. en Tourisme et Marketing de la University of Lincoln, réside actuellement en Angleterre.

ELISABETH DEGRÉMONT, française, 56 ans, habite la Nouvelle-Zélande depuis trente ans. Elle travaille comme volontaire au sein d'une ONG néo-zélandaise : *Volontaire Service Abroad* (VSA) en Afrique du Sud.

MARC DELAMARE, diplômé en communication des entreprises, est actuellement en mission pour le Bureau International du Travail à l'Université de Spécialités Touristiques de Quito, en Équateur.

GUY DELAUNAY, guide de haute montagne depuis 1974, créateur de Terres d'Aventure Conseil et consultant international en écotourisme depuis 1995, est président de l'ONG Équaterre.

ELOISA DELGADO, est assistante en marketing de la société Canodros S.A. qui gère l'Écolodge de Kapawi, en Équateur.

TONY DONOVAN, diplômé de la Faculté d'Organisation et de Gestion de l'Université de Sheffield Hallam, en Angleterre, ainsi que de la Faculté de Tourisme des Instituts de Technologie Athlone et Galway-Mayo, en Irlande, travaille au Laos comme conseiller en écotourisme pour l'Organisation de Développement des Pays-Bas, SNV.

CRISTINA EGHENTHER travaille depuis neuf ans pour WWF Indonésie, dans la province du Kalimantan Timur (Est de Bornéo) et publie des articles sur les communautés Dayak.

FERNANDO ENRIQUEZ est le coordonnateur de FENATUCGUA, la Fédération Guatémaltèque du tourisme communautaire durable.

PAUL ESHOO, diplômé de l'université de Berkeley en Économie des ressources naturelles depuis 1995, est actuellement planificateur en écotourisme pour le LNTA-ADB *Mekong Tourism Development Project* au Laos. Il travaille aussi pendant l'été comme guide touristique pour « *Where There Be Dragons* », un programme éducatif expérimental pour adolescents, qui organise des circuits au Népal.

EVELYNE FABRE travaille pour l'association Route des Sens en France.

SIA FASULUKU, diplômée en Gestion du tourisme de l'Université INHolland, à Haarlem, aux Pays-Bas, a effectué un stage de neuf mois au sein d'ECEAT-projects (Pays-Bas).

ALFONSO FORDE, né en Guyana, est membre de la communauté amérindienne des Macushi, et coordonnateur touristique du programme du Nord Rupununi.

CHRISTELLE FOURESTIER a fait son stage de Mastère en écotourisme (Université de Montpellier III) dans l'Agence Takari Tour, en Guyane.

ELIZABETH FOX est titulaire d'un Mastère en médiation culturelle et linguistique de l'Université La Sapienza, à Rome. Originaire de l'Alabama, elle vit aujourd'hui à Monterosso al Mare, en Italie, où elle travaille pour le Parc national de Cinque Terre.

JEAN-LUC GANTHEIL est directeur de l'agence Croq'Nature en France.

SUMANTHA GHOSH, a une formation en ornithologie et écologie. Homme de terrain, grand connaisseur de la vie sauvage et des parcs de haute altitude, il travaille pour *Wild World India*.

FRANCESC GIRO, biologiste diplômé de l'université de Barcelone et du University College, de Londres, dirige la *Fundació Natura*, à Barcelone qui soutient des projets de conservation en Amérique Latine et Espagne.

JEAN GOEPP, diplômé de l'Institut Supérieur Technique d'Outre Mer, est chef de projet au sein de Océanium, une ONG sénégalaise de protection de l'environnement.

SERGE ASHINI GOUPIL, géographe et consultant, est propriétaire de la société Aventures Ashini Inc., à Schefferville, au Canada, soutenue par le Conseil de la Nation Innu Matimekush Lac John.

SOPHIE GROUWELS, ingénieur en eaux et forêts, s'est spécialisée dans le développement des entreprises forestières communautaires. Elle a travaillé à la FAO, à Rome, mais aussi en Amérique du Sud et en Amérique Centrale.

EILEEN GUTIERREZ a un Mastère de l'Université de Georges Washington, DC, USA. Elle est responsable du Programme Écotourisme de Conservation International. Elle est coauteur de *Linking Communities and Conservation : A Tourism Assessment Tool* (CI, 2005).

CHANTAL GUYOT, est coordinatrice de l'association la Case d'Alidou en France.

LONNA HARKRADER a vécu en Éthiopie et au Ghana où elle a été volontaire pour le *Peace Corps* (Corps de la Paix) de 1968 à 1970. Elle travaille actuellement avec une communauté du Nicaragua. Elle souhaiterait échanger des idées sur la façon d'établir des liens concrets avec les populations d'autres pays et permettre la mise en commun de ressources et de compétences pour lancer des projets qui amélioreraient la vie de tous.

NICOLE HÄUSLER, socio-anthropologue, s'est spécialisée dans le tourisme communautaire. Elle a été consultante et guide, à Bangkok, pour l'ONG thaïlandaise R*esponsible Ecological Social Tours* (REST) puis à La Paz, en Bolivie, pour Service national des aires protégées (SERNAP). Elle est co-auteur, avec Wolfgang Strasdas, de *Training Manual of Community-Based Tourism*, Zschortau, 2003.

Cathy Holler est présidente de *Blue Ice Communications*, une entreprise de marketing touristique, basée à Vancouver, au Canada. Elle a travaillé avec diverses organisations aborigènes, en Colombie Britannique.

DOMINIQUE JACQUIN, émigré au Venezuela dans les années 70, a fondé Natura Raid, C.A., une agence de voyages spécialisée dans le tourisme communautaire.

SUZANNE JAMISON, cofondatrice du *Santa Fe Council for the Arts* au Nouveau-Mexique, travaille depuis trente-cinq ans avec les communautés indiennes du Sud-Ouest. Elle est actuellement impliquée, à titre privé, dans plusieurs projets visant à revitaliser les cultures indiennes.

CLARISA JIMENEZ travaille pour le CENBIO (Centre pour la protection de la biodiversité) dans l'État de Oaxaca, au Mexique.

ROY KADY, est un maître-tisseur et un artiste Navajo. Il vit à Many Goat Springs, dans la communauté de Teec Nos Pos Chapter, où il élève notamment des moutons de race Navajo-Churro.

RANDY KAPAshesit est un Indien Cri. Il vit dans l'île de Moose Factory, dans l'Ontario, au Canada, où il est actuellement Chef du Conseil MoCreebec de la Nation Cri.

Judy Karwacki, titulaire d'un MA et d'un MBA, est présidente de *Small Planet Consulting,* à North Vancouver, au Canada. Elle est mondialement reconnue comme spécialiste du tourisme indigène, écologique, culturel et communautaire.

Anne Kern, diplômée en études chinoises (Langue et Histoire) de l'Université Princeton, travaille actuellement à Beijing pour WildChina, avec une bourse de Princeton.

Kurt Kutay dirige l'agence *Wildland Adventures* à Seattle, dans l'État du Washington, USA

Patricia Lamelas, graphiste de profession et environnementaliste de cœur, est aujourd'hui la directrice du *Center for Conservation and Ecodevelopment* de la Baie de Samaná (CEBSE) en République dominicaine, pour lequel elle travaille depuis dix ans.

Isabelle Lanfranconi a cofondé, avec son mari et un couple d'amis cambodgiens Chan et Chantha, l'ONG *Tourism for Help* (Petit-Lancy Genève, Suisse) qui enseigne le tissage ancestral de la soie.

Pascal Languillon, diplômé en sciences de l'environnement des universités canadiennes et néo-zélandaises, est aujourd'hui consultant en écotourisme.

Gail Y. B. Lash, diplômée (Ph.D.) en zoologie de la Duke University ; en politique de l'environnement du Georgia Institute of Technology ; et en économie et gestion des ressources forestières de la University of Georgia, est planificatrice en écotourisme et consultante en développement communautaire pour la société *Ursa International,* dont le siège est à Atlanta, dans l'État de Géorgie, aux États-Unis. Elle est aussi la fondatrice de Tourism for Peace (TFP).

Alain Laurent, docteur en éco-éthologie, est cogérant de la société de conseil BEIRA. CFP Sarl, dont le siège est à Toulouse, France. Il est aussi enseignant et co-fondateur de l'ONG Tourismes, Territoires et Développement Durable (T2D2) et concepteur de l'outil ALTI-COBA21. Il a notamment écrit, avec sa femme Danielle, *Djibouti au rythme du vivant : les mammifères d'hier à aujourd'hui pour demain* (Beira, Toulouse, 2002).

Janette Le Houx, diplômée (B. A.) en Relations Internationales et spécialisée dans l'Europe Centrale et les Balkans, est volontaire au *Peace Corps.* Elle aide actuellement à monter à Durres, en Albanie, l'office du tourisme écoculturel, le premier du genre en Albanie.

Marghine Lhou est impliquée dans l'association Migration et Développement, en France et au Maroc.

Bastien Loloum, titulaire d'un Mastère en Tourisme Durable de l'université de Montpellier III, travaille actuellement comme Volontaire de Solidarité Internationale (AFVP) dans l'île de São Tomé, en Afrique Centrale. Il est responsable de différents projets d'écotourisme communautaire, dans le cadre du Programme ECOFAC.

Dominique Lommatzsch est présidente de l'Association Djibouti Espace Nomade (ADEN) qu'elle a créée en 1990, en coopération avec l'Office national du tourisme et de l'artisanat de Djibouti. Elle travaille au Comité d'Entreprise d'Air France.

Annabel Loyola a participé, entre 1995 et 2000, à la production de plus de cinquante vidéo guides Hachette, diffusés en télévision dans de nombreux pays. Elle réalise actuellement une trilogie documentaire sur le tourisme durable, qu'elle produit elle-même, dans le but de contrer les effets pervers du tourisme de masse : *Voyages Nomades, ou le tourisme durable, une autre façon de voyager* (3 fois 52 minutes).

Paul Lubega, de nationalité ougandaise, titulaire d'un B. A. en tourisme, œuvre au sein de la *Uganda Community Tourism Association* (UCOTA) à promouvoir un écotourisme en faveur des pauvres.

Rick MacLeod Farley, licencié en économie, est consultant principal chez *MacLeod Farley & Associates,* au Canada. Il a participé à des projets comme le Cree Village Ecolodge et dirigé un atelier intitulé « *Achieving Excellence in Aboriginal Ecotourism* ».

Nathalie Maisonneuve, 26 ans, géographe, titulaire d'une maîtrise de géographie de l'Université de Montpellier III, obtenue en parallèle à une formation en Environnement dispensée par la DIFED (Diplôme Interdisciplinaire de Formation en Environnement et Développement), est chef de projet en écotourisme au sein de l'ONG L'Homme & l'Environnement. Elle prépare actuellement un guide sur le tourisme communautaire dans la région du Canal des Pangalanes, dans la province de Tamatave, à Madagascar.

SUMESH MANGALASSERY et **NIRMAL JOY** sont les coordinateurs de l'ONG Kabani, dans l'État du Kerala, en Inde.

JULIE MARRAN A réalisé son mémoire de Maîtrise de géographie au Vietnam, dans le district de Sa Pa. Elle a intégré un Mastère II de tourisme, axé sur la culture, le patrimoine et l'écotourisme et fait son stage dans la presse professionnelle du tourisme.

JEAN-LOUIS MARTIN, directeur de recherches au CNRS, dirige depuis plus de dix ans des études sur l'impact des espèces introduites dans les îles Haïda Gwaii, sur la côte ouest du Canada, en partenariat avec le service canadien de la faune sauvage et les communautés locales Haïda. Il a fait plusieurs séjours en Suède dans la communauté Sami et aidé à la conception du séjour de randonnée, sur la route de migration des rennes.

PIERRE MARTIN-GOUSSET, ingénieur en agriculture, est cofondateur et secrétaire général de l'association Tourisme & Développement Solidaires. Consultant indépendant depuis 1990, expert en tourisme solidaire et équitabl, il est à l'origine avec sa compagne, Bénédicte Merlant, du concept de Villages d'AccueilTDS expérimenté et développé avec succès au Burkina Faso et au Bénin.

GAYLE MATHER a grandi dans la communauté aborigène Adnyamathanha dans le Sud de l'Australie. Elle travaille actuellement pour l'association *Umeewarra Aboriginal Media Association*, à Port Augusta, État de l'Australie du Sud.

SOUROU MEATCHI SOUROU est un étudiant togolais en Mastère 1 d'IUP de tourisme, spécialité développement territorial, à Clermont-Ferrand, en France.

HITESH MEHTA est une autorité mondialement connue dans le domaine de la planification en écotourisme, et plus précisément de l'architecture des paysages et des écolodges. L'ouvrage *International Ecolodge Guidelines* a été édité sous sa direction. Il prépare un nouveau livre : *Best Practice Ecolodges*.

NISETH VAN DER MEULEN, diplômée en Gestion et Conseil touristiques de l'université hollandaise (B.A. et M. S.), est impliquée dans la coordination et le développement de divers projets pour l'Association de Tourisme Indigène de Namibie (NACOBTA)

MIAMIA KAKUTA OLE, ancien guerrier de la communauté Maasaï, diplômé (Licence) de l'Evergreen State University, aux Etats-Unis, et de la School for International Training, Etats-Unis, (Maîtrise de Développement international), dirige l'Association Maasaï, qu'il a fondée en 2001, avec la communauté Merrueshi.

SARVA ATMA MITHRA, ingénieur en mécanique automobile, psychothérapeute influencé par l'enseignement des maîtres indiens Narayana et Vivekananda, a fondé en 2003 l'association Maïthri Mandir, dans la province du Kerala, berceau des grands maîtres spirituels. Il est professeur de yoga et de vedanta.

MEIKE MUMM, géographe de formation, travaille au sein de l'agence gouvernementale d'assistance technique allemande (GTZ) depuis 2005. Suite à des recherches sur l'opium dans l'économie des Akha, dans le Nord du Laos, elle a rejoint la GTZ pour aider ce peuple à élaborer d'autres sources de revenus.

LUIS FELIPE MURRAY, Brésilien, 42 ans, est titulaire d'une Maîtrise en Arts de la Scène et d'un MBA en Marketing. C'est le fondateur et le directeur actuel de l'association Iko Poran, à Rio de Janeiro. Il est aussi acteur, réalisateur et producteur de théâtre.

K. G. MOHANLAL a rejoint le service forestier indien en 1983. Il travaille aujourd'hui, pour le gouvernement de la Province de Kerala, en Inde. Il dirige aussi la *Thenmala Ecotourism Promotion Society*.

ROSE NIKKI, diplômée du *Culinary Institute of America*, est Chef de cuisine et écrivain. Elle a fondé l'association Sanctuaires culinaires crétois. Elle prépare actuellement un livre sur son travail, en Crète.

ALEXANDRE NOËL est diplômé de la *European Business Management School* au Pays de Galles. Spécialisé dans le marketing d'initiatives de développement durable, dans le secteur privé et associatif, il a créé *Fair Wings*, une association itinérante de tourisme responsable, en Asie du Sud.

BEVERLEY O'NEIL, Indienne de la Nation Ktunaxa, est consultante en tourisme indigène et propriétaire de deux sociétés : O'Neil Marketing & Consulting, et Numa Communications Ltd. Elle est l'auteur de *Aboriginal Tourism Checklist for Success : How to Create a Successful Aboriginal Cultural Tourism Product*. Elle veut devenir écrivain.

RABI JUNG PANDEY, titulaire d'un Mastère en Gestion du tourisme, est directeur, au Népal, du Programme national : Tourisme pour la réduction de la pauvreté en milieu rural.

FABIEN PAQUIER a un DEA en écologie de l'université de Montpellier II. Il est consultant en écotourisme et gestion des ressources naturelles. Il a été formé par Sylvie Blangy et a travaillé en Guyane française, dans l'État de l'Amapa, au Brésil ; à Madagascar ; en Arabie Saoudite et plus récemment aux Comores, où il a accompagné la mise en place du programme d'écotourisme de l'Ile de Mohéli.

JACQUES PATRI, géographe, a fait ses études à l'Université du Chili. Titulaire d'une Maîtrise de l'Université Laval de Québec et d'un DESS en Aménagement et Environnement de l'Université Paul Sabatier de Toulouse, il est chargé de mission au Comité Départemental du Tourisme de l'Hérault, en France, et fait régulièrement des missions d'écotourisme au Chili.

LOIS PEELER est une Aborigène australienne, membre de la communauté des Yorta Yorta (État du Victoria). Elle est présidente de l'Association nationale du tourisme aborigène, *Aboriginal Tourism Australia* ou ATA et coordonne le programme *Respecting Our Culture*, ROC.

NELISSA PERALTA, diplômée en Études et politiques du développement de la University of Wales, titulaire d'un Mastère sur l'impact social de l'écotourisme de la Federal University of Para, au Brésil, est aujourd'hui coordinatrice en écotourisme au Mamiraua Institute for Sustainable Development (Brésil).

LAURA PERDONO, travaille pour *Grupo Jaragua*, en République Dominicaine.

FRANÇOISE PERRIOT est journaliste et spécialiste des Amérindiens. Elle a publié plusieurs livres dans la collection « Terre indienne » dirigée par Francis Geffard, aux éditions Albin Michel dont *La Dernière Frontière* et *Chevaux en terre indienne*. Elle est aussi coauteur du *Guide des actions humanitaires* et du *Guide des actions pour la nature et les animaux*. Elle vit entre la France et l'Ouest des États-Unis.

JO POPE vit en Zambie dans le Parc national de South Luangwa, où elle travaille comme guide de safari aux côtés de son mari, Robin. Ensemble, ils conseillent les habitants du village de Kawaza en matière d'accueil touristique.

TANJA DE RAADT, diplômée en Gestion du tourisme de l'Université INHolland à Haarlem, aux Pays-Bas, Tanja a effectué un stage de sept mois au sein du Centre européen pour le tourisme rural (ECEAT) aux Pays-Bas.

PETER RICHARDS est chef du marketing pour l'ONG *Responsible Ecological Social Tours Project* ou REST, en Thaïlande. Il facilite régulièrement des voyages d'étude pour étudiants, membres de gouvernements et d'ONG.

AMY RICHMOND est titulaire d'une Maîtrise en Tourisme, Environnement et Développement du King's College, à Londres, au Royaume-Uni. Elle a fait ses recherches en Tanzanie.

NANDA RITSMA est conseiller en développement touristique, pour l'agence de développement hollandaise SNV. Il est rattaché au département du Tourisme du gouvernement du Bhutan.

MIKE ROBBINS, installé au Canada, est consultant en gestion et en marketing. Il dirige, avec ses deux partenaires, *The Tourism Company*, une société conseil impliquée dans plusieurs programmes de tourisme indigène au Canada et à l'international.

ABIGAIL ROME, titulaire d'une Maîtrise en écologie des plantes de l'université de Duke, en Caroline du Nord, est journaliste, guide et consultante indépendant, spécialisée en écotourisme et dans la création de réserves naturelles en Amérique Latine. Elle anime le site Internet *Life Among Visitors* qui donne la parole aux communautés autochtones.

KARINE ROUSSET coordonne le *Trust for Okavango Cultural and Development Initiatives* ou TOCADI (Fonds pour les initiatives culturelles et de développement de l'Okavango), au Bostwana.

CLAUDIA SANELLA, diplômée en Commerce, poursuit actuellement sa formation universitaire dans le domaine du tourisme durable, au Chili. Elle travaille par ailleurs avec des artisans indiens Mapuches et Aymaras.

BRIGITTE SCHUSTER, titulaire d'une Maîtrise de biologie, spécialisée en conservation et développement rural, a rejoint le bureau du Botswana de l'*International Union for Conservation of Nature and Natural Resources* ou IUCN en janvier 2005 à la suite d'une expérience de projets communautaire au Brésil.

KATHLEEN SKOCZEN, M.A., Ph.D., est professeur associé en anthropologie et en Études de femmes, à la Southern Connecticut State University, aux États-Unis. Elle travaille dans la région de la Baie de Samaná, en République dominicaine, depuis vingt ans. Elle est membre du Conseil d'administration du Sanctuaire des Baleines (CEBSE).

PAUL SOTO est né au Maroc où il a longtemps vécu. Il parle l'arabe dialectal. Naturaliste, biogéographe, photographe, montagnard et voyageur à pied, Paul aime s'immerger dans la réalité des vies locales, au quotidien et « sans fard » tout en étudiant la réalité écologique des milieux naturels.

ANNA SPENCELEY, titulaire d'un Ph.D., est consultante en tourisme durable et responsable, essentiellement en Afrique. Elle est actuellement rattachée à l'Université du Witwatersrand, à Johannesburg, où elle termine un Post Doctorat sur le programme transfrontalier du Limpopo.

CARLOS SPREI, est membre de la communauté des Indiens Ticuna, dans le Sud-Ouest de l'État d'Amazonas, au Brésil.

PAUL STEVENS, titulaire de deux Mastères (Sciences naturelles et Sciences sociales), boursier de la *Royal Geographical Society*, est conseiller international en tourisme durable. Depuis 2005, il dirige, au Népal, le bureau Tourisme de l'Agence de développement hollandaise (SNV).

WOLFGANG STRASDAS, consultant en écotourisme, est professeur à la *Eberswalde University of Applied Sciences* près de Berlin. Il dirige un Mastère d'enseignement, reconnu sur le plan international, intitulé *Sustainable Tourism Management* (Gestion en tourisme durable), le seul de la sorte en Allemagne (www.fh-eberswalde.de/tour). Il a fait sa thèse en partie sur l'Association d'Écotourisme de Toledo et est coauteur du *Training Manual for Community-based Tourism* pour InWEnt.

AMANDA STRONZA, titulaire d'un Ph.D. en anthropologie (Conservation et Développement en zone tropicale) de l'Université de Floride, est professeur en Sciences du tourisme à la A & M University du Texas.

STÉPHANIE THULLEN est actuellement Conseillère en écotourisme à Hue, au Vietnam, pour l'Organisation de Développement des Pays-Bas (SNV) et ancienne employée de TIES.

NORBERT TREHOUX est consultant indépendant en écotourisme et développement communautaire. Après un diplôme universitaire de troisième cycle en « innovation, qualité et environnement », il coordonne, entre autres actions sur le terrain, le travail des tours-opérateurs membres de l'association Agir pour un Tourisme Responsable (ATR).

RAPHAËL TROUILLER, étudiant en Mastère d'Ingénierie du Développement Sportif et Touristique Durable, à Grenoble, est assistant de développement à l'Association de Coopération pour le Développement Local des Espaces Naturels (Tetraktys).

BILL TUFFIN vit au Laos depuis 1990. Membre de *Save the Children* (France) et de *Norwegian Church Aid*, il travaille dans les villages Akha et est le cofondateur, avec une famille locale de l'écolodge très réussie, *The Boat Landing Guest House.*

STEVE TURNER, fondateur du TDC, est photographe et guide de safaris en Afrique de l'Est et centrale. Il dirige l'entreprise *Origins Safaris.* On lui doit le *Kasigau Conservation Trust* (Fonds pour la conservation au Kasigau) afin d'encourager l'esprit d'entreprise au sein des communautés locales.

CLAUDIA ALFONSO VALENZUELA a fait des études supérieures en planification du développement et gestion de l'environnement. Elle est membre de *Culturalia México*, une ONG mexicaine, et travaille avec la CONANP (*Commission for Protected Areas of the Mexican government*), au Chiapas.

GUIDO VAN ES est un consultant hollandais spécialisé dans le développement durable et le tourisme communautaire. Il travaille avec le *Mountain Institute* depuis janvier 2002 et coordonne le Centre Yachaqui Wayi.

DOMINIQUE VERDUGO travaille pour la SNV depuis avril 2005. Elle est la première conseillère Tourisme, en poste au Rwanda. Elle était auparavant conseillère technique auprès du ministère du Tourisme et des Transports, aux Seychelles, et architecte environnementale au Maroc.

SOPHIE VERMANDE, diplômée de l'École Supérieure de Journalisme de Lille, a créé D*estination Guadeloupe* puis *Écotourisme Magazine*, le 1er magazine d'évasion en français consacré aux voyages « responsables, équitables et solidaires ».

ANNA VIGNA est une journaliste spécialisée en environnement et présidente d'une association de tourisme solidaire EchoWay. Elle vit au Mexique.

OLIVIER WALTON est doctorant à l'université de Londres. Il est conseiller pour la *Sewalanka Foundation* dans l'Est du Sri Lanka.

MICHAEL WECK, 45 ans, vit au Bélize depuis 2004 et aide la petite entreprise d'écotourisme *Jolpec Cave Ltd.* en matière de marketing, d'organisation et aussi comme capitaine de yacht.

ÉTIENNE WEEGER coordonne l'association « Les Amis de Tamnougalt », en France.

MÉTILDE WENDENBAUM, titulaire de deux maîtrises (en droit international et en tourisme international à Sup de Co, Montpellier) est coordinatrice de projets au sein de ECEAT, le Centre Européen du tourisme rural. Elle a notamment contribué au développement de l'initiative *Green Travel Market.*

PAMELA WIGHT, directrice de *Pam Wight & Associates*, est consultante depuis 1974 pour des organisations aborigènes, des ONG internationales, des gouvernements et le secteur privé. Elle a travaillé dans toutes les régions du monde et a été membre du Conseil d'administration de TIES.

JAN WIGSTEN est consultant en écotourisme et homme de terrain. Il est copropriétaire de l'agence *Nomadic Journeys* en Mongolie. Membre du Conseil d'administration de TIES, il travaille sur le tourisme en Mongolie depuis 1980.

LINETTE WILKS, travaille pour le Jamaica Conservation and Development Trust (JCDT) en Jamaïque.

META WILLIAMS, travaille pour le Indian *Way Ventures* et le projet *Kwaday Dan Kenji*, au Yukon.

JEM WINSTON est propriétaire et gérant de l'Écolodge des Trois Rivières, en Dominique. Il est l'un des membres fondateurs du Centre d'initiatives en modes de vie durables et le principal formateur des ateliers.

NIIMI YUKAKO travaille avec Sophie Grouwels de la FAO au sein du programme Community-based Enterprise Development (CBED), en Ouganda.

Guides

Blake B., et Becher A., *The New Keys to Costa Rica* (17th edition), Ulysses Press, Berkeley, 2004.
Contact guides, *Aboriginal & Indigenous Australia ; an owners manual*, Cactusmedia publishing, Sydney, 2005.
Cooprena, PNUD, *The Real Costa Rica : your community-based tourism guide* www.turismorural.com Programa de Pequenas Donaciones courriel : pequenas.donaciones.cr@undp.org
Hammond R., *Ecolodges and Other Green Places to Stay*, Alastair Sawday Publishing, 2006.
Lonely Planet, *Aboriginal Australia & the Torres Strait Islands. Guide to Indigenous Australia*, 2000.
Mann M., *The Good Alternative Travel Guide. Exciting holidays for responsible travellers.* Tourism Concern ; Earthscan (second edition), 2002.
Perriot F., *Le Guide de l'Amérique Indienne, Partez à la découverte des Indiens des Plaines et du Sud Ouest*, Éditions Hors Collection, Paris, 1999.
Perriot Françoise, *Agir pour Voyager Autrement ; Le Guide des Nouvelles Solidarités*, Éditions Le Pré aux Clercs, Paris, 2005.
UNAT, *Tourisme solidaire. Des voyages vers l'essentiel*, 2004

Ouvrages généralistes

Bimbenet J., *Les Peuples premiers, des mémoires en danger*, Petite Encyclopédie Larousse, Paris, 2004.
Martin B., *Voyager Autrement, vers un tourisme responsable et solidaire*, éditions Charles Léopold Mayer, Paris, 2002.
Tamisier J.-C. (sous la direction de), *Dictionnaire des Peuples, sociétés d'Afrique, d'Amérique, d'Asie et d'Océanie*, éditions Larousse-Bordas, Paris, 1998.

Publications d'Organisations

Cultural Survival Quarterly, *Ecotourism, Sustainable Development and Cultural Survival* Special collaborative issue with The International Ecotourism Society, 1999.
Epler-Wood M., *Meeting the global challenge of Community Participation in Ecotourism : Case Studies and Lessons from Ecuador*, USAID, The Nature Conservancy, 1998.
Häusler N. et Strasdas W., *Training Manual for Community-based Tourism*, addendum to the Ecotourism Training Manual fro Protected Area Managers, INWENT, Bonn, 2002 (www.inwent.org).
Lash G., Austin A., *A guide to Community Assessment of Ecotourism, As a Tool for Sustainable Development*, 2004, Rural Ecotourism Program (REAP).
Laurent Alain, *Caractériser le tourisme responsable facteur de développement durable*, groupe T2D2, Ministère des Affaires étrangères, Beira, Toulouse, 2003.
Montana University, *Community Tourism Assessment Handbook*, Western Rural Development Centre, Oregon State University, 1996 (www.montana.edu/wwwwrdc/)
OMT, *Le développement durable de l'écotourisme : une compilation des bonnes pratiques des PME*, 2003 (www.world-tourism.org/cgi-bin/infoshop.storefront/EN/product/1312-1).
OMT, *Le tourisme et la réduction de la pauvreté : recommandations pour l'action*, 2004 (site Internet OMT ou site de la librairie du Centre français du commerce extérieur : www.cfce.fr)
Potjana S., *The Community Based Tourism Handbook*, REST, Bangkok, 2004 (rest@asiaccess.net.th ; http://www.rest.or.th).
TIES & CESD, *Rights and Responsibilities : A compilation of Codes of Conduct for Tourism and Indigenous & Local Communities*, 2003, Livre téléchargeable sur le site de TIES et disponible sur CD (www.ecotourism.org).
Wesche T. R., and Drumm, A., *Defending our Rainforest : A Guide to Community-Based Ecotourism in the Ecuadorian Amazon*, in collaboration with The Nature Conservancy, the British Embassy in Quito, The Ecotourism Society, Abya Yala, The University of Ottawa, and Fundación Acción Amazonía, 1999 (accionamazonia@tropiceco.com).
WWF International, *Guidelines for community-based ecotourism development*, préparé par Richard Denman, The Tourism Company, 2001 (www.panda.org).

Revues et magazines

Alternatives Économiques, « Le Tourisme autrement », Hors Série n° 18, mars 2005.
Écotourisme Magazine, numéros 1, 2, 3 et 4, 2004-2005.
Espaces, « Tourisme Solidaire et responsable », numéro 220, 2004 (www.revue-espaces.com).
Globe-Trotters, La revue de vos voyages, numéro 103, septembre-octobre 2005 (www.abm.fr).
La Revue Durable, « Quel tourisme pour une planète fragile ? », numéro 11, juin, juillet, août 2004 (www.larevuedurable.com).
Trek Magazine, « Peuples du Monde ; sommes-nous prêts à les rencontrer ? » par Jean-Marc Porte (jeanmarc@trekmag.com).

Articles

Ashley C., Boyd C., Goodwin H., « Pro-poor Tourism : putting poverty at the heart of the tourism agenda » in *Natural Ressource Perspectives*, n°51, ODI/DFID, mars 2000.
Blangy S., « Des Amérindiens optent pour l'écotourisme », in *Le Courrier de l'Unesco*, juillet-août 1999.
Blangy S., « Le rôle des communautés traditionnelles dans la conservation de la biodiversité à travers l'écotourisme », thèse de doctorat, 2006, Université de Montpellier III, France.
Blangy S., « Les initiatives de tourisme autochtone et villageois se développent », 2004, in *La Revue Durable*, Fribourg.
Collombon J.- M., Barlet S., Ribier D. (textes réunis par), « Tourisme solidaire et développement durable », dossier thématique, 2004, Les éditions du GRET, Paris (www.gret.org).
Stronza A, « Revealing the true Promise of community-based ecotourism : the case of Posada Amazonas, Sustainable development and management of ecotourism in the Americas », Preparatory Conference for the International Year of Ecotourism, 2002, Cuibá, Brazil, in *Anthropological Sciences*, 22-24 August 2001, Stanford University (http://www.perunature.com/downloads/ReportAmandaCuiaba2001.doc).

Organismes œuvrant pour la défense des droits des peuples indigènes

Carribbean Amerindian Centrelink (CAC) : www.centrelink.org
The Center for World Indigenous Studies (CWIS) : www.cwis.org
Centre de documentation, de recherche et d'information sur les peuples autochtones (DoCip : www.docip.org)
The First Nations Environmental Network : www.fnen.org
First Peoples Worldwide : www.firstpeoples.org
Network on Indigenous peoples, Gender and Natural Resource Management (IGNARM) : www.diis.dk/graphics/IGNARM/ignarm
Forest Peoples Programme : www.forestpeoples.org
Fourth World : www.algonet.se/~f4world
Global Exchange : www.globalexchange.org
The International Work group for Indigenous Affairs (IWGIA) : www.iwgia.org
The Indigenous Environmental Network : www.alphacdc.com/ien
International Labour Organisation (ILO) : www.ilo.org
Minority Rights Group : www.minorityrights.org
NativeWeb Mission Statement : www.nativeweb.org
Survival International : www.survival-international.org
Société pour les Peuples Menacés (SPM) : www.gfbv.ch
Unrepresented Nations and Peoples Organisation (UNPO) : www.unpo.org
The World Wildlife Foundation : www.panda.org/resources/publications/sustainability
Ocean Indigène (Association Wayagi, Nouvelle Calédonie) : www.oceanindigene.com
Rain Forest Action Network : rainforest@ran.org www.RAN.org
Working Group of Indigenous Minorities in Southern Africa (Wimsa) : www.san.org.za

SOMMAIRE

SOMMAIRE

Je tiens à remercier tous les auteurs des fiches, qui ont si généreusement fourni des textes et des photos. Je souhaite souligner combien m'ont été précieuses l'aide, les contacts, l'enthousiasme de mes amis et collègues suivants : Métilde Wendenbaum, Pam Wight, Alice Crabtree, Anna Spenceley, Stéphanie Thullen, Dominique Verdugo, Fabien Paquier, Annabel Loyola, Abi Rome, Alain Laurent, Amanda Stronza, Christelle Fourestier, Anne Vigna, Niseth van der Meulen, Judith Karwacki... Une palme va à Métilde d'ECEAT pour son énergie à mobiliser son réseau de GTM (Green Travel Market Info). Merci également à Sylvie Crossman pour les traductions, le formidable travail de remise en forme des fiches ; à mes relecteurs assidus, Maurice Blangy, Étienne Martin, Mireille Mourzelas, et Françoise Kouchner, ainsi qu'à mes proches, Jean-Louis et Soline, pour leur soutien au quotidien et leur complicité dans les voyages.

Le Guide des destinations indigènes

1re édition : mars 2006
© Indigène éditions
1, impasse Jules Guesde
34080 Montpellier France
e-mail : editions.indigene@wanadoo.fr
site Internet : www.indigene-editions.fr (catalogue)

Direction artistique et conception graphique : PHILIPPE NGUYEN-PHUOC
Réalisation : YIN YANG, Montpellier
Collaboration : MORRIS TAUB

Traductions : STÉPHANIE RATHIER ; VALÉRIE ADAM/TAUB

ISBN : 2-911939-53-00
Dépôt légal : 1er trimestre 2006
Photogravure : Photogravure du Pays d'Oc
Imprimerie : Beta, Barcelone
Imprimé en Espagne